砺志

重庆科技学院合校升本新校区建设纪实

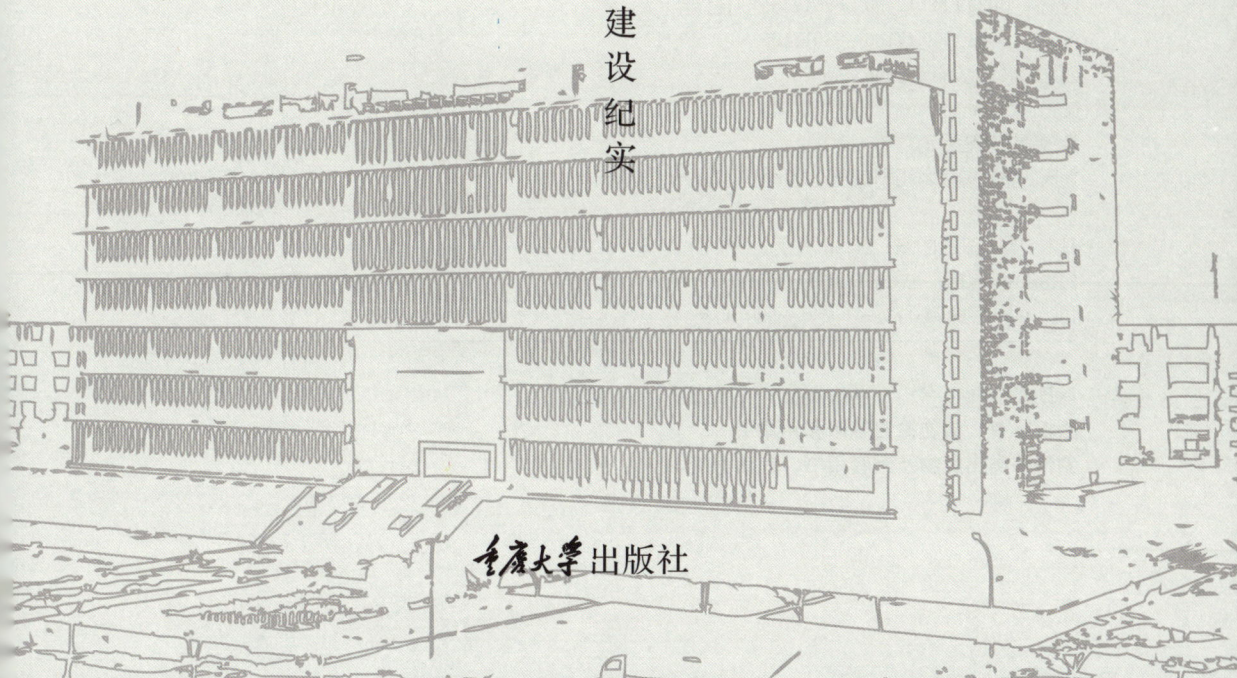

主编／唐一科

重庆大学出版社

图书在版编目（CIP）数据

砺志：重庆科技学院合校升本新校区建设纪实 / 唐
一科主编. --重庆：重庆大学出版社，2018.8
ISBN 978-7-5689-1171-9

Ⅰ．①砺… Ⅱ．①唐… Ⅲ．①重庆科技学院—校史
Ⅳ．①G649.287.19

中国版本图书馆CIP数据核字（2018）第140140号

砺志——重庆科技学院合校升本新校区建设纪实

LIZHI

CHONGQING KEJI XUEYUAN HEXIAO SHENGBEN XIN XIAOQU JIANSHE JISHI

主　　编：唐一科
策划编辑：张菱芷
责任编辑：刘雯娜　夏　宇
版式设计：张菱芷
责任校对：张红梅
责任印制：张　策
*
重庆大学出版社出版发行
出版人：易树平
社址：重庆市沙坪坝区大学城西路21号
邮编：401331
电话：（023）88617190　88617185（中小学）
传真：（023）88617186　88617166
网址：http://www.cqup.com.cn
邮箱：fxk@cqup.com.cn（营销中心）
全国新华书店经销
重庆新金雅迪艺术印刷有限公司印刷
*
开本：787mm×1092mm　1/16　印张：43.5　字数：677千
2018年8月第1版　2018年8月第1次印刷
ISBN 978-7-5689-1171-9　定价：288.00元

2004 年 5 月 17 日，教育部以教发函〔2004〕136 号文件下发了《关于同意重庆工业高等专科学校与重庆石油高等专科学校合并组建重庆科技学院的通知》，从此，这两所有着 53 年办学历史的专科学校，拥有了一个新的本科学校名字——重庆科技学院。2004 年 9 月 8 日，重庆科技学院首任校级领导班子上任，及时提出了学校在第一个五年战略发展期的"合校、升本、新校区建设"三大任务，从此开启了这所新建本科院校建设发展的新篇章。本书重点选取这段历史，旨在以纪实性方式留下些许记忆痕迹，以表达对那个时代关爱和参与学校发展建设的领导、朋友和师生们的特别敬意。

（一）合校

什么是合校？完成合校的标志就是两校的思想、文化及学科专业实现全面的实质性融合。

原重庆工业高等专科学校（以下简称"重庆工专""工专"）与原重庆石油高等专科学校（以下简称"重庆油专""油专"）均创建于 20 世纪 50 年代初，在长期的办学历史过程中形成了各自的行业背景和独特的学校文化。由于办学理念、管理模式、专业发展等方面存在较大差异，加之合校之初分为南北两校区办学，校区观念难免挥之不去，因此，让学校快速发展的前提是迅速实现两校的实质性融合。要实现两校实质性融合，对原两校干部、教师、职工、学生以及校友都是一个十分严峻的考验。因此，"抓团结、促融合，实现两校的实质性合并"，成为学校第一个战略发展期的三大任务之首。

重庆科技学院首任校级领导班子组建之初，明确提出了"整合资源、深度融合"的工作思路。按照这一工作思路，在学校组建后的一个月内完成了校部机关设立和干部聘任；两个月内完成了二级院系和学科专业整合；三个月内完成了财务资产统一；半年内实施了统一的人事分配制度。学校用一年左右的时间，已基本建立起了符合新学校实际需要的运行体制和机制，使年轻的重庆科技学院迅速进入了建设发展轨道并迸发出强劲的生命活力。

形式上的合并只是合校任务的第一步，要真正实现全方位合并，彻底消除校区观念，最终达到深度融合，则必须借助时间的堆积。时间是制度融合的催化剂，时间是学科专业融合的和风细雨。学校领导班子十分清楚，在完成第一步之后，真正实现合并目标，达到融合程度，需要将大家组织在"建设高水平特色科技大学"的共同目标之中，才可能完全实现。

（二）升本

什么是升本？完成"升本"任务的标志就是全面通过教育部对新建本科院校的合格评估。

新学校用一年时间完成了两校形式上的合并，同时制订了"三大任务""三大宗旨"和"三大战略"，明确了"办学思路""校风、学风和校训"。三大任务，即合校、升本、新校区建设；三大宗旨，即培养人才、发展科学、服务社会；三大战略，即特色立校、文化兴校、人才强校；办学思路，即"立足重庆，背靠行业，面向世界，服务全国"；校风、学风和校训，即"引领人生，创造未来""求是、奋进、卓越"和"厚德、博学、砺志、笃行"。制订5年发展规划和15年、25年的中长期战略规划，响亮地提出"建设高水平特色科技大学"的奋斗目标。明确的思想和奋斗目标，激发和凝聚了全校师生的团结向上精神，一时间，学校到处充满了阳光自信和卓越进取的建校热情。

学科专业建设是《中华人民共和国高等教育法》赋予高等学校的重要使命，是本科教育工作极为重要的组成部分。作为一所新建本科院校，重庆科技学院必须找到一条既不同于传统专科院校，又有别于老牌本科院校的学科专业建设之路，那就是"找准优势，凝练特色"。学校充分挖掘在石油、冶金两大行业的50年积淀，提出了"充分彰显石油冶金行业特色、深入拓展学科专业办学领域、积极促进文理经管交融互补"的学科专业建设发展思路。通过不断调整和特色培育，到第一个发展战略期基本结束，迎接教育部本科合格评估之时，学校已初步形成以石油、冶金、机械电子为重点、为特色、为优势的若干学科专业群，形成了理、工、经、管、文多学科良性发展、互为补充的基本格局，建立起了与重庆经济社会发展和石油、冶金两大行业相适应、质量与效益相协调的学科专业体系，获得2个国家级特色专业建设点和2个市级特色专业的建设成果。科研经费由升本初期的不足200万元/年增加到5000万元/年。

2010年5月，顺利完成教育部对学校本科教学工作进行的"本科教学工作调研性合格评估"，并取得良好成绩。

（三）新校区建设

完成新校区建设任务的标志是新建重庆科技学院，彻底改善办学条件，实现向大学城新校区的整体搬迁。

早在合校升本的筹备阶段，重庆工业高等专科学校党委书记刘玉德、校长王智祥和重庆石油高等专科学校校长刘业厚等两校主要领导，高瞻远瞩地共同提出了学校合校升本后进入重庆大学城建设新校区的积极方案，牢牢抢抓了这一转瞬即逝的历史机遇。学校提出的方案得到了重庆市教育委员会主任欧可平、主管领导陈流汀、张宗荫等的全力支持。后经以清华大学原党委书记方惠坚为组长的教育部升本评审专家组提出作为批准升本的硬件条件要求，筹备重庆科技学院大学城新校区的1500亩*划拨用地方案，最终得到了重庆市人民政府的正式批准，从而为新建学校的发展奠定了宝贵的空间基础。

学校及时启动了新校区建设工作，并不失时机地利用重庆市支持大学城建设的系列政策，成功置换老校区土地，以460亩老校区土地置换25.3亿元的成绩，换来了新校区的全部建设和发展费用，使学校在短短几年时间内华丽转身，固定资产在不到3亿元的基础上增长5～6倍，达到16亿～18亿元的水平，从而为新学校提档升级快速发展奠定了坚实的物质基础。

2006年1月16日，学校大学城新校区一期土石方、道路、管沟工程破土动工，隆重的开工仪式标志着新校区建设工程全面展开。新校区建设者，迎难而上，团结协作，无私奉献，克服工期短、资金紧、天气炎热等重重困难，解决了拆迁、施工、管理一系列重大难题，使建设工程得以稳步推进。截至2009年9月统计，学校大学城新校区获国家行政划拨土地995885平方米，折合1493.83亩，扣除公路公用

---

* 1亩≈666.67平方米。

土地，实际用于校园规划的土地为1391.70亩；完成房屋总建筑面积50余万平方米；建成标准田径运动场2个，篮球场、羽毛球场、排球场、网球场等共计20余个；50亩灵湖景观、全校园绿化、教职工经济适用房等工程顺利完成，确保了学校按期整体搬迁入驻，适应了学校教学、科研发展需求，也为师生工作、学习提供了良好的环境。

"合校、升本、新校区建设"是学校实现大融合、大建设、大置换、大搬迁、大发展的一个无比艰辛的再创业过程。在此过程中，全校师生继承石油冶金人艰苦奋斗的传统，以破釜沉舟的勇气和战天斗地的魄力，团结一致，齐心协力，用5年左右时间圆满完成了学校第一个战略发展期的三大任务。特别是在新校区建设中，离退休老同志顾全大局，积极支持土地大置换、校区大搬迁；在职的教职员工，更是风霜雨雪，早晚奔忙于3个校区之间；在校的大学生们，"踏着泥泞路进教室，枕着塔吊声入梦乡"早已成为抹不去的终生记忆。重庆科技学院人包括全部的校友们，勠力同心，将满腔激情挥洒在学校大学城新校区这片热土之上，共同谱写了学校建设发展中最为华美的篇章。这也正是编者夜不能寐，决心完成这本纪实性资料整理的初衷。

本书的合校篇，重点记录了合并两校的办学历史、合校升本的历史机遇和机遇把握，以及合校升本的申报、评审工作和历史功绩人物。第一章由彭晓玲收集整理，第二、三章由彭晓玲、徐茂收集整理。

本书的升本篇，重点记录了新建重庆科技学院初期的建设发展过程，包括运行启动的历史文献、办学思路和发展规划的形成过程、基本内容，以及特色发展、人才强校措施和特色的学生工作纪实等。第四、五、七章由彭晓玲收集整理；第六章

第一节由邹碧海收集整理，第二节由唐一科收集整理，第三节由程登明收集整理；第八章由盛友兴收集整理。

本书的新校区建设篇，重点记录了重庆科技学院大学城新校区建设的历史机遇与把握、大学城新校区建设的规划与管理、大学城新校区工程建设点滴拾遗。全篇由唐一科收集整理，贾北平、周勋、何光明、刘卫等提供了大量的原始资料和图片。

本书由唐一科编辑整理和统稿。相关资料来源于学校档案馆、党政办公室、人事处、宣传部、校史平台和教职工的个人收藏，在此对相关人员表示衷心的感谢。学校第一个战略发展期工程浩大，书中资料挂一漏万，如有不妥之处，敬请读者多多包涵和谅解。

编者 唐一科

2018 年 2 月 10 日

　　唐一科，男，1949年2月22日生，四川省蓬安县金溪镇石梁乡人。重庆大学二级教授，博士生导师，国务院政府特殊津贴专家。先后在西安交通大学、重庆大学、重庆科技学院、重庆工程学院从事教学科研和学校管理工作，先后到英、美、法、日等20多个国家、地区考察、访问和学习。1996年9月—2004年8月任重庆大学副校长；2004年9月—2005年8月任重庆科技学院党委书记、校长；2005年9月—2009年8月任重庆科技学院校长；2006年12月—2012年8月任重庆垃圾焚烧发电技术研究院院长；2010年7月起任重庆工程学院校长。曾兼任教育部机械设计制造及其自动化专业教学指导委员会副主任、教育部全国工程教育专业认证监督与仲裁委员会委员、教育部全国高校文化素质教育指导委员会委员、教育部普通高等学校本科教学工作评估专家委员会委员、中国振动工程学会常务理事、中国机械动力学学会理事长等职务。

目 录
CONTENTS

合校篇

升本篇

新校区建设篇

合校篇

第一章 合并两校的发展历程

重庆工业高等专科学校和重庆石油高等专科学校合并升格为重庆科技学院，这两所学校都曾经历过由国家部委到地方或到企业管属的多次变化，经历过由小到大、由低到高、由弱到强的发展历程。

第一节 重庆工业高等专科学校发展历程

重庆工业高等专科学校自 1951 年 7 月开始，到 2004 年 5 月的 53 年时间里，经历了三个发展过程：第一，1951 年 7 月—1952 年 11 月办过 1 年多的专修科；第二，1952 年 11 月—1985 年 1 月办过 32 年的中等专科；第三，1985 年 1 月—2004 年 5 月办过 19 年的高等专科。

一、学校初期发展阶段（1951—1952 年）

1951 年 7 月，为适应全国冶金工业发展的迫切需要，在西南军政委员会工业部的主持下，筹建了"西南工业部钢铁工业管理局冶金专修科"，选址在重庆原巴县马王乡鱼鳅浩（今属重庆市九龙坡区），占地 5 亩，利用棚房艰苦办学。当年开

图 1-1-1　学校创始地鱼鳅浩

设了冶金预备班，招生 170 余人，学制半年。教职工 34 人，其中教师 4 人。其间，唐克于 1952 年 4—10 月曾任学校党支部书记、代理校长。这是学校的最早形态，是学校建校的起点。

二、中专发展阶段（1952—1985 年）

1952 年 4 月，冶金预备班结束后，经西南军政委员会工业部研究决定，将"西南工业部钢铁工业管理局冶金专修科"更名为"西南工业部冶金工业学校"，设置高级和中级冶炼班和短训班，招收高、初中毕业生。学校开始步入中专办学阶段。

（一）更名重庆钢铁工业学校

1952 年 11 月 12 日，万里同志（曾任全国人大常务委员会委员长、时任西南军政委员会工业部副部长）签署命令，将"西南工业部冶金工业学校"更名为"重庆钢铁工业学校"，并任命刘玉芳为重庆钢铁工业学校党支部书记，尹晓楼为副校长（主持工作）。

西南军政委员会工业部命令

工教发字〔1952〕第 249 号

事由：更改所属各级各类学校名称，希遵照执行……

附各级各类学校名称表一份

副部长　万里

一九五二年十一月十二日

各级各类学校名称表
（此处只摘录有关项，其他略）

新校名	原校名
重庆钢铁工业学校	西南工业部冶金工业学校

（二）重庆钢铁工业学校管理体制变更

1952 年底，西南工业部重庆钢铁工业学校改属中央人民政府重工业部管理，西南钢铁公司代管。1954 年 9 月，成立中华人民共和国重工业部，接替中央人民政府重工业部工作。重庆钢铁工业学校直属中华人民共和国重工业部管理。

1956 年 9 月，成立中华人民共和国冶金工业部，重庆钢铁工业学校划归冶金工业部管理。

1958 年，冶金工业部将重庆钢铁工业学校下放给重庆钢铁公司管理，其隶属关系由冶金工业部划转到四川省冶金厅。

1964 年，重庆钢铁工业学校再次收归中华人民共和国冶金工业部管理（直到1983 年），共计 19 年时间未发生变化。

1983 年，重庆钢铁工业学校由冶金工业部划转到四川省人民政府管理，随后四川省人民政府决定，将重庆钢铁工业学校划归重庆市（当年为四川省属国家计划单列城市）管理。

1984 年 3 月 5 日，冶金工业部复函重庆市人民政府，同意改变重庆钢铁工业学校领导体制，实行冶金工业部和重庆市双重领导，以部为主的领导体制。

冶金工业部关于同意
重庆钢铁工业学校领导体制问题的复函

冶教函字〔1984〕第 047 号

重庆市人民政府：

按照教育部教专字〔1978〕1194 号文《关于改变部分中专学校领导体制的报告》规定，冶金工业部根据你市重府函〔1983〕114 号文，并与你市代表协商一致，确定重庆钢铁工业学校实行冶金工业部和重庆市双重领导，以部为主的领导体制。有关办理接交的事宜复函如下：

一、由学校编制人员、财产（包括房、地产图纸、法律依据等复制文件）移交清册和学校历史变迁资料报冶金部、重庆市各二份。

二、按照财政部有关规定，以学校上年财务实际决算支付数，加上当年学校发展因素，作为划转基数，请重庆市财政局上划财政部转冶金部。

三、请重庆市劳动局将学校职工人数和全年工资额（含奖金）指标按一九八三年实际发出数划给冶金部。

四、基本建设财务移交，以上年学校基本建设决算为准。当年基本建设计划暂请重庆市下达。移交工作请重庆市计委向国家计委办理，转冶金部。重庆市当年垫付的基建款，由冶金部归还重庆市。

五、学校教学、科研和生产、建设所需统配、部管物资，仍由四川省冶金厅代部转供，学校物资需要计划和有关统计报表，均报冶金厅，由冶金厅统一对部。

六、干部管理按中央组织部有关规定办理。

以上事宜及移交日期，由部派人会同重庆市具体办理。

中华人民共和国冶金工业部（盖章）

一九八四年三月五日

（三）重庆钢铁工业学校校址变迁

1953年中央人民政府重工业部拨款，在复兴村（今重庆市大渡口区钢铁村）石碾槽征地215.3亩兴建校舍。1954年1月，重庆钢铁工业学校从重庆巴县马王乡鱼鳅浩迁至大渡口区复兴村新校舍办学。

1959年6月，为国家大办钢铁需要，重庆市人民政府根据贺龙元帅（时任西南局第一书记）的命令，指示重庆钢铁工业学校将复兴村大部分校舍让出，借给重庆钢铁厂发展。

1959年下半年，重庆钢铁工业学校逐渐搬迁至杨家坪原西南工业干部学校旧址（重庆动物园旁），这也是后来的重庆工业高等专科学校旧址。

图 1-1-2　学校旧址复兴村实验楼

图 1-1-3　学校旧址复兴村教学楼

图 1-1-5　钢校原大礼堂

图 1-1-4　钢校七七级毕业生合影老照片

图 1-1-6　钢校原图书馆

图 1-1-7　钢校原一号门

图 1-1-8　钢校原二号门

图 1-1-9　钢校原三号门

图 1-1-10　钢校原田径运动场

图 1-1-11　钢校原化学实验室

（四）重庆钢铁工业学校历任主要领导

刘玉芳于 1952 年 10 月—1954 年 9 月任重庆钢铁工业学校党支部书记。

尹晓楼于 1952 年 11 月—1956 年 1 月任重庆钢铁工业学校副校长；1956 年 1 月—1958 年 9 月任校长；1954 年 9 月—1958 年 10 月任重庆钢铁工业学校党支部书记。

图 1-1-12 刘玉芳　　　图 1-1-13 高善玲　　　图 1-1-14 周清臣　　　图 1-1-15 李兴荣

李致中于 1958 年 10 月—1960 年 2 月任重庆钢铁工业学校党支部书记。

钱南屏于 1958 年 9 月—1962 年 12 月任重庆钢铁工业学校校长。

高善玲于 1960 年 2 月—1967 年 1 月任重庆钢铁工业学校党支部书记；1970 年 9 月—1973 年 5 月陈秋白曾任学校党组织核心小组副组长；1973 年 5 月恢复由高善玲主持重庆钢铁工业学校党组织工作，任学校党组织核心小组组长；1975 年 12 月，重庆钢铁工业学校建立中国共产党基层委员会，高善玲于 1975 年 12 月—1979 年 8 月任学校党委书记。

周清臣于 1962 年 12 月—1970 年 6 月任重庆钢铁工业学校副校长（主持工作）；1975 年 2 月—1977 年 3 月任重庆钢铁工业学校革委会副主任，1977 年 3 月—1979 年 2 月任革委会主任；1980 年 5 月—1985 年 1 月任重庆钢铁工业学校校长。1968 年 11 月—1975 年 2 月陈秋白曾任重庆钢铁工业学校革委会主任。

李兴荣于 1979 年 2 月—1980 年 5 月任重庆钢铁工业学校校长；1979 年 8 月—1980 年 5 月任学校党委书记。

廖沛湘于 1980 年 5 月—1982 年 6 月任重庆钢铁工业学校党委代理书记；1982 年 6 月—1985 年 1 月任重庆钢铁工业学校党委书记。

夏永平于 1984 年 8 月—1985 年 1 月任重庆钢铁工业学校校长。

在廖沛湘、夏永平共同领导下，重庆钢铁工业学校于 1985 年 1 月 29 日获得冶金工业部批准，升格为重庆钢铁专科学校。

图 1-1-16　廖沛湘

图 1-1-17　夏永平

图 1-1-18
冶金工业部部长戚元清（左二）视察学校

（五）重庆钢铁工业学校办学历程简述

经历 1951 年 7 月—1952 年 11 月的初期办学阶段发展，学校从冶金预备班过渡到正规的中等专科学校。到 1954 年 9 月秋季开学，学校将原中级冶炼班纳入 1954 年新设置的炼钢专业，同时还新开设了轧钢专业和冶金装备专业，以上专业均招收初中毕业生，学制 3 年。其间，学校的师资队伍、教学设施相应扩充，规章制度初步形成，作为冶金中等专业学校已初具规模。

1956 年，学校增设分析化学专业，在校学生 1076 人，教职员工达到 230 余人，其中教师 78 人。这是学校正常发展的第一年。

1957 年，学校根据冶金工业部通知，为巩固和提高教学质量，放慢发展速度，停止招生。加上当年的一些政治运动，教学秩序受到了一定影响。

1958 年，在"大跃进""大炼钢铁"大背景下，学校专业由原有的 4 个扩大一倍，新设立采矿、炼铁、焦化、耐火等专业，并开办了工人短训班，学生上升到 1330 人。与此相反，原有教师 80 多人，经下放劳动等此时已有所减少。

1959 年，在"大跃进"背景下，学校继续扩大招生，到 1960 年，学生规模已超过 2060 人，达到建校以来的最高纪录。由于师资力量和教学设施等条件不相适应，教学质量曾一度受到影响。

1961 年，为贯彻中央"调整、巩固、充实、提高"的方针，学校招生人数又降至 120 人。1962 年暂停招生，并大量压缩已在校的学生，先后有 1032 名学生回乡务农、下厂做工或参军。此时，校内仅留下学生 147 人。

1963 年，随着国民经济开始好转，学校工作逐渐恢复，但年招生量仍限制在 100 人左右，且学制由 3 年改为 4 年。

1964 年，学校又开始稳步前行。此后两年共招收学生 600 余人，至"文化大革命"前夕，在校学生规模已基本稳定在 700 人左右，办学质量也得到很大提高，办学声誉远近闻名。重庆钢铁工业学校被社会广泛美誉为"重庆钢校"。

1966 年后的"文化大革命"期间，重庆钢铁工业学校曾一度受到严重影响。教学工作陷于瘫痪，学校停止招生达 6 年之久。1968—1970 年，将 1966 年及之前入学的各年级在校学生 681 人，无论毕业与否，全部安排至企业工作。至此，校内无一学生。

1971 年，遵照四川省冶金局指示，重庆钢铁工业学校开始着手筹备招生及复课事宜。1972 年初，为适应四川省内中小型冶金厂矿企业的生产需要，开办了采矿、炼铁、机械、电工、热工仪表等短期训练班，同年秋天恢复中专班招生，招收推荐免试来的下乡、回乡知识青年 400 余人，并新开设电气自动化专业。1973 年秋季恢复矿冶、机电等专业招生，同时恢复相应的教学组织单位和教学条件。

1974—1976 年推行辽宁省朝阳农学院开门办学经验，即"朝农经验"，进行教改试点，实行"开门办学"。1976 年末，国家粉碎"四人帮"，持续 10 年的"文化大革命"动荡局面宣告结束。

1977 年以后，特别是党的十一届三中全会以后，随着国家政治、经济形势的转变，重庆钢铁工业学校也随之发生了深刻的变化。1978 年在认真办好中专的同时，开办了 3 年制的数学、化学师范专科班。同时还开办了各类短期技术、师资培训班，为全国冶金企事业单位培养了大批一线的技术、管理人才和教师。

1980 年起，遵照上级指示，中专班全部招收高中毕业生，学制 2 年。同年 11 月，重庆钢铁工业学校被列为全国 239 所重点中等专业技术学校之一。

教育部印发《关于确定和办好
全国重点中等专业技术学校的意见》的通知

教专字〔1980〕第 011 号

各省、市、自治区文教办、高教局、教育厅（局），国务院有关部、委教育司（局）：

经全国中等专业教育工作会议商讨确定全国重点中等专业学校为 239 所。现将《关于办好重点中专专业学校的意见》发给你们，请参照执行。

教育部（盖章）

一九八〇年十一月五日

抄送：各重点中等专业学校

全国重点中等专业学校名单
（按地区分列，此处只摘录有关项，其他略）

省、市、自治区	序号	学校名称
四川省	7	重庆钢铁工业学校

1981 年，重庆钢铁工业学校增设了财会专业，1983 年增设了 3 年制的职工中专班。

在党的十一届三中全会后的 6 年里（1979—1985 年），重庆钢铁工业学校认真贯彻党的路线、方针、政策，认真落实党的知识分子政策，平反冤假错案，从抓教育管理入手，不断改进教学工作，改善办学条件，创造良好的教学、生活环境，从而调动和激发了师生员工的积极性，教学质量不断提高，校风校貌明显好转，教学秩序日趋正常，开始呈现安定团结，锐意改革，积极向上的良好局面。

学校在中专阶段，培养中专毕业生及其他各类学生 8700 多人，为国家教育事业和冶金行业企业发展做出了积极贡献。

三、专科发展阶段（1985—2004 年）

（一）成立重庆钢铁专科学校（1985—1992 年）

1985 年 1 月 29 日，冶金工业部下达关于成立重庆钢铁专科学校的通知（冶教函字〔1985〕第 040 号）；教育部以教计字〔1985〕009 号文批复宣布重庆钢铁专科学校正式成立。

（二）更名为重庆钢铁高等专科学校（1992—1999 年）

1992 年 4 月 1 日，国家教委下达教计字〔1992〕54 号文件：重庆钢铁专科学校更名为重庆钢铁高等专科学校。1997 年重庆市成为直辖市，1998 年 11 月 3 日根据国办发〔1998〕103 号文件精神，重庆钢铁高等专科学校由冶金工业部划转到重庆直辖市管理。

（三）更名为重庆工业高等专科学校（1999—2004 年）

1999 年 2 月 15 日，中华人民共和国教育部批准，重庆钢铁高等专科学校更名为重庆工业高等专科学校，进一步扩大了学校的招生和社会服务范围。

关于成立重庆钢铁专科学校的通知

冶教函字〔1985〕040号

重庆钢铁工业学校：

　　教育部以教计字〔1985〕009号文批复，同意你校以现有条件为基础，成立重庆钢铁专科学校，在校学生规模为2400人，学制三年，一九八五年开始招生，原有中专部保留，并希望保持原有招生水平。

　　特此通知。

中华人民共和国冶金工业部（盖章）

一九八五年一月二十九日

关于同意重庆钢铁高等专科学校更名的通知

教发〔1999〕6号

重庆市人民政府：

　　《重庆市人民政府关于重庆钢铁高等专科学校更名的函》（渝府函〔1998〕134号）收悉。经研究决定，同意重庆钢铁高等专科学校更名为重庆工业高等专科学校。

中华人民共和国教育部（盖章）

一九九九年二月十五日

抄送：国家计委、财政部

部内发送：有关部领导、办公厅、高教司、人事司、学生司

图 1-1-19
1999 年 2 月，重庆市教委副主任
余恢毅（左二）为新校牌揭牌

图 1-1-20
1999 年 2 月，学校更名为重庆工业高等专科学校，重庆市副市长程
贻举出席学校更名仪式，并授牌授印

1999 年 3 月 18 日，更名授牌仪式在学校举行，重庆市教育委员会余恢毅副主任宣读了教育部教发〔1999〕6 号文件，重庆市副市长程贻举授牌授印。重庆市教委、市计委、市财政局、市府办公厅和九龙坡区教育局有关领导来校参加了挂牌仪式，见证了重庆工业高等专科学校的更名。

（四）学校专科阶段历任主要领导

廖沛湘于 1985 年 1 月—1992 年 3 月任重庆钢铁专科学校党委书记。

夏永平于 1985 年 1 月—1992 年 3 月任重庆钢铁专科学校校长；1992 年 4 月—1998 年 7 月任重庆钢铁高等专科学校校长，其间，1997 年 7 月—1998 年 6 月任重庆钢铁高等专科学校党委书记。

刘玉德于 1992 年 4 月—1997 年 6 月任重庆钢铁高等专科学校党委书记；1998 年 7 月—1999 年 2 月任重庆钢铁高等专科学校党委书记；1999 年 2 月—2004 年 8 月任重庆工业高等专科学校党委书记。

图 1-1-21　刘玉德　　　　图 1-1-22　王智祥

王智祥于 1998 年 7 月—1999 年 2 月任重庆钢铁高等专科学校校长；1999 年 2 月—2004 年 8 月任重庆工业高等专科学校校长。

在廖沛湘、夏永平主持下，学校于 1992 年 4 月 1 日由重庆钢铁专科学校更名为重庆钢铁高等专科学校。

在刘玉德、王智祥主持下，1999 年 2 月 15 日，重庆钢铁高等专科学校更名为重庆工业高等专科学校，拓宽了办学范围。

在刘玉德、王智祥主持下，2004 年 5 月 17 日，重庆工业高等专科学校与重庆石油高等专科学校合并，成功升本，学校更名为重庆科技学院。

（五）学校领导班子的几次组建

1985 年 6 月 7 日，冶金工业部下达冶干任字〔1985〕100 号文，通知：经与重庆冶金工业公司商得一致，廖沛湘任重庆钢铁专科学校党委书记，杨祖孝任党委副书记；夏永平任校长，罗又新、杨道熙任副校长。学校领导班子坚持社会主义办学

图 1-1-23
1999 年 6 月，重庆工业高等专科学校第一次党员大会

图 1-1-24
2000 年在任的校级领导干部（左起：副校长朱新才、副校长邹吉书、党委书记刘玉德、校长王智祥、副书记副校长雷亚、副校长陈新业）

方向，认真贯彻党的教育方针，实行民主集中制，密切联系群众，团结一致，勇于创新，很快适应了学校由中专升格为大专办学的需要。

1988年学校召开第十二次党员大会，选举产生了学校的第十二届党委。党委书记廖沛湘，党委副书记杨祖孝，党委委员夏永平、罗又新、李宗祥、邹吉书、周如鲲、陈发仲、冯文清。

1999年6月15—16日，中共重庆工业高等专科学校第一次党员大会上，刘玉德同志代表重庆钢铁专科学校十二届党委向大会作了《高举旗帜，抓住机遇，开创改革发展新局面》的工作报告，邹吉书同志代表上届纪委作了纪委工作报告，选举产生了中共重庆工业高等专科学校第一届委员会和中共重庆工业高等专科学校第一届纪律检查委员会。王智祥、刘玉德、朱新才、李军良、陈金玉、陈新业、雷亚7位同志为中共重庆工业高等专科学校第一届党委委员，刘玉德同志任党委书记，雷亚同志任党委副书记。何明德、李克权、赵同燕、秦天有、雷亚5位同志为中共重庆工业高等专科学校第一届纪委委员，雷亚同志任纪委书记，秦天有同志任纪委副书记。

（六）专科发展的三大转变

重庆钢铁专科学校成立后，学校抓住三大机遇：一是改革开放和经济长足发展的机遇；二是较长时期部管为主的管理体制稳定未变的机遇；三是重庆直辖和学校管理体制划转的机遇，锐意进取，完成了以下三个阶段的发展任务。

1. 完成了由中专向大专的实质性转变（1985—1988年）

经过1985—1988年4年的努力，学校基本完成了由中专向大专的实质性转变，其主要标志有两个：

（1）建立了初步适应大专教育的校内管理体制和组织机构。在以廖沛湘书记和夏永平校长为首的党政班子领导下，1985年1月学校从中专升格为大专。学校根据专科学校的建制和冶金工业部的规定，对学校组织机构做了相应的调整。1985

年 8 月，学校公布了专科学校的 23 个处、科级单位设置。其中，党群系统设置了党委办公室、组织部、宣传部、校纪委、校工会 5 个处级单位；行政系统设置了校长办公室、人事处、教务处、基础部、机电系、冶金系、总务处 7 个处级单位，同时设立了图书馆、教材科、学生科、团委、财务科、保卫科、基建维修科、实习工厂等 10 个科级单位。1986 年，增设了化学系、师资科，学生科改为学生工作办公室。为改变单一的全日制专科教育形式，1988 年设立了北京科技大学函授分部，同时专门设立了中专教育部。在确立校系两级班子基础上，随着行政机构的变化调整了党支部。二级机构平均年龄有所下降，文化程度、专业水平有所提高，进一步明确了党政分工，明确了各部门的职责范围，建立了全校 108 个岗位的责任制和 54 个规章制度。至此，一个初步适应大专层次教育的党政机构、教学单位和管理体制框架基本确立。

（2）制订和实施了 7 个专科专业的教学计划，第一届专科生毕业。教学计划是培养人才的设计蓝图和基本依据，为使学校逐步办出三个特色（专科特色、专业特色、学校特色），学校动员全校教师认真学习原教育部关于工程专科教育的培养目标、基本规格要求等系列文件，对各专业的名称、方向、特色、课程设置进行了广泛深入的讨论研究，制订并适时修改教学计划，对学校原有的 7 个中专专业进行改造和提升，使之变为名副其实的大专专业。1985 年，教学系统制订了工业分析、工业电气自动化、冶金机械、炼钢、炼铁、轧钢 6 个专业 3 年制教学计划，当年秋季，工业分析和工业电气自动化两个专业开始招生。1986 年，上述 6 个专业同时招生。1986—1987 年，教务处组织力量对 1985 年制订的教学计划再次修订，拟订了 62 门课程的教学大纲，并制订了工业财会专业 3 年制教学计划。1987 年秋季，工业财会专业开始招生。1988 年，工业分析、工业电气自动化两个专业第一届专科生毕业。在广泛深入地开展对专科教育调查的基础上，1988 年 10 月，拟出了再次修订和调整各专业教学计划的初步方案在全校交流，总结分析后，进一步深入调查研究讨论，年底，拟出了修改后的教学计划草案。1989 年 5 月，7 个专科专业的教学计划全部修订完毕。修订后的教学计划培养目标更加明确，突出社会需要，加强了针对性，进一步加强技术基础课，并保证实践性教学环节占整个教学时间的1/3。为了保证教学计划的实施，学校通盘考虑，不断完善各门课程的教学大纲和实验、实习指导书。同时，采取积极措施，扎扎实实地抓师资队伍建设、教材建设、实验室建设、学风建设和基础设施建设。

2. 实现了由稳步发展向特色发展的转变（1989—1998年）

（1）积极推进校内体制改革，增强办学活力。1987年6月，夏永平校长在学校首届教职工代表大会的报告中提出了在"十五"期间要"坚持改革，调整结构，充实内涵，稳步发展"的思路。在1992年8月邓小平南方谈话发表，国家的改革和发展步伐进一步提速的大背景下，1993年学校召开了十三届党员大会，明确提出了"解放思想、振奋精神、同心同德、真抓实干，加快学校建设发展步伐"的指导思想，通过了《学校内部体制改革方案》。学校成立了以党委书记廖沛湘和校长夏永平为正副组长的校内管理体制改革领导小组，制订了《重庆钢铁高等专科学校内部管理体制改革方案》《机构改革方案》《关于人事制度改革的若干意见》《校内分配制度改革的若干意见》等7个配套文件。本着精简、高效、加强教学第一线的原则，精简机构、调整结构、理顺关系、建立校系两级管理体制，下放职权，逐步形成了能适应社会主义市场经济的高等专科学校校内管理体制与运行机制。

机构改革：在冶金工业部高等专科学校机构设置控制范围内，结合学校实际，确定了应设机构的名称，实行一个机构多项职能、一套班子几块牌子，不求上下对口，将校党政机关调整为12个、二级单位8个、直属单位4个。减少了处科级单位3个，机关更加精干，转变职能，面向基层管理和服务。健全和完善了系（部）等二级单位的责权，理顺了关系，增强了学校的宏观调控能力。以后几年，学校又根据工作需要和情况变化，对机构进行了多次调整，使机构设置更趋合理。

人事分配制度改革：1993年，人事制度改革分为定编、定岗、定责、聘任几个阶段。学校按照冶金工业部下达的年度编制限额和有关规定，核定机关处室和二级单位的额定编制数，实行固定编制和流动编制相结合、事业编制和企业编制分流，同时按照全额拨款、差额拨款和经费自理不同比例划分各部门编制。1993年学校总编制500人，其中全额拨款占75%，差额拨款和经费自理占25%。设岗是根据工作任务和工作量确定应设工作编制和岗位，实行满工作量制和全员聘任制。聘任工作在定编、定岗、定责基础上进行，除校领导外，所有教职工实行聘任制，聘期以3年为周期。干部实行能上能下、职工实行可干可工和校内待业制度。聘任分二级进行，学校聘任中层干部，机关处室和二级单位聘任一般干部、教师和工人。完成全员聘任后就进行分配制度改革。建立国家工资和校内工资相结合的制度和校内工资晋升制度。校内工资包括岗位（职务）工资、岗位（课时）津贴和奖金三部分。将原来的奖酬金等工资外收入纳入校内工资，增加校系调控能力，强化工资的激励作用。职工待遇随岗位变动，根据贡献大小，合理拉开差距，保证从事教学、科研的教师及其他骨干教职工得到较高报酬。实行承包制和企业化的单位，工资分配与其经济效益挂钩。岗位（职务）工资按管理、专业技术人员和工人分别划分若干等级。教师实行课时津贴，专业技术人员、管理人员及工人实行岗位津贴。教学单位岗位津贴实行总包干，各系在指标限额内自行拟定实施细则，包干分配。这次管理体制改革，触动了计划经济体制下形成的平均主义、"大锅饭"，初步建立了竞争激励机制。

财务管理制度改革：1992年4月，财务科改为财务处。在财务管理方面，进行了一系列改革，建立了宏观调控制度和"一支笔"审批制度，严格执行"经费包干，结余留用，超支不补"，保证重点，量力而行，综合平衡。先后制订了节约教育经费、暂付款管理、招生费包干、现金支票管理、差旅费、运行经费、学生贷款、基金管理等10多项规章制度，大大提高了办学效益。

（2）扩大办学规模，提高办学能力。学校依托炼铁、炼钢、轧钢、冶金机械、工业分析、工业电气自动化、工业财务会计7个老专业，增加专业方向，扩大招生规模。1994年开始，逐年增加计算机应用与维护、机电一体化、涂装防护工艺、精细化工、企业管理（证券投资）、数控技术应用、工业控制计算机应用技术、物业电气技术与管理、计算机辅助设计、商品质量检测技术、计算机网络与软件应用、电子排版与广告制作、环境工程、广告电脑制作、计算机组装与维护、产品涂料与装潢、电气技术、汽车技术与营销等专业，招生规模逐年扩大。1992 年，学校设立了成人教育部，以普通专科教育为主体，建立多层次、多类型的开放式办学新格局。1995 年，成人教育在校生已超过 600 人，先后在达钢、威钢、攀钢、长钢、乐山、贵州、水钢、洛阳、金川、西铝、忠县、长寿铁合金、重冶和重庆石油高专等地建立了函授站。学校还与工厂及兄弟院校联合办学，发展中专教育，1985—2000 年 10 多个专业的中专毕业生达到 3117 人，占学校这些年来培养各类人才总数的 1/3。开展多种形式的非学历教育，据不完全统计，16 年中举办非学历教育的各类培训班 50 多期，参培人员 2250 余人。积极发展高等职业教育，1999 年进行了"旅游服务与管理"高职教育试点，随后设置了招收高中生的高职专业 5 个和招收初中生的高职专业 3 个，到 2000 年学校高职在校生为 300 余人。

（3）深化教学改革，凸显办学特色。为了提高育人质量，学校认真贯彻落实国家教委关于普通高等专科教育工作意见，在全校广泛开展讨论，进一步明确了专科人才培养要凸显"学校特色、专科特色、专业特色"的理念。为了适应市场经济发展需要，1994—1998 年先后申报建设了 15 个新专业。1994 年，学校炼铁专业经国家教委（1998 年后改称教育部）批准为教学改革试点专业。1998 年，学校计算机辅助设计、工业控制计算机应用技术、商品质量检测技术 3 个专业被教育部批准为第四批教改专业。在教改试点专业带动下，学校的其他专业在人才培养模式、课程体系、教学内容、教学方法和手段、教材结构等方面进行了大胆探索，增强了办学针对性和适应性。1998 年 7月开始，学校为贯彻落实《中共中央、国务院关于深化教育改革全面推进素质教育决定》的精神，对各专业培养计划

图 1-1-25
冶金工业部副部长王万宾（中）来校视察，刘玉德书记等陪同

进行了修订，整个培养计划从教学环节安排、课程结构设计、课程教学基本要求、学时分配到课外活动的设计都贯穿了素质教育的思想，形成了面向 21 世纪的"99 教学计划"和"99 人才培养方案"。

学校还不断加强师资队伍建设、实验实习基地建设、课程建设和教材建设，不断改进和加强教学管理，办学质量不断提高，毕业生多受到用人单位好评，学校学生获得"分得下、留得住、干得好"的行业赞誉，"学校特色、专科特色、专业特色"初见成效。

3. 完成了由单科性学校向多科性学校的转变（1999—2004 年）

学校在 1999 年前的若干年间，属于为冶金行业办学。为了适应社会主义市场经济和国家经济体制改革发展需要，1999—2000 年，学校增设了 14 个普通专科专业和 6 个高职专业。在 30 个新老专业中，纯冶金类专业只保留了 3 个，其余为非冶金的工科专业，专业覆盖了材料、机械、电气自动化、计算机应用技术、化工、经济管理、旅游服务等多个学科领域，构建起了多科性的专业结构。1999 年还与重庆大学机械工程学院联办了新产品开发专业专升本专业；2000 年开始，又与重庆工学院合办起了机械设计制造及其自动化、自动化、计算机科学与技术 3 个专升本专业。在校内还开设了市场营销、电子商务等一系列辅修专业。经过几年的调整，到 2004 年学校基本实现了由单科性行业学校向多科性地方学校的转变。

四、学校办学成就简述

学校办学 53 年来，为国家培养了 3 万余名各级各类专门人才，特别是冶金行业的一线专门人才，在社会上享有较高的声誉。通过全校师生员工的努力奋斗，学校的校园环境和办学条件不断完善，办学水平不断提高，得到了区域和行业内的普遍赞誉。

（一）校园环境和办学条件优良

重庆工业高等专科学校位于重庆市区繁华地段杨家坪，占地面积 152000 平方米（约合 228 亩），总建筑面积 155000 平方米，建有中心实验室、语言实验室、CAD 中心、计算中心、电化教学中心、中央控制系统的多媒体教室、电子阅览室

图 1-1-26　学校获得的部分荣誉

图 1-1-27　校园老照片

等现代化教学设施以及实力雄厚的教学实习工厂。学生公寓楼及食品设施齐全。学校图书馆藏书20多万册，有中外期刊500多种，文献检索手段先进。学校交通便利，校园环境优美怡人，被重庆市委、市府授予"文明单位"和"园林式单位"称号。

（二）应用型人才受到行业广泛赞誉

重庆工业高等专科学校是一所培养高级工程技术应用型和管理型人才的全日制普通高等学校，学校以工科为主、文科为辅。截至2004年，学校在校生达到6000余人，且已较好地形成了全日制普通专科与高等职业教育并重、兼办本科、成人教育及中专教育的多层次、多形式、多类别的开放式办学新格局。学校设有自动化系、计算机系、材料工程系、机械工程系、经济管理系、化学工程系、基础系等10个系部，工业电气自动化技术等30个专科专业，以及广告电脑制作等6个高职专业。

学校有教职工500余人，兼职教师40余人，其中有教授、副教授等高级职称80余人，中级技术职称200余人，有5名高级专家享受政府特殊津贴。时年，教学、科研人员在学术刊物上发表论文800余篇，获国家、部、省、市级教学改革奖、教学成果奖、科技成果奖、科技论文奖50多项。

图 1-1-28　相关获奖证书

图 1-1-29
1999 年 6 月，学校与加拿大霍兰学院签订合作办学协议

图 1-1-30
2001 年 2 月，加拿大前总理克雷蒂安（后排中）在北京出席学校与加拿大霍兰学院联合办学签字仪式

图 1-1-31
"重庆市舍己救人优秀共青团员"李林忠烈士

学校注重对外交流与合作，时年已与加拿大霍兰学院、重庆大学、重庆工学院等国内外高校建立了良好的协作关系。

学校理论联系实际，以应用型人才培养为主线，注重培养学生实践动手能力和知识更新能力，特别是脚踏实地、刻苦钻研、不断进取的精神，形成了"勤奋、严谨、进取、献身"的优良学风。学校重视全面推进素质教育，涌现出了"重庆市舍己救人优秀大学生""重庆市舍己救人优秀共青团员"李林忠烈士等先进典型。

时年，即使在就业形势相当严峻的情况下，学校毕业生的一次就业率仍能保持在 90% 以上，在同类学校中位居前列。其中，炼铁、炼钢及铁合金、金属压力加工、冶金机械（机械设备维修及管理）等专业的毕业生供不应求，就业率达 100%。毕业生在各行业扎得下、留得住、干得好。

学校抓住西部大开发战略和科教兴国战略实施的历史发展机遇，深化改革，全面推进素质教育，更是在多层次、综合性方面办出了新的特色，达到了新的水平。

第二节　重庆石油高等专科学校发展历程

重庆石油高等专科学校自1951年4月开始，经历了石油干部班办学（专科钻探1班）、半年专科办学（1951年9月—1952年3月）、42年中专办学（1952年3月—1994年3月）和10年专科办学（1994年3月—2004年5月）的起落跌宕过程。53年中，学校曾9次更换校名，5次迁移校址，15次变更管理体制。学校走过了一个在多变中适应、探索，在成长中成熟、壮大的发展历程。

一、学校初期发展阶段（1951—1952年）

（一）建校的历史背景

中华人民共和国成立以前，中国的石油工业极其落后，年产原油不足10万吨，石油教育事业更是一片空白，全国没有一所培养石油专门人才的学校。中华人民共和国成立初期，百业待兴，人才匮乏。1949年10月，为统一领导全国燃料工业的生产和基本建设，国家宣布成立中央人民政府燃料工业部，隶属中华人民共和国中央人民政府政务院，并在政务院财政经济委员会的指导下工作。1950年初，刚刚成立不久的中央人民政府燃料工业部在北京召开石油工业会议，决定大力开展天然石油勘探，迅速恢复人造石油生产，并提出了兴办石油教育事业、大力培养石油专门人才的任务。

（二）西南石油工业专科学校

1951年4月21日，中央燃料工业部石油管理总局批准在西南工业部干部学校设立石油干部班，以培训钻井技术干部，在此基础上筹建西南石油工业专科学校。1951年9月20日，经中央人民政府燃料工业部批准，在石油干部班基础上，中央燃料工业部石油管理总局西南石油工业专科学校正式成立。

管理体制：西南工业部干部学校石油干部班（专科钻探 1 班）和西南石油工业专科学校隶属中央人民政府燃料工业部石油管理总局。

学校主要领导：1951 年 9 月—1952 年 2 月任命孙自全任西南石油工业专科学校临时校务委员会主任。1952 年 2 月 4 日任命燃料工业部石油管理总局驻重庆办事处主任焦益文兼任西南石油工业专科学校校长。1952 年 3 月 22 日学校更改为"西南石油工业学校"后，焦益文继续兼任校长职务。

校址迁移：1951 年，西南军政委员会工业部干部学校石油干部班办学地点在重庆江北盘溪（西南军政委员会工业部干部学校所在地）。1952 年 2 月，石油干部班脱离西南军政委员会工业部干部学校，与西南石油工业专科学校一起，校本部由江北盘溪迁至沙坪坝区化龙桥黄桷村 4 号（西南石油勘探处仓库所在地），占地面积 17 亩，可使用面积 14 亩，且周边无发展空间。学校行政办公地址在重庆市渝中区潘家沟 1 号中央燃料工业部石油管理总局重庆办事处内（现渝中区和平路 156 号）。

建校初期，学校坚持边建校边招生边办学，招收了第一届大专学生。

二、中专发展阶段（1952—1994 年）

（一）西南石油工业学校（1952 年 3—10 月）

1952 年 3 月 22 日，中央燃料工业部做出决定，将"西南石油工业专科学校"更改为中专学校，更名为"西南石油工业学校"。

管理体制变更：1952 年 3 月 22 日，西南石油工业学校隶属中央人民政府燃料工业部石油管理总局领导。1952 年 11 月 1 日，西南军政委员会工业部石油勘探处成立，学校由中央燃料工业部石油管理总局划归西南石油勘探处领导。

学校领导及党政领导班子调整：1952 年 10 月，西南石油工业学校第一届党支部委员会成立，宋世杰任党支部书记。1952 年 10 月 20 日，中央燃料工业部石油管理总局重庆办事处决定对学校领导干部予以充实，由焦益文兼任校长，并由焦益文、胡砺善、宋世杰、鲜少卿4人组成校务委员会。

办学简况：1952年3月，中央燃料工业部石油管理总局通知学校保留钻探和机械2个专业，开办3个班。

（二）重庆石油工业学校（1952年11月—1953年10月）

1952年11月12日，西南军政委员会工业部决定，将"西南石油工业学校"更名为"重庆石油工业学校"。

领导体制：重庆石油工业学校仍由西南军政委员会工业部西南石油勘探处领导。

学校主要领导：1953年2月，周庆堂任重庆石油工业学校党支部书记和代理校长。学校第一届工会委员会成立（基层工会组织），工会负责人王崇礼。

（三）石油工业部重庆石油学校（1953年11月—1958年9月）

学校主要领导：1953年10月29日，学校恢复由中央人民政府燃料工业部石油管理总局直接领导，更名为"中央人民政府燃料工业部重庆石油学校"。周庆堂继续任重庆石油学校党支部书记和代理校长。学校开设钻井、矿机、采油3个专业，在校学生410人。

图1-2-1　周庆堂　　　　图1-2-2　郭德华　　　　图1-2-3　王礼庭

1955 年 5 月，石油工业部成立，中央决定将"中央人民政府燃料工业部重庆石油学校"更名为"石油工业部重庆石油学校"。

1955 年 5 月—1956 年 3 月，郭德华任石油工业部重庆石油学校党支部书记和代理校长。

1956 年 3 月—1958 年 10 月，王礼庭任重庆石油学校党总支书记、校长。

1958 年 11 月—1964 年 5 月，黄志强任重庆石油学校党总支书记。

校址迁移：中央燃料工业部商得重庆市建设委员会同意，在大坪复新村（建校后更名为石油路）征地 168.259 亩，并于 1955 年 5 月开工建设。1955 年 8 月底，重庆石油学校由沙坪坝化龙桥黄桷村 4 号迁至现在的渝中区大坪石油路 1 号。1955 年 9 月 1 日正式在新址开学。

办学简况：截至 1955 年 8 月底，学校共毕业了两届大专生和四届中专生，为中华人民共和国成立初期的石油工业战线输送了 229 名急需的大、中专毕业生，缓解了石油专业人才紧缺的状态。1955 年 5 月后，学校按照石油工业部的要求增设石油类专业和扩大招生，加快了石油工业急需建设人才的培养。

1955 年 8 月，学校增设钻井、矿机、采油 3 个专业，在校学生达到 410 人。

1956 年 4 月 18 日，石油工业部确定重庆石油学校的发展规模为在校学生 1600 人；专业设置为石油地质、钻井、开采和矿机；学制：地质为 3 年，钻井、开采、矿机为 4 年。1956 年 9 月，设 4 年制地质专业。1956 年 12 月，石油工业部副部长康世恩来校视察。1988 年已担任国务院副总理的康世恩再次来到学校视察。

1957 年 2 月 26 日，石油工业部副部长周文龙来校视察，强调"学校党的工作应以完成教学计划为中心，其他工作应围绕这一中心进行，党的工作必须走在前面，不应落于教学之后"，"提高教学质量的途径，首先在于提高教师的业务水平"，并指出"学科委员会的活动应以教学研究为中心"。

1958 年 3 月 11 日，石油工业部向所属院校发出《关于开展勤工俭学的通知》。

学校开展了广泛的勤工俭学活动和教育改革，大批学生离开课堂，到生产一线参加劳动，如参加大巴山地质勘查、川中会战、松辽会战、贵州打井等。

1958年4月23日，石油工业部部长余秋里同志来校视察并给师生作报告。余秋里部长勉励师生努力把自己培养锻炼成为又红又专、忠心耿耿为人民服务的专业人才。

1958年6月28日，石油工业部人事司安排学校开设泥浆班，学制2年。1958年7月3日，石油工业部人事司安排学校增设人造油、炼厂机械两个专业。

（四）石油工业部重庆石油工业学校（1958年10月—1962年7月）

更名重庆石油工业学校：1958年5月26日，石油工业部决定，将重庆石油学校变更由石油工业部四川石油管理局领导。

1958年9月26日，石油工业部（1955年7月30日成立）发文，将"石油工业部重庆石油学校"更名为"石油工业部重庆石油工业学校"。

学校主要领导：黄志强于1958年10月—1964年4月，任重庆石油工业学校党总支书记（含重庆天然气学校）。周庆堂于1958年10月—1961年10月任重庆石油工业学校校长。陈世璞于1961年10月—1968年12月任重庆石油工业学校校长（含重庆天然气学校）。

1962年4月2日，经重庆市中专党委组织部批复，由黄志强、陈世璞、余林、吕德功、钟辉、应忠林、蒋德芳、李世长、张心明9人组成重庆石油工业学校党总支委员会，黄志强任党总支书记。

办学简况：1960年6月，石油工业部决定，将采气专业并入泸州天然气学校。1960年9月8日，石油工业部决定，撤销学校人造油专业。

1961年，为贯彻国家"调整、巩固、充实、提高"的八字方针，学校精减职工40人，压缩学生795人。连同秋季招收的新生在内，学校共保留学生734人。

1962 年，学校精减教职工 251 人（其中干部 21 人、教师 60 人、工人 170 人），压缩学生 171 人。

（五）重庆天然气学校（1962 年 8 月—1964 年 1 月）

1962 年 7 月 7 日，石油工业部决定，将泸州天然气学校并入重庆石油工业学校。1962 年 8 月 15 日，石油工业部决定，将"石油工业部重庆石油工业学校"更名为"重庆天然气学校"。

领导体制：1962 年 8 月 15 日，石油工业部决定，重庆天然气学校由石油工业部直接领导。

学校主要领导：其间，由黄志强任重庆天然气学校党总支书记，陈世璞为重庆天然气学校校长。

办学简况：1962 年 8 月，泸州天然气学校教师、干部 20 人，学生 198 人正式并入"重庆天然气学校"。重庆天然气学校开设地质、钻井、开采、矿机、储运、天然气综合利用 6 个专业。

1963 年 7 月 11 日，石油工业部批复，学校只办地质、钻井、开采、储运、矿机 5 个专业，停办天然气综合利用专业。1963 年 11 月 1 日，石油工业部决定撤销储运专业。

1963 年 11 月 25 日，石油工业部周文龙副部长第二次来校视察。

（六）石油工业部重庆石油学校（1964 年 2 月—1969 年 11 月）

1964 年 1 月 14 日，石油工业部决定将"重庆天然气学校"更名为"石油工业部重庆石油学校"。

领导体制变更：1965 年 7 月，学校设立政治处，正式启用石油工业部政治部颁发的"中国共产党石油工业部重庆石油学校政治处"印章。

1966年10月8日，中共四川省委决定，重庆石油学校党的领导关系由重庆市委转四川石油管理局党委。1966年11月，学校团的领导关系由共青团重庆市委转四川石油管理局团委。

1968年10月，重庆驻军派出军代表进驻重庆石油学校，受石油工业部军管会领导。

学校主要领导及班子调整：秦政枢于1964年2月21日—1966年2月任重庆石油学校党总支书记；1966年2月—1970年5月、1975年1月—1987年5月任重庆石油学校党委书记；1968年12月—1971年12月任学校革命委员会主任。

图1-2-4　秦政枢

1964年2月21日，石油工业部党组任命秦政枢为重庆石油学校党总支书记，原党总支书记黄志强调离学校另行分配工作。

1964年5月25日，经重庆市中专党委批复，由秦政枢、余林、万德鑫、钟辉4人组成学校党总支委员会，秦政枢任党总支书记。

1966年2月，经重庆市委批准及石油工业部政治部批复，由秦政枢、余林、吕德功、刘祖泰、张膺才6人组成重庆石油学校第一届党委。秦政枢任党委书记至1970年5月。

1968年11月9日，重庆石油学校革命委员会成立。革委会主任秦政枢、副主任杜政体（军代表）、应忠林、刘泽钧、宁雪围。

校址两次迁移：1966年8月26日，学校从重庆市大坪石油路1号迁往四川隆昌县两道桥。1966年12月，学校从四川隆昌县两道桥迁回重庆大坪石油路1号。

（七）四川石油管理局重庆石油仪器修配厂（1969年12月—1975年1月）

1969年12月8日，石油工业部军管会决定，"石油工业部重庆石油学校"与"四川石油管理局仪器修配厂"合并，以校改厂，由厂办校。1970年3月21日，石油工业部军管会批复，厂校合并成立"四川石油管理局重庆石油仪器修配厂"，并由厂办一所中等技术学校。

领导体制：1969年12月8日，石油工业部军管会决定，"四川石油管理局重庆石油仪器修配厂下放给四川石油管理局领导"。1970年9月22日，厂校合并成立了四川石油管理局重庆石油仪器修配厂革命委员会。

领导及其班子调整：1970年5月7日，经四川省革委党的核心小组批复，由平松义（军代表）、任才全（军代表）、秦政枢、应忠林、储万英5人组成重庆石油仪器修配厂党的核心小组，由军代表平松义任组长。1970年9月22日任命厂革委主任秦政枢、第一副主任储万英、第二副主任廖顺炳、第三副主任应忠林。

1971年12月28日，重庆市委决定，刘宝珍（军代表）为重庆石油仪器修配厂革委会主任。

1972年1月24日，经重庆市委批复，由马道佑、平松义（军代表）、刘宝珍（军代表）、李文清（军代表）、秦政枢、夏树华、黄同远、储万英、雷治清、曾祥清、廖顺炳11人组成重庆石油仪器修配厂党委，党委书记刘宝珍兼学校革命委员会主任，党委副书记为秦政枢、储万英（这也就是学校的第二届党委）。

1973年4月14日，经重庆市委组织部批复，陈世璞任重庆石油仪器修配厂党委副书记、厂革委副主任，余林、吕德功为厂党委委员。

本阶段办学简况：1972年学校恢复招生2年制中专学生。1972年9月8日第一批工农兵学员开学，分别有测井、钻井、地质和矿机4个专业共200余人。

（八）四川石油管理局重庆石油学校（1975年2月—1994年3月）

1974年2月，军代表撤出学校。1974年12月16日，四川省革命委员会生产建设办公室批复，同意将重庆石油学校与重庆石油仪器修配厂分开。1975年1月，厂校正式分家，学校名改为"四川石油管理局重庆石油学校"。

领导体制变更：1976年2月20日，四川石油管理局党委决定，由石油局气矿派工宣队进驻重庆石油学校，参加"斗、批、改"，并领导学校。1976年8月26日，四川石油管理局党委决定，恢复重庆石油学校革委会。

1978年9月21日，石油工业部决定将重庆石油学校改为部和四川省双重领导、以部为主的管理体制。

学校主要领导和领导班子的调整：1975年4月19日，经四川石油管理局党委批复，由秦政枢、余林、吕德功、夏树华、曾祥清、雷治清、侯忠勇7人组成学校临时党委。临时党委书记秦政枢，副书记吕德功。1975年11月3日，经四川石油管理局党委批复，由秦政枢、吕德功、余林、李世长、夏树华、周永珍、侯忠勇、曾祥清、雷治清9人组成学校第三届党委，秦政枢任党委书记，吕德功任党委副书记。

1976年8月26日四川石油管理局党委决定，吕德功担任校革委会主任，免去秦政枢校革委会主任的职务。吕德功于1976年8月—1978年11月任四川石油管理局重庆石油学校革命委员会主任，1978年11月—1982年11月任四川石油管理局重庆石油学校校长。

1982年1月9日，学校举行第四次党员大会，选举产生了学校第四届党委，秦政枢任学校党委书记，吕德功、夏树华任党委副书记，吕德功兼任纪委书记。1982年11月24日，党委书记秦政枢兼任学校校长。

1983年3月，四川石油管理局党委决定，由秦政枢、夏树华、邹水生、徐启荣、周永珍5人组成学校党委。徐启荣任纪委书记，周永珍任工会主席。

1983年10月，石油工业部党组任命秦政枢为重庆石油学校党委书记，邹水生为副书记，夏树华为重庆石油学校校长，蒋德芳、曾祥清为副校长。

1983年12月9—10日，学校举行第五次党员大会，大会选举产生第五届党委会，秦政枢任党委书记，邹水生任副书记，徐启荣任纪委书记。

图 1-2-5 吕德功

图 1-2-6 夏树华

图 1-2-7 邹水生

图 1-2-8 高国炎

1987年5月7日，石油工业部任命邹水生为学校党委书记，高国炎、侯忠勇为副校长。免去秦政枢校党委书记职务，校长夏树华、副校长蒋德芳职务不变。夏树华于1983年9月—1989年9月任四川石油管理局重庆石油学校校长。

1989年9月22日，中国石油天然气总公司任命江立生为学校校长，免去夏树华的校长职务，改任调研员。江立生于1989年10月—1990年12月任四川石油管理局重庆石油学校校长。

邹水生于1987年5月—1994年7月任四川石油管理局重庆石油学校党委书记。

高国炎于1990年12月—1994年7月任四川石油管理局重庆石油学校校长。

本阶段办学简况：1977年全国恢复高考制度，办学进入正轨。党的十一届三中全会以后，学校基础设施建设重新全面启动，各项改革不断深化，学校进入正常发展时期。为适应石油工业大发展需要，1977年4月，学校招收了恢复高考制度后的第一批中专学生，有输气、钻井、开采和矿机4个专业，学生超过200人。1978年4月又招收钻井、矿机、财会和师范专业学生560余人。1978年石油工业部部长宋振明来校视察。

图 1-2-9 宋振明部长视察学校

1980年11月5日，教育部将重庆石油学校列为全国重点中等专业学校。1992年，学校顺利通过了国家教委中专办学水平评估，评估专家组对学校的教育教学质量、软硬件建设以及各项改革措施给予了充分肯定和高度评价。

三、专科发展阶段（1994—2004年）

在邹水生书记和高国炎校长共同主持下，全校师生共同努力，于1994年3月8日经国家教育委员会批准，重庆石油学校由中专成功升格为专科，更名为重庆石油高等专科学校。

（一）中专升格为专科相关文献

国家教育委员会

关于同意建立重庆石油高等专科学校的通知

教计〔1994〕63号

中国石油天然气总公司、四川省人民政府：

中国石油天然气总公司《关于将重庆石油学校改办为高等专科学校的报告》（中油人教字〔1992〕第571号）及有关文件收悉。

为适应石油工业发展对高等专科人才的需要，鉴于该校办学条件基本符合《普通高等学校设置暂行条例》的要求，在全国高等学校设置评议委员会评议的基础上，经研究，同意在重庆石油学校的基础上建立重庆石油高等专科学校。现就有关事项通知如下：

一、重庆石油高等专科学校实行由中国石油天然气总公司和四川省人民政府双重领导，以石油天然气总公司为主的管理体制。学校建设发展所需经费，由石油天然气总公司负责解决。

二、该校全日制在校学生发展规模定为3000人。

三、该校专科专业的设置及其修业年限，由你部根据我委的有关规定办理。

四、望进一步加强对该校的领导，切实解决该校发展建设中的有关问题，深化教学领域的改革，努力办出高等职业技术教育特色，培养应用型人才。

中华人民共和国教育委员会

1994 年 3 月 8 日

中国石油天然气总公司
关于重庆石油学校改办为高等专科学校的通知

中油劳字〔1994〕第 379 号

重庆石油学校：

根据国家教委《关于同意建立重庆石油高等专科学校的通知》（教计〔1994〕63 号），决定在重庆石油学校的基础上建立重庆石油高等专科学校。现将有关事项通知如下：

一、重庆石油高等专科学校实行由中国石油天然气总公司和四川省人民政府双重领导，以中国石油天然气总公司为主的管理体制，为副局级单位。

二、该校近期在校生发展规模为 2000 人，修业年限为 3 年。招生实行国家任务计划和调节性计划相结合。培养人才主要面向石油工业，同时兼顾地方和其他产业部门。

三、该校人员编制由劳资局重新核定，设置石油地质勘查、钻井工程、采油工程、油田应用化学、矿业机械、内燃机、汽车运用与修理、工业与民用建筑工程、给排水、工业财务会计 10 个专业。

中国石油天然气总公司

1994 年 7 月 20 日

图 1-2-10
1998 年 7 月，中共重庆石油高等专科学校第一次党员大会

1994 年 7 月 26 日，重庆石油高等专科学校举行揭牌仪式。中国石油天然气总公司副总经理张永一和重庆市政府领导缓缓揭开覆盖在校牌上的红绸。总公司人教局副局长徐梦虹宣读了国家教委《关于同意建立重庆石油高等专科学校的通知》。张永一副总经理在讲话中特别强调学校要办出自己的特色，今后石油院校除了要面向石油工业外，也要为地方和区域经济服务，以提高办学效益。

（二）领导体制变更

1994 年 3 月 8 日，国家教委以教计〔1994〕63 号文明确重庆石油高等专科学校实行由中国石油天然气总公司和四川省人民政府双重领导，以中国石油天然气总公司为主的管理体制。学校发展所需的经费，由石油天然气总公司负责解决。

2003 年 12 月 29 日，为适应国家高等教育体制改革总方针，学校由中国石油天然气集团公司划转重庆市人民政府管理，实行重庆市与中油集团公司共建，以重庆市为主的管理体制。

（三）主要领导及领导班子调整

1994 年 7 月 8 日，中国石油天
然气总公司、党组及 7 月 11 日人教
局行文决定：黄建民任重庆石油高等
专科学校党委书记；刘业厚任校长、
党委副书记；邹水生任党委副书记兼
纪委书记；高国炎、郭万源、武金陵
任副校长；周永珍任工会主席。

图 1-2-11　黄建民

图 1-2-12　刘业厚

1998 年 3 月 18 日，中国石油天然气总公司人教局孙万
安副局长来校宣读了总公司党组、总公司人教局任免文件：
任命李玉平为重庆石油高等专科学校党委书记，郑航太为副
校长；原党委书记黄建民、副书记邹水生、副校长高国炎、
工会主席周永珍同志卸任。

图 1-2-13　李玉平

1998 年 3 月 23 日，学校党委召开了新班子组成后的第
一次党委扩大会，明确了领导班子的分工。李玉平书记分管
党委办公室、组织部、宣传部、党校和纪检办公室，并暂时兼任纪委书记；刘业厚
校长分管校长办公室、人事处、计财处、审计科工作；郑航太副校长分管教务处、
成教部、社科部、图书馆和各教学系部的行政工作；郭万源副校长分管总务处（生
活服务公司）、保卫处、离退休管理处和综合治理工作；武金陵副校长分管学生处、
团委、工会和校产处。

1998 年 7 月 17 日，学校隆重举行升格后的第一次党员大会。市委高教工委书记、
市教委主任、市教委党组书记欧可平，市高教工委副书记、市教委副主任王开达等
出席会议。大会选举李玉平、刘业厚、武金陵、郭万源、郑航太为中共重庆石油高
等专科学校第一届委员会委员；武金陵、陈绍才、常剑、李文华、周本立为中共重
庆石油高等专科学校第一届纪律检查委员会委员；李玉平为重庆石油高等专科学校
新一届党委书记，武金陵为党委副书记兼纪委书记。

2002年11月1日，党委书记李玉平调离学校到中国石油天然气总公司干部管理学院任职，由学校校长、党委副书记刘业厚教授主持学校党委工作。

（四）创建全国示范性普通高等专科学校

学校于1994年升格为重庆石油高等专科学校后，于1998年被教育部遴选为全国示范性普通高等工程专科重点建设学校。这是学校抢抓机遇主动获得快速发展的四年努力成果。

在石油总公司的大力支持下，学校建设得到快速发展。学校占地面积365亩（另在渝北区铁山坪有农场土地332亩），校舍建筑面积13万余平方米。固定资产1.1亿元，其中教学仪器设备总值近2000万元。图书馆藏书27万册。有功能齐全的培训中心、计算机房及多媒体电化教学系统，标准运动场和游泳池，4800平方米的文化体育活动中心，公寓化管理的学生宿舍7栋和4个学生食堂（其中3个标准化学生食堂），为学生的学习、生活和文化体育活动创造了良好的条件。

学校设有石油工程系、机电工程系、建筑工程系、工商管理系和社会科学部、基础教学部、成人教学部7个教学系部，74个专业，28个教研室，13个实验室，1个计算机中心，石油钻采、汽车内燃机运用与维修等3个校内实习基地。学校还设有国际钻井重庆（长城）井控培训中心、AUIDCAD西南培训中心、ADOB培训中心和ATC培训中心4个国际技能技术鉴定认证机构和7个国家技能技术（包括普通工种和高新技术）培训与鉴定机构。油气开采、石油钻井技术、汽车运用与维修、财务会计4个专业是教育部的教改试点专业，油气开采专业通过验收成为全国首批高等工业专科学校示范性专业。

学校有专任教师195人，正教授6人，副教授76人，讲师82人，助教31人。具有博士学位的6人，硕士学位的26人，其余教师都具有本科学历。具有"双师"素质的教师有81人，占教师总数的59.6%。为适应培养生产、建设、管理、服务一线的技术应用型人才需要，学校还聘请了53名具有较高学术水平和实践经验的校外兼职教师。

1994 年 3 月 8 日，国家教委批准专科后学校的办学规模为在校学生 3000 人。由中专改建成高等专科学校，给学校带来了新的发展机遇。学校的学科专业设置、教学改革、校内管理体制改革、党建和思想政治工作等取得了突出成绩，很快呈现出了协调、持续、健康发展的新局面。到 1998 年，学校各类在校学生规模已经超过了 5000 人。

1998 年，学校被教育部遴选为全国示范性普通高等工程专科重点建设学校。

图 1-2-14　学校校舍

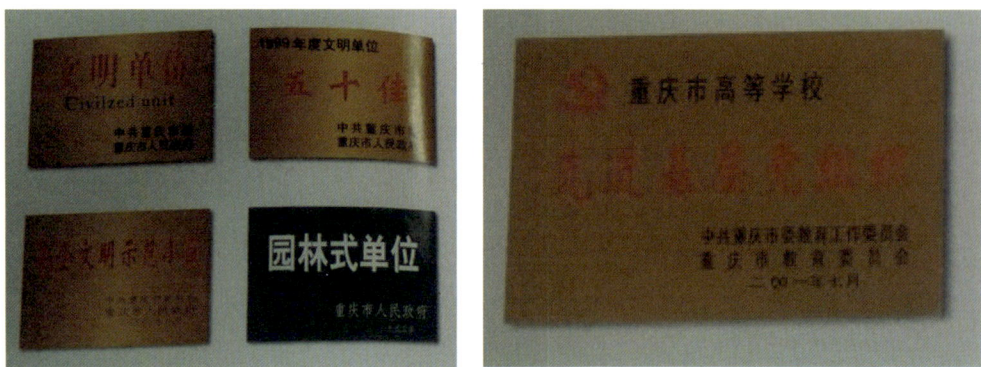

图 1-2-15　学校获得的荣誉

四、学校办学成就简述

学校办学 53 年来，始终坚持社会主义办学方向，坚持德育为先，育人为本，不断提高教育质量和办学效益。中专升为专科后，学校以培养"四有"新人为主旋律，以深化改革为动力，不断调整和优化办学架构，形成了以普通专科教育和高职教育为主体，以成人继续教育、科研科技开发、校办产业为支撑的协调发展格局。

（一）教育教学改革成绩可喜

学校长期狠抓专业建设、课程建设、师资队伍建设和实验实习基地建设等教学基本建设，形成了以油气开采、机电工程、工商管理和建筑工程技术为龙头的优势专业群，启动了一批部（省）级、校级教改试点专业、重点课程建设。按照"打好基础，加强实践，突出技能，培养能力，突出素质，办出特色"的原则，在教学实践中，以专业主干课程为主体，以外语和计算机应用为两翼，以专业技术应用能力培养为主线，强化职业技能和工程实践训练，实行学历证书和职业资格证书（或专业技术等级证书）并行，推进产学合作，初步形成了具有自身特色和推广应用价值的"1123"技术应用型人才培养模式，不断更新教育教学内容，改革教学方法和手段。

学校长期坚持教育为主，管教结合的学生工作思路，在广大青年学生中倡导爱国创业，求实奉献，弘扬红岩精神和大庆精神，用"爱国爱校爱石油，勤教勤学勤实践"的优良校风影响学生，建立健全并严格执行各项管理制度，收到了较好的育人效果。

学校重视招生和毕业生就业工作，根据国家有关规定，结合学校的实际情况，健全校内招生与就业指导制度，出台激励政策，调动了各方面的积极性；建立健全招生网络，加强就业指导，招生和毕业生就业工作成绩突出。学校多次被评为中油集团公司和重庆市的招生和就业指导工作先进单位，毕业生就业长期保持在较高水平，平均就业率达到90%以上。

学校全方位、多层次开展成人教育和继续工程教育工作，以适应国企改革和市场经济发展需要。到2004年合校前，学校已初步形成成人学历教育与短期培训相结合，全日制教育与函授教育相结合，以专科层次为主，上（本科）下（中专）延伸的成人教育和继续教育系统。并且，在改革教学内容、探索适合成人特点的教育教学方法与手段方面进行了富有成效的尝试，积累了成功经验。

学校在国内外广泛开展校际校企合作与交流，努力营造开放式的办学环境。学校于1996年获得国家外专局聘请外国文教专家的资格认证，常年聘请外籍专家来校任课；先后引进和接待20多位美国、加拿大、意大利、中国香港等国家和地区的专家、教授来校讲学和访问考察；有近30名教师到美国、英国、德国等6个国家做过访问学者，或攻读学位，或参加学术会议和进行短期科研合作。截至2004年7月统计，学校已与21家石油石化行业和重庆市的企业、学校、科研院所、行业协会签订了合作办学协议，与重庆大学进行了"专升本"合作办学，与美国阿姆斯壮大学（Armstrong University）、西怀俄明社区学院（美国怀俄明州）签订了校际合作办学协议，与国际钻井承包商协会合作开展井控培训与认证工作，并承担了国家外专局培训项目，成立了重庆国际商务培训中心。

（二）管理体制改革促进发展

学校积极推进以人事、劳动和分配制度改革为主要内容的校内管理体制改革，精简机构，优化人力资源配置，调整利益分配结构，调动了广大教职员工的办学积极性，提高了工作效率。

学校于1997年启动了后勤社会化改革，分离后勤行政管理和后勤服务职能，于1997年组建了生活服务总公司，实行企业化运作管理，强化服务意识，提高服务质量，为学校的改革发展提供了强有力的后勤保障。学校对校办产业进行了公司化改造，实行企业化管理，提高了校办产业的经济社会效益，有效地分流了学校的富余人员。学校后勤和校办产业改革的经验被邀请在全国和重庆市的高校后勤与校办产业改革会议上进行了交流。

（三）输送人才享誉石油行业

学校办学53年来，为石油工业和地方经济建设输送了3万多名各级、各类专业人才。现在，大多数毕业生已成为石油和地方经济建设中的技术和管理骨干，并涌现出了一批全国劳动模范、"五一劳动奖章"获得者、省部级劳动模范、全国十大青年科技新星、高中级工程技术管理干部、优秀的思想政治工作者和企业家，他们为祖国社会主义现代化建设做出了重要贡献。1991年以来，学校的教学、科研成果产生了较好的社会经济效益。教师在国内外学术刊物上发表教学、科研论文650余篇，完成科研项目35项，获国家专利2项，获重庆市科技进步奖1项。这些论文和项目紧密结合石油天然气生产和地方经济建设的实际，为之提供了有力的智力支持。获得教学改革与研究成果20余项，财务会计、英语、采油气工程的教学改革分获省部级教学成果一、二、三等奖，为同类高等专科学校的专业建设和课程建设提供了可资借鉴的经验。

在53年的办学历程中，学校形成了两大突出特色：一是思想政治工作特色。长期以来，学校一以贯之地用红岩精神、大庆精神和"自强、勤奋、求实、创新"的校训精神影响和激励青年学生，以一个合格公民的基本道德规范要求青年学生。

毕业生的思想政治素质好，热爱党，热爱祖国，热爱社会主义事业。二是技术应用型人才特色。由于学校长期重视基础教学，强化工程实践应用，鼓励技术创新，引导面向基层，服务生产一线。毕业生一直以思想淳朴、扎根基层、好学上进、动手能力强、富有创新精神而享誉石油行业。

第二章 合校升本的历史机遇和筹备

重庆工业高等专科学校和重庆石油高等专科学校紧紧抓住国家调整高等学校管理体制的机遇，2003年5月12日向中共重庆市委教育工委和重庆市教委请示报告两校师生员工合校升本组建重庆科技学院的强烈愿望。中共重庆市委教育工委和重庆市教委很快对两校的愿望表示了大力支持，2003年6月29日下文组建了以重庆市教委副主任陈流汀教授为组长的重庆科技学院筹备工作领导小组，下设了合校升本综合协调组和9个工作组。接着，组建重庆科技学院的筹备工作在重庆市教委领导下分工合作高效有序地展开起来。

第一节 合校升本的历史机遇

1998年，国务院、国务院办公厅和教育部、国家经济贸易委员会、国家发展计划委员会、财政部等先后就高等学校管理体制改革调整颁发了一系列文件，这些文件为重庆工业高等专科学校和重庆石油高等专科学校合校升本提供了重要的政策支撑和良好的历史机遇。

一、国务院关于高等学校管理体制改革的文献

（一）国务院关于调整撤并部门所属学校管理体制的决定

国务院关于调整撤并部门所属学校管理体制的决定

国发〔1998〕21号

各省、自治区、直辖市人民政府，国务院各部委、各直属机构：

国务院机构改革中，原机械工业部、煤炭工业部、冶金工业部、化学工业部、国内贸易部、中国轻工总会、中国纺织总会、国家建筑材料工业局、中国有色金属工业总公司等9个部门改组或组建为国家经贸委管理的9个国家局。国务院决定，对这些部门所属共211所学校，其中普通高等学校93所、成人高等学校72所、中等专业学校和技工学校46所的管理体制进行调整。

一、对原机械工业部等9个部门所属学校进行调整，是国务院机构改革的重要内容，也是教育改革特别是高等教育管理体制改革的重大步骤。各地、各部门要以党的十五大精神为指导，按照有利于建立适应社会主义市场经济体制的新的教育管理体制，有利于优化高等学校布局结构，有利于这部分学校的长远发展和更好地为国家和当地经济、社会发展服务的原则，认真做好这些学校管理体制的调整与改革。

二、几年来高等教育管理体制改革试点的实践证明，通过共建、合并、合作、调整等方式，不仅有利于打破条块分割、重复办学的局面，较好地实现优势互补、资源合理配置，而且有利于调动各方面的积极性，提高教育质量和办学规模效益。原机械工业部等9个部门所属学校也要通过共建、合并、合作、调整等方式，进行管理体制的调整。93所普通高校原则上都实行中央与地方共建，以地方管理为主。72所成人高等学校，除几所由中央财政负担的管理干部学校原则上就地并入普通高等学校或改制为培训教育机构外，其余由企事业单位举办的成人高等学校一律划转地方管理。46所中等专业学校和技工学校划转地方管理。

三、管理体制调整工作在国务院的领导下，由教育部会同国家经贸委、国家计委和财政部提出具体实施方案报国务院批准后组织实施。各有关省、自治区、直辖市人民政府，国务院各有关部门要高度重视，加强领导，统筹规划，精心组织，密切配合，以改革的精神和高度的政治责任感，努力做好工作。要制定优惠政策和配套措施，做好经费的划转工作。在调整期间，各有关方面要把各项工作做细做好，特别要注意深入细致地做好思想政治工作，确保学校教学和各项工作的正常秩序，维护学校的稳定。调整工作要在新学年开学前基本完成。

四、原机械工业部等部门所属学校是国家的宝贵财富，是培养21世纪高素质人才的重要基地。加大改革力度，办好这些学校，对经济和社会发展特别是对本地区经济和社会发展具有十分重要的意义。今后，国务院各部门要继续关心和支持学校的发展。各省、自治区、直辖市人民政府要加强对这些学校的领导，要给予更多的关怀、支持和帮助。要将这些学校的建设与发展纳入本地区经济和社会发展规划之中；将高等学校纳入当地高等教育管理体制改革和布局调整的整体规划之中。凡已经列入规划准备实施改革和调整的高等学校，要按规划和程序继续进行。

中华人民共和国国务院

一九九八年七月一日

（二）国务院办公厅关于高等学校管理体制调整的文献

国务院办公厅转发教育部等部门
关于调整撤并部门所属学校管理体制实施意见的通知

发文单位：国务院办公厅

文　　号：国办发〔1998〕103号

发布日期：1998-7-3

执行日期: 1998-7-3

各省、自治区、直辖市人民政府,国务院各部委、各直属机构:

教育部、国家经济贸易委员会、国家发展计划委员会、财政部《关于调整撤并部门所属学校管理体制的实施意见》已经国务院同意,转发给你们,请认真贯彻执行。

教育部、国家经济贸易委员会、国家发展计划委员会、财政部

一九九八年六月二十二日

二、教育部等四部委关于高等学校管理体制调整的文献

教育部、国家经济贸易委员会、国家发展计划委员会、财政部关于调整撤并部门所属学校管理体制的实施意见

根据《国务院关于调整撤并部门所属学校管理体制的决定》(国发〔1998〕21号),对原机械工业部、煤炭工业部、冶金工业部、化学工业部、国内贸易部、中国轻工总会、中国纺织总会、国家建筑材料工业局、中国有色金属工业总公司等9个部门所属的93所普通高等学校、72所成人高等学校以及中等专业学校和技工学校的管理体制进行调整。为贯彻落实国务院这一决定,现提出实施意见。

一、调整方案

(一)普通高等学校

1. 在93所普通高等学校中,除中国矿业大学、华北矿业高等专科学校暂时仍由国家煤炭工业局管理外,其余91所普通高等学校都实行中央与地方共建。考虑到一些学校在人才培养、科学研究等方面的特点和作用,对东北大学、北京科技大学、吉林工业大学、湖南大学、中南工业大学、中国纺织大学、北京

化工大学、无锡轻工大学、武汉工业大学、合肥工业大学 10 所普通高等学校，在实施共建中与其他院校有所区别，日常管理以地方为主，重大事项以中央为主。其余 81 所普通高等学校，实行中央与地方共建，以地方管理为主。

2. 各有关省、自治区、直辖市人民政府要加强对这批普通高等学校的领导，要将这批学校的建设与发展纳入本地区经济社会发展规划之中，使它们与地方普通高等学校一样享有当地政府出台的关于普通高等学校的各项政策优惠，以利于更好地发挥它们在本地区经济社会发展中的作用。

3. 要结合高等教育管理体制的改革，将这批学校纳入当地高等教育管理体制改革和布局调整的整体规划之中。凡已经列入规划准备实施改革和调整的学校，要按规划和程序继续进行。

（二）成人高等学校、中等专业学校和技工学校

在 72 所成人高校中，除几所由中央财政负担的管理干部学院原则上就地并入普通高等学校（优先考虑并入当地原同一主管部门的普通高等学校）或改制为培训教育机构外，其余的成人高等学校以及中等专业学校和技工学校由部门管理转为地方管理。

二、实施办法

（一）普通高等学校

1. 中央与地方共建、以地方管理为主的 81 所学校，其国有资产由地方代管，其人员编制管理、劳动工资管理等均由地方人民政府负责。其中，湖北汽车工业学院、长春汽车工业高等专科学校的人、财、物继续分别由二汽集团和一汽集团管理。已参与合并组建太原理工大学的原山西矿业学院，也与这批学校同等对待。

学校的教育事业费，由财政部按照 1998 年调整预算数扣除一次性专项后，再上浮 15%，作为下划地方的经费指标；公费医疗经费和房改经费（专项用于

补助建立住房公积金），由财政部按照 1998 年预算执行数，从 1999 年起划转到地方并由地方财政部门核拨给这批学校。

学校所需基建经费，按学校前 5 年预算内非经营性投资平均数，由国家经贸委和有关国家局与国家计委协商确定投资基数，结合建设项目继续由中央支持一段时间，然后再逐步转由地方政府负责。同时，由国家计委按建设项目给予这些学校一定额度的一次性专项补助。

2. 进入"211 工程"建设的学校，中央专项资金和由部门承诺的在预算内非经营性投资中安排的配套建设资金，分别由国家计委、财政部和教育部按原定数额下达到有关学校。

3. 学校主要在本地区招生，为本地区培养人才，为本地区经济和社会发展服务。一部分行业特色比较强的、需要保护的专业或专业点可以跨省招生，调整这些专业或专业点需经教育部批准。研究生、本专科毕业生就业工作按国家有关规定执行。

4. 中央与地方共建、日常管理以地方为主、重大事项以中央为主的 10 所学校，教育事业费及基建投资均划转教育部负责管理。对这 10 所学校的管理，教育部会同国家计委、财政部和国家经贸委，商学校所在省、直辖市制定管理办法。

5. 国家经贸委及其有关国家局在科学研究、信息沟通、与企业联系、扶持特色专业政策等方面对这批普通高等学校要继续给予关心和支持。

6. 1998 年的预算、决算等工作，仍由原主管部门改组或组建的相应国家局负责管理。

（二）72 所成人高等学校以及中等专业学校和技工学校

1. 由企事业单位举办的成人高等学校、中等专业学校和技工校，其人、财、物和基本建设继续由举办单位负责和管理。

2. 在成人高等学校、中等专业学校和技工学校中，由财政部拨付事业费的学校，按财政部核定的 1998 年末基数指标划转；不由财政部拨付事业费的学校，其经费指标的划转，由地方人民政府与国家经贸委协商解决。1999 年起，这些学校的经费划转给地方，由地方负责管理。财政部拨付公费医疗经费和房改经费（专项用于补助建立住房公积金）的学校，由财政部按照 1998 年预算执行数，从 1999 年起划转到地方并由地方财政部门核拨给这批学校。

3. 这批学校原则上在本地招生，培养本地所需要的人才，其中个别行业性强的学校和专业可以继续少量跨省招生。

三、实施的组织和步骤

管理体制调整工作在国务院领导下，由教育部会同国家经贸委、国家计委和财政部组织实施。

（一）调整方案和有关工作由教育部牵头，会同国家计委、财政部与国家经贸委及其有关的国家局共同研究确定。国家经贸委及其有关国家局要指定办事机构或专门人员协助教育部共同完成调整任务。

要做过细的工作，特别要注意做好思想政治工作，保证学校平稳过渡。

（二）由教育部协商组织财政部、国家计委、国家经贸委及其有关国家局共同完成学校事业费、基建费划转或核拨地方的工作。由教育部牵头，国家经贸委及有关国家局负责学校包括人事、档案、资产转由地方为主管理的交接工作。

（三）教育部会同国家经贸委及有关国家局、财政部、国家计委实施前述 10 所普通高等学校管理体制调整工作。

（四）请审计署会同财政部、教育部等有关部门和省级地方人民政府，按有关法规对每所学校的财务状况进行审计。具体办法另行制定。要确保学校的国有资产不流失。

（五）选择江苏省、河南省进行这批学校管理体制调整的试点。7月上旬全面部署这批学校的调整工作。

（六）工作进度：6月下旬启动，7月全面展开，8月基本完成，9月开始按新的管理体制运转。

本实施意见中的具体问题由教育部负责解释。

附件：

一、10所普通高等学校名单（略）

二、81所普通高等学校名单（略）

三、并入国家经贸委的9个部门所属普通高等学校和成人高等学校地区分布（略）

在国家这一大的政策背景之下，重庆钢铁高等专科学校于1998年11月3日正式由冶金工业部划转到重庆市人民政府管理；重庆石油高等专科学校于2003年12月29日正式由中国石油天然气集团公司划转到重庆市人民政府管理。

三、教育部关于普通本科学校设置（升本）规定的文献

以下是教育部于2006年9月28日公布的文件，此文件与学校2004年接受升本评审时所用文件有部分调整，但基本要求一致，此处选录仅供参考。

普通本科学校设置暂行规定

教发〔2006〕18号

为做好高等学校设置工作，保证普通本科学校设置的质量，现就普通本科学校（独立设置的学院和大学）的设置制定本暂行规定。

一、设置标准

（一）办学规模

普通本科学校主要实施本科及本科以上教育。

称为学院的，全日制在校生规模应在 5000 人以上。

称为大学的，全日制在校生规模应在 8000 人以上，在校研究生数不低于全日制在校生总数的 5%。

艺术、体育及其他特殊科类或有特殊需要的学院，经教育部批准，办学规模可以不受此限。

（二）学科与专业

1. 在人文学科（哲学、文学、历史学）、社会学科（经济学、法学、教育学）、理学、工学、农学、医学、管理学等学科门类中，称为学院的应拥有 1 个以上学科门类作为主要学科，称为大学的应拥有 3 个以上学科门类作为主要学科。

2. 称为学院的其主要学科门类中应能覆盖该学科门类 3 个以上的专业；称为大学的其每个主要学科门类中的普通本科专业应能覆盖该学科门类 3 个以上的一级学科，每个主要学科门类的全日制本科以上在校生均不低于学校全日制本科以上在校生总数的 15%，且至少有 2 个硕士学位授予点，学校的普通本科专业总数至少在 20 个以上。

（三）师资队伍

1. 普通本科学校应具有较强的教学、科研力量，专任教师总数一般应使生师比不高于 18∶1；兼任教师人数应当不超过本校专任教师总数的 1/4。

2. 称为学院的在建校初期专任教师总数不少于 280 人。专任教师中具有研究生学历的教师数占专任教师总数的比例应不低于 30%，具有副高级专业技术职务以上的专任教师人数一般应不低于专任教师总数的 30%，其中具有正教授职务的专任教师应不少于10人。各门公共必修课程和专业基础必修课程，至少应当分别配备具有副高级专业技术职务以上的专任教师2人；各门专业必修课程，至少应当分别配备具有副高级专业技术职务以上的专任教师1人；每个专业至少配备具有正高级专业技术职务的专任教师1人。

3. 称为大学的专任教师中具有研究生学历的人员比例一般应达到50%以上，其中具有博士学位的专任教师占专任教师总数的比例一般应达到20%以上；具有高级专业技术职务的专任教师数一般应不低于400人，其中具有正教授职务的专任教师一般应不低于100人。

（四）教学与科研水平

1. 普通本科学校应具有较强的教学力量和较高的教学水平，在教育部组织的教学水平评估中，评估结论应达到"良好"以上（对申办学院的学校是指高职高专学校教学工作水平评估；对学院更名为大学的学校是指普通高等学校本科教学工作水平评估）。称为大学的学校应在近两届教学成果评选中至少有2个以上项目获得过国家级一、二等奖或省级一等奖。

2. 普通本科学校应具有较高的科学研究水平。称为大学的学校还应达到以下标准：

（1）近5年年均科研经费，以人文、社会学科为主的学校至少应达到500万元，其他类高校至少应达到3000万元；

（2）近5年来科研成果获得省部级以上（含省部级）奖励20项，其中至少应有2个国家级奖励；

（3）至少设有省部级以上（含省部级）重点实验室2个和重点学科2个；

（4）一般至少应具有10个硕士点，并且有5届以上硕士毕业生。

（五）基础设施

1. 土地。普通本科学校生均占地面积应达到60平方米以上。学院建校初期的校园占地面积应达到 500 亩以上。

2. 建筑面积。普通本科学校的生均校舍建筑面积应达到 30 平方米以上。称为学院的学校，建校初期其总建筑面积应不低于 15 万平方米；普通本科学校的生均教学科研行政用房面积，理、工、农、医类应不低于 20 平方米，人文、社科、管理类应不低于 15 平方米，体育、艺术类应不低于 30 平方米。

3. 仪器设备。普通本科学校生均教学科研仪器设备值，理、工、农、医类和师范院校应不低于 5000 元，人文、社会科学类院校应不低于 3000 元，体育、艺术类院校应不低于 4000 元。

4. 图书。普通本科学校生均适用图书，理、工、农、医类应不低于 80 册，人文、社会科学类和师范院校应不低于 100 册，体育、艺术类应不低于 80 册。各校都应建有现代电子图书系统和计算机网络服务体系。

5. 实习、实训场所。普通本科学校必须拥有相应的教学实践、实习基地。以理学、工学、农林等科类专业教育为主的学校应当有必需的教学实习工厂和农（林）场和固定的生产实习基地；以师范类专业教育为主的学校应当有附属的实验学校或固定的实习学校；以医学专业教育为主的学校至少应当有一所直属附属医院和适用需要的教学医院。

（六）办学经费

普通本科学校所需基本建设投资和教育事业费，须有稳定、可靠的来源和切实的保证。

（七）领导班子

必须具备《教育法》《高等教育法》《民办教育促进法》等有关法律规定的关于高等学校领导任职条件要求，具有较高政治素质和管理能力、品德高尚、熟悉高等教育、有高等教育副高级以上专业技术职务的专职领导班子。

位于少数民族地区和边远地区的普通本科学校，在设置时，其办学规模和有关条件在要求上可以适当放宽。

设置民办普通本科学校，应参照上述标准执行。

二、学校名称

1.本科层次的普通高等学校称为"××大学"或"××学院"。

2.设置普通学校，应当根据学校的人才培养目标、办学层次、类型、学科门类、教学和科研水平、规模、领导体制、所在地等，确定名实相符的学校名称。

3.校名不冠以"中国""中华""国家"等字样，不以个人姓名命名，不使用省、自治区、直辖市和学校所在城市以外的地域名。

4.普通高等学校实行一校一名制。

三、设置申请

1.教育部每年第4季度办理设置普通本科学校的审批手续。设置普通本科学校的主管部门，应当在每年第3季度提出申请，逾期则延至下次审批时间办理。

2.设置普通本科学校的审批，一般分为审批筹建和审批正式建校招生两个阶段。完全具备建校招生条件的，也可直接申请建校招生。

3.设置普通本科学校，应当由学校的主管部门委托其教育行政部门邀请规划、人才、劳动人事、财政、基本建设等有关部门和专家共同进行考察、论证，并提出论证报告。论证报告应包括下列内容：（1）拟建学校的名称、校址、类型、办学定位、学科和专业设置、规模、领导体制、办学特色、服务面向；（2）人才需求预测、办学效益、本地区高等教育的布局结构；（3）拟建学校的发展规划，特别是师资队伍建设规划、学科建设规划和校园基本建设规划；（4）拟建学校的经费来源和财政保障。

4.凡经过论证，确需设置普通本科学校的，按学校隶属关系，由省、自治区、直辖市人民政府或国务院有关部门向教育部提出申请，并附交论证报告及拟设学校的章程。国务院有关部门申请设立普通本科学校的，还应当附交学校所在地的省、自治区、直辖市人民政府的意见书。

5. 普通本科学校的筹建期限，从批准之日起，应当不少于1年，最长不超过5年。拟要求"去筹"、正式设立的普通本科学校，须在其正式批准的筹建期满后，由其主管部门向教育部提出正式设立的申请。

6. 凡提出设置普通本科学校的申请，在经由教育部形式审查通过后，由教育部委托全国高校设置评议委员会进行考察、评议；通过考察、评议的学校，由教育部正式批准设立。未通过教育部形式审查或未通过全国高校设置评议委员会考察、评议的学校，若仍需设置，需在下次由学校主管部门重新向教育部提出申请。凡未通过考察、评议的学校，教育部将以书面形式告知其主管部门。

本《暂行规定》自发布之日起实施。此前教育部发布的有关普通本科学校设置问题的文件与本《暂行规定》不一致的，以本《暂行规定》为准。

第二节 两校合并升本的筹备

在中共重庆市委教育工委和重庆市教委的领导下，重庆工业高等专科学校和重庆石油高等专科学校围绕合并升本主题做了大量的筹备工作，留下了中共重庆市委教育工委、重庆市教育委员会关于成立重庆科技学院筹备工作领导小组的通知，合校升本请示报告以及组建合校升本综合协调组和工作小组等一系列宝贵的文献资料，共同见证了重庆科技学院的诞生过程。

一、合校升本联合请示报告

重庆工业高等专科学校　重庆石油高等专科学校
关于两校合并组建重庆科技学院的请示

重庆市教育委员会：

为了充分发挥两校的人才优势和学科专业优势，更好地为重庆经济建设和社会发展服务，经两校党委多次协调，反复论证，并广泛征求广大教职员工的意见，就两校合校升本，组建重庆科技学院，达成了共识。

我们认为，两校合校升本组建重庆科技学院既是必要的，也是可行的。

两校合校升本组建重庆科技学院，适应了重庆经济建设和社会发展的现实需要，有利于缓解重庆、西部地区和冶金、机械、石油石化行业对高层次应用型专门人才的需求，对进一步完善和优化重庆高等教育布局结构，推动重庆高等教育事业持续健康发展具有重要意义，也是学校自身发展的内在要求。

两校合校升本组建重庆科技学院，能优化配置两校的教育资源，显著增强办学的整体实力。两校合校之后，在校学生达到12000多人，办学规模效益能得到较好的体现；学科专业优势互补，两校现设置的近60个专业，覆盖了工、理、管、经、法、文6个学科，尤其是冶金材料工程、石油工程等专业特色鲜明，师资队伍的专业结构和比例结构得到了有效调整；两校合并升本，促进了学校上规模、上层次、上水平，使学校能在更高的层面、更大的范围更好地为地方经济建设和冶金、机械、石油石化行业服务。

重庆科技学院组建后，继续实行中央和重庆市共建，以重庆市人民政府管理为主的管理体制，学校以人才培养为中心，积极开展科研和技术开发；以本科教育为主，本科教育、高职教育和研究生教育协调发展，学历教育和非学历教育协调发展，立足重庆，面向中西部地区，兼顾行业，辐射全国，努力培养社会主义现代化建设事业所需要的德、智、体、美诸方面全面发展的，具备本学科、本专业所必需的基础理论、基本知识和基本技能，具备从事本专业实际工作和研究工作的初步能力，知识面宽，创新意识强，综合素质高，富有创业精神的高级工程应用型专门人才。

新的重庆科技学院，实行党委领导下的校长负责制，切实保障党委对学校工作的统一领导和校长依法独立负责行政，按照"一套班子，一套机构，一套财务，一套制度，一套发展规划"的"五统一"原则，统一领导、科学决策和民主管理。努力转变教育思想、教育观念，继续神话教学改革，加强学科专业建设和师资队伍建设，不断改革教学内容、教学方法和教学手段。继续深化以人事、劳动和分配制度改革为主要内容的校内管理体制改革，巩固和发展后勤社会化改革的成果，加速新校区征地、规划和建设。加强和改善党建思想政治工作，保持学校稳定，充分发挥广大师生员工办学积极性和创造性，努力实现新学院的顺利起步、良好开局和持续、健康发展。

我们相信，在重庆市委、市政府的正确领导下，在市教育工委、市教委的热情关心和大力支持下，一定能把新组建的重庆科技学院建设好。

为此，我们就两校合并组建重庆科技学院申请立项，向教育部申报。以上请示当否，请批复。

附件：

一、关于重庆工业高等专科学校与重庆石油高等专科学校合并组建重庆科技学院论证报告

二、重庆科技学院章程

三、重庆科技学院 2003—2010 年事业发展规划

四、重庆工业高等专科学校、重庆石油高等专科学校基本情况统计表

五、重庆工业高等专科学校教学系部、专业设置统计表

六、重庆石油高等专科学校教学系部、专业设置统计表

重庆工业高等专科学校　重庆石油高等专科学校

二〇〇三年五月十二日

二、合校升本领导小组文献

中共重庆市委教育工委　重庆市教育委员会

关于成立重庆科技学院筹备工作领导小组的通知

渝教工委办〔2003〕10号

重庆工业高等专科学校、重庆石油高等专科学校：

为了加强重庆工业高等专科学校和重庆石油高等专科学校合并组建重庆科技学院（暂定名）工作的领导，经研究决定成立重庆科技学院筹备工作领导小组。

组　　长：陈流汀（重庆市教委副主任）

副组长：张宗荫（重庆市教委助理巡视员）

　　　　刘业厚（重庆石油高等专科学校校长）

　　　　王智祥（重庆工业高等专科学校校长）

成　　员：刘玉德（重庆工业高等专科学校党委书记）

　　　　武金陵（重庆石油高等专科学校党委副书记）

　　　　严欣平（重庆市教委高等教育处处长）

　　　　程明亮（重庆市教委发展规划处处长）

　　　　罗盛举（重庆市教委人事处处长）

邓　睿（重庆市教委财务处处长）

领导小组下设若干工作协调组，在领导小组领导下开展工作，其组织形式和组成人员由领导小组审定。

特此通知。

中共重庆市委教育工委　重庆市教育委员会

二○○三年六月十九日

三、组建合校升本工作机构的文献

（一）重工专〔2003〕70号

重庆工业高等专科学校　重庆石油高等专科学校
关于印发《合校升本工作组织机构、成员及其职责》和
《合校升本工作任务与要求》的通知

重工专〔2003〕70号

合校升本各工作小组：

《合校升本工作组织机构、成员及其职责》和《合校升本工作任务与要求》已经合校升本综合协调组同意，现印发给你们，希望各工作小组按照职责要求，认真组织研讨，进一步细化，制订出本小组具体实施方案，交综合协调组备案。各工作小组务必抓紧实施，确保合校升本工作一举成功。

重庆工业高等专科学校　重庆石油高等专科学校

二○○三年七月九日

合校升本工作组织机构、成员及其职责

综合协调组和各个工作小组的分管领导、成员、联系方式及工作职责如下：

【综合协调组】

工专领导：刘玉德　王智祥　雷　亚　朱新才　陈新业

油专领导：刘业厚　武金陵　郑航太　郭万源　贾北平　雷宗明

工专成员：肖大志　熊　磊　向晓春　陈金玉　徐　茂　杨文兵

油专成员：李　健　易　俊　李国统　邹碧海　郑远平

办公室电话：68123592（工专）　69092121（油专）

传真：68429230（工专）　68573944（油专）

工作职责：

1. 在筹备领导小组的领导下负责日常工作和协调工作、会务工作及接待工作（具体职责：办文、办会、办事，如做会议记录、整理会议纪要、审核各工作小组的文字和音像材料并提交领导小组审定、筹备会务、准备办公用品、安排吃住行等）。

2. 在筹备领导小组领导下制订合校升本工作总体工作计划并布置相关工作。

3. 负责对整个合校升本工作中各工作小组进程、质量及存在的问题等进行调研、指导、协调和督办。

4. 负责整个合校升本工作过程中信息的收集、整理和上报。

5. 负责整个合校升本工作过程中的调研工作，当好领导小组的参谋和助手。

6. 负责联系上级主管部门和两校领导班子，确保整个工作协调一致、稳步推进。

7. 负责收集、整理两校各项职能部门工作中重大的规章制度，为两校合校升本平稳过渡创造条件。

8.完成上级主管部门及两校领导班子交办的其他事项。

【材料秘书组】

主管领导：刘业厚　王智祥

组长：李国统

副组长：徐　茂

成员：工专安排校办、人事、财务、教务、科研、基建等部门人员［杨文兵（校办副主任）、汪德彪（科研处处长）、郑菘（教务处副处长）、王光杰（财务处处长）、沈晓（人事处处长）、柏伟（教务处干事）等］

油专：郑远平　杨华盛　陈绍才　王　燕

材料秘书组设在重庆石油高等专科学校办公室。

工作职责：

1.负责各种上报材料的起草（上报材料主要包括：论证报告、规划、章程、申报请示等）。

2.负责列出对专家组汇报材料的相关支撑材料的目录清单，指导各工作组完成相关支撑材料的收集、整理、起草与完善工作并提出具体工作要求，负责所有支撑材料的汇集总成。相关支撑材料主要包括：

（1）办学条件：如占地面积、校舍建筑面积、图书数量、教学科研设备值等（具体工作由秘书材料组指导教学科研工作组、校园规划整治工作组进行）；

（2）师资队伍现状：如年龄、职称、学历等各种结构分类名册（具体工作由秘书材料组指导教学科研工作组进行）；

（3）学科专业设置及实验室现状（具体工作由秘书材料组指导教学科研工作组进行）；

（4）近5年科研成果的详细材料（含科研项目、核心期刊论文及获奖情况等，具体工作由秘书材料组指导教学科研工作组进行）；

（5）办学特色总结资料（如毕业生质量及社会需求调查、学科专业建设、人事分配制度改革、后勤社会化改革、党建思想政治工作等，具体工作由秘书材料组指导教学科研工作组、宣传工作组、学生工作组进行，对外联络工作组协助）；

（6）近5年学校取得的各方面荣誉（具体工作由秘书材料组指导宣传工作组进行，教学工作组协助）；

（7）上级主管部门和社会横向单位支持学校改革发展的材料（具体工作由秘书材料组指导对外联络工作组进行）；

（8）经费情况：现有状况、今后的经费收支计划（具体工作由财务处负责）。

3. 完成领导小组及综合协调组交办的其他事项。

【宣传工作组】

主管领导：刘玉德　武金陵

组长：刘上海

副组长：李军良

成员：工专安排宣传部、团委等部门人员［张晓玲（宣传部干事）、刘鸣（教务处干事）、王晓蓉（教务处干事）等］

油专：罗玉平　喻利　武寒松　熊书银　刘道新　张富荣

宣传组办公室设在重庆石油高等专科学校宣传部。

工作职责：

1. 宣传文字资料的制作。

2. 宣传影视资料的制作。

3. 展室的设计与布置。

4. 负责宣传及思想政治工作。

5. 宣传标语口号制作。

6. 上报材料中宣传画页的制作。

7. 收集、整理学校"九五"以来获得的荣誉称号资料。

8. 完成领导小组及综合协调组交办的其他事项。

【校园规划建设组】

主管领导：陈新业　贾北平

组长：冯承劲

副组长：刘洪渝

校园规划建设组办公室设在重庆工业高等专科学校基建处。办公室成员：工专安排基建、资产、校办、纪监审、财务、工程中心等部门人员［梁义和（资产处处长）、康钢（后勤公司总经理）、何光明（工程中心主任）、刘天赋（校园管理中心主任）、曾德智（饮食中心主任）等］

油专：端才宝　黄林青

工作职责：

1. 拟订老校区整治方案。

2. 组织实施整治项目。

3. 制订新校区征地、规划：确定征地位置、面积；办理征地相关手续文件；新校区规划文本及模型制作等。

4. 完成领导小组及综合协调组交办的其他事项。

【教学科研工作组】

主管领导：朱新才　郑航太

组长：肖大志

副组长：秦治中

成员：工专安排教务、科研、图书馆、学报等部门人员[汪德彪（科研处处长）、温琪菜（教务处副处长）、郑菘（教务处副处长）、陈文俊（图书馆馆长）、余志祥（学报主编）等]

油专：刘成钢　罗家俊　陈良斌　杨华盛　李文华　黄林青　周秋沙

教学科研工作组办公室设在重庆工业高等专科学校教务处。

工作职责：

1. 完成并实施师资规划和学术带头人与骨干教师建设规划。

2. 完成并实施学科专业规划（包括新建本科专业规划及建设，特色和重点学科规划及建设，与学科规划相对应的实验室及实习实训基地规划及建设等）。

3. 完成并实施科研规划。

4. 图书情报的规划及建设。

5. 突出抓好教学质量，重点抓好师德师风和学风建设。

6. 组织抓好"九五"以来教学工作，如日常管理工作、学科专业建设、课程建设、师资队伍建设、学术科研工作等方面文件、资料的收集、整理和建档工作。

7. 筹划和组织各种学术活动。

8. 在秘书材料组指导下收集、整理、起草如下材料：

（1）办学条件：如图书数量、教学科研设备值等；

（2）师资队伍现状：如年龄、职称、学历等各种结构分类名册；

（3）学科专业设置及实验室现状；

（4）近5年科研项目、核心期刊论文及获奖情况等科研成果的详细材料；

（5）办学特色总结资料：如"九五"以来毕业生质量及社会需求调查、学科专业建设等；

（6）近5年学校取得的各种教学工作荣誉；

（7）"九五"以来两校举办普通本科层次学历教育的基础资料。

9. 做好重庆市、教育部专家组来校期间的教师座谈会的全面准备以及所有教学、实验实训设施、设备、场所的准备和布置工作，协助接待组做好接待重庆市、教育部专家组的具体工作。

10. 完成领导小组及综合协调组交办的其他事项。

【对外联络组】

主管领导：王智祥　刘业厚

组长：向晓春

副组长：郑远平

成员：工专安排校办、财务处、招生就业处、继续教育中心、后勤公司、学报等部门人员［王光杰（财务处处长）、文厚润（招生就业处副处长）、余志祥（学报主编）、康钢（后勤公司总经理）、杨文兵（校办副主任）、周亚林（继续教育中心主任）］

油专：易　俊　王　静　李丽雅　赵计梅　李国统

对外联络组办公室设在重庆工业高等专科学校办公室。

工作职责：

1. 对外联络评估专家及上级主管部门。

2. 协助材料组搞好企事业单位的相关支撑材料。

3. 完成领导小组及综合协调组交办的其他事项。

【迎评接待组】

主管领导：郑航太　陈新业

组长：李　健

副组长：康　钢　杨文兵　端才宝　邹碧海

成员：工专安排校办、后勤公司、教务处、团委、招生就业处、继续教育中心等部门人员〔温琪莱（教务处副处长）、陈超（团委书记）、曾德智（饮食中心主任）、陈安琳（招生就业处干事）等〕

油专：邓洪斌　熊书银　刘　卫　洪　进　李　华

迎评接待组办公室设在重庆石油高等专科学校后勤处。

工作职责：

1. 负责制订迎评接待工作实施方案和紧急情况处置预案。重点做好迎接市教委和教育部专家组的接待工作。

2. 制订迎评接待工作指南：包括参评领导及专家名单；工作日程安排；具体考察时间、路线、陪同人员及内容安排；考察会议议程；吃住行医安排；旅游等活动安排；会议工作机构等方面的内容。

3. 精心做好专家检查点的迎评准备工作：工专方面做好以下专家考察路线的各项准备工作，如第一教学楼多媒体教室及语音室；第二教学楼图书馆、网络中心及 CAD 中心；实验大楼中 3～5 个实验室等。

4. 完成接待工作具体任务（重点做好：升本汇报会、教师座谈会、学生座谈会、礼品准备等工作；分别协助材料秘书组、教学工作组、学生工作组做好升本汇报会、教师座谈会、学生座谈会的工作）。

5.完成领导小组及综合协调组交办的其他事项。

【学生工作组】

主管领导：雷　亚　易　俊

组长：熊　磊

副组长：王　静

成员：工专安排学生处、团委、工会等部门人员［张北川（校工会副主席）、陈超（团委书记）等］

油专：刘成钢　巴朝平　熊书银　龙义远　刘　卫　万联盟

学生工作组办公室设在重庆工业高等专科学校学生处。

工作职责：

1.在宣传工作组的指导下组织做好学生思想政治工作（主要目标：激发学生热情和全面参与，确保学生思想稳定；随时把握学生动态，及时处理突发事件）。

2.组织抓好学风建设，深入开展基础文明养成教育。

3.积极开展系列学生社团和文体选拔活动。

4.做好重庆市、教育部专家组来校评估审查期间的系列学生社团活动及学生座谈会的准备工作。

5.组织迎评期间的文体庆祝活动。

6.完成领导小组及综合协调组交办的其他事项。

【安全保卫组】

主管领导：郭万源　雷　亚

组长：贺才高

副组长：何明德

成员：工专安排保卫处、后勤公司等部门人员［芦克功（保卫处干事）、胡翔（保卫处干事）］

油专：杨　华　刘　利

安全保卫组办公室设在重庆石油高等专科学校保卫处。

工作职责：

1. 搞好合校升本工作期间的安全保卫和稳定工作，加强信息收集和不稳定因素的排查调处工作（重点抓好信息收集和排查工作，随时提供有针对性的信息，化解各种矛盾）。

2. 完成迎评期间及重大活动的安全保卫任务。

3. 完成领导小组及综合协调组交办的其他事项。

（二）合校升本工作任务要求文献

重庆工业高等专科学校　重庆石油高等专科学校

合校升本工作任务和要求

根据重庆工业高等专科学校与重庆石油高等专科学校合并组建重庆科技学院领导小组的意见，按照合校升本工作要"看得""听得""查得"的总体要求，参照其他兄弟院校的经验，结合两校实际，合校升本工作各工作小组任务和要求如下：

一、工作总体要求

1. 各工作小组的指导思想。具体行动必须与领导小组保持高度一致。各工作小组在制订和实施工作方案的过程中，凡涉及两校的重大问题须经各自学校党委研究决定后方可提出协商。同时，各工作小组的工作实施方案须经领导小组或两校协调小组审查同意后方可组织实施。

2. 各工作小组制订的工作实施方案必须有工作职责、具体任务和目标要求、具体负责人、总体工作计划及完成时间表、保障措施等内容；各工作小组制订的工作实施方案应谋划全面、重点突出、细节合理、措施有力，同时书面报综合协调组讨论审定，重大问题提交领导小组审定。

3. 根据领导小组和两校协商意见，两校各自牵头负责的工作小组的主要领导和组长分别为该项工作的第一责任人和具体责任人。

4. 各工作小组到重庆主城区外开展调研、联络工作等，都要事先报告综合协调组，以便统一协调安排各工作小组的行动，防止重复混乱。

5. 各工作小组制订的工作实施方案过程中应有高度的政治意识、责任意识、大局意识、系统意识、效率意识和忧患意识。要站在两校的角度思考和开展工作，有困难和问题多沟通、勤汇报，同时要相互协商，既要把本组的工作思考和开展好，又要通过本组的工作为其他组顺利开展工作创造条件。各工作小组要把合校升本作为各项工作的重中之重，抓紧扎实开展工作，同时也要正确处理合校升本工作和日常工作的关系，确保学校发展，稳定大局。

6. 合校升本是两校发展史上千载难逢的发展机遇，机不可失，时不再来，本着对上级、对历史、对学校、对全校师生员工负责的态度，要有"打大仗、打恶仗、打硬仗"的思想准备，要有顽强拼搏、只争朝夕的精神，要有破釜沉舟、"不达目的誓不罢休"的勇气和信心，一心一意，勇往直前，通过合校升本工作体现两校师生员工团结一心、众志成城的决心，体现两校高质量、高效率的工作水平，促进两校各项工作上水平、上台阶，实现两校历史性的跨越。

二〇〇三年六月二十九日

第三节　合校升本主要人物纪实

一、合校升本工作的教委领导纪实

　　参与合校升本筹备工作的领导包括了两个方面：一是重庆市教委的委领导和中层干部；二是重庆工业高等专科学校和重庆石油高等专科学校的校领导和中层干部。他们在合校升本工作中肩负着重要的职责，正是他们的尽职尽责、兢兢业业，才不辱使命地圆满完成了合校升本这一历史使命。

图2-3-1　陈流汀

　　陈流汀：时任重庆市教委副主任，重庆市大中专招生委员会办公室主任、重庆市大学城建设领导小组办公室主任、重庆市大学城校园建设委员会主任，重庆科技学院筹备工作领导小组组长。

　　张宗荫：时任重庆市教委助理巡视员、重庆科技学院筹备工作领导小组副组长。

　　严欣平：时任重庆市教委高教处处长、重庆科技学院筹备工作领导小组成员。

　　程明亮：时任重庆市教委发规处处长、重庆科技学院筹备工作领导小组成员。

　　罗盛举：时任重庆市教委人事处处长、重庆科技学院筹备工作领导小组成员。

　　邓睿：时任重庆市教委财务处处长、重庆科技学院筹备工作领导小组成员。

图2-3-2　张宗荫　　　图2-3-3　严欣平　　　图2-3-4　程明亮　　　图2-3-5　邓睿

二、合校升本工作的学校领导纪实

（一）重庆工业高等专科学校领导

刘玉德：时任党委书记。重庆科技学院筹备工作领导小组组长，合校升本综合协调组成员，主管合校升本宣传组工作。

王智祥：时任校长。重庆科技学院筹备工作领导小组副组长，合校升本综合协调组成员，主管合校升本材料秘书组、对外联络组工作。

图 2-3-6　刘玉德　　　图 2-3-7　王智祥

雷亚：时任党委副书记、校纪委书记。重庆科技学院筹备工作领导小组、合校升本综合协调组成员，主管合校升本学生组、安全保卫组工作。

朱新才：时任副校长。合校升本综合协调组成员，主管合校升本教学科研工作组工作。

陈新业：时任副校长。合校升本综合协调组成员，主管合校升本迎评接待组和校园规划建设组工作。

图 2-3-8　雷亚　　　　图 2-3-9　朱新才　　　　图 2-3-10　陈新业

（二）重庆石油高等专科学校领导

图 2-3-11 刘业厚

刘业厚：时任校长、党委副书记（主持工作）。重庆科技学院筹备工作领导小组副组长，合校升本综合协调组成员，主管合校升本材料秘书组、对外联络组工作。

郑航太：时任副校长。合校升本综合协调组成员，主管合校升本迎评接待组和教学工作组工作。

武金陵：时任党委副书记、纪委书记。重庆科技学院筹备工作领导小组和合校升本综合协调组成员，主管合校升本宣传组工作。

贾北平：时任副校长。合校升本综合协调组成员，主管合校升本校园规划建设组工作。

雷宗明：时任副校长。合校升本综合协调组成员。

图 2-3-12 郑航太

图 2-3-13 武金陵

图 2-3-14 贾北平

图 2-3-15 雷宗明

（三）合校升本工作小组人员纪实

1. 重庆工业高等专科学校人员

肖大志：时任校长助理，教务处处长。合校升本综合协调组和教学科研工作组组长。

熊磊：时任校长助理，学工部部长。合校升本综合协调组和学生工作组组长。

图 2-3-16　肖大志　　　图 2-3-17　熊磊　　　图 2-3-18　向晓春　　　图 2-3-19　陈金玉

图 2-3-20　徐茂　　　　图 2-3-21　杨文兵　　　图 2-3-22　冯承劲

向晓春：时任校长办公室主任。合校升本综合协调组和对外联络组组长。

陈金玉：时任人事处处长。合校升本综合协调组成员。

徐茂：时任校办办公室副主任。合校升本综合协调组和材料秘书组副组长。

杨文兵：时任校长办公室副主任。合校升本综合协调组成员。

冯承劲：时任基建处处长。合校升本校园规划组组长。

2. 重庆石油高等专科学校人员

李健：时任资产后勤处处长。合校升本综合协调组成员、迎评接待组组长。

易俊：时任组织部部长。合校升本综合协调组成员。

李国统：时任校长办公室主任。合校升本综合协调组和材料秘书组组长。

图 2-3-23　李健　　　　图 2-3-24　易俊　　　　图 2-3-25　李国统　　　　图 2-3-26　刘上海

图 2-3-27　邹碧海　　　　图 2-3-28　郑远平　　　　图 2-3-29　贺才高

刘上海：时任宣传部部长。合校升本宣传组组长。

邹碧海：时任校长办公室副主任。合校升本综合协调组成员。

郑远平：时任校长办公室副主任。合校升本综合协调组成员。

贺才高：时任审计处处长。合校升本安全保卫组组长。

三、合校升本时的教授、博士纪实

教育部《普通高等学校设置暂行规定》要求拟申报升本的学校"具有正教授职务的专任教师应不少于 10 人"，对各申报本科专业也都有正高级职称教师数量的明确要求。在合校升本的申报过程中，重庆工业高等专科学校和重庆石油高等专科学校具有正高级专业技术职称的教师 24 人，其中教授 19 人、研究员 4 人、教授级工程师 1 人；具有博士学位的教师 10 人。教授和博士们在专业建设、课程建设和教学科研等方面所取得的成果，以及升本过程中在学校规划、学科专业建设等论证报告中的积极参与，对学校升本发挥了极其重要的作用，为合校升本的成功做出了重要贡献，历史不能忘记。

（一）石油工程类的教授与博士

雷宗明：硕士研究生学历，硕士学位，1998年12月毕业于美国得克萨斯州大学石油工程专业。1997年11月26日晋升教授。

刘业厚：时任校长、教授。

范军：博士研究生学历，博士学位，1998年7月毕业于西南石油学院油气专业。2003年1月24日晋升教授。

李文华：本科学历，学士学位，1983年7月毕业于华东石油学院采油专业。2002年1月24日晋升研究员。

图 2-3-30　雷宗明	图 2-3-31　刘业厚	图 2-3-32　范军	图 2-3-33　李文华

图 2-3-34　何行范	图 2-3-35　刘洪	图 2-3-36　曾顺鹏

何行范：博士研究生学历，博士学位，2001 年 6 月毕业于西南石油学院采油专业。2003 年 12 月 30 日晋升教授。

刘洪：博士研究生学历，博士学位，2003 年 7 月毕业于西南石油学院油气开采专业。2005 年 12 月 15 日晋升副教授。

曾顺鹏：博士研究生学历，博士学位，2005 年 6 月毕业于西南石油学院油气田开采专业。2005 年 12 月 15 日晋升教授。

（二）机械工程类的教授与博士

朱新才：市级学术带头人，硕士学位，1999 年 9 月毕业于燕山大学机械电子工程专业。1999 年 12 月 15 日晋升教授。

王智祥：本科学历，学士学位，1982 年 2 月毕业于上海交通大学力学专业。1999 年 12 月 15 日晋升研究员。

周秋沙：研究生学历，硕士学位，1990 年 6 月毕业于西南石油学院石油机械专业。2002 年 1 月 24 日晋升教授。

喻忠胜：本科学历，硕士学位，1977 年 9 月毕业于重庆大学机械专业。2001 年 7 月 6 日晋升教授。

周玉明：本科学历，1968 年 8 月毕业于重庆大学燃能专业。2000 年 1 月 24 日晋升教授。

刘成俊：博士研究生学历，博士学位，2004 年 6 月毕业于重庆大学机械制造专业。2005 年 12 月 15 日晋升教授。

贺泽龙：博士研究生学历，博士学位，2001 年 7 月毕业于重庆大学机电专业。2005 年 2 月 15 日晋升教授。

伍奎：博士研究生学历，博士学位，2005 年 6 月毕业于重庆大学机械设计与理论专业。2002 年 1 月 24 日晋升副教授。

图 2-3-37　朱新才　　　图 2-3-38　王智祥　　　图 2-3-39　周秋沙　　　图 2-3-40　喻忠胜

图 2-3-41　周玉明　　　图 2-3-42　刘成俊　　　图 2-3-43　贺泽龙　　　图 2-3-44　伍奎

（三）电子信息工程类的教授与博士

汤士龙：重庆市学术带头人，本科学历，1969 年 6 月毕业于重庆大学工业电气自动化专业。2000 年 12 月 15 日晋升教授级高级工程师。

杨志龙：博士研究生学历，博士学位，2000 年 12 月毕业于重庆大学自动化专业。2002 年 1 月 24 日晋升教授。

秦治中：本科学历，1977 年 1 月毕业于重庆大学电力专业。2002 年 1 月 24 日晋升研究员。

何宗琦：本科学历，1968 年 7 月毕业于成都通讯工程学院计算机专业。2000 年 12 月 15 日晋升教授。

冯国良：本科学历，1983 年 6 月毕业于重庆大学电气自动化专业。2002 年 12 月 15 日晋升教授。

图 2-3-45　汤士龙

图 2-3-46　杨志龙

图 2-3-47　秦治中

图 2-3-48　何宗琦

图 2-3-49　冯国良

图 2-3-50　彭军

图 2-3-51　吴英

彭军：博士研究生学历，博士学位，2003 年 6 月毕业于重庆大学计算机软件与理论专业。2002 年 12 月 15 日晋升副教授。

吴英：博士研究生学历，博士学位，2002 年 12 月毕业于重庆大学仪器科学与理论专业。2004 年 9 月 15 日晋升副教授。

（四）其他学科类的教授与博士

图 2-3-52　郑航太

郑航太：本科学历，学士学位，1982 年 1 月毕业于华东石油学院力学专业。2002 年 1 月 24 日晋升研究员。

黄林青：研究生学历，硕士学位，1987 年 7 月毕业于重庆建筑工程学院建筑结构专业。2002 年 1 月 24 日晋升研究员。

廖久明：研究生学历，硕士学位，1993 年 2 月毕业于石油大学应用化学专业。2003 年 1 月 24 日晋升教授。

郑辉昌：硕士研究生，硕士学位，1995年7月毕业于重庆大学企业管理专业。2001年12月30日晋升教授。

应晓跃：本科学历，学士学位，1983年8月毕业于华东石油大学管理专业。2002年1月24日晋升教授。

操良利：本科学历，学士学位，1982年8月毕业于四川大学哲学专业。2003年1月24日晋升教授。

彭晓玲：专科学历，1987年4月毕业于四川大学党政基础专业。2002年12月15日晋升教授。

刘寅齐：本科学历，学士学位，1982年1月毕业于西南师范大学（现西南大学）外语专业。2001年7月6日晋升教授。

巴朝平：本科学历，学士学位，1982年1月毕业于成都体育学院篮球专业。2003年1月24日晋升教授。

图 2-3-53　黄林青　　　　图 2-3-54　廖久明　　　　图 2-3-55　郑辉昌　　　　图 2-3-56　应晓跃

图 2-3-57　操良利　　　　图 2-3-58　彭晓玲　　　　图 2-3-59　刘寅齐　　　　图 2-3-60　巴朝平

第三章　合校升本的申报和评审

教育部颁发的《普通本科学校设置暂行规定》中有普通本科学校设置标准、学校名称和设置申请三方面的内容。拟申报普通本科的学校首先必须按照办学规模、学科与专业、师资队伍、教学科研水平、基础设施、办学经费和领导班子7个方面的设置标准和学校名称的要求撰写申报材料。然后，由地方高校设置评议委员会进行考察、评议，通过考察评议后由地方教委报教育部形式审查通过后，再由教育部委托全国高校设置评议委员会进行考察、评议；通过考察、评议的学校，由教育部正式批准设立。重庆工业高等专科学校和重庆石油高等专科学校合校升本的申报和评审过程，既是学校创造条件大干快上的过程，又是重庆市教委和教育部及其评审专家指导学校升级发展的过程，这个过程在重庆科技学院的发展史上具有里程碑意义，值得记忆。

第一节　合校升本申报文献

合校升本的申报材料包括合校升本论证报告、重庆科技学院（筹）章程（草案）、重庆科技学院（筹）事业发展规划（草案）等申报材料和教授基本情况等。这些申报资料浓墨重彩地载入了重庆科技学院史册，成为重庆工业高等专科学校和重庆石油高等专科学校合校升本的历史见证。

一、合校升本论证报告

关于重庆工业高等专科学校与重庆石油高等专科学校合并组建重庆科技学院的论证报告

为了加快重庆市高等教育事业的发展，推动高校结构调整，加速人才培养，以满足我市经济社会发展的迫切需要，根据《重庆市国民经济和社会发展第十个五年计划纲要》《重庆市国民经济和社会发展第十个五年计划实施西部大开发重点专题规划》和《重庆市 21 世纪前 20 年教育事业发展总体方案》的要求，拟合并重庆工业高等专科学校（以下简称"重庆工专"）和重庆石油高等专科学校（以下简称"重庆油专"）组建重庆科技学院。现提出论证报告如下：

一、组建重庆科技学院的必要性

重庆地处我国东西结合部和三峡库区腹地，下辖 40 个区县（自治县、市），面积 8.24 万平方公里，人口 3100 万，是一个正在迅速崛起的年轻直辖市。

随着我国加入 WTO，特别是西部大开发战略的实施和三峡工程的建设，使重庆面临难得的历史性发展机遇。但由于历史的原因，目前重庆的人才培养能力和条件，尤其是高等教育总量不足，结构不尽合理，层次偏低的现状，与重庆肩负建设长江上游经济中心，完成党中央、国务院交办的四件大事（三峡库区移民、扶贫攻坚、工业振兴、生态环境保护和建设）的历史重任和在西部大开发中发挥战略支撑作用的定位还不相适应。为此，市委、市府制定并大力实施"科教兴渝""人才强市"战略，加速调整重庆高等教育结构，加快高等教育的改革和发展，正在努力把重庆建成西部教育高地，建成与长江上游经济中心相匹配的学习型城市。

（一）组建重庆科技学院是我市乃至西部地区经济和社会发展的需要

重庆市位于东部经济发达地区和西部资源富集地区的连接点，位于国家实施西部大开发战略的长江上游经济带、西陇海兰新线经济带及南（宁）贵（阳）昆（明）经济区的交会点，具有良好的区位优势，是国家实施西部大开发战略的重要支撑点之一。

近年来，重庆大力推进国有企业改革，坚持走新型工业化道路，以信息化带动传统产业改造，加大产业结构调整力度，形成了以汽车和摩托车制造为主体的机械工业、以天然气化工和医药化工为重点的化学工业、以优质钢材和铝材生产为代表的冶金工业三大主要产业。2002年重庆市汽车产量突破30万辆，居全国第四；摩托车产量接近300万辆，保持全国第一；大型环保、机电一体化、仪器仪表、水电机组等装备制造业正在迅速发展；长寿、鱼嘴等地的天然气化工和精细化工基地正在规划建设之中。与此同时，重庆加大天然气勘探开发力度，调整能源消费结构，开发推广清洁高效能源技术，努力培育新的经济增长点，有力推动了产业结构的调整优化、产品的升级换代和产业队伍结构的调整，促进了经济的持续快速增长。

改革开放的新重庆正在努力构筑都市发达经济圈、渝西经济走廊和三峡库区生态经济区三大经济区域；重庆的交通基础设施建设、老工业基地的振兴和中小城镇的建设，三峡库区移民和城镇工矿企业搬迁；特别是随着三峡工程的蓄水、通航和发电，在长江上游地区正在形成以重庆为中心城市，连接西南地区众多腹地，可与"长三角"和"珠三角"经济区形成互动的大西南经济区，这些都将产生巨大的消费需求、投资需求和人才需求，并对重庆的经济社会发展形成强有力的拉动效应。

新组建的重庆科技学院具有冶金、材料、石油、化工、机械等学科专业优势和自身独有的行业特色，与重庆市主体产业的人才需求息息相关，通过培养生产、管理、服务一线所急需的高级工程应用型人才，可以更好地服务于重庆主体产业的发展。

西部地区自然资源丰富，是我国石油天然气工业增储上产的主战场以及国家能源安全的战略后备基地，川渝地区是我国最大的天然气产区之一，随着"西气东输"工程，兰州—重庆、北海—昆明成品油管线和重庆忠县—武汉天然气输气管线的建设，重庆及长江上游的石油化工和冶金材料产业将得到快速发展。但西部地区的经济社会发展与全国的整体水平有一定差距，与东部发达地区相比，差距更大。要缩短差距，首要的是尽快缓解生产、管理、服务一线的高级工程应用型人才相对短缺的矛盾，这就必须大力发展教育事业，努力提高人口综合素质，把西部地区的人口负担转化为人力资源优势，才能最终把西部的自然资源优势转化为经济发展优势，实现西部大开发的宏伟目标。

加速重庆的发展，全面推进西部大开发战略的实施，关键在科技，核心在人才，基础在教育。组建重庆科技学院，发挥冶金、材料、石油、化工等学科优势，努力培养掌握先进科学技术，熟悉WTO规则，懂得生产经营和管理的高级工程应用型人才，顺应了重庆经济社会发展和西部大开发的历史潮流，有利于把重庆建成西部的教育高地，为重庆和西部地区提供充分的人才支持和知识贡献。

（二）组建重庆科技学院是冶金、石油、化工、机械等行业发展的需要

冶金、石油、化工、机械制造行业是我国技术密集、资金密集的行业，在国民经济结构中占有相当大的比重，这些行业的发展，直接关系到我国的经济建设、国防现代化、国计民生和社会稳定。

2002年全国钢产量达到1.82亿吨，钢材产量达到1.92亿吨，钢产量占世界产量的1/6，居世界第一位。

中国石油石化企业是全球500强企业，产值占全国GDP的1/10，上缴利税占国企的1/4。

机械工业是国民经济的装备产业。随着国民经济第三步战略部署的全面实

施，机械工业进入了一个重要的历史发展时期。

随着我国实行"引进技术消化吸收与自主创新相结合，研究开发与产业化相结合"，推动黑色金属材料技术、重点石化产品生产技术、先进能源技术等领域的高新技术产业化，钢铁冶金和石油石化行业的科技贡献率已达50%以上，这些行业的战略性重组和国际化经营，亟须一大批从事科技成果转化、工艺技术创新与应用和生产经营管理的工程技术人才和管理人才。

重庆工专和重庆油专是原冶金和石油部属高校，有50多年办学历史，积累了一定的办学经验，具有其学科专业特色和为冶金、石油、化工、机械制造等行业服务的优势。两校合并组建重庆科技学院，可以进一步发挥优势，彰显特色，加速培养行业所需要的科技开发、工程与工艺技术设计、生产经营与管理等方面的高级工程应用型人才，以满足这些行业改革发展的需要。

（三）组建重庆科技学院是我市高等教育布局结构调整的需要

1. 完善、优化我市高等教育层次和学科结构的需要

重庆直辖以来，为适应经济建设和社会发展需要，加大了高等教育布局结构调整的力度，取得了显著成效。但是，高等教育总量不足，结构不尽合理，层次偏低，仍然是摆在我们面前需要认真解决的问题。

目前，重庆市普通高校34所，其中本科院校16所，专科、高职院校18所，另外还有专科层次的成人高校12所。在市属本科院校中，还没有一所主要面向冶金、石油、化工等行业培养高级工程应用型专门人才的多科性本科院校。

2002年末，重庆市在校本专科学生32.2万人，其中普通本科学生12.4万人，高职高专学生7.6万人，成教本科学生3.74万人，成教专科学生8.46万人，在校生中本科生占50.4%。本科学生人数比例远低于其他3个直辖市，也低于全国平均水平。

根据重庆市高等教育结构的现状，重庆市人民政府制定了《重庆市21世纪

前 20 年教育事业发展总体方案》，要求"继续调整合并科类相近、专业重复、规模偏小、条件互补的院校。重点建设好一批有行业优势和办学特色，并适度发展适应经济建设需要的本科院校。有条件的专科学校通过调整，升格为本科院校，改善和扩大普通高等学校的办学层次、条件和规模"。组建重庆科技学院，可以优化我市高等教育的层次结构和学科专业结构，扩大本科院校的规模，缓解高等教育总量不足的矛盾，缩短与其他省市的差距，对于实现重庆市高等教育结构调整规划目标具有重要的现实意义。

2. 扩大我市人才资源总量，逐步优化人才类型结构和分布结构的需要

根据重庆市人才统计的相关报告，目前重庆市各类人才总量 104 万人，占全市从业人员的 5.9%，每万人中拥有人才 328 人。虽多于西部地区的平均数，但却只有东部地区的 1/6 ～ 1/5，与重庆经济社会发展的要求相比，人才总量明显不足。

在人才的分布上，主要集中在机关事业单位，所占比例超过 60%，而教育、卫生领域又占了大多数，工业企业、科研一线人才比重低。在重庆"十五"计划重点发展的信息、金融、商贸、汽车、生物医药、石油化工、新材料、环保、能源等产业，高级工程应用型人才严重不足，人才分布结构和类型结构不尽合理，难以适应重庆经济建设和社会发展对各类人才的迫切需要。

为了解决人才总量不足的问题，重庆市加快了高等教育改革和发展的步伐，规划 2010 年高等教育毛入学率要达到 30%，2020 年要达到 50%，即到 2020 年全市在校大学生数要达到 110 万人，是现有规模的 3 倍。就目前重庆高等教育的规模、结构、内在质量诸方面而言，与其发展目标的要求还有较大差距。

组建重庆科技学院，扩大高等教育（特别是本科教育）规模，加速培养石油、化工、冶金、材料、机械制造类高级工程应用型人才，是推进高等教育大众化进程，缓解人才总量不足，调整优化重庆市人才类型结构和分布结构，逐步缓解工业企业、科研一线人才比重偏低的一个可行举措。

（四）组建重庆科技学院是两校自身发展的需要

重庆工专和重庆油专优势学科专业互补，相近学科专业经过重组，实力会显著增强，两校迫切要求实现跨越式发展，但各自受办学空间、办学资源等因素的制约，一定意义上使两校的持续快速发展受到限制。两校合并组建重庆科技学院，可以进一步优化配置两校教育资源，有利于整合优化师资队伍结构，精简党政管理机构，减少管理人员，增强筹资能力，集中力量建设冶金、材料、石油、化工等优势学科专业，避免重复建设，能有效地提高教育资源的利用率和办学效益。

二、组建重庆科技学院的可行性

（一）重庆市政府重视和支持重庆科技学院的组建和发展

重庆市人民政府高度重视、大力支持两校合并组建重庆科技学院，将此纳入重庆高等教育结构调整规划，成立了以市教委副主任陈流汀同志为组长的重庆科技学院筹备领导小组，具体领导并校建院工作，并承诺：（1）将重庆科技学院作为首批进驻重庆市大学城的院校，划拨1500亩土地用于新校区建设，同时给予相应的贷款贴息、税费减免等优惠政策；（2）给予一次性专项补贴8000万元；（3）重庆科技学院建立后，仍以原两校现年均财政拨款基数总额为基础，核定新学院拨款基数，足额统一拨付，并逐年增长。

与此同时，重庆市政府还承诺：首批进入大学城的高校，凡因搬迁而置换老校区所产生的交易契税、土地出让金，按收支两条线的办法全额返还学校用于新校区的建设，校区置换产生的利益全部留给学校。

（二）具备良好的办学硬件条件，办学经费有保障

目前，两校占地面积585亩（另有332亩农场土地待开发）；建筑总面积29.5万平方米，教学行政用房21.09万平方米，生均19.17平方米；固定资产2.64亿元，教学科研设备总值4060万元（另有250万美元"日元教育贷款项目"正在实施，其中1500万人民币用于购置教学科研设备未计入），生均教学科

研设备总值 0.37 万元；图书馆藏书 54 万册（含电子图书 6.7 万册）；文化体育运动设施齐全配套，有 2 个田径运动场、1 个标准游泳池、1 个体育馆、2 个网球场和 30 多个篮排球场。

办学经费有保证。2002 年底两校财务决算收入总额达到 1.1487 亿元，其中国家和地方财政投入的经常性经费 4933 万元，国家财政基建拨款 551 万元，学校除拨款以外的各项收入 6003 万元。

（三）具有较强的师资队伍

两校现有专任教师 510 人，其中教授 30 人，副教授 147 人，副高以上教师比例达到 34.7%；获得博士和硕士研究生学位的有 91 人，在读博士、硕士 134 人，共计 225 人，占专任教师总数的 44%；双师型教师比例达到 59%；享受国务院政府津贴专家 2 人，市级学术技术带头人 2 人，市级学术技术带头人后备人选 2 人，市级中青年骨干教师 19 人。初步建立了一支老中青相结合，学历、职称、专业、年龄结构较为合理，与学校改革发展基本相适应的教师队伍。

（四）具有较强的学科专业实力

重庆工专设有材料工程系、化学工程系等 9 个教学系部，开办了炼铁、炼钢及铁合金、材料成型及控制技术、自动化等 37 个专科专业及专业方向。重庆油专是教育部确定的全国示范性高工专重点建设学校，设有石油工程系、工商管理系等 8 个教学系部，开办了石油工程、石油化工、油气储运、财务会计等 30 个专科专业及专业方向。目前，两校有教育部高职高专教改试点专业 10 个，其中石油工程、炼铁、石油钻井技术、汽车运用技术和财务会计等 5 个专业经教育部专家组评审验收成为全国高工专示范专业，另有 3 个重庆市教改试点专业正在建设之中。有 11 门市级重点建设课程，5 门课程通过了合格验收，其中英语和机械制图课程为重庆市优质课程，并正在申报国家精品课程，英语课程建设获全国高职高专教学成果一等奖。有 6 个实验室通过了市级达标验收，两校的金工实习基地先后通过了省级金工实习合格评估。基本构建了以教育部教改试点专业建设为龙头，以冶金、材料、石油、化工等学科专业为优势和特色，以工为主，工管结合，具有较强动态适应能力的学科专业结构体系。

（五）具有较高的科研学术水平

"九五"以来，两校承担国家、省（市）各类纵向科研项目35项，获省部级科技进步奖一、二、三等奖共计9项，获省部级科研成果奖10项，其中"翻引钢机械手"获得国家科技发明奖四等奖；承担横向科研项目135项，合同科研经费1550万元。两校获得国家专利10项，获省部级教学成果一、二、三等奖共计17项。教职工公开发表论文1100多篇，其中在核心期刊上发表论文224篇，并有26篇被美国《科学引文索引》（SCI）和美国《工程索引》（EI）检索或收录。

（六）具有一定的本科办学经验

近些年来，重庆工专和重庆油专与重庆大学、重庆工学院、中国人民解放军后勤工程学院合作开办了石油工程、机械设计制造及自动化、计算机科学与技术、自动化、会计学、工程管理6个本科专业，在校全日制本科生806人，已累计毕业124人。以上本科教育，由两校分别与合作院校共同制订教学计划，由两校教师承担绝大部分教学任务和学生管理工作，本科毕业生的质量基本得到保证，2002年和2003年保送了3人到重庆大学读研究生，并有6人考上了研究生，同届本科毕业生授位率不低于联办院校。同时还与重庆大学、四川理工学院、石油大学合作开办了本科网络教育和成人本科教育。在20世纪90年代，与北京科技大学、重庆大学联办过4届4个成教本科专业。通过合作开展本科教育，锻炼了师资队伍，积累了一定的本科教育、教学和管理方面的经验。

（七）产学合作、国际交流与合作取得一定成效

两校主动适应地方经济建设和行业发展的需要，积极推进产学研合作办学。目前两校与石油石化、冶金等行业和地方几十家企事业单位、科研院所、行业协会在人才培养、科技开发、职业培训等方面进行了富有成效的合作；与重庆

大学，重庆工学院，石油大学，北京科技大学，美国怀俄明大学、库克大学，加拿大霍兰学院、范莎学院等国内外院校建立了良好的校际合作关系；与国家外专局、国家安全生产监督局、中石油长城钻井公司、重庆市劳动局、美国钻井承包商协会、美国英语协会等多家单位合作开展了相关专业的人才培训与认证工作。从1996年至今两校一共聘请了19位外籍文教专家来校授课，邀请了20多位科技专家来校讲学；派出了30多名教师到国外攻读学位、当访问学者、参加学术会议和进行教育考察。

（八）具有较高的管理水平

重庆工专和重庆油专制度健全，管理规范，拥有一支结构合理的管理队伍，在较长的办学历程中，积累了较为丰富的教育管理经验。两校不断深化教育教学改革和校内管理体制改革，在教学管理、学生教育管理、人事分配制度和财务资产管理等方面都进行了许多有益的改革尝试，取得了显著成效。两校都是重庆市高校后勤社会化改革试点单位，先后被授予四川省、重庆市文明学校、文明单位、文明单位五十佳等荣誉称号。

（九）两校生源充足，就业渠道畅通

两校作为原石油和冶金部委属院校，主要面向重庆，同时在全国近30个省（市、自治区）招生，与各地教育行政部门和相关企业建立了比较稳定的招生与就业合作关系。近年来录取新生中第一志愿率在70％以上，生源有保障，生源质量较高。目前两校在校学生11000人左右。近年来，两校毕业生初次就业率始终保持在80%以上，石油工程、冶金工程专业的毕业生供需比达1∶3，两校多次获得省部级招生与就业先进集体称号。

（十）社会企事业单位和地方政府支持组建重庆科技学院

中石油、中石化、中海油三大国家石油公司、宝山钢铁股份有限公司、重庆钢铁（集团）有限责任公司、西南铝业（集团）有限责任公司、石油大学、北京科技大学等企事业单位和重庆市渝中区、九龙坡区、沙坪坝区政府都积极支持两校合并建院，进一步提升办学层次。他们表示将通过共建、合作等方式，在人才培养、毕业生就业、职工继续教育、科研项目合作等方面对学院的建设给予大力支持。

三、重庆科技学院发展规划和实现规划的措施

（一）学院定位

1.遵循高等教育规律，主动适应社会主义市场经济发展需要，面向社会，依法自主、开放式办学。学院立足重庆，依托行业，面向西部地区，主要服务于重庆地方区域经济和社会发展，同时服务于冶金、石油、化工和机械行业，是一所具有地方性、区域性特点和行业特色，以工为主，工管结合，涵盖文理（应用理科）的多科性普通本科院校。

2.学院以人才培养为中心，面向生产、管理和服务一线，培养适应社会主义现代化建设需要的，德、智、体、美全面发展的高级工程应用型专门人才。学院以本科教育为主，本科教育与高职高专教育，学历教育和非学历教育协调发展。学院积极开展科研和实用技术开发，努力建成重庆乃至西部地区和冶金、石油、化工、机械行业的高级工程应用型专门人才培养基地，实用新技术研发、推广应用和培训基地，努力建成为具有突出的学科专业优势和鲜明的工程应用特色，在西部地区有较大影响的普通高等院校。

（二）管理体制

实行中央与重庆市共建，以重庆市人民政府管理为主的领导管理体制。学院内部实行党委领导下的院长负责制，实行院系两级管理。

（三）办学规模

学院发展总规模为全日制在校学生15000人。近几年适度控制办学规模，主要通过压缩专科教育规模，循序渐进地扩大本科教育规模，逐步调整本、专科教育规模的比例结构。到2010年，使全日制本科在校学生达到60%左右。

2004年，学院全日制在校学生11000人左右，其中计划招收全日制本科生600人左右。

2005年，学院保持全日制在校学生11000人左右，其中计划招收全日制本科生900人左右。

2007年，学院全日制在校学生12000人左右，其中计划招收全日制本科学生1500人左右。

2010年，学院全日制在校学生达到13000人左右，其中计划招收全日制本科生1800人左右。

（四）招生及就业

立足重庆，依托行业，面向西部，建立相对稳定的招生与就业基地。学院以在重庆及西部地区招生为主，同时面向全国相关行业所在地区招生。毕业生面向社会，学校推荐，供需见面，双向选择，自主择业。

（五）专业设置

学院在2010年以前拟分期分批设置石油工程、冶金工程、化学工程与工艺、自动化、机械设计制造及自动化、会计学、计算机科学与技术、油气储运工程、旅游管理、社会工作、土木工程、无机非金属材料工程、资源勘查工程、市场营销、工程管理、金属材料工程、安全工程、生物工程、应用化学等近30个专业。

本科专业数：2004年开办6个，2005年达到11个，2007年达到20个，到2010年达到近30个。

（六）重点学科及实验室规划

以重点学科建设为龙头，带动相关学科专业群的建设和实验室建设。到2010年，以石油、材料、化工、机械等学科专业为重点，建成8～10个校级重点学科，力争建成2～3个市级重点学科；建成20个左右的专业实验室，使实验室总数达到45个左右，努力建设1～2个市级重点开放性实验室；以石油与天然气工程技术、冶金材料工程技术、先进制造技术为主，初步建成 2 ~ 3 个西部地区有影响的新技术研发、推广应用与培训基地，力争教学科研设备总资产值达到 1 亿元以上。

（七）科研规划

面向经济建设主战场，坚持产学研结合，以应用技术研究为主，重视提高科研成果转化率。到 2007 年，争取省部级科研项目 15 ~ 20 项，横向科研项目 30 ~ 50 项；科研经费达到 1500 万元；平均每年在国内核心刊物上发表学术论文 200 篇以上；主编教材、专著 30 部左右；努力办好《重庆科技学院学报》。

到 2010 年，争取省部级科研项目 30 项左右，横向科研项目 50 ~ 60 项；科研经费达到 3000 万元；平均每年在国内核心期刊上发表学术论文 300 篇以上，有一定数量高水平学术论文进入三大文献检索系统；主编教材、专著 50 部左右。

（八）队伍建设规划

按照"整体优化，突出重点，院系结合，全面建设"的原则，重点抓好学术带头人的培养和学术梯队建设。与此同时，控制教职工总人数，逐步调整优化教职工队伍的结构，加速提高教师和管理干部队伍的整体素质。

2007 年，教职工总人数控制在 1100 人左右，其中专任教师 730 人左右，生师比达到 16.5 ：1 左右。专任教师中，硕士研究生以上学历比例达到 50% 左右，副高职达到 40% 左右，正高职达到 8% 左右。培养 6 ~ 10 名重庆市学术带头人，30 ~ 40 名市级中青年骨干教师，20 ~ 30 名校级学术带头人和 180 名左右教学科研骨干。

2010 年在职教职工总人数控制在 1300 人左右，其中专任教师 840 人左右，生师比达到 15.5 ：1 左右。专任教师中硕士研究生以上学历比例达到 60%，正高职比例达到 10% 以上，副高职比例达到 40% 以上。培养 10 ~ 15 名重庆市学术带头人，40 ~ 50 名市级中青年骨干教师，30 ~ 40 名校级学术带头人和 200 名教学科研骨干，基本形成教学水平高、科研能力强、结构合理的学术梯队。

（九）办学基本条件

到 2005 年建好新校区（重庆大学城内）主要教学生活设施，入住学生 3000 人；2007 年新校区基本设施能满足 8000 名学生的办学需要，使新校区成为主校区；2010 年基本完成新校区建设。

到 2007 年新老校区建筑总面积达到 67 万平方米，教学科研设备总资产值达到 9000 万元，图书馆藏书争取达到 120 万册（含电子类图书）。

到 2010 年新老校区建筑总面积达到 88.5 万平方米，教学科研设备总资产值达到 1 亿元以上，图书馆藏书达到 150 万册（含电子类图书）。

（十）经费保证

建立以国家财政拨款为主，多渠道筹措办学经费为辅的体制。办学经费由中央和重庆市财政按现有基数及招生人数和有关专项向学院拨款，并按一定比例逐年增长。

学院主要通过老校区土地置换、社会引资、银行贷款、政府专项支持等多渠道筹措经费投入新校区建设。

二、首份重庆科技学院（筹）章程（草案）

重庆科技学院（筹）章程（草案）

第一章　总　则

第一条　根据《中华人民共和国教育法》《中华人民共和国高等教育法》和《中共中央、国务院关于深化教育改革全面推进素质教育的决定》，为保证重庆科技学院的健康发展，特制订本章程。

第二条　重庆科技学院实行中央与重庆市人民政府共建，以重庆市人民政府管理为主的领导管理体制。

第三条　学院坚持以马列主义、毛泽东思想、邓小平理论和"三个代表"重要思想为指导，全面贯彻党的教育方针，以人才培养为中心，与生产劳动相结合，使受教育者成为德、智、体、美全面发展的社会主义事业的建设者和接班人。积极开展科学研究，全方位服务社会主义现代化建设。

第四条　积极推进教育体制改革和教学改革，优化教育结构和资源配置，努力提高学校育人质量和办学效益。

第五条　遵循高等教育规律，主动适应社会主义市场经济发展需要，面向社会、依法自主、开放式办学，实行民主管理。

第二章　学校名称、校址

第六条　学院名称：重庆科技学院。

第七条　学院本部地址：重庆市大学城（沙坪坝区虎溪），过渡时期大坪校区作为校本部。

学院分部地址：

1. 杨家坪校区：重庆市九龙坡区杨家坪西郊支路 19 号

邮编：400050

2. 大坪校区：重庆市渝中区大坪石油路 1 号

邮编：400042

第三章　办学宗旨

第八条　学院立足重庆，依托行业，面向西部地区，主要服务于重庆地方区域经济和社会发展，同时服务于冶金、石油、化工和机械行业。学院以培养生产、管理、服务一线的高级工程应用型人才为中心，开展教学、科研和社会服务。全面推进素质教育，保证教育教学质量达到国家规定的标准，努力培养适应 21 世纪要求的合格的专业技术人才和管理人才，认真落实科教兴国和科教兴渝战略，促进社会主义物质文明、精神文明和政治文明建设。

第四章　办学规模

第九条　2007 年，全日制在校生达到 12000 人左右；2010 年全日制在校生达到 13000 人左右。学院最终发展规模：全日制在校学生 15000 人左右。

第五章　学科门类设置

第十条　重庆科技学院是以工为主，工管结合、涵盖文理（应用理科）的多科性普通本科院校。以普通本科教育为主，实现职前教育与职后教育的统一。积极创造条件，逐步发展研究生教育。

第十一条　学院拟设置材料工程系、石油工程系、化学工程系、机械工程系、建筑工程系、自动化系、计算机科学系、工商管理系、公共管理系、社会科学部、基础教学部、体育教学部、继续教育学院等教学系部。根据发展要求，逐步调整系部设置。

第十二条　学院拟分期分批设置冶金工程、石油工程、化学工程与工艺、自动化、机械设计制造及自动化、会计学、计算机科学与技术、油气储运工程、材料成型及控制工程、旅游管理、社会工作、土木工程、无机非金属材料工程、制药工程、资源勘查工程、市场营销、工程管理、金属材料工程、安全工程、生物工程、应用化学等专业。学院在办学过程中，根据经济社会发展需要和学院办学条件，逐步调整专业设置。

第六章　教育形式

第十三条　学院的教育形式主要是：全日制本、专科学历教育，研究生教育，同时开办成人全脱产、半脱产、夜大、函授的学历与非学历教育。积极开展产学研合作办学和国际教育合作与交流。

第七章　内部管理体制

第十四条　学院实行党委领导下的院长负责制。党委按照《中国共产党普通高等学校基层组织工作条例》和有关规定统一领导学校工作，支持院长独立负责地行使职权。其领导职责主要是：执行中国共产党的路线、方针、政策，坚持社会主义办学方向，领导学院的思想政治工作和德育工作，讨论决定学校改革、发展和基本管理制度及中层干部任免等重大事项，保证以培养人才为中心的各项任务的完成。

第十五条　院长全面负责本学院的教学、科研和其他行政管理工作，行使《高等教育法》规定的职权。学院设立院务委员会，院长主持院长办公会或院务会处理有关事项。

第十六条　学院设立学术委员会，负责审议学科、专业的设置，教学、科研计划方案，评定教学、科研成果等有关学术事项。

第十七条　学院依法保障教职工和学生的合法权益。通过以教师为主体的教职工代表大会等组织形式，依法保障教职工参与民主管理和监督，维护教职工合法权益。

第十八条　学院实行院、系两级管理。

第十九条　教师实行教师资格制度，教师职务聘任制度；管理人员实行教育职员制度；教学辅助人员及其他专业技术人员，实行专业技术职务聘任制度；工勤人员实行劳动合同制。

第二十条　重庆科技学院引导和教育学生努力学习马克思列宁主义、毛泽东思想、邓小平理论和"三个代表"重要思想，树立正确的世界观、人生观、价值观，遵守国家的法律、法规，遵守大学生行为规范和学校的各项管理制度，尊敬师长，刻苦学习，增强体质，树立爱国主义、集体主义和社会主义思想，具有良好的思想品德和职业道德，掌握适应社会需要的科学文化知识和专业技能。

重庆科技学院接受学历教育的学生思想品德合格，在规定的修业年限内完成规定的课程，成绩合格或者修满相应的学分，准予毕业。本科毕业生其学业水平达到国家规定的学士学位标准，可申请授予学士学位；研究生通过毕业论文答辩可授予硕士、博士学位。接受非学历教育的学生，按规定完成学业，成绩合格，发给载明修业年限和学业成绩的结业证书。

第八章　经费来源、资产和财务管理

第二十一条　建立以国家财政拨款为主，多渠道筹措高等教育经费为辅的体制。重庆科技学院的经费由中央和重庆市财政按招生人数和其他专项拨款。学校通过办学以及其他多种渠道自筹部分经费作为补充。

第二十二条　重庆科技学院的全部无形资产和有形资产均属国有资产，其管理按国有资产管理规定和条例执行。学院资产受法律保护，任何单位和个人不得侵占、挪用或擅自变更所有权。

第二十三条　依法建立健全财务管理制度，合理使用教育经费，严格管理，提高投资效益。学校的财务活动依法接受监督。财务制度按财政部、审计署颁布的国有企事业单位财务的预算、决算、审监执行。学校收取的学费按照国家有关规定管理和使用，其他任何组织和个人不得挪用。

第九章　举办者与学院之间的权利义务

第二十四条　重庆市人民政府负责全面领导重庆科技学院，任命学院主要负责人，拨发办学经费。

第二十五条　学院自批准之日起取得法人资格，院长为法人代表。学院在民事活动中依法享有民事权利，承担民事责任。

学院有权依据社会需求、办学条件和国家核定的规模，制订招生方案，自主调节系科招生比例。学院依法自主设置和调整学科、专业。学院根据教学需要，自主制订教学计划、选编教材、组织实施教学活动，自主开展科学研究、技术

开发和社会服务。学院有权确定内部组织机构的设置方案，推荐副院长人选，任免内部机构的负责人，聘任和解聘教师以及内部其他工作人员。根据相关规定调整津贴和工资分配；对学生进行学籍管理并实施奖励或者处分。拟定和执行年度经费预算方案，保护和管理校产，维护学校合法权益。

第十章 附则

第二十六条 本章程的修改必须严格按程序进行，本章程的修改程序是：由五名以上教职工或十名以上学生对章程提出修改建议；院务委员会广泛征求意见后做出修改；学院党委审核同意后上报；重庆市教育委员会核准，报教育部备案。

第二十七条 本章程的解释权属学院。

第二十八条 本章程由重庆市教育委员会核准之日起执行。

三、首份重庆科技学院（筹）事业发展规划（草案）

重庆科技学院（筹）
2003—2010 年事业发展规划（草案）

重庆科技学院是由具有 50 多年办学历史的重庆工业高等专科学校和重庆石油高等专科学校合并组建而成的一所以工为主的多科性普通高等院校。为了促进学院的健康发展，依据《中华人民共和国高等教育法》《全国教育事业第十个五年计划》和《重庆市 21 世纪前 20 年教育事业发展总体方案》的要求，结合学院的实际情况制订本规划。

一、指导思想

以邓小平理论和"三个代表"重要思想为指导，全面贯彻落实党和国家的教育方针，坚持社会主义办学方向，依据《中华人民共和国高等教育法》，主动适应社会主义市场经济发展需求，面向社会，自主办学。以培养高素质的社会主义现代化事业的建设者和接班人为出发点，深化教学改革，推进素质教育，强化制度创新，努力把学院建设成为一所内涵发展与外延发展相统一，规模、质量、结构、效益协调发展，工程应用特色突出的多科性普通本科院校。

二、学院定位

1.遵循高等教育规律，主动适应社会主义市场经济发展需要，面向社会，依法自主、开放式办学。学院立足重庆，依托行业，面向西部地区，主要服务于重庆地方区域经济和社会发展，同时服务于冶金、石油、化工和机械行业，是一所具有地方性、区域性特点和行业特色，以工为主，工管结合，涵盖文、理（应用理科）的多科性普通本科院校。

2.学院以人才培养为中心，面向生产、管理和服务一线，培养适应社会主义现代化建设需要的，德、智、体、美全面发展的高级工程应用型专门人才。学院以本科教育为主，本科教育与高职高专教育，学历教育和非学历教育协调发展。学院积极开展科研和实用技术开发，努力建成重庆乃至西部地区和冶金、石油、化工、机械行业的高级工程应用型专门人才培养基地，实用新技术研发、推广应用和培训基地，努力建成为具有突出的学科专业优势和鲜明的工程应用特色，在西部地区有较大影响的普通高等院校。

三、办学规模

学院发展总规模为全日制在校学生 15000 人。近几年适度控制办学规模，主要通过压缩专科教育规模，循序渐进地扩大本科教育规模，逐步调整本、专科教育的比例结构，到 2010 年使全日制本科在校学生达到 60% 左右。

2004 年，学院全日制在校学生 11000 人左右，其中当年计划招收全日制本科学生 600 人左右。

2005 年，学院保持全日制在校学生 11000 人左右，其中当年计划招收全日制本科学生 900 人。

2007 年，学院全日制在校学生 12000 人左右，其中当年计划招收全日制本科学生 1500 人左右。

2010 年，学院全日制在校学生达到 13000 人左右，其中当年计划招收全日制本科生 1800 人左右。

四、管理体制及组织机构

（一）管理体制

学院实行中央和重庆市共建，以重庆市人民政府管理为主的管理体制；学院内部实行党委领导下的院长负责制，实行院系两级管理。

（二）组织机构

依据《全国普通高等学校编制管理规程》和教育部提出的"精简、高效、合理、规范"的机构设置要求，学院拟设置 16 个党政管理机构和 15 个教学科研机构。

党政管理机构（16 个）：党委办公室、组织部、宣传（统战）部、纪监审办公室、院长办公室、人事处、教务处、学生处（学工部）、招生与就业处、保卫处（政保部）、科研处、外事处、财务处、基建处、后勤管理处、离退休处。

教学科研机构（15 个）：石油工程系、材料工程系、化学工程系、机械工程系、建筑工程系、自动化系、计算机科学系、工商管理系、公共管理系、继续教育学院、社会科学部、基础教学部、体育教学部、高等教育研究室（学报）、图书馆等。

条件成熟后，设置石油工程技术开发应用研究中心、冶金材料技术开发应用研究中心、先进制造技术开发应用研究中心和一个民营二级学院。

五、人才培养目标、学科专业设置与建设

（一）人才培养目标

培养适应社会主义现代化建设需要的，德、智、体、美全面发展的，具备

本学科、本专业所必需的基础理论、基本知识和基本技能，完成生产、管理、服务一线工程师的基本训练，具备从事本专业实际工作和研究工作的初步能力，知识面宽，工程应用能力强，综合素质高，富有创新意识和创业精神的高级工程应用型专门人才。

（二）学科专业设置与建设

2004—2010 年，学院拟分期分批设置冶金工程、石油工程、化学工程与工艺、机械设计制造及自动化、会计学、计算机科学与技术、材料成型及控制工程、应用化学等近 30 个专业，并根据社会需要和办学条件，适时调整专业设置，不断改造老专业，发展新专业。

2004 年开设 6 个本科专业：冶金工程、石油工程、自动化、机械设计制造及自动化、计算机科学与技术、会计学。

2005 年增设 5 个本科专业：化学工程与工艺、材料成型及控制工程、油气储运工程、金属材料工程、公共关系与文秘。

2006 年增设 5 个本科专业：资源勘查工程、无机非金属材料、制药工程、土木工程、市场营销。

2007 年增设 4 个本科专业：环境工程、社会工作、工程管理、广告学。

2008 年增设 4 个本科专业：安全工程、艺术设计、车辆工程、旅游管理。

2009 年增设 3 个本科专业：城市管理、工商管理、数学与应用数学。

2010 年增设 2 个本科专业：生物工程、应用化学。

至 2010 年，拟建成 30 门校级重点课程，15 门市级重点课程，1～2 门精品课程；以材料、石油、化工、机械学科为主，建成 3～4 个特色本科专业，5～6 个优势本科专业；建成 11 个校级重点学科，力争建成 2～3 个市级重点学科，并创造条件合作开展研究生教育。

六、硬件建设

（一）现有条件

学院占地面积 585 亩（另有 332 亩农场土地待开发），校舍建筑总面积 29.5 万平方米，教学科研设备总资产值 4060 万元（另有 250 万美元"日元教育贷款项目"正在实施，其中 1500 万元人民币用于购置教学科研设备未计入），图书馆藏书 54 万册（含电子图书）；有体育馆 1 个（看台座位近 2000 个），标准游泳池 1 个，运动场 2 个（其中标准运动场 1 个），其他如校园网、文化活动中心、学生标准化食堂、学生公寓等文化、娱乐、生活设施较为齐全配套。

（二）建设规划

2007 年，各项主要办学指标达到教育部普通本科院校合格标准；2010 年基本完成新校区建设，各项办学设施满足教学、科研及生活需要。

1. 2003 年，在重庆市大学城征用土地 1500 亩，2004 年开始建设，2005 年建好新校区部分主要教学生活设施，争取 3000 名学生入住新校区；2007 年新校区的各项设施满足 8000 名学生的办学需要，新校区成为主校区；2010 年基本完成新校区建设，可进驻学生 13000 人。

2. 校舍建筑面积：2007 年达到 67 万平方米，2010 年达到 88.5 万平方米。

3. 教学科研设备总值：2007 年达到 9000 万元，2010 年达到 1 亿元以上。

4. 图书资料：2007 年达到 120 万册，2010 年达到 150 万册（以上均含电子图书）。

5. 固定资产总值：2007 年达到 7 亿元，2010 年达到 8 亿元。

七、师资队伍建设

为了适应学院发展的需要，本着"整体优化，突出重点，院系结合，全面建设"的原则，以学术带头人的培养和学术梯队建设为重点，努力建设一支与学院改革发展相适应，思想政治素质好，教学科研能力强，结构优化，充满活力，富有创新意识和敬业精神的师资队伍。

到 2007 年，教职工总人数控制在 1100 人左右，专任教师的总数达到 730 人左右。专任教师中正高职比例达到 8% 左右，副高职达到 40% 左右，硕士研究生以上学历的教师达到 50% 左右。培养 6 ~ 10 名市级学术带头人，30 ~ 40 名市级中青年骨干教师，20 ~ 30 名校级学术带头人和 180 名教学科研骨干。

到 2010 年，正高职达到 10% 以上，副高职达到 40% 以上，硕士研究生以上学历的教师达到 60%，培养 10 ~ 15 名重庆市学术带头人，40 ~ 50 名市级中青年骨干教师，30 ~ 40 名校级学术带头人和 200 名的教学科研骨干，保证各门学科都有 1 ~ 2 名市级或校级学术带头人，基本形成教学水平高，科研能力强，结构合理的师资队伍和学术梯队。

主要措施：

1. 加大投入。2010 年以前，每年投入 100 万元以上，专款专用于师资队伍建设，以后再酌情调整经费投入。

2. 加速培养。建院初期，平均每年选送 50 ~ 60 名有培养前途的青年教师，到国内相关大学或科研机构（脱产或在职）攻读研究生，加速改善师资队伍的学历结构。与此同时，加强青年教师的教学岗位实践锻炼，不断提高教学业务能力；鼓励教师参加科学研究、新技术开发和推广应用工作，以此推动教学科研人员提高科研能力和学术水平。

3. 积极引进。学院制订激励政策，创造优惠条件，大力引进硕士、博士学历和副教授以上的高层次人才（包括海归人员），进一步调整优化教师队伍的学历、职称结构和年龄结构，逐步形成一支教学水平高，科研能力强的学术梯队。同时，建立相对稳定的高水平的兼职教师队伍。

4. 坚持派出。学院坚持多渠道选派中青年骨干教师到国外大学深造；创造条件，积极支持具有副高及以上职称的教师、科研人员到国内外大学或科研机构作高级访问学者，鼓励教师参加国际学术会议。

5. 鼓励合作。继续鼓励教师与国内外大学、科研机构和企事业单位合作开展科学研究和科技开发，不断提高教学科研人员的科研水平和工程实践能力；大力利用国内外知名专家的智力资源，充分利用各种社会资源，促进学院师资队伍建设。

6. 科学管理。实行教师资格制度、职务聘任制度、评聘双轨制和考核制度，以激发教学科研人员内在潜力，搞好教学科研工作。

八、实验实习基地建设

根据学科专业建设规划的要求，2005年，全面完成实验室调整，建成10个左右能满足本科教学需要的基础实验室和专业实验室；完善金工实习、电工电子、物理、化工、石油工程等校内实验实习基地。2007年，建成15个左右专业实验室，力争建成先进制造技术培训基地。2010年，建成20个左右专业实验室，实验室总数达到45个左右，基本满足教学科研工作需要。努力建设1～2个重庆市重点开放实验室，2～3个在西部地区和冶金、石油、机械行业有影响的技术研发、推广应用与培训基地。

与此同时，加强校外实习实训基地建设。

九、教学科研工作

学院坚持面向重庆、西部地区和冶金、石油、化工、机械等行业经济建设主战场，以人才培养为中心，积极开展科研和技术开发，实行产学研结合办学，努力为社会培养基础扎实，知识面宽，素质高，富有创新能力和创业精神的高级工程应用型专门人才，不断输出智力产品。

继续深化教学改革，努力构建与创新人才培养相适应的新的教学内容与课程体系。大力实施"精品工程"，瞄准科技发展新趋势，顺应我国蓬勃兴起的新型工业化、信息化潮流，更新教学内容，改革教学方法，提升教学技术手段，不断提高本科教学质量。加强人文社会科学教育、美育教育、劳动技术教育和社会实践活动，为学生创新能力的培养，创业精神的树立和思想道德素质、文化素质、业务素质、身心素质的完善创造良好的发展条件。

加大科研投入，完善科研激励机制，健全科研机构，建设一支专兼职结合的科研队伍。加强与相关科研院所、企事业单位的合作，结合重庆市经济建设和冶金、石油、化工、机械等行业生产实际，积极开展针对性强，转化速度快，经济效益高的应用技术研究，多出科研成果。并且通过科研与教学的结合，科研与生产的结合，促进学科专业建设，推动产学研结合办学。

十、经费投入

在 2003—2010 年 8 年间，筹资 8.45 亿元，完成新区的征地和相关基建项目及配套设施建设，满足 13000 在校学生的教学、生活需要。资金筹措的具体方案如下：

1. 现"两校"的国拨基建经费每年约 550 万元，8 年共计 0.44 亿元。

2. 置换老校区部分土地筹集 1.20 亿元。

3. 学院自筹资金投入基本建设每年 0.20 亿元，8 年共计 1.60 亿元。

4. 学院向银行贷款 1.36 亿元。

5. 争取中央政府专项（国债）支持 0.80 亿元。

6. 重庆市政府投入经费 0.80 亿元。

7. 通过建设学生生活配套设施向社会引资 1.20 亿元。

8. 建教职工经济实用住房，自筹资金 1.05 亿元。

学院再用事业经费和其他自筹经费投入学科专业建设和其他配套设施建设，8 年共计 1.63 亿元。

1. 图书资料投入 2000 万元（平均每年 250 万元）。

2. 教学科研仪器设备投入 6400 万元（平均每年 800 万元）。

3. 重点专业建设投入 2400 万元（平均每年 300 万元）。

4. 师资队伍建设投入 800 万元（平均每年 100 万元）。

5. 科研经费投入 2400 万元（平均每年 300 万元）。

6. 其他项目（校园网等配套设施建设）投入 2300 万元。

十一、改革思路

以尽快建成一所合格的本科院校为目标，总揽学校工作的全局，不断转变教育教学观念，全方位深化改革，发挥优势，加速建设，办出特色，努力实现学院超常规、跨越式发展。

（一）以邓小平理论、"三个代表"重要思想和党的十六大精神为指导，切实加强和改进党建思想政治工作，充分发挥学院各级党组织在教育改革、学院建设和发展中的政治核心作用和战斗堡垒作用；通过深入细致的思想政治工作，最大限度地调动广大师生员工的办学积极性和创造性。

（二）坚持开放式办学理念，转变教育思想，更新教育观念，实现"两个根本转变"。一是克服长期专科教育形成的思维定式，从教育观、教学观、人才质量观、学习观等多方面，实现从专科教育到本科教育的根本转变；二是从教学计划管理、教学过程管理、教学质量管理和学生教育管理诸方面，实现从专科教育向本科教育的根本转变。

（三）按照"团结、务实、高效、创新"的原则，抓好学院领导班子建设。加强理论学习，掌握高等教育规律、市场经济规律，增强理论思维，提高领导干部的马克思主义理论水平和政策水平，提高领导干部驾驭学院工作全局和处理教育改革复杂问题的能力；充分发扬民主，促进科学决策；坚持"两个务必"，不断改进工作作风和工作方法，深入调查研究，密切联系广大师生员工，提高工作的针对性和实效性。

（四）深化校内管理体制改革，建立"高效、灵活"的运行机制。认真贯彻落实党委领导下的院长负责制，切实保证党委对学校工作的统一领导，积极支持院长依法独立行政。遵循"精简、效能"原则设置党政管理机构。改革人事管理，有效开发人力资源，完善教师聘任制和全员劳动合同制；按照干部"德能勤绩廉"和"四化"原则，公平竞争，严格考核，择优录用干部；强化岗位职责，打破身份管理和干部终身制，努力创造优秀人才能脱颖而出的机制和良好氛围。改革校内分配办法，逐步建立起多劳多得，效率优先，兼顾公平和多种要素参与分配的制度，让广大教职工直接享受学院改革发展的成果，同步提高广大师生员工生活待遇。充分利用大学城的优势，进一步巩固和发展后勤社会化改革的成果。

（五）深化教育教学改革，全面推进素质教育。以教育"三个面向"为指导，以培养社会主义现代化建设所需要的高素质的高级工程应用型专门人才为出发点，以教学内容、教学方法和手段的改革为基础，以加强学科专业建设为重点，积极探索新的人才培养模式，加强师资队伍建设和实验实习基地建设，推进课程体系改革和教学内容不断更新，加强人文社会科学教育、科学精神教育和社会实践，促进理论与实践相结合，教学、科研、生产相结合，实现教学内容、教学方法和手段与现代科学技术、生产工艺发展水平的同步提升，努力把学院办成人才培养、知识创新、科技开发、服务咨询的重要基地。

（六）进一步扩大开放，努力创造开放式的办学环境。我们要充分利用重庆市高等院校、科研院所相对集中，科技产业比较配套的优势，利用学院长期以来与冶金、石油石化行业有着紧密联系和良好合作关系的背景，切实落实"共建协议"，进一步加强交流与合作，在人才培养、科技开发、服务咨询诸方面实现资源共享，优势互补，全方位推动产学研合作办学。与此同时，要进一步巩固和发展国际交流与合作的成果，加大国际交流与合作的力度。根据学科建设的需要适时引进国外文教、科技专家来院访问、讲学和合作开展科学研究；创造条件，让教师和管理干部出国考察，参加国际学术会议；鼓励多渠道、多形式引进国外的先进技术、资金、项目和先进的管理经验，提升学校的综合办学实力。

重庆科技学院（筹）2004—2010年本科专业建设与发展规划表

时间	新增专业代码	新增设本科专业名称	累计专业数
2004 年	080201	冶金工程	6
	080102	石油工程	
	080602	自动化	
	080301	机械设计制造及自动化	
	080605	计算机科学与技术	
	110203	会计学	
2005 年	081101	化学工程与工艺	11
	080302	材料成型及控制工程	
	081203	油气储运工程	
	080202	金属材料工程	
	050148	公共关系与文秘	
2006 年	080105	资源勘查工程	16
	080203	无机非金属材料工程	
	081102	制药工程	
	080703	土木工程	
	110202	市场营销	
2007 年	081001	环境工程	20
	030302	社会工作	
	110104	工程管理	
	050303	广告学	
2008 年	081002	安全工程	24
	050408	艺术设计	
	080306	车辆工程	
	110206	旅游管理	
2009 年	110308	城市管理	27
	110201	工商管理	
	070101	数学与应用数学	
2010 年	081801	生物工程	29
	070302	应用化学	

普通高等学校更名申请表

学校现名	重庆工业高等专科学校 重庆石油高等专科学校		拟改名	重庆科技学院
学校地址	重庆市杨家坪 重庆市大坪		主管部门	重庆市教委
在校生规模/人	总计	普通专科生	普通本科生	研究生
	11000	10000	806（联办）	0
专任教师数/人	总计	教授	副教授	讲师
	510	30	147	218
博士点/个	0		硕士点/个	0
专业数/个	本科	6（联办）	学科数/个	4
	专科	67		
占地面积/亩	585 （另在大学城征地1500亩）		校舍面积/万平方米	29.5
教学科研设备总值/万元	4060		现有藏书/万册	54 （含电子图书）

工、油专两校基本情况统计表

项目			工业高专	石油高专	合计	生均值	备注
占地面积/亩			220	365	585	35.46平方米	渝北另有332亩土地
建筑总面积/万平方米			13.60	15.90	29.50	27.00平方米	
教行房面积/万平方米			9.44	11.65	21.09	19.17平方米	
固定资产/亿元			1.24	1.4	2.64		
教学仪器设备总值/万元			1960	2100	4060	0.37	1500万元人民币"日元贷款"购置教学科研设备正在实施，未计入
图书/万册	总量		21	33	54	0.0049	
经费投入/万元	总量		5586	5901	11487		
	财政拨款	事业费	2777	1383	4160		
		基建费	50	501	551		
	地方及行业补助			773	773		
	学校自筹经费		2759	3244	6003		

项目		工业高专	石油高专	合计	生均值	备注
专任教师队伍	总量	269	251	510		
	正教授	11	19	30		
	副教授	57	90	147		
	讲师	124	92	218		
	助教等	77	50	115		
	博士	11	14	25		含在读
	硕士	130	70	200		含在读
在校学生	总数	5278	5722	11000		
	专科生	5168	5540	10708		
	成教生	110	182	292		已折算

重庆工业高等专科学校系部、专业设置一览表

系部	序号	专业名称	学科类别	层次	备注
材料工程系	1	炼铁	工学	专科	部示范专业
	2	炼钢及铁合金	工学	专科	
	3	表面工程技术	工学	专科	
	4	环境工程	工学	专科	
	5	建筑环境与设备工程	工学	专科	
	6	产品涂饰与装潢	工学	专科	
	7	新材料应用技术	工学	专科	
机械工程系	1	机械设计制造及自动化	工学	本科	与工学院合办
	2	材料成型与控制技术	工学	专科	
	3	现代设备维护与管理	工学	专科	
	4	流体传动与控制	工学	专科	
	5	机电一体化	工学	专科	
	6	模具设计与制造	工学	专科	
	7	计算机辅助机械技术	工学	专科	部教改试点专业
	8	汽车技术与营销	工学	专科	

续表

系部	序号	专业名称	学科类别	层次	备注
自动化系	1	自动化	工学	本科	与工学院合办
	2	工业电气自动化	工学	专科	
	3	工业控制计算机应用技术	工学	专科	部教改试点专业
	4	数控技术应用	工学	专科	
	5	物业电气技术	工学	专科	
	6	电气技术	工学	专科	
化学工程系	1	工业分析及仪器维修	工学	专科	
	2	无机非金属材料	工学	专科	
	3	精细化工工艺	工学	专科	
	4	商品质量检测技术	工学	专科	部教改试点专业
	5	生物制药工艺	工学	专科	
	6	制药工程	工学	专科	
经济管理系	1	会计学	管理学	本科	与工学院合办
	2	会计电算化	管理学	专科	
	3	企业管理	管理学	专科	
	4	涉外会计	管理学	专科	
	5	经济法	法学	专科	
	6	市场营销	管理学	专科	
基础与社会科学系	1	社区管理	管理学	专科	
	2	旅游服务与管理	管理学	专科	市教改试点专业
计算机系	1	计算机科学技术	工学	本科	与工学院合办
	2	软件技术	工学	专科	
	3	计算机网络及其应用	工学	专科	
	4	电子排版和广告制作	工学	专科	
	5	广告电脑制作	工学	专科	部教改试点专业
	6	计算机组装与维修	工学	专科	
合计					共41个专业

重庆石油高等专科学校系部、专业设置一览表

系部	序号	专业名称	学科类别	层次	备注
石油工程系	1	钻井技术	工学	专科	部示范专业
	2	石油与天然气开采	工学	专科	部示范专业
	3	石油与天然气集输技术	工学	专科	部教改试点专业
	4	涉外钻井	工学	专科	
	5	化学工程与工艺	工学	专科	
	6	城市燃气输配技术	工学	专科	
	7	资源勘查工程	工学	专科	
	8	矿物资源（石油工程方向）	工学	本科	与重庆大学合办
机电工程系	1	机电一体化	工学	专科	市教改试点专业
	2	汽车运用技术	工学	专科	
	3	内燃机制造与维修	工学	专科	
	4	汽车检测与维修	工学	专科	
	5	数控技术及应用	工学	专科	
	6	焊接工艺与设备	工学	专科	
建筑工程系	1	房屋建筑工程	工学	专科	市教改试点专业
	2	建筑装饰技术	工学	专科	
	3	工程造价管理	工学	专科	
	4	广告与装潢	文学	专科	
	5	房地产经营管理	管理学	专科	
	6	城镇建设	工学	专科	
	7	工程管理	管理学	本科	与后工院合办
工商管理系	1	财务会计	管理学	专科	部示范专业
	2	市场营销	管理学	专科	
	3	物业管理	管理学	专科	
	4	电子商务	管理学	专科	
	5	国际商务	管理学	专科	
	6	计算机及应用	工学	专科	
	7	国际企业管理	管理学	专科	
公共管理系	1	涉外文秘与公共关系	管理学	专科	
	2	旅游与酒店管理	管理学	专科	
	3	证券投资与管理	管理学	专科	
	4	人力资源管理	管理学	专科	
合计					共32个专业

第二节　合校升本评审文献

　　教育部《普通本科学校设置暂行规定》中明确指出："凡提出设置普通本科学校的申请，经由教育部形式审查通过后，由教育部委托全国高校设置评议委员会进行考察、评议；通过考察、评议的学校，由教育部正式批准设立。"据此，重庆市组织专家组对组建重庆科技学院情况进行了现场考察工作，教育部组织的专家组进一步进行了考察评审工作，形成了严格的考察意见报全国高校设置评议委员会，全国高校设置评议委员会当年在成都组织了评议审查和投票，通过了合校组建重庆科技学院的审查意见报教育部审批。

一、重庆市专家组及考察评审意见

（一）重庆市考察专家组成员及亲笔签字表

组建重庆科技学院考察专家组成员名单及签名

	姓　名	单位、职务	签　名
领　队	陈流汀	全国高等院校设置评议委员会委员 重庆市教育委员会副主任、教授	
副领队	张宗荫	重庆市教育委员会助理巡视员	
组　长	周万钧	全国高等院校设置评议委员会委员 原重庆商学院院长、教授	
成　员	龚尚龙	重庆交通学院院长、教授	
	唐一科	重庆大学副校长、教授	
	周泽扬	西南农业大学副校长、教授	
	刘全利	重庆工学院常务副院长、教授	
	朱淑芳	重庆工商大学副校长、教授	
	种及灵	重庆市政府办公厅六处处长	
	罗　萍	重庆市计委社会事业处处长	
	董蜀华	重庆市财政局教科文处副处长	
	程明亮	重庆市教委发展规划处处长、教授	
	严欣平	重庆市教委高教处处长、教授	
	罗盛举	重庆市教委人事处处长	
	邓　睿	重庆市教委财务处处长、副教授	

注：唐一科教授因提前离会，表中签字系委托他人代签。

（二）重庆市专家组现场考察意见

关于重庆工业高等专科学校与重庆石油高等专科学校
合并组建重庆科技学院的考察报告

受重庆市教育委员会委托，重庆市高等学校设置评议委员会专家组一行 15 人，于 2003 年 8 月 20 日对重庆工业高等专科学校与重庆石油高等专科学校合并组建重庆科技学院进行了实地考察评估。专家组听取了两校校长的介绍和汇报，实地考察了两校的教室、实验室、图书馆、运动场、文体中心、学生宿舍、学生食堂等教学和后勤保障基础设施，查阅了相关资料，分别召开了教师和管理干部座谈会。现将考察情况报告如下：

我国加入 WTO，特别是西部大开发战略的实施和三峡库区的开发建设，为重庆市经济和社会的发展注入了新的活力。重庆市高等教育布局结构进行了与此相适应的调整，取得了显著成绩，但仍存在结构不够合理、总量不足、本科院校的比例相对较低等问题。专家组认为：两校合并组建重庆科技学院，有利于解决上述矛盾，更好地为重庆市和西部地区的经济建设和社会发展提供人才支持和知识贡献。

重庆工业高专和重庆石油高专都是原部委属院校，具有鲜明的学科专业特色和为冶金、石油、化工和机械制造等行业服务的优势，其学科专业各具特色，并有较强的互补性，合并后可以实现优势互补。

组建重庆科技学院，可以进一步发挥两校的优势，加速培养科技开发、工程与工艺技术设计、生产经营与管理等方面的高级工程应用型人才和管理人才，更好地为重庆地方经济和我国冶金、石油、化工等行业服务。

重庆工业高等专科学校和重庆石油高等专科学校均有 50 多年的办学历史，已为重庆市和全国冶金、石油等行业培养了 6 万多名各类专门人才，在冶金和石油两大行业有较高的知名度。两校分别被国家、重庆市和所在地区授予"示范性文明小区""文明学校""文明单位""文明单位五十佳""全国助残先进集体"等荣誉称号。

两校具有良好的办学基础条件。 占地总面积为 585 亩（另有 332 亩土地待开发），校舍建筑总面积 29.5 万平方米，教学设备总值 3980 万元，图书馆藏书 54 万册（含电子图书），具有较完备的体育和生活设施。

两校具有较高的教学水平和一定的科研水平。目前专科专业数及专业方向达到 67 个，涵盖工、经、管等学科门类，在校生规模达到 11000 人左右；已有 10 个教育部高职高专教改试点专业，其中炼铁、石油工程等 5 个专业已成为全国示范专业；与重庆大学、重庆工学院合作开办了 6 个普通本科专业，在校本科生达 806 人，积累了一定的本科办学经验。两校在"九五"期间，承担各类纵向科研项目 35 项，其中一项获国家发明四等奖；承担横向科研和技术开发项目 135 项。两校教职工获国家专利 10 项，在核心期刊发表论文 224 篇，其中 26 篇被美国《科学引文索引》（SCI）和美国《工程索引》（EI）收录。

两校现有专任教师 510 人，其中副高以上的教师 177 人，占 34.7%；双师型、复合型教师比例达到 59%。两校初步建立起了一支老中青相结合，学历、职称、专业结构较为合理，与学校改革发展基本相适应的教师队伍。

考察组认为：两校对合并组建本科院校的办学思路清晰，其办学定位与其办学基础和社会需求相适应。发展规划合理，改革方案可行。考察组还了解到，重庆市人民政府、地方区政府、社会企事业单位都高度重视和支持重庆科技学院的建立和发展。重庆市已将两校合并组建重庆科技学院作为重庆市高校布局结构调整规划的一个重要组成部分，同时也把新校区建设纳入了重庆市大学城建设的统一规划，并给予了相应的政策及经费支持，为重庆科技学院的进一步发展提供了可靠保障，营造了良好发展环境。两校师生员工对合校升本建院认识统一，做好了充分的思想准备，对重庆科技学院的建设和发展充满信心。

专家组建议：

1. 希望在两校进一步开展教育思想的讨论，切实转变教育观念，使教学思想观念、教学模式和管理方法尽快实现由专科教育向本科教育的转变。

2. 加快学科专业的调整，大力推进教学改革和学科专业建设步伐，尤其要加大师资队伍建设力度，采取切实有效的措施，尽快改善师资队伍的学历结构、职称结构和知识结构，特别要加快各学科专业学术带头人的培养。

3.按照教育部合格本科院校标准，制定好教学设施建设规划，加大教学基础设施建设力度，切实改善办学条件，确保人才培养质量。

4.紧紧抓住大学城建设的契机，将新校区规划好、建设好，努力实现2005年在新校区入住学生；2007年实现主校区转移到新校区的目标。

5.希望重庆市人民政府加大对重庆科技学院支持力度，落实有关优惠政策，确保学院的健康和可持续发展。

经过考察，专家组全体成员认为重庆工业高等专科学校与重庆石油高等专科学校合并组建重庆科技学院的条件已经成熟，基本达到了普通本科院校的设置标准，并有良好的发展前景，一致同意向重庆市人民政府推荐。

专家组组长：周万铭

二〇〇二年八月二十日

二、教育部专家组及考察评审意见

（一）教育部考察专家组成员名单

教育部组建重庆科技学院考察专家组成员

组　　长：方惠坚　清华大学原党委书记

副组长：符宗誾　四川省教育委员会原副主任

成　　员：王庆生　华中师范大学原校长

　　　　　周绍森　南昌大学原党委书记

吴添祖　浙江工业大学原校长

涂仲华　机械工业部教育司原司长

联络员：韩　筠　教育部院校设置处副处长

（二）教育部专家组现场考察意见反馈（根据记录整理）

时间：二〇〇四年一月十七日

地点：渝州宾馆迎宾楼四楼会议室

参加会议的市领导有：市政府顾问甘宇平，市人大常委会副主任陈雅棠，市政府副秘书长崔坚，市教委欧可平主任、陈流汀副主任、张宗荫巡视员，以及市计委、市财政局等有关部门的负责人。

吴添祖（浙江工业大学原校长）：

1. 两校办学基础很好，有50多年的办学基础，办专科也有近20年的历史，其中一个学校还是教育部的示范高专。两校教学管理和各方面的规章制度、资料很规范，与实验室老师交谈感到基础较好。科研工作也不错，上三大检索的论文不少，经考察还不止原来报的数，这在专科学校很不容易。有国家级发明奖，这是大奖，省部级的不少，统计的不多，核对了一下，不错。两校都属工科院校，在为社会服务上做了很多工作，如中石油的培训，材料系在钢铁行业的产品开发和社会服务等。

2. 办学指导思想比较明确，"立足地方……"，个人认为十分准确。石油、冶金、化工、机械都是重庆的支柱产业，需要大批一线的高级专业人才，需要比较重实践的学校来培养，（科技学院）学校是适应需要设立的，升本也是为经济社会发展升层次而升的，立足重庆是（学校）的价值之所在。钢铁、冶金院校有的在转向，如包头钢院、鞍山钢院的钢铁（专业）很少了，但本校（钢铁）还是龙头专业。因此，我认为办学指导思想是准确的。

3.两校合并，资源重组，在教职工中合并已形成强烈愿望，表现出很大的积极性，刚才通过干部教师座谈会，在会上教职工表现出合校的积极性和工作的积极性，都认为合并升本对国家、对重庆、对学科、对自己都有利。在平时的工作中，两校座谈会在一起开，同学科间互相探讨，思想一致，应该说合校没有什么思想阻力。

4.大学城为两校合校升本提供了很好的机遇，这一点对我印象很深，重庆市对大学城的规划是大手笔。

需要进一步做好工作的：

1.合并、升本都是大事，合并有重组，升本有上层次，"龙头"变凤尾，办学理念、教学观念应有很大的转变，虽然学校也做了很多工作，开了很多次大会，但还要进一步进行。

2.图书、设备：对比了一下我们考察的学校，我们这两个学校图书比较陈旧，技术书更新比较快（文艺的当然是越老越好），品种的新旧程度，对本科的适用程度，现在实用性、培训性的多。教学设备、实验室设备，作为直辖市应该更好。但我们看了安徽、河北等地区性的学校，他们在通风设备、实验设备都很好。（学校的）设备新旧程度、档次、数量上有一定差距。

3.科研工作做得不错，也符合升本的要求，但作为将来的工科院校，特别是作为两个老的学校合并，在学科建设上，要突出以学科专业建设为龙头，科研工作为突破口，教学工作为中心，因此人人都要参加科研，人人要有学科方向，人人要有学科归属，这方面还需要进一步加强，需要高标准要求。

4.最担心的是新校区建设进度和资金来源。第一，进度。若今年通过，明年新生就要来了。按原来的规划，2005年3000人，2007年8000人，而新校区2010年才建完，拖这么长的时间，实质性合并比较难，对于管理和学科专业的整合都很难。与其他地方比较，并校一般2～3年就完了，因此时间拖得太长，不利于合并与提高。第二，经费落实我也担心，要学校自筹的经费太多。（学校）图书经费 1 年 50 万元，按每本 30 元算，才 1 万多册；设备更新的任务还很重，设备 4000 多万元，但重复、低水平的多。按高校设置条件，2500 万元以上是达到了，但我们考察的其他学校，包括财经院校人均都在 3000 元以上，（学校）是工科院校，现在才 3700 元 / 人，工科院校设备更新换代比较快，几年就会淘汰一半。因此在经费方面我在这里为学校呼吁一下，希望主管部门能给予更多的支持，这样在建设进度上也快一些。

符宗胤（四川省教育委员会原副主任，专家组副组长）：

1. 两校升本：由市里面提出来，我认为很有必要，重庆地处西部，西部大开发任务非常重，振兴工业、扶贫攻坚、库区移民等四项任务，是压力，也是动力。西部的直辖市与其他三市差得很远。重庆要成为龙头，教育是先导性基础性的产业。高教又是教育的龙头，提高办学层次、办学水平，扩大办学规模，调整结构是必要的，重庆市直辖市的地位必须加快发展高等教育。

2. 两校都是非常有特色的工科院校，冶金、石油、化工也是重庆三大支柱产业发展的领域，是重庆（高教）较薄弱的环节，把两校合并，做大做强，办一个本科适应冶金、石化、机械等行业的发展，培养高层次人才是需要的。

3. 作为层次结构和学科结构调整是必要的。原来从四川省划给重庆的 22 所高校，有 16 所本科，6 所专科，经过这么多年了，现在还是 16 所本科院校，专科扩大到了 18 所，所以升一所不过分，是合理的。

4. 从学校自身发展来看：两校各有特色，各有侧重，资源整合，优势互补，提高层次，增强办学实力，提高效益也是对的。

5. 重庆市对高等教育发展这几年跨了大步，每次提出的不多，但成熟一个报一个，比较稳健，逐步来调整。

从可行性看：

两校 50 多年，培养了 6 万多人，各具专业特色，专业建设很有成效，有 10

个教改试点专业，7个示范专业。两个学校面貌焕然一新，都认不出来了，这都是市、校共同努力的结果。科研也做得相当不错，有相当的基础，特别在科技开发、科技服务，贴近行业、地方实际需要的路子是好的，每个系能说出服务地方的研发项目、研究项目、服务项目，产学研结合突出。校际、国际合作有一定基础。办本科有经验，从20世纪90年代初期就开始，现已有800多人。座谈会上9～10人发言，专科升本科以后，从理念、模式、目标、教学内容，对学生知识能力素质培养都有些想法，而且这些想法符合高校要求，也做了大量工作。

学校管理比较严格，教学管理、思想政治工作、招生就业都不错，专科有80%以上的一次性就业率，招生入学率有75%以上，说明有实力、有声誉，说明结构是社会需求的。从基本条件看，基本达到，学校是经过了长期努力的。

发展规划、办学定位、办学思路、建设、师资队伍培训都有一些好的想法（人事部门说得有条有理的），不完全看学历，还要重能力，这些思路都是很好的。

还有差距的方面：

1. 师资学历结构，研究生只有18%，本科院校是要求40%，国外是博士生才能进高校，挑一下有能力的有实践经验的研究生也是对的。

另外，学科带头人从水平、数量上都不够，学科建设是牵一发而动全身的，学科建设要有好的带头人，一个学校要有好的校长，好班子。

2. 新校区建设速度太慢，到2010年才建成，我也深知西部地区的困难，深知重庆的困难。重庆三个"100万"，100万移民、100万下岗、100万扶贫。但既然学校合并升格，按教育规律不能长期分开，长期分开不是个办法，你们有8.45亿元的计划，担心无法落实，建议市政府、财政多想办法，可以通过贷款、国债等办法尽快解决，实现两校整合，发挥整体优势。

3. 数据一定要前后一致，毛入学率16%、17%、18%要说准。

涂仲华（机械工业部教育司原司长）：

1. 两校特色明显……（论证），着重强调，过去是部门学校，针对性强，现在地方省市对高教重视确实不同一般，投资支持力度很大。

2. 必要性，提法上：提"本专科生比例""在校大学生规模""本专科学校数对比"能否经得起推敲？在校大学生规模拿到全国去比，要经得起推敲。正常情况应是专科比例大，这种说法拿到会上去不好说。重庆市对人才需求到底多少，没有数据，应提供万人中本科生需求数数据。

重庆讲升本可强调：

（1）西部大开发，这是大家容易接受的；

（2）重庆市本专科需求数字；

（3）两个专科合并升本后，在一定时期内仍保持一定专科生比例。

3. 观念上的问题：本专科区别，高专人才应用性和本科人才应用性有什么区别（确实需要有动手实践能力的本科生），有的系主任讲得很清楚。

4. 新校区建设问题：材料中提的"完善老校区""置换老校区""建设新校区"，既然要置换，怎么完善呢？还有新校区建设要靠老校区置换，新校区靠什么钱盖？这个问题有矛盾，我想解决的办法只有一个，政府花大力气建好新校区，建好后搬过去。时间拖长了两校合并是什么状态，很担忧，这个问题拿到会上也是一个问题。我们考察的其他地方有的已建成，有的已动工了，而你们只有个征地协议书。

王庆生（华中师范大学原校长）同时代表提前离会的周绍森（南昌大学原党委书记）发言：

我在看材料后想到，回去后开高评委会会提三个问题：

1. 重庆有高校 34 所，本科 16 所，有无必要再建一所本科？

关键是重庆处于西部开发的龙头地位，冶金、石油、化工、机械等支柱产业发展很重要，对推动西部大开发有非常重要的作用，这一点是十分独特的。材料第 11 页讲到了几个行业需要，人才的需要没讲清楚，缺多少？要讲清楚。

组建一所本科学院重点讲三点：是西部大开发的需要；是冶金、石油、化工等行业发展的需要；是两校自身发展的需要。

2. 两校合并的情况怎样？两校在此之前做了大量工作，你还没有实质性合并，仍是两套班子，两套机构，两套财务，两套制度，当然发展规划是一套。

因此要有利于资源整合的话，我提个建议：加速两校合并进程，实行实质性合并；教师希望首先领导班子要统一，希望采取一些措施，加快进程。

3. 现在新校区的建设情况怎样？需要多少钱？经费落实得怎么样？这是一个突出的问题，我提出来：

要加快新校区的建设，加大投入的力度，个人认为新校区建设速度是慢了，2010 年拖了六七年，不利于两校资源整合，过去看，大连大学 4 个学校拖了几年，合了以后有新校区了情况就是不一样。

我们武汉江汉大学也是 4 校合并，开始有两三年教育部批的是"筹"，后来市政府拿了 7.5 亿元建新校区，现在江汉大学的新校区是武汉大学里的一个亮点。两校合并确需新校区，而且步伐要加快，能否提到 2 ~ 3 年内完成。与此相关的是经费，讲得清，但实际上我认为虚的东西还不少，能否真正落实，还有担忧。

还有一个问题就是土地证，在高评会上要材料。

4. 作为一个工科院校需要进一步加强人文教育，使科学精神和人文精神结合起来，学校名称叫"科技学院"要加大"科"的含量。你们工学强，理、文偏弱，有的工科是需理科支撑的，在下一步的发展中要加强理科的建设，特别是要正确处理学科中基础与应用的关系，要加强基础强化能力。培养学生方面，学校要营造良好的人文环境。

方惠坚（专家组组长，清华大学原党委书记）：

1. 必要性：强调西部开发，重庆是龙头；冶金、石油、化工、机械行业需要；具备相应的条件等。

2. 要解决3个问题：升本、合并、迁校，当然我们主要是考察前面两个问题，看升本和合并的条件够不够。

（1）升本：基础课还要加强，要有较强的理论基础，尽管你是应用型。专业课的实验室给我们的印象还是比较深，另外与之相关的实验设备，如物理化学较薄弱，一些条件还需要加强。我们在油专考察，图书经费每年投资60万元，我们认为有差距，应达到经费的5%，还有图书比较陈旧，数量也比较少，如果说基本达到教育部要求，我们也认为比较勉强；还有师资队伍中的研究生比例偏小，当然我们认为可以灵活一点，如果要升本，总的是加强基础。

（2）合并：两校单独升不够条件，所以要升本就要合并，合并有很多学科专业相近，化工、机械、经济管理怎么进行实质性合并？要升本前提是合并，真正合并前提是迁校。如果搬迁几次，成本会很大。

前面几位专家都提到了加快新校区建设，建校就有一个投资问题，钱不到位，上不去。

校园建设想法比较多，但设备、图书，包括师资培训、待遇应占相当大的比例。很大的关键是新校区过渡性缩短，如果2005年要搬过去，隧道建设要缩短周期。市委、市府能否把这件事做快一点。

我们这次考察，到这里已是第14所学校，大概绝大部分已进入新校区了，（浙江全部是新校区），少量的学校已有工地，唯独你们这里，规划还没有招标，规划没有做，明年能否进得去我们表示很大担心。如果现在做不到，合并就没有基础。有些要请市领导解决，有些是需要学校努力的。

韩筠（教育部院校设置处副处长）：

从教育部角度，对合并很重视，看来最担心的是新校区建设，现在土地证还没有，按条例和章程规定不能上会的。

不迁校，过渡期很难办，如果过渡期太长就会流产。

过去说合并是政府行为，现在政府要支持，投入很关键，可以加大，在财政来源有限时，如何支持这个学校。重庆市现在有34所大学，现有本科16所，如果升格成功，本专科17：16，现有本科中，从7大学科来看都占全了，在现有16所本科院校中，有7所大学，占本科院校的44%（有的省只有3%～7%），17：16层次结构优良。学生数量25.5万人，每校7700人。个人认为，第一，科类结构比较齐全，层次结构比较优良，规模小一点。

重庆下一步思路：是以再升层次还是调整结构为主？应以调整结构为主，把现有高校办好，不要再办很多。把精力花在现有高校上，增加设备。这样就可以给科技学院增加投入。政府能否将投入增加到1.6亿元，另外，投入时间4～5年，拖长了对合并很不利。

欧可平（重庆市教育工委书记、市教委主任）：

市里要求本届政府基本建成大学城，总体上是政府贴息方式尽快建成大学城。近年来，重庆市对高等教育的投入人均每年是5600元左右。大学城建好需要100多亿元，大学城的基础设施建设由市里面出钱。大学城的建设我们要加快，对高校的发展、重庆市的经济发展也需要加快。我们也考虑到要尽量缩短建设周期，也涉及大学城的其他学校。西南政法大学的搬迁，也是9个月的时间。

（三）中国石油化工集团公司等单位支持学校升本的函件

中国石油化工集团公司
CHINA PETROCHEMICAL CORPORATION

关于支持组建重庆科技学院的函

教育部院校设置评审委员会：

　　获悉重庆市人民政府已提出申请，拟将重庆工业高等专科学校和重庆石油高等专科学校合并，组建重庆科技学院。我们认为这是重庆市高等教育深化改革，促进结构调整，优化资源配置，提高教育水平的一件大事，也是关系石油石化领域高层次人才培养的一件大事。

　　重庆石油高等专科学校隶属原石油部，长期以来与我公司建立了良好的合作关系，为我公司培养了一大批管理和专业技术人才，为中国石化的建设和发展提供了有力的人才支持。

　　随着我国加入 WTO，国有企业改革的逐步深入，企业将需要更多的掌握现代管理知识和先进科学技术的高层次专门人才。组建重庆科技学院，将会更好地发挥重庆石油高等专科学校和重庆工业高等专科学校的办学资源，突出学科专业优势，为推动西部大开发，促进地方社会经济以及石油石化产业的发展培养更多、更好的人才。对组建重庆科技学院，我们表示支持。今后将在石油石化领域的人才培养、科学研究以及毕业生就业等方面加强与重庆科技学院的合作，谋求校企共同发展。

中国石油化工集团公司（盖章）

二〇〇三年十月十二日

大 庆 石 油 管 理 局

关于支持组建重庆科技学院的函

教育部院校设置评审委员会全体专家：

根据《重庆市人民政府关于申请设立重庆科技学院的函》（渝府函〔2003〕93 号）的文件精神，重庆市人民政府决定合并重庆工业高等专科学校和重庆石油高等专科学校组建重庆科技学院，这是重庆深化高等教育改革、促进高教结构调整、优化高教资源、提高高教层次水平的一件大事，是重庆市建设大学城和西部人才教育高地的一个重要组成部分。长期以来，我局与重庆石油高等专科学校建立了良好的产学合作关系。重庆石油高等专科学校作为一所石油行业办学高校，有着悠久的办学历史和较高的办学水平，为我局建设与发展输送了一批思想素质好、实践动手能力强、富有开拓创新精神的各类专业人才，为我局的建设与发展做出积极的贡献。

组建重庆科技学院，必将为推动重庆地方社会经济发展、西部大开发以及我国石油石化行业和冶金机械行业的建设培养更多急需的高层次人才。作为国有大型石油企业，我们十分支持组建重庆科技学院，今后将在人才的培养，产学研等方面加强与重庆科技学院的密切合作，进一步完善校企双方良性互动机制，谋求双方共同发展。

大庆石油管理局（盖章）

二○○三年九月二十日

宝山钢铁股份有限公司

关于支持组建重庆科技学院的函

重庆工业高等专科学校、重庆石油高等专科学校：

　　根据中共重庆市委教育工委、重庆市教育委员会文件（渝教工委〔2003〕10号）要求，拟合并重庆工业高等专科学校和重庆石油高等专科学校组建重庆科技学院（暂定名）。长期以来，我单位与重庆工业高等专科学校和重庆石油高等专科学校建立了良好的产学研合作关系，特别是重庆工业高等专科学校，已为我单位输送了一大批思想素质好、实践动手能力强、富有开拓精神的人才，很多毕业生已经成为我单位的工作骨干，为我单位的建设和发展做出积极的贡献。组建重庆科技学院（暂定名），是重庆市进行高等教育结构调整和建设西部人才教育高地的一个重要组成部分，也有利于为我单位今后的发展提供人才支持和技术支持。经研究，我单位十分支持组建重庆科技学院，并决定：

　　一、重庆科技学院组建后，我单位将在人才培养、产学研等方面加强与学院的合作，完善双方良性互动机制，促进双方共同发展。

　　二、长期为重庆科技学院学生提供培训、实习及毕业设计的设施和场所，优先选拔重庆科技学院对口毕业生到我单位就业。

　　三、根据重庆科技学院的需要，提供其他方面的支持和帮助。

宝山钢铁股份有限公司（盖章）

二〇〇三年九月一日

重庆力帆实业（集团）有限公司

关于支持组建重庆科技学院的函

教育部院校设置评审委员会：

根据《重庆市人民政府关于重庆石油高等专科学校划转重庆市管理的函》（渝府函〔2003〕123号）和《重庆市人民政府关于申请设立重庆科技学院的函》（渝府函〔2003〕93号）的文件精神，重庆市人民政府决定合并重庆工业高等专科学校和重庆石油高等专科学校组建重庆科技学院，这是重庆市深化高等教育改革、促进高教结构调整、优化高教资源、提高高教层次水平的一件大事，是重庆市建设大学城和西部人才教育高地的一个重要组成部分。

近几年来，我公司与重庆工业高等专科学校和重庆石油高等专科学校建立了良好的产学合作关系，两校为我公司培养了一批生产、管理及服务一线的应用型人才，深受我公司所属各企业的好评。组建重庆科技学院，能更好地突出两校的学科优势，充分发挥两校的办学资源，必将为推动重庆地方社会经济发展、西部大开发以及为适应民营企业发展需要提供更多应用型科技人才。对组建重庆科技学院，我们表示支持，今后将在机电、工商管理等专业的人才培养、产学研、毕业生就业等方面加强与重庆科技学院的合作、谋求校企共同发展。

重庆力帆实业集团有限公司（盖章）

二〇〇三年九月二十五日

重庆钢铁（集团）有限责任公司

关于支持组建重庆科技学院的函

重庆市教育委员会：

　　根据《重庆市人民政府关于申请设立重庆科技学院的函》（渝府函〔2003〕93 号）的文件精神，重庆工业高等专科学校与重庆石油高等专科学校合并组建重庆科技学院，这是重庆市深化高等教育改革、促进高教结构调整、优化高教资源的一件大事，是重庆市建设大学城和西部人才教育高地的一个重要组成部分。组建后的重庆科技学院，将是一所以工为主，涵盖经、管、文、理的多科性普通本科院校，将为国家和社会提供各类本科层次的人才。新组建的重庆科技学院在冶金材料行业的优势将更加明显，也必将为我公司今后的发展提供更多的智力支持和人才保障；同时也可以更好地服务于西南地区的冶金行业。

　　重庆钢铁（集团）有限责任公司是一个有百年历史的特大型钢铁联合企业。重钢 1994 年被列为国家 100 家现代企业制度试点企业；1997 年被列为国家 120 家试点企业；重钢是国务院重点支持的 520 家国有大型企业之一。重钢 1997 年被认定为国家级技术中心，1999 年建立国家博士后科研工作站。

　　重钢实行母子公司管理体制，下属 15 家全资子公司，10 家控股子公司，包括在香港上市的 H 股公司（重庆钢铁）。重钢以钢铁为主业，从事多元化经营。钢铁产业主要集中在钢铁股份公司和钢管公司等几家子公司，具有年产焦炭 114 万吨、生铁 200 万吨、钢 200 万吨、钢材 230 万吨和铁合金 7 万吨的综合生产能力；同时非钢产业迅速发展，目前收入已占集团总收入的近 30%。

　　长期以来，我公司与两校有着友好而稳定的战略合作伙伴关系，每年都从两校引进几十名毕业生。今后我们也将一如既往地支持新组建的重庆科技学院。经重钢集团研究决定：

　　一、全力支持重庆科技学院的组建。我们将在同等条件下，优先录用重庆科技学院的毕业生到我公司工作；继续为未来的重庆科技学院提供相关专业的实习基地。

二、进一步巩固校企战略伙伴关系。随着钢铁产业不断发展，我们的需求将从专科上升到本科以上层次，希望学院能为企业多培养本科及以上学历的专业技术人才，同时希望能够在职工培训、产学研等方面加强与重庆科技学院的合作，进一步完善双方良性互动机制，谋求双方共同发展。

三、无偿支持重庆科技学院组建经费、科研经费和提供教学仪器设备共计500万元。

重庆钢铁（集团）有限责任公司（盖章）

二〇〇三年十月十一日

北京科技大学

关于支持组建重庆科技学院的函

重庆市教育委员会：

根据《重庆市人民政府关于申请设立重庆科技学院的函》（渝府函〔2003〕93号）的文件精神，重庆市拟合并重庆工业高等专科学校和重庆石油高等专科学校组建重庆科技学院，这是重庆市深化高等教育改革、促进高教结构调整的一件大事。

重庆工业高等专科学校原隶属于冶金工业部，有50多年的办学历史。在较长的办学历程中，该校坚持社会主义办学方向，不断深化改革，强化管理，办学条件得到较大改善，办学实力显著增强，为国家培养了3万多名各级各类人才，为我国冶金、材料等基础工业的发展及西部地区经济建设和社会发展做出了积极贡献。

作为原冶金部属院校，我校与重庆工业高等专科学校有着长期友好的合作关系，1994年、1995年合作开办了两届成人本科教育。重庆工业高等专科学校与重庆石油高等专科学校合并组建重庆科技学院，适应了重庆市经济与社会发展以及重庆高等教育改革和高教结构调整的需要，我们表示支持。

我们认为，两校的合并，是两所具有较强实力专科学校的强强联合。组建重庆科技学院，将更好地发挥两校的办学优势和特色，为推动重庆经济发展、西部大开发以及我国冶金、材料行业和石油石化行业的建设，培养更多工程一线需要的应用型专门人才。

北京科技大学将对新组建的重庆科技学院在学科专业建设，特别在材料学科的建设上给予大力支持，为该校培养硕士、博士等高层次师资及高级访问学者提供优惠条件。同时在重点实验室建设，以及大型科研项目等方面开展进一步合作，为推进我国冶金、材料等基础工业的发展和高等教育事业做出更大的贡献。

北京科技大学（盖章）

二〇〇三年九月二十六日

第三节 教育部批准组建重庆科技学院的文件

一、教育部教发函〔2004〕136号

关于同意重庆工业高等专科学校与

重庆石油高等专科学校合并组建

重庆科技学院的通知

教发函〔2004〕136号

重庆市人民政府：

《重庆市人民政府关于申请设立重庆科技学院的函》（渝府函〔2003〕93号）收悉。

根据《高等教育法》和《普通高等学校设置暂行条例》的有关规定以及全国高等学校设置评议委员会的评议结果，经研究，同意重庆工业高等专科学校与重庆石油高等专科学校合并组建重庆科技学院，同时撤销重庆工业高等专科学校与重庆石油高等专科学校的建制。现将有关事项通知如下：

一、重庆科技学院系本科层次的普通高校，学校应逐步过渡到以实施本科教育为主。

二、学校由你市领导和管理，学校发展所需经费由你市统筹解决。

三、支持该校的发展建设，重庆市人民政府承诺给予学校一次性专项投资2亿元，你市应切实保证落实该项资金。

四、学校全日制在校生规模暂定为10000人。

五、校本科专业的增设问题，按我部有关规定办理，今年首批增设本科专业应不超过4个。我部将适时对学校办学情况进行复查并提出考察意见。

希你市加强对该校的领导，不断提高教育质量、科研水平和办学效益，尽快把学校建设成合格本科院校，为重庆市的经济建设和社会发展做出更大贡献。

中华人民共和国教育部（盖章）

二〇〇四年五月十七日

二、重庆市人民政府渝府〔2004〕254号

关于组建重庆科技学院的通知

渝府〔2004〕254号

市政府各部门，有关单位：

根据《高等教育法》和《普通高等学校设置暂行条例》以及全国高等学校设置评议委员会的评议结果，教育部日前下发《关于同意重庆工业高等专科学校与重庆石油高等专科学校合并组建重庆科技学院的通知》（教发函〔2004〕136号），同意重庆工业高等专科学校与重庆石油高等专科学校合并组建重庆科技学院，同时撤销重庆工业高等专科学校与重庆石油高等专科学校的建制。目前两所学校已按重庆科技学院新建制招生并开展教育教学工作。

重庆科技学院系本科层次的普通高校，由市人民政府领导和管理，全日制在校生规模暂定为10000人。市政府有关部门要按照新组建的本科院校要求，加强对重庆科技学院的管理和领导，帮助其尽快完善办学的相关手续及其基础设施的建设，不断提高教育质量、科研水平和办学效益，尽快把重庆科技学院建设成合格本科院校，为全市的经济建设和社会发展做出更大贡献。

重庆市人民政府（盖章）

二〇〇四年十月二十日

升本篇

第四章　新建重庆科技学院的运行启动

教育部 2004 年 5 月 17 日批准重庆工业高等专科学校和重庆石油高等专科学校合并组建重庆科技学院后，重庆市经酝酿于 2004 年 9 月 8 日正式组建了重庆科技学院首届党政领导班子。首任班子就任第一天，党委书记、校长唐一科教授提出了用 5 年时间解决学校实质性合校、实质性升本以及入驻大学城新校区的三大战略任务。新班子采取积极措施，从思想上积极引领全校师生员工尽快完成从专科向本科的转变；从组织构架、人员配置、工作部署等方面合二为一，尽快完成从分校运行向合校运行的转变。为了尽快完成上述两个转变，学校通过领导讲话、通知、请示、决定等文件形式统一思想、部署工作，完善党委，设置校部党政机构、二级院系、群团组织和专项工作组织，任命各组织机构的首任领导等，建校初期的这些文件记载了合校运行启动的全过程。本篇是对建校初期全校的相关资料的详细记录整理，当然也不免会有所遗漏。

第一节　首届校级领导班子组建

一、首届校级领导班子任命纪实

2004年9月8日下午，中共重庆市委组织部副部长张远林，市委教育工委书记、市教委主任欧可平以及重庆大学校长李晓红等一行6人，来校宣布重庆科技学院党政领导班子组成名单，重庆工业高等专科学校和重庆石油高等专科学校原中层以上干部、离休老领导和教学骨干代表等出席了会议。

会议由张远林副部长主持，市委组织部部务委员罗聪分别宣读了中共重庆市委和重庆市人民政府的决定，任命：

中共重庆科技学院委员会委员、书记：唐一科

中共重庆科技学院委员会委员、副书记：郭　庆

中共重庆科技学院委员会委员、副书记、纪委书记：武金陵

重庆科技学院院长：唐一科

重庆科技学院副院长（正院级）：王智祥

重庆科技学院副院长：郑航太　朱新才　贾北平

重庆科技学院正院级调研员：刘玉德

重庆科技学院副院级调研员：陈新业　雷宗明

图 4-1-1　唐一科　　　　图 4-1-2　王智祥　　　　图 4-1-3　郭庆

图 4-1-4　武金陵

图 4-1-5　郑航太

图 4-1-6　朱新才

图 4-1-7　贾北平

图 4-1-8　刘玉德

图 4-1-9　陈新业

图 4-1-10　雷宗明

图 4-1-11
首任校领导（左起）：朱新才、武金陵、郭庆、唐一科、王智祥、郑航太、贾北平

任命会上，新任党委书记、校长唐一科教授发言摘要："今天，市委市府正式任命了重庆科技学院的领导班子，我作为班子中的一员，感到责任十分重大！我决心与全校师生一道，在上级党委及行政主管部门的领导下，艰苦奋斗，共创重庆科技学院的美好明天。"唐一科指出，当前我国经济建设高速发展，高等教育发展速度同样很快，我们一定要遵照市委市府的要求，贯彻执行最近召开的全市教育工作会议精神，用"跨越式的、超常规的发展思路"来发展我们的学校。目前，我们将面临的三大任务：合校、升本、建设新校区。我们必须解放思想、放下包袱、团结协作，才能攻坚克难抢速度，为重庆科技学院未来的建设和发展打下良好的基础。

图 4-1-12 欧可平

在市委组织部宣布重庆科技学院党政领导班子会议上，重庆市委教育工委书记、市教委主任欧可平作了重要讲话。他说，学校领导班子中有来自重点大学有丰富教育教学管理经验的同志，有来自政府行政部门同时也具有高校教育管理经验的同志，也有来自原工业高专、石油高专领导班子的同志，他们对学校情况十分熟悉，充分体现了市委对科技学院的建立和发展十分重视。他代表市委教育工委、市教委对学校新班子提了几点要求和希望：

（1）加强理论武装，努力提高领导班子的政治素质。学校领导干部要认真学习邓小平理论和"三个代表"重要思想，学习十六大及十六届三中全会精神，在强化政治理论武装的同时，加强教育政策法规、现代管理和现代科技等知识的学习。

（2）加强团结，同心同德。科技学院的班子是一个全新的班子，领导班子成员之间，要互相信任、互相支持、互相补充、互相谅解。主要领导要做团结的模范，学校班子要在全校成为团结的榜样，要团结全校师生共同推进学校的发展。

（3）提高认识、统一思想。学校班子宣布后，全校师生员工和各级领导要迅速把思想认识和实际行动统一到市委和市政府的决定上来，充分认识到组建重庆科技学院的必要性和重要性，充分认识到学校班子对于学院开好头、起好步、鼓足精神、开拓向前的重要意义。广大教职工一定要积极主动地支持领导班子的工作。

（4）加强能力建设，不断提高领导班子的领导水平。学校领导班子要进一步增强大局意识，把高校的改革发展与国家经济社会发展紧密联系起来，要认真思考学校应如何面向经济建设主战场；要增强责任意识，始终保持和弘扬与时俱进的思想方法和精神状态，认真思考和解决怎样办好社会主义大学、如何培养德智体美全面发展的社会主义建设者和接班人；要增强忧患意识，及时发现和妥善处理任何可能危及稳定的苗头性、倾向性问题，努力提高驾驭复杂局面、应对突发事件的能力和水平。

（5）改进领导作风，切实做到为民、务实、清廉。学校党委要充分了解和尊重民意，以改革为动力，加快科技学院的发展。学校领导干部要转变工作作风，经常深入师生员工特别是教学科研骨干、离退休人员和家庭经济困难的学生中去，了解广大师生员工的意愿，尽心竭力地帮助他们解决工作、学习、生活中的问题。要牢记"两个务必"，始终绷紧廉洁自律这根弦，从思想上筑牢拒腐防变的堤防。

欧可平还充分肯定了原工业高专和石油高专领导班子的工作。原石油高专党委副书记、校长刘业厚同志因年龄原因不再进入领导班子，原工业高专党委书记刘玉德同志由于身体和年龄原因不再担任学校领导职务而改任非领导职务。欧可平代表重庆市委教育工委和重庆市教委，对他们为学校的改革、发展和合校升本工作做出的杰出贡献表示感谢。

从主要领导岗位退下来的老领导刘业厚和刘玉德同志在发言中，对重庆科技学院的发展寄予了厚望，并表示将积极关注和支持重庆科技学院的新发展。

二、首届校级领导班子分工纪实

中共重庆科技学院委员会
关于学校领导分工的通知

重科院委〔2004〕2号

各二级单位：

根据中共重庆市委《关于唐一科等3名同志任职的通知》（渝委〔2004〕308号）和《重庆市人民政府关于游贤勇等46位同志任免职的通知》（渝府人〔2004〕122号）文件精神，经充分征求意见，学校党政联席会议讨论，党委研究决定，学校党委和行政领导分工如下：

唐一科同志主持学校党委、行政全面工作；

郭庆同志分管党委组织、宣传、统战工作；

武金陵同志分管党委学生、保卫、纪委纪检和群团工作；

王智祥同志分管人事、财务工作；

郑航太同志分管科研、校办产业工作；

朱新才同志分管教学工作；

贾北平同志分管基建、后勤工作。

特此通知。

中共重庆科技学院委员会（盖章）

二〇〇四年九月十五日

中共重庆科技学院委员会
关于学校领导分工的通知

重科院委〔2004〕11号

各二级单位：

经党政联席会讨论，党委研究同意，学校党委和行政领导分工如下：

唐一科同志主持学校党委、行政全面工作，具体分管校长办公室和计划财务处；

郭庆同志分管党建工作，具体分管党办、组织部、宣传部和离退休处；

王智祥同志分管人事工作，具体分管人事处和国际合作处；

武金陵同志分管学生工作和群团工作，具体分管学生工作部（学生处）、保卫部（保卫处）、招生就业处、纪检监察办公室、审计处、工会、团委；

郑航太同志分管科研工作，具体分管科研处、网络中心和产业集团；

朱新才同志分管教学工作，具体分管教务处、图书馆和成教学院；

贾北平同志分管后勤工作和新校区建设，具体分管基建规划处、资产管理处、校医院和后勤集团。

特此通知。

中共重庆科技学院委员会（盖章）

二〇〇四年十月十九日

三、法人单位审核及首任法定代表

经国务院经济委员会办公室审核，以文号：国统字〔2004〕69号，于2005年1月18日批复，重庆科技学院法人代码和法人代表如下：

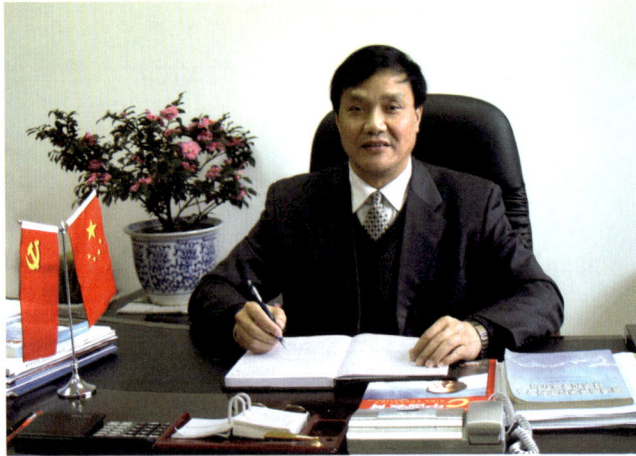

图 4-1-13　党委书记、校长唐一科办公室工作照

法人单位代码：45040216—2

法人单位名称：重庆科技学院

法人单位代表人：唐一科

中国经济普查

法人单位基本情况

2004年

01法人单位代码　45040216—2

02法人单位名称：重庆科技学院

03法定代表人（负责人）：唐一科

电子信箱　cqustxb@163.com

网址　www.cqust.cn

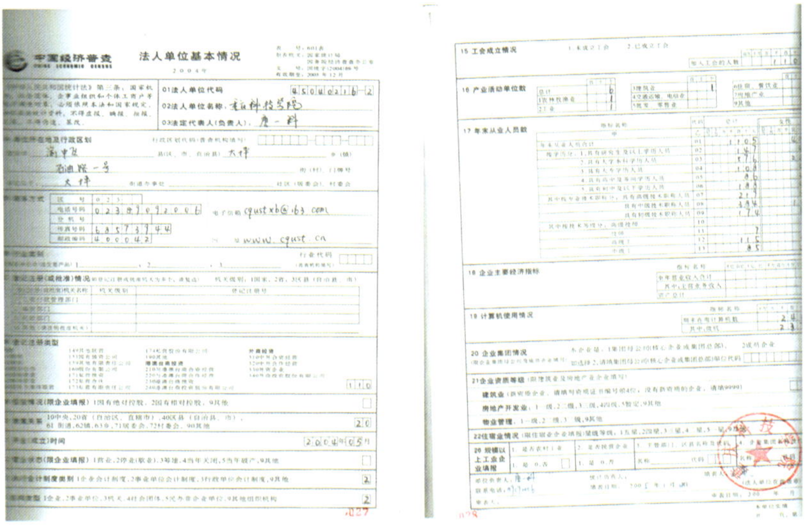

图 4-1-14　重庆科技学院获得首份法人资质

第二节　新学校初期发展思路和战略布局

一、开好头，起好步，共谋学校跨越式发展动员

重庆科技学院首届党政领导接受任命到校就职的第七天，于 2004 年 9 月 15 日召开了全校干部大会。党委书记、校长唐一科代表党政班子作了题为《开好头，起好步，共谋科技学院的跨越式发展》的讲话，以如何办好科技学院为主题，从两个维度发表了引领性的履新宣言：一是从宏观长远的维度阐释了跨越式发展的思路，明确了培养人才、发展科学、服务社会的办学宗旨和跨越发展的办学目标，要求全校干部和教职工加强宏观思考和战略规划，以学科建设为龙头，调整、规划专业布局结构，以人为本，人才强校，做好师资队伍建设规划。二是从微观当下的角度阐释了如何搞好学校的日常工作，创建一个正常的工作秩序，要求全校师生员工着眼长远、立足当前，努力做好"合校""升本"和"新校区建设"三件大事。讲话原文纪实如下。

关于印发党委书记、校长唐一科同志
在全校干部大会上的讲话的通知

重科院委〔2004〕5 号

各二级单位：

2004 年 9 月 15 日，学校召开了全校干部大会，党委书记、校长唐一科同志在全校干部大会上作了题为《开好头，起好步，共谋科技学院的跨越式发展》的讲话，现将讲话全文印发给你们，希认真组织学习贯彻，并及时将学习贯彻的情况报党委宣传部。

特此通知。

中共重庆科技学院委员会（盖章）

二○○四年九月二十二日

开好头，起好步，共谋科技学院的跨越式发展

唐一科

（2004 年 9 月 15 日）

各位领导、各位老师、同志们：

9 月 8 日，重庆市委、市府宣布了我们科技学院的领导班子。那天大家在这里济济一堂，对我们班子寄予了非常高的期望和要求，我们也深感责任重大。究竟如何办好科技学院，我认为有两个方面的事情需要考虑，一是需要有宏观的发展思路，即怎么办好这所大学；二是需要搞好学院的日常工作，要有一个正常的工作秩序。尤其是有了大的发展思路以后，才能很好地规划学院的未来，这要集思广益，希望全院教职工都来思考这个问题。

今天我受班子的委托，在这里抛砖引玉，引导大家一起来思考，不妥之处，请大家批评指正。我今天发言的题目是"开好头，起好步，共谋科技学院的跨越式发展"，下面谈五个方面的问题：

一、加强宏观思考和战略规划

教育部周济部长说："新世纪头二十年，是我们国家、我们民族发展的一个重要战略机遇期，也是我们高等教育发展的重要战略机遇期。我们必须树立强烈的机遇意识，抢抓这个千载难逢的历史机遇，实现学校的跨越式发展。"大家可能注意到部长讲话中的这个"抢"字，全国的高等教育要抢抓这个机遇。作为一所高等学校，我们也应当抢抓这个发展机遇。机遇一闪而过，不"抢"就抓不住。重庆科技学院的成立，说明我们以前抓住了这个千载难逢的机遇，使学校发展有了新的舞台。下面的问题，是我们如何开好头，起好步，去实现科技学院的跨越式发展。什么是跨越式发展？比如重庆科技学院肯定今后要变成重庆科技大学，什么时候变，我认为十年、二十年、五十年都有可能，如果是跨越式发展，我们能不能在十年内就变成科技大学？最近重庆交通学院、重

庆邮电学院等几所高校正在申请更名为大学，更名为大学要有三个硬条件，一是教授必须100人以上，副教授300人以上；二是理工商法文农医七大门类必须覆盖三个以上，而且还要比较好；三是要有10个硕士点。实现跨越式发展，就必须想方设法尽快实现上述三个主要目标。这其中的关键是我们必须首先加强宏观思考和战略规划，一心一意谋发展，在"谋"字上狠下功夫，在"谋"字上大做文章，思考我们如何实现这个跨越式发展，有了这个宏观思考和远大目标，才能知道我们如何发展。

作为一所新建立的普通本科院校，在宏观上应思考"两个问题"，即我们究竟应该建设一所什么样的大学和怎样建设这样的大学。同时，我们必须制订好学校的三个规划，即发展战略规划、学科和队伍建设规划以及校园建设规划。有了宏观思考，我们才可能登高望远，有了以上三个规划，我们才可能脚踏实地。因此我认为这是我们科技学院当前的头等大事，我们应当扎扎实实从以下两方面抓紧抓好。第一，发动全校教职员工认真学习、讨论，为学院长远发展出谋划策；第二，要组织专门班子，进行深入研究，提出思路和初稿，交全院教职工讨论修改，逐步形成共识；初步的想法就是要成立学院的发展规划领导小组，加强对谋划发展的组织领导，进行全院的统一协调。这里尤其要强调一点，谋划发展既是学校的事，也是二级单位的事，也是每一个教职工的事。每个二级单位，甚至教研室和教师个人，同样有一个加强宏观思考和制订发展战略规划的问题。

二、明确办学宗旨和办学目标

国家和地方政府创办一所高等学校，是希望这所学校培养人才，发展科学，服务社会。反过来，一所高等学校的办学宗旨，就应该满足这个要求，把"培养人才，发展科学，服务社会"作为自己的主要任务，而且努力去做得更好。

所谓学校的办学宗旨，就是为什么要办这所学校，办这所学校为了什么。为了什么？国家、社会和学校本身，目标是完全一致的，就是以上的三个方面，而且这三个方面相辅相成，相互渗透。其中基本任务和中心环节是培养人才，培养具有创新精神和创业能力的人才；否则就不成其为学校。发展科学是重要的；否则，高校的办学质量和水平就不可能提高。如果一所高等学校不承担研究学术、发展科学的任务，或者根本没有研究学术、发展科学的能力，培养的学生也势必只能从书本到书本，无创新能力可言。此外，高等学校是人才聚集之地，尤其是源源不断地聚集着一大批资深的和年轻的高级知识分子，其研究学术的氛围和能力，其他社会组织无与伦比，所以国家和社会都积极支持高等学校去努力发展与社会进步、国家富强息息相关的科学技术。所以高等学校应该将其作为自己的重要任务，纳入自己的办学宗旨加以考虑。

现在社会上把高等学校分为教学型、教学研究型、研究型三大类，这是高等学校在不同发展阶段上的一种表述，而不应该简单地用它来约束学校的发展目标，简单规定哪些学校是教学型，只能搞教学；哪些学校是研究型，才能去发展科学，甚至办学目标就应该以研究学术为主，如果有这样的学校的话，那这所学校一定是已经升华出高等学校之外，成为科学院或研究所了。因此，不论是教学型、教学研究型，还是研究型，办学宗旨都应该是培养人才、发展科学、服务社会，而且培养人才始终是任何高等学校的根本任务。与发展科学一样，学校服务社会，既是社会的要求，也是学校自身发展的需要。一方面社会要求学校培养更多的优秀人才，产生更多的科技成果；另一方面学校培养优秀人才和发展科学，也需要通过为社会服务，进行理论联系实际，以提高自己的教学、科研水平；此外，学校还可以通过这种社会服务获得一定的社会和经济效益。

从大的方面来讲，能够指导我们重庆科技学院上百年，甚至几百年可持续发展的办学宗旨就是"培养人才，发展科学，服务社会"，不过在不同的发展阶段，这三个方面所占的比重有所不同。所以，我们应该坚定不移地把"培养人才，发展科学，服务社会"作为重庆科技学院的办学宗旨，并且落实到我们的办学理念之中，落实到办学过程的各个环节之上。我们必须要求和鼓励我们的教师，在认真搞好教学工作的同时，积极从事学术研究，争取科研项目，发表研究论文，积极开展社会服务，不断扩大社会影响。

三、以学科建设为龙头，调整、规划专业布局结构

我国的高等教育体系包括了两个系列、三个层次。两个系列是全日制普通高等教育系列和成人继续教育系列；三个层次是研究生教育、本科生教育和高等职业教育（含专科）。教育部批准成立重庆科技学院，定位是举办普通全日制本科教育，这就使我们原来的两个专科学校，主体办学层次由原来的第三，跃上了第二，实际上是提供了一个新的发展平台，使学校有了更好的发展机遇和更大的发展空间。到了第二个层次以后，学校的建设和发展，就必须思考学科建设问题，学科设置、专业设置必须以学科建设为龙头，院系设置也要服从服务于学科建设。建设学校的关键，是建设"特色"学科，就是要努力把学校的主干学科建成为特色学科。特色是学科建设的关键。一个学校有名，一般是因为它的特色学科有名。而一个学校的特色学科不可能很多，如何规划学校的特色学科，这就有一个如何精选和凝练的问题。这次"合校""升本"，如何凝练我们的特色学科，并且把有限的资源向特色学科凝聚，使其做大做强，是成败的关键。有了特色学科，我们还要建设和发展另外两种学科，其一是对特色学科起支撑作用的学科，即支撑学科，如果特色学科没有支撑，特色学科就根基不牢。例如，如果某些工科专业是特色学科，它最需要的支持是理科，至少也得有应用理科；其次是人文学科，即对大学生的文化素质和学校的文化氛围产生巨大影响的学科。所以，我们认为，在一所大学里没有理科和文科支撑的工科，是低水平的学科，是没有出路的学科。其二是当特色学科、支撑学科建设到一定阶段，还要积极促进学科的相互交叉，形成新的交叉学科。另外就是要有效利用教育资源发展某些学科，比如各个专业本身就需要大量的教师上公共课、基础课，如果成立一个基础部，让老师们每天重复地去上一门课，还不如把基础部设成系，给他们发展专业的一些机会，这样将更有利于提高教师的整体素质，从而更有利于提高公共、基础课的教学质量。

因此，规划我们的专业，要明白什么是特色学科？特色学科就是别人没有的你有，非你莫属的学科。我知道像我们这样的新建本科院校，要做到这一点

很难，但是，我们应尽量避开周边高校的锋芒，去发展它们还没有的，或者说还不强的学科专业或学科专业方向。那种别人已很强，自己还要硬着头皮上，重复发展，肯定会劳而无功，形不成自己的特色。

四、以人为本，人才强校，做好师资队伍建设规划

"以人为本，人才强校，做好师资队伍建设规划"，这是当前所有高校叫得最响亮的口号，但具体做法却大不一样。作为新组建的重庆科技学院，只要我们做好了这一篇大文章，我们的跨越式发展就有了希望。如果我们从现在起，用五年时间达到教育部规定的合格本科院校标准，再结合我们新校区 1500 亩校园用五年建成，按合格标准的生均校园占地面积计算，每亩可容纳 10 ~ 11 个学生，那么 1500 亩可容纳在校学生 16000 人。教师是学校发展的关键，质量是最重要的，但有时候数量也是最重要的，如按优秀标准即师生比 1：16 计算，需专任教师 1000 人；按合格标准即师生比 1：18 计算，需专任教师 900 人。为了充分利用办学资源，达到上述目标，五年之内则需要净增教师 400 ~ 500 人，即在现有专任教师人数上翻一番。五年内如能翻一番，那才叫跨越式发展了。

如果我们经过学科专业资源整合，建立起 10 个二级院（系），那相当于每个院（系）每年新增 10 位教师，其中教授 1 ~ 2 人，副教授 3 ~ 4 人，讲师 4 ~ 5 人，助教（本科、硕士）3 ~ 4 人。如能完成这个指标，我们达到晋升科技大学的条件（教授 100 人以上，副教授 300 人以上），就有了希望。

因此，为了提高办学质量和办学效益，我们必须加大师资队伍建设的力度，力争把专任教师数量与行政管理人员的比例控制在 2：1，即学校教职工 1500 人，使专任教师达到 1000 人左右。这个任务相当艰巨，需要我们大家充分认识到"以人为本，人才强校"的深刻含义，自觉地为学校师资队伍建设做出新的贡献。

五、顾全大局，集中精力，认真落实三件大事

同志们，当前我们面临的三件大事，也就是"合校""升本"和"新校区建设"。有的同志认为校已经合了，本科已经升了，实际上那只是一个名分而已，

而真正实质性的融合现在才开始，前面只是做了一些铺垫性的工作。"升本"，也只是说我们现在有条件办本科了，但我们还有大量的工作要做，直到我们真正有了一届本科毕业生了，通过了合格评估后，才能是真正意义上的本科了。如果我们通过五年的努力，达到了合格评估的标准，我认为也叫跨越式的发展了。"合校"工作从现在开始，到本学期末，我们将完成科技学院校部机关的实质性融合，组成新的机构，聘任部门领导干部，完成学科专业调整，进行资源优化配置，以学科建设为龙头，组建二级学院或系部。我们要以只争朝夕的精神，来完成这一艰巨任务，只有这一步完成了，我们才有可能尽快转入谋划发展的阶段。我们的教务处和举办本科专业的单位，要认真学习本科教育规律，尽快建立起本科教育的各项规章制度，校部各机关单位、实验室、后勤集团等，都要积极思考本科教育规律，了解本科人才培养模式与专科高职教育的区别，从思想意识上、规章制度上适应高职高专教育向普通本科教育的转变。

第三件大事就是新校区建设。新校区的建设步伐，一是要根据国家政策的调整，二是要根据重庆市大学城建设的进程，三是要根据学院本身的需要。没有新校区建设，就不可能有科技学院的发展，新校区是我们大家的希望，也是引进人才的希望。所以，我们要加大新校区建设的力度，一点也不能放松。

同志们，重庆科技学院正处于一个非常的，有大好发展前途的机遇期，我们一定要顾全大局，集中精力，尽快实现实质性融合，抢抓一切发展机遇来发展我们自己。我们要做到，不利于融合的话不说，不利于融合的事不做，想科技学院之所想，做科技学院之所做，在学院党委和行政的领导下，开好头，起好步，全校师生共谋科技学院的跨越式发展。

预祝科技学院的明天更加美好！

二、新学校运行启动的首批文献纪实

新建的重庆科技学院的合校运行，必须启用新印章，规范学校名称，更改学报刊名，部署新学期的工作，完善党委会、学校组织机构设置等。学校先后召开了党委会、党政联席会研究相关问题，以中共重庆科技学院委员会文件和重庆科技学院文件方式向各二级单位下发了通知，向上级主管部门上报了请示报告。这些通知和请示见证了重庆工业高等专科学校和重庆石油高等专科学校成为历史，见证了新的重庆科技学院在新的舞台上闪亮登场。

中共重庆科技学院委员会

重庆科技学院

关于启用新印章的通知

重科院委〔2004〕1号

各二级单位：

经教育部发函〔2004〕136号文批准，原重庆工业高等专科学校和重庆石油高等专科学校已合并组建重庆科技学院，原重庆工业高等专科学校和重庆石油高等专科学校建制同时撤销。9月8日，市委组织部和市委教育工委的相关领导来校宣布了新组建重庆科技学院第一届党政领导班子，为确保重庆科技学院各项工作正常有序开展，经学院研究，现决定启用中共重庆科技学院委员会和重庆科技学院印章，原重庆工业高等专科学校和重庆石油高等专科学校的党政印章作废（启用的学院党政新印章和作废的原两校党政印章的印模附后）。

特此通知。

附：启用的新印章印模和废止的旧印章印模

中共重庆科技学院委员会（盖章）

重庆科技学院（盖章）

二○○四年九月十五日

重庆科技学院
关于规范学院名称使用的通知

重科院〔2004〕7号

各二级单位：

为了规范师生员工和社会各界对重庆科技学院有关名称的使用，经学院党政联席会研究同意，现就有关学院名称的规范使用通知如下：

1.重庆科技学院党委发文字号为"重科院委"；重庆科技学院行政发文字号为"重科院"；

2.重庆科技学院的中文简称为"科技学院"；

3.重庆科技学院英文全称是 CHONGQING UNIVERSITY OF SCIENCE AND TECHNOLOGY（简称"CQUST"）；

4.重庆科技学院的英文域名是 WWW.CQUST.CN；

5.重庆科技学院原大坪校区规范为重庆科技学院北校区（简称"北校区"）；重庆科技学院原杨家坪校区规范为重庆科技学院南校区（简称"南校区"）；重庆科技学院原虎溪新校区暂称重庆科技学院新校区（简称"新校区"；建成后称"主校区"）；重庆科技学院原渝北区农场规范为重庆科技学院东校区（简称"东校区"）。

特此通知。

重庆科技学院（盖章）

二〇〇四年九月十五日

重庆科技学院
关于征集校徽的通知

重科院〔2004〕6号

全院师生员工：

　　为了树立重庆科技学院的品牌形象，提高学校凝聚力，激发师生员工的发展热情和创新精神，传承我校的文化理念，经学校党政研究决定，面向校内外征集重庆科技学院校徽方案。

　　一、设计要求：

　　1. 作品应个性鲜明、形象突出、寓意深刻、创意独特，具有良好的形式美感和较强的视觉传播力，能准确反映重庆科技学院的办学理念、办学特色以及发展态势。

　　2. 设计规范严谨，能够适用于办公用品、环境识别、广告宣传、交通运输、公关形象等各种场合的需要。

　　3. 鼓励以"VI"整体视觉识别系统设计形式投稿，内容应该具备：标准图形、标准色彩、中英文名称标准字体、辅助图形、基本要素组合范例、办公用品应用范例、环境识别应用范例。

　　二、校徽方案投稿要求

　　1. 投稿者必须提供A4规格色彩稿、黑白稿各一份，且标明标准色色标；打印的创意设计说明一份，并写清楚姓名、工作单位、通讯地址、邮编、联系电话及其他个人资料等。

　　2. 稿件请勿折叠，并在信封上署名"校徽征集字样"。

　　3. 来稿、光盘、软盘等恕不退还，请自留底稿。

　　三、评选办法

　　由有关专家组成的校徽评选委员会按公开、公平、公正的原则进行评选。

四、奖励办法

1. 设入围奖 3 名，各奖人民币 2000 元；

2. 设采纳奖 1 名，奖人民币 10000 元，采纳作品在入围作品中产生。

知识产权：被采纳者和入围者的原作品，其著作权归重庆科技学院所有。

截稿日期：2004 年 9 月 30 日

来稿寄送地址：重庆科技学院办公楼 310 室喻利收

邮政编码：400042

联系电话：023-89092345

重庆科技学院（章）

二〇〇四年九月十五日

关于印发《重庆科技学院 2004—2005 学年第一学期主要工作任务及基本要求》的通知

重科院〔2004〕5 号

各二级单位：

《重庆科技学院 2004—2005 学年第一学期主要工作任务及基本要求》已经学院党政联席会议讨论通过，现印发给你们，希组织广大教职员工认真贯彻执行。

特此通知。

附件：《重庆科技学院 2004—2005 学年第一学期主要工作任务及基本要求》

重庆科技学院（盖章）

二〇〇四年九月十五日

重庆科技学院 2004—2005 学年第一学期
主要工作任务及基本要求

经过一年多合校升本立项申报和几个月筹备过渡阶段的工作，随着重庆市委、市政府正式任命学院的党政领导班子之后，重庆科技学院进入了全面起步建设的新阶段，为了使各项工作有序开展，经学院党政联席会议研究，特明确本学期主要工作任务、工作目标、运行原则及相关要求：

一、工作目标

平稳起步，顺利过渡，加强融合，打好基础，加速建设，推进发展。

二、学院总的运行原则

统一领导，分工负责，总体规划，分步推进，统筹兼顾，重在落实。

三、主要工作任务及运作方式

近期的主要任务可以表述为三大方面：一是"合校"——指实质性合并，即实现干部职工思想情感、校园文化、管理体制和运行机制的真正融合；二是"升本"——指内涵上升本，即实现教育思想观念、人才培养模式、科研与技术开发、学院运行管理机制等方面由专科教育向本科教育的整体提升；三是"建设"——本阶段的重点是新校区建设。主要任务是建立健全新校区建设工作机构，按照市政府和市教委的要求，做好规划设计和建设资金的筹措与安排。具体工作如下：

1. 加强形象宣传，努力提高社会对学院的认知度。当前首先要做的第一项工作是，由宣传部门牵头征（搜）集校徽图案、校牌字样和校训；组织筹划学院的揭牌仪式；统一校园网并及时对外发布学院的基本情况信息和近期学院运行活动的相关信息；加强与新闻媒体的联系，利用各种机会，全方位宣传学院。

2. 依据《全国普通高等学校编制管理规程》，按照"精简、高效、合理、规范"的原则，结合本院实际情况，制订机构合并调整办法，于 10 月完成党政管理机构整合和负责人试聘工作；12 月完成教学系部、教辅单位整合和负责人试聘工作。

3. 教学工作。暂时按照"老生老办法、新生新办法"的原则进行学籍管理，本学期末实现教学运行管理的统一、规范。对新生的学籍管理统一采用大坪校区的教学运行管理系统，老生分校区采用原系统进行管理，本科生采用统一的学分学年制管理；加强教学协调和督导工作；英语课适时进行分级教学，公共基础课期末实行统考；"专升本"等其他层次办学的教学管理按原办法执行。加强学科专业建设，充分利用并合理整合两校区的教学资源，不搞重复投资建设。

4. 学生教育管理工作坚持"统一组织领导，统一工作计划，管理教育结合，服从服务大局"的原则，按照"老生老办法，新生新办法"，尽快理顺学生管理工作关系，确保下学期按照新机制运行。加强辅导员和学生干部培训，稳定充实学生工作队伍，提高队伍素质；积极开展就业指导，努力开拓就业渠道；强化日常管理，抓好主题教育活动，积极引导学生树立正确的世界观、人生观和价值观，强化学生爱国爱校、自强勤奋，自觉成才意识；大力提倡"三自教育"，积极开展心理健康教育和咨询，努力为广大青年学生营造良好的成才环境。

5. 人事管理与劳资工作实行统一管理并从实际情况出发加强综合协调。校内人员原则上不做大调整，人员引进主要是吸引高学历、高职称人员以加速调整优化师资队伍结构。日常管理工作按两校区原办法执行，对于新出现的问题由学院统一协调解决，并加快制订新的实施办法。

6. 财务管理。根据学院的总体安排，从2005年1月1日起实现两校区财务完全统一运作。在未完全统一运作之前，实行"统一领导，分区管理"的财务管理体制。会计核算以预算管理为中心，分校区核算的办法执行。近期的主要工作：一是严格执行本年度的预算，做到收支平衡，并完成2004年财务决算编报工作；二是认真做好2005年"二上"预算资料的收集、整理及编报工作；三是多渠道、全方位筹措资金，为学院的正常运行提供资金保障；四是及时清理债权债务，认真核实各项资产，确保国有资产不流失；五是积极配合人事部门做好大坪校区工资套改、养老保险及医疗保险等在体制划转中的一些遗留问题。

7.基建工作。一是新校区建设,按照市政府和市教委的要求,建立新校区建设领导小组和指挥部,指挥部下设办公室;进一步完善和优化新校区建设规划;抓紧谋划建设资金筹措方案,对建设经费统一筹措、单列账户。二是常规基建工作实行统一管理,综合平衡,分步实施。

8.后勤工作实行统一领导下的分校区负责制,按照学院党委、行政的统一部署做好后勤保障工作,确保学院正常的教学、工作和生活秩序。近期的重点是加快机构、人员和资源的整合。与此同时,要认真借鉴其他院校的后勤管理经验,结合学院的实际情况,积极探索多校区办学的后勤管理新方法新途径,为下学期全面实施后勤统一管理奠定基础。

9.加强治安综合治理,切实保持学院稳定。抓好紧急预案处置工作,做到认识到位,组织落实,经费落实,责任明确。建立完善的防治、预警、报告、处置善后和总结提高的有效机制,努力消除事故隐患,避免发生安全责任事故和突发事件,尤其要做好安全防范和食品卫生管理。

四、几点要求

1.正确处理"合校升本"与稳定、改革、发展的关系。"合校升本"的过程,就是学院全方位改革的过程,稳定是改革发展的基础条件和保障,因此,必须以大局为重,自始至终保持学院的稳定,才能实现实质性合并和内涵上升本,促进学院持续快速健康发展。机构调整前,原基层单位要切实负起责任,保证学院正常运转,保持学院稳定。

2.各级领导干部要以邓小平理论和"三个代表"重要思想为指导,解放思想,实事求是,与时俱进,勤政廉洁,全心全意谋改革发展,扎扎实实抓学院建设。

3.广大干部和教职工要增强大局意识、责任意识,以高度的主人翁责任感当好科技学院的第一代创业人。

4. 在两校区融合的进程中，认真处理好随时可能出现的热点、难点问题，引导广大教职员工把自身的利益和事业发展与学院的建设发展紧密联系，融为一体，一切向前看，着眼大局，不纠缠非原则问题，努力实现学院的平稳起步，顺利过渡。

三、新学校运行启动的首批请示报告

中共重庆科技学院委员会
关于增补王智祥等四同志为党委委员的请示

重科院委〔2004〕4号

中共重庆市委教育工委：

9月11日，中共重庆市委以渝委〔2004〕308号文任命学院党委书记和两位副书记，组建了中共重庆科技学院党委。鉴于目前学院党委只有3名党委委员，党委组织尚不完善，又加之科技学院刚刚组建，工作繁多，近期不可能举行换届选举。为了加强党委对学院工作的统一领导，以便重庆科技学院能顺利起步，平稳过渡，持续发展，经学院书记办公会研究，并在党政联席会上征求意见，同意增补王智祥、郑航太、朱新才、贾北平同志为中共重庆科技学院党委委员。

特此请示，请批复。

中共重庆科技学院委员会（盖章）

二〇〇四年九月十六日

重庆科技学院关于申请
《重庆工业高等专科学校学报》
《重庆石油高等专科学校学报》
更改刊名的请示

重科院〔2004〕2号

重庆市教委：

根据教发函〔2004〕136号《教育部关于同意重庆工业高等专科学校和重庆石油高等专科学校合并组建重庆科技学院的通知》，原重庆工业高等专科学校和重庆石油高等专科学校已于2004年5月正式合并组建为重庆科技学院。

为适应我国高等教育事业的发展，全面推进西部大开发战略的实施，发挥学院在冶金、材料、石油、化工、机械和会计、管理、社会工作、旅游等学科和专业方面的优势，为重庆和西部地区提供人才支持和知识贡献，按照国务院《出版管理条例》、国家新闻出版总署《期刊管理暂行规定》的要求，经学院研究决定，申请自2005年1月起，原重庆工业高等专科学校学报、重庆石油高等专科学校学报做如下更改：

一、原《重庆石油高等专科学校学报》（国内统一连续出版物号：CN50—1043/ET）更名为《重庆科技学院学报》（自然科学版）。

二、原《重庆工业高等专科学校学报》（国内统一连续出版物号：CN50—1041/T）更名为《重庆科技学院学报》（社会科学版）。

重庆科技学院（盖章）

二○○四年十月十五日

中共重庆科技学院委员会
关于报纸更名注销的请示

重科院委〔2004〕3 号

重庆市新闻出版局:

根据教发函〔2004〕136 号《教育部关于同意重庆工业高等专科学校与重庆石油高等专科学校合并组建重庆科技学院的通知》,以及 9 月 8 日重庆市委组织部来校宣布市委关于院级领导班子任命决定,重庆科技学院已正式运转。经院领导研究决定,原《重庆工业高专报》更名为《重庆科技学院报》,原《重庆石油高专报》注销。《重庆科技学院报》定为每月一期,4 开 4 版,由中共重庆科技学院党委主管,中共重庆科技学院党委宣传部主办。

请予以批准。

中共重庆科技学院委员(章)

二○○四年九月十五日

重庆科技学院
关于虎溪新校区建设项目选址定点的函

重科院〔2004〕43 号

重庆市规划局沙坪坝区规划分局:

根据教育部《关于同意重庆工业高等专科学校与重庆石油高等专科学校合并组建重庆科技学院的通知》(教发函〔2004〕136 号)、重庆市人民政府《关于组建重庆科技学院的通知》(渝府〔2004〕254 号)、重庆市沙坪坝区发展计划委员会《关于重庆科技学院虎溪新校区建设的批复》(沙计委社〔2004〕35 号)和重庆市教育委员会《关于同意重庆工业高等专科学校 重庆石油高等专科学校在重庆市大学城建设主校区的批复》（渝教计〔2003〕95号）等文件精神，学院已在沙坪坝区虎溪镇新征发展用地1500亩，目前正在进行新校区控制性规划设计。

重庆科技学院发展规模暂定为全日制在校生15000人，在新征1500亩的校园土地上，按照1992年教育部颁发的高等院校生均建筑面积指标，拟建50万平方米的教学、行政、后勤保障，实验实习及配套设施（不包括教职工住宅），拟计划投资8亿元建设新校区。

按照重庆市规划局《关于大学城新校区（意向性）工程的选址意见通知书》（渝规选〔2003〕沙字第0072号）的精神，学院在全国范围内邀请了三家规划设计单位，对虎溪新校区的校园规划进行了概念性规划设计，经评审专家组确认：上海同济城市规划设计研究院的规划方案为中标方案。在此基础之上，综合主管部门、学院领导、专家组的意见后，形成了重庆科技学院虎溪新校区修建性详细规划。

现特向贵局提出学院新校区建设项目工程正式选址和设计条件通知的申请。

可否，请批复。

附件：以上四个文件原件及重庆工业高等专科学校、重庆石油高等专科学校与沙坪坝区人民政府关于新校区《行政划拨土地供地协议书》原件各一份。

重庆科技学院（章）

二〇〇四年十一月十六日

（联系人：车　静　023-89092954　13637892928

冯承劲　023-89091819　13608356813）

第三节　首届校部机关设置及干部任命

新学校校部党政管理机构是学校党委、行政的职能部门，肩负着全校各方面工作正常运行的责任。经学校党政联席会协商，党委研究并报上级主管部门同意，决定学校成立 17 个校级机关党政管理机构。学校党委发布了重科院委〔2004〕7 号关于校部机关中层领导干部选拔任用的实施意见，坚持党管干部、民主集中、德才兼备、注重实绩、任人唯贤、结构合理、保持工作连续稳定的原则，按照任职条件采取推荐、自荐、组织审查、全校公示等程序选拔任命了 17 个机构的 36 名首任中层领导干部。党委对首届校部机关领导干部集体谈话，党委书记、校长唐一科同志对干部提出了"转换角色、面向未来、团结勤奋、开拓创新"的 16 字要求，党委副书记郭庆同志明确提出了"勤政敬业、协调高效"的机关工作作风要求。下面为相关情况纪实。

一、党政管理机构设置方案纪实

关于设置校部党政管理机构的通知

重科院委〔2004〕6 号

各二级单位：

经学校党政联席会讨论，党委研究决定设置 17 个校部机关党政管理机构，机构名称如下：

1. 党委办公室（党委统战部合署）

2. 党委组织部（党委党校合署）

3. 党委宣传部（设学院新闻中心）

4. 党委学生工作部（学生处合署办公，下设学生公寓管理中心）

5. 党委保卫部（保卫处合署，并负责公安派出所相关工作）

6. 纪检监察办公室（纪委办公室、监察处合署）

7. 校长办公室（设学校发展规划研究室、高教研究所、档案室）

8. 人事处

9. 教务处

10. 招生就业处

11. 科研处（设产学研合作办公室、科协秘书处、学报编辑部）

12. 国际合作处（设国际交流中心、港澳台办公室）

13. 计划财务处

14. 审计处

15. 资产管理处

16. 基建规划处

17. 离退休管理处

特此通知。

中共重庆科技学院委员会（盖章）

二〇〇四年九月二十二日

关于印发
《重庆科技学院校部机关部门主要工作职能》的通知

重科院〔2004〕23号

校内各单位：

  《重庆科技学院校部机关部门主要工作职能》经各单位广泛征求意见后，已交院长办公会审议通过并经党委批准。现予印发试行，请遵照执行。

  特此通知。

  附件：重庆科技学院校部机关部门主要工作职能

重庆科技学院（盖章）

二〇〇四年十月二十九日

重庆科技学院校部机关部门主要工作职能

  1. 党委办公室工作职能

  党委办公室是党委日常工作的综合办事机构和协调部门，负责起草党委工作计划、总结、报告、请示、决议等文件；安排党委会议，组织协调各总支（直属支部）间的综合性工作，党委公文处理，党委公章管理，党委统战工作。

  2. 党委组织部工作职能

  党委组织部是党委组织、干部工作的职能部门，负责学院干部队伍规划和建设，干部选拔、培养和考核工作，学院各党总支（直属党支部）组织建设与管理工作，党员教育、发展工作，党费收缴与管理工作；负责党委党校工作和学院中长期人才规划工作。

3. 党委宣传部工作职能

党委宣传部是党委主管意识形态、宣传教育工作的职能部门，负责制订学校党委思想政治工作计划，理论建设和理论学习，学校精神文明建设，宣传报道工作，宣传舆论阵地的管理（含新闻中心、网站管理、院报的编辑与发行、校园广播）；负责学院新闻发布。

4. 党委学生工作部（学生处）工作职能

党委学生工作部（学生处）是党委管理学生工作的职能部门，是学校学生工作的归口部门，负责学生思想政治教育，学生日常管理，学生公寓管理，学生奖、助学金的管理，学生军训，学生心理咨询，学生档案管理，协助招生就业处开展毕业生就业指导等工作。

5. 党委保卫部（保卫处、派出所）工作职能

党委保卫部（保卫处、派出所）是全校安全、保卫工作的职能部门，负责校园内的安全、政保、消防、交通、警卫、门卫、巡逻、治安综合治理；外来人口管理和户籍管理，联系派出所工作。

6. 纪检监察办公室

纪检监察办公室是校纪委常设办事机构和学校行政监察职能部门，负责党的纪律检查和廉政建设及党性、党风、党纪教育，受理党纪政纪方面的检举、控告、申诉及建议等；负责对科以上干部执法、执纪的教育、监督、检查和惩处；负责学院基建（装修、改扩建）工程、物资采购、招生、职称评定的监督和效能监察以及下级党组织的兼职纪检委员管理等工作。

7. 院长办公室工作职能

院长办公室是服务于校领导和校内各单位的行政综合协调部门，负责起草全校性的工作计划、总结、报告、请示、规划、决议等文件；安排全校性会议，组织协调各单位间的综合性工作；负责学院对外的联系，群众来访、来函、来

电的处理，公文处理（含文印），综合统计，学校公章的管理，院志编撰、学校发展规划的专题性研究，高教研究，学院文书、技术档案的管理，校友会和收发室工作。

8. 人事处工作职能

人事处是负责全校人事管理的职能部门，负责人事制度改革，人力资源规划，师资队伍建设，教职工工资福利的计划与管理，教职工的管理与考核，专业技术职务评聘，外聘人员的规划与管理，人事调配，人才交流，学院机构编制，人事档案管理。

9. 教务处工作职能

教务处是负责全校本、专科教学管理工作的职能部门，负责组织教学计划的制订，学籍管理，毕业证（学位证）管理，课程建设与评估，各类考试组织与实施，教改项目管理，教材建设，日常教学运行、教学质量监督与管理，教学评估的组织与管理，实验教学、实践教学基地建设、实验技术安全管理。

10. 招生就业处工作职能

招生就业处是负责学校普通本、专科学生招生录取、毕业生就业管理的职能部门，负责制订本、专科（含高职）的招生计划，招生宣传、咨询、录取等工作；负责毕业生的就业指导与咨询；建立稳定的生源网络和毕业生就业基地；负责毕业生跟踪调查及信息工作等。

11. 科研处工作职能

科研处是全校科学技术研究归口管理部门，负责全校科学研究、学术交流和对外科技开发与合作，科研机构、科研队伍、科研成果和科研经费管理，以及科技信息的收集整理和分析、知识产权保护等方面工作，学科规划与建设，产学研合作和院内科技项目的评审与管理，科学技术协会日常管理工作，学报编辑与发行等。

12. 国际合作处工作职能

国际合作处是全校涉外事务归口管理的职能部门（与港澳台事务办公室合署），负责国际合作项目的规划与管理，国际合作办学的规划与管理，外籍教师的选聘与管理，出国留学人员关系的办理和港澳台事务处理。

13. 计划财务处工作职能

计划财务处是学校经济活动管理中心，学校财务核算、管理和监督的职能部门，负责根据国家财政法规和政策，制订学校的会计管理制度，依法多渠道筹集资金，合理编制学校预、决算；根据学校的财力，增收节支，用活用好学校资金，提高资金使用效益，规范学校财务运作程序，保障资金运行安全，对学校内经济活动的合法性、合理性进行监督。

14. 审计处工作职能

审计处是学校主管内部审计工作的职能部门，负责制订学院审计工作规章制度及工作计划并组织实施；负责对院内财务收支及其有关经济活动实行内部审计监督，独立行使内部审计监督权；负责干部任期与离任的经济责任审计；负责基建项目和物资采购的审计。

15. 资产管理处工作职能

资产管理处是学校资产（有形资产和无形资产）的产权管理、资源合理配置与使用的职能部门，负责学校仪器设备、办公设备的采购、招投标及管理，房产土地、办公用房、教学科研用房的管理，教职工住宅管理；核定经营性资产的保值增值率；开发利用学校的闲置资产；以甲方的名义与后勤服务集团等实体签订各类服务合同；制订后勤保障的考核标准及服务价格体系。

16. 基建规划处工作职能

基建规划处是校园总体规划和负责各项单体建设任务的职能部门，负责校园基本建设项目的规划设计和建设；组织实施基础设施建设项目；负责组织基建项目的招投标、基建项目成本及质量管理。

17. 离退休管理处工作职能

离退休管理处是全校离退休干部、职工的管理和服务工作的职能部门，负责根据国家政策，落实离退休人员的政治和生活待遇；负责离退休人员的政治思想工作；负责离退休人员的日常管理工作；组织离退休人员的文体活动。

二、首任中层领导干部任命纪实

中共重庆科技学院委员会
关于向晓春等同志任职的通知

重科院委〔2004〕12 号

各二级单位：

经学校党政联席会讨论，党委研究决定，任命：

向晓春为党委办公室主任；

郑远平为党委办公室副主任；

熊磊为组织部部长；

张琪敏为组织部副部长；

黄万来为宣传部部长；

李军良为宣传部副部长；

蒋国华为学生工作部部长；

陈超为学生工作部副部长；

马维嘉为学生工作部副部长；

李健为保卫部部长；

杨文兵为保卫部副部长；

张凤琴为纪检监察办公室主任；

秦南达为纪检监察办公室副主任。

以上同志任期一年。

特此通知。

中共重庆科技学院委员会（盖章）

二〇〇四年十月十九日

重庆科技学院
关于李国统等同志任职的通知

重科院〔2004〕17号

各二级单位：

经党政联席会讨论，党委研究决定，任命：

李国统为校长办公室主任；

余志祥为校长办公室副主任；

徐茂为校长办公室副主任；

易俊为人事处处长；

郑崧为人事处副处长；

秦治中为教务处处长；

温琪菜为教务处副处长；

杨华盛为教务处副处长；

肖大志为科研处处长；

刘成钢为科研处副处长；

蒋国华为学生处处长；

陈超为学生处副处长；

马维嘉为学生处副处长；

李健为保卫处处长；

杨文兵为保卫处副处长；

沈晓为招生就业处处长；

叶怀平为招生就业处副处长；

杨志龙为国际合作处处长；

邵明翔为国际合作处副处长；

陈显明为计划财务处处长；

蒋明宣为计划财务处副处长；

叶如义为计划财务处副处长；

王光杰为审计处处长；

赵计梅为资产管理处处长；

梁义和为资产管理处副处长；

冯承劲为基建规划处处长；

周勋为基建规划处副处长；

周本立为离退休管理处处长；

何明德为离退休管理处副处长。

以上同志任期一年。

特此通知。

重庆科技学院（盖章）

二〇〇四年十月十九日

中共重庆科技学院委员会
关于成立机关党总支的通知

重科院委〔2004〕23 号

各二级单位：

根据《中国共产党普通高等学校基层党组织工作条例》精神，经党委研究，决定成立校部机关党总支。

校部机关党总支委员会由向晓春、张其敏、黄万来、张凤琴、张北川 5 位同志组成。向晓春同志为总支书记，张其敏同志为组织委员，黄万来同志为宣传委员，张凤琴同志为纪检委员，张北川同志为文体委员。

校部机关党总支下设 9 个党支部：

一支部：党委办公室、院长办公室；

二支部：组织部、宣传部；

三支部：人事处、国际合作处；

四支部：学生工作部、团委；

五支部：工会、纪检监察办公室、审计处；

六支部：科研处、计划财务处；

七支部：教务处、招生就业处；

八支部：资产管理处、基建规划处；

九支部：保卫处。

中共重庆科技学院委员会（盖章）

二〇〇四年十一月十六日

三、首任中层领导干部集体谈话纪实

为加快重庆科技学院的实质性融合，实现学院机关各党政职能部门的整合，确保学院机关工作的正常运转，2004年10月19日，在北校区办公楼三楼会议室，学校宣布了对校部机关各部门领导干部的任命，并进行了集体谈话。

学校党委副书记郭庆同志宣读了学校党委和行政对向晓春等39位机关党政部门正副领导人的任免文件，并代表学校党委对新任命的机关领导干部进行了集体谈话。郭副书记指出：这次机关干部的任命，是学校党政严格按照《中国共产党干部选拔工作条例》《中国共产党基层党组织工作条例》和干部选拔程序和纪律，根据挑选严格、操作规范、适度调整、平稳发展的原则，通过推荐、干部自荐、党政审查、全校公示等程序作出的；机关部门的设置是一次全新的设置，既有基本部门的职责，又有新的思路，目的是保证职能、突出重点、精简机构、责能提升。郭庆副书记还从政治、学习、作风、工作等诸方面对新任干部提出了要求，希望大家把发展作为最大的政治，集中精力干大事，一心一意谋发展；要加强学习，与时俱进，树立创新意识，不断提高自身工作能力和水平；要牢记两个务必，妥善处理好部门一把手与副职、部门人员以及各部门间的关系，努力创造人人心情舒畅的工作环境；在工作上要有新思路、新面貌、新局面。郭副书记还明确提出了"勤政敬业、协调高效"的机关工作作风要求。

学校党委书记、校长唐一科教授送给干部们16个字——转换角色、面向未来、团结勤奋、开拓创新，希望新任机关领导干部不要停留在原有的角色和原来专科学校的思路上，要从本科学校的高度，面向重庆科技学院的未来目标，讲大局、讲政

治、讲团结，深度融合，勤奋工作，尽快适应和进入推进重庆科技学院跨越式发展的事业之中。

会议由学校党委副书记武金陵同志主持，全体校级党政领导出席了会议。

第四节　新学校学科专业规划和院系设置

二级院系是学校办学的基层单位，肩负着"培养人才、发展科学、服务社会"的重任。科学合理地设置院系和选任德才兼备的干部是学校跨越式可持续发展重要的基础工作。学校成立了 13 个院系，遵循《中共重庆科技学院委员会关于院系、教辅机构中层干部选拔任用的实施意见》（重科院委〔2004〕25 号）精神，坚持党管干部、民主集中、德才兼备、注重实绩、任人唯贤、专业对口、用人所长、结构合理的原则，采取基层单位推荐，组建考察小组广泛征求教职工意见，党政审察，任命了院系首任领导。学校党委对首任院系领导干部进行集体谈话，党委书记、校长唐一科着重强调和阐述了如何树立科学发展观、如何建设大学文化两个问题，要

图 4-4-1　向李文华、范军授牌

求院系领导要树立群众观点、学术观点和大师观点。学校还举行了隆重的授牌仪式，唐一科校长向 13 个院系党政领导授牌，希望院系领导担负起沉甸甸的责任，让每块牌子彰显特色和亮点，为学校跨越式发展做出应有的贡献。

图 4-4-2　向杨敏、施金良授牌

图 4-4-3　向田正学、彭晓玲授牌

一、新学校二级院系设置方案

中共重庆科技学院委员会
关于印发《重庆科技学院院系设置方案》的通知

重科院委〔2004〕24号

各二级单位：

　　自2004年10月开始，《重庆科技学院院系设置方案》经在全校范围内广泛征求意见，学校领导深入系部调研并在校长办公会反复讨论修改，于2004年11月19日经学校党委扩大会议审议通过。现将《方案》印发给你们，请各单位认真学习并遵照执行。

中共重庆科技学院委员会（盖章）

二〇〇四年十一月十九日

重庆科技学院院系设置方案

　　一、指导思想

　　按照重庆科技学院发展规划和当前校区分散的特点，以深度融合、分散办学、资源共享、优化配置为原则，科学、合理地进行学科专业结构调整和院系设置，实现学校的跨越式、可持续发展。

　　二、院系设置

序号	院系名称（办公地点）	本科专业名称	专业方向及特色	学科发展方向	主要专科专业
一	冶金与材料工程学院（南校区）	冶金工程（工学：材料学）	1. 钢铁冶金 2. 有色冶金	1. 钢铁冶金材料学 2. 材料加工工程	1. 炼铁（南校区） 2. 炼钢及铁合金（南校区） 3. 表面工程技术（南校区）
		无机非金石材料（工学：材料学）	1. 现代陶瓷 2. 信息材料		
		金属材料工程（工学：材料学）			

序号	院系名称（办公地点）	本科专业名称	专业方向及特色	学科发展方向	主要专科专业
二	石油工程学院（北校区）	石油工程（工学：地矿类）	1. 钻井工程 2. 采油工程	1. 油气井工程 2. 油气田开发 3. 油气储运工程	1. 钻井技术（北校区） 2. 石油与天然气集输技术（北校区） 3. 涉外钻井（北校区） 4. 城市燃气输配技术（北校区）
		资源勘察工程（工学：地矿类）	油气资源勘查		
		油气储运工程（工学：交通运输类）	油气储运		
		安全工程（工学：环境与安全类）			
三	机械工程学院（南校区）	机械设计制造与自动化（工学：机械类）	1. 设备工程（冶金机械、石油机械） 2. 机械电子工程 3. 产品数字化设计与制造 4. 车辆工程	1. 机械制造及其自动化 2. 机械电子工程 3. 机械设计及理论	1. 金属压力加工（南校区） 2. 设备工程与管理（南校区） 3. 页岩技术与运用（南校区） 4. 机电一体化（南北校区） 5. 磨具设计与制造（南校区） 6. 计算机辅助机械设计（南校区） 7. 焊接工艺与设备（北校区） 8. 汽车检测与维修（北校区） 9. 内燃机制造与维修（北校区）
		材料成型与控制工程（工学：机械类）	1. 金属压力加工 2. 磨具设计制造 3. 焊接工艺与设备		
		热能与动能工程（工学：能源动力类）	内燃机设计与制造		
四	电子信息工程学院（南校区）	自动化（工学：电子信息类）	1. 工业自动化 2. 计算机测控技术与设备 3. 数控技术运用	1. 控制理论与控制工程 2. 计算机应用技术	1. 工业电气自动化（南校区） 2. 工业控制计算机技术（南校区） 3. 数控技术运用（南校区） 4. 电气技术（南校区） 5. 计算机网络技术（南校区）
		计算机科学与技术（工学：电子信息类）	1. 软件工程 2. 网络工程		
		电子信息工程（工学：电子信息类）	现代电子技术应用		

续表

序号	院系名称（办公地点）	本科专业名称	专业方向及特色	学科发展方向	主要专科专业
五	化学与生物工程学院（南校区）	化学工程与工艺（工学：化工制药类）	1. 精细化工 2. 生物化工 3. 油气田应用化工	1. 应用化学 2. 生物化工	1. 工业分析及仪器维修（南校区） 2. 精细化工工艺（南校区） 3. 商品质量监测技术（南校区） 4. 生物制药（南校区）
		制药工程（工学：化工制药类）	1. 化学制药 2. 生物制药 3. 中药制药		
		环境工程（工学：环境与安全类）	1. 水处理 2. 固体废物处理 3. 室内空气处理		
		应用化学（工学：化学类）	1. 工业分析 2. 药物分析		
		生物技术（理学：生物科学类）			
六	建筑工程学院（北校区）	土木工程（工学：土建类）	1. 房屋建筑工程 2. 路桥工程	1. 结构工程 2. 供热、供燃气、通风及空调工程	1. 房屋建筑工程（北校区） 2. 城镇建设（北校区） 3. 建筑装饰技术（北校区） 4. 工程造价管理（北校区）
		建筑环境与设备工程（工学：土建类）	1. 空气调节 2. 建筑室内环境控制 3. 建筑节能		
		工程管理（管理学：管理科学与工程类）	建筑工程		
		艺术设计（文学：艺术类）	建筑环境与室内装饰		
七	管理学院（北校区）	会计学（管理学：工商管理类）	1. 会计师 2. 注册会计师	1. 会计学 2. 企业管理	1. 物流管理（北校区） 2. 旅游与酒店管理（南、北校区） 3. 电子商务（北校区）
		市场营销（管理学：工商管理类）	市场营销		
		工商管理（管理学：工商管理类）	1. 物流管理 2. 项目管理		
		旅游管理（管理学：工商管理类）	1. 旅行社管理 2. 饭店管理		
		人力资源管理（管理学：工商管理类）			

序号	院系名称（办公地点）	本科专业名称	专业方向及特色	学科发展方向	主要专科专业
八	经济系（南校区）	经济学（经济学：经济学类）	应用经济学	1. 区域经济 2. 劳动经济学	1. 国际商务（北校区） 2. 证券投资与管理（南、北校区） 3. 国际贸易与法律（南校区）
		国际经济与贸易（经济学：经济学类）			
		金融学（经济学：经济学类）			
九	人文社会科学系（北校区）	社会工作（法学：社会学类）	1. 社区管理 2. 知识产权保护		1. 涉外文秘与公共关系（北校区） 2. 社区管理（南校区） 3. 广告电脑制作（南校区）
		汉语言文学（文学：中国语言文学类）			
		广告学（文学：新闻传播学类）			
十	数理系（北校区）	数学与应用数学（理学：数学类）			
		信息与计算科学（理学：数学类）			
		应用物理学（理学：物理学类）			
十一	外语系（北校区）	英语（文学：外国语言文学类）			
十二	体育系（北校区）				
十三	成人教育学院(北校区)				

重庆科技学院
关于印发院系及教辅单位下设三级机构的通知

重科院〔2005〕10号

校属各单位、机关各处室：

《院系及教辅单位下设三级机构方案》已经学校党委会讨论通过，现印发给你们，希遵照执行。

二〇〇五年一月十日

重庆科技学院院系及教辅单位下设三级机构方案

序号	院系名称（办公地点）	三级机构		综合性研究机构
		管理机构（科级）	教学教研机构	
一	冶金与材料工程学院（南校区）	院办公室	1. 材料基础教研室 2. 材料教研室 3. 冶金教研室 4. 冶金材料实验中心	材料技术研究中心
二	石油工程学院（北校区）	院办公室	1. 钻井技术教研室 2. 油气开采教研室 3. 油气储运教研室 4. 油气资源勘查教研室 5. 石油工程实验中心	石油工程及安全技术研发中心
三	机械工程学院（南校区）	院办公室	1. 机械基础教研室 2. 机械电子工程教研室 3. 设计制造教研室 4. 材料成型教研室 5. 内燃机教研室 6. 设备工程教研室 7. 机械工程实验中心 8. 金工实训基地	现代机械设计与制造工程中心

序号	院系名称（办公地点）	三级机构		综合性研究机构
		管理机构（科级）	教学教研机构	
四	电子信息工程学院（南校区）	院办公室	1. 计算机基础教研室（含计算机基础实验中心） 2. 电工电子教研室 3. 计算机科学与工程教研室 4. 控制工程教研室 5. 自动化教研室 6. 电工电子实验中心 7. 信息工程实验中心	电子信息技术研究中心
五	化学与生物工程学院（南校区）	院办公室	1. 大学化学教研室 2. 化工教研室 3. 应用化学教研室 4. 生物技术与制药工程教研室 5. 应用化学实验中心	化学化工研究与分析测试中心
六	建筑工程学院（北校区）	院办公室	1. 建筑基础教研室 2. 力学教研室 3. 土木工程教研室 4. 工程管理教研室 5. 室内设计教研室 6. 建筑工程实验中心	建筑设计与工程咨询中心
七	管理学院（北校区）	院办公室	1. 会计学教研室 2. 企业管理教研室 3. 旅游管理教研室 4. 市场营销教研室 5. 物流管理教研室 6. 管理实验实训中心	现代管理科学与技术推广研究中心
八	人文社会科学系（北校区）	系办公室	1. 马克思主义理论教研室 2. 思想品德教研室 3. 文化素质教研室 4. 社会工作教研室 5. 装潢设计教研室	1. "两课"教研部 2. 形势政策教研部 3. 大学生心理教育与咨询中心 4. 哲学社会科学研究所
九	经济系（南校区）	系办公室	1. 经济学教研室 2. 金融学教研室 3. 经济学实验中心	经济与法律研究咨询中心

续表

序号	院系名称（办公地点）	三级机构		综合性研究机构
		管理机构（科级）	教学教研机构	
十	数理系（北校区）	系办公室	1. 物理教研室（含大学物理实验中心） 2. 高等数学教研室 3. 应用数学教研室	
十一	外语系（北校区）	系办公室	1. 基础英语教研室 2. 大学英语教研室 3. 语言语音训练中心	英语精品课程研究开发部
十二	体育系（北校区）	系办公室	1. 公共体育教研室 2. 群众体育和竞训教研室	
十三	成人教育学院（北校区）	1. 院办公室 2. 教务与学生管理办公室（含中专部） 3. 招生办公室		
十四	图书馆（南、北校区）	馆办公室	1. 采编部 2. 信息部 3. 教材部 4. 读者服务一部（北校区） 5. 读者服务二部（南校区）	

中共重庆科技学院委员会
关于成立院系及相关单位党组织的通知

重科院委〔2004〕30号

各二级单位：

根据《中国共产党普通高等学校基层组织工作条例》精神，经党委研究决定，成立：

冶金与材料工程学院党总支

石油工程学院党总支

机械工程学院党总支

电子信息工程学院党总支

化工与生物工程学院党总支

建筑工程学院党总支

管理学院党总支

人文社会科学系党总支

经济系党总支

数理系党总支

外语系党总支

体育系直属党支部

成人教育学院党总支

图书馆直属党支部

离退休党总支

中共重庆科技学院委员会（盖章）

二〇〇四年十二月一日

二、院系首任领导干部任命

中共重庆科技学院委员会
关于杜长坤等同志任职的通知

重科院委〔2004〕32号

各二级单位：

经党委研究决定，任命：

杜长坤同志为冶金与材料工程学院党总支书记；

阮开军同志为冶金与材料工程学院党总支副书记；

李文华同志为石油工程学院党总支书记；

邱正阳同志为石油工程学院党总支副书记；

李必勤同志为机械工程学院党总支书记；

盛友兴同志为机械工程学院党总支副书记；

杨敏同志为电子信息工程学院党总支书记；

李海荣同志为电子信息工程学院党总支副书记；

贾云同志为化学与生物工程学院党总支书记；

吴晓玲同志为化学与生物工程学院党总支副书记；

常剑同志为建筑工程学院党总支书记；

张莉同志为建筑工程学院党总支副书记；

邹碧海同志为管理学院党总支书记；

熊书银同志为管理学院党总支副书记；

田正学同志为人文社会科学系党总支书记；

徐东同志为人文社会科学系党总支副书记；

操良利同志为经济系党总支书记；

肖喜燕同志为数理系党总支书记；

黄万来同志为外语系党总支书记；

张琪同志为外语系党总支副书记；

赵东平同志为体育系直属党支部书记；

秦治中同志为成人教育学院党总支书记；

文汝同志为图书馆直属党支部书记；

陈林同志为离退休党总支书记。

以上同志任期一年。

中共重庆科技学院委员会（盖章）

二〇〇四年十二月十日

重庆科技学院
关于任正德等同志任职的通知

重科院〔2004〕54号

各二级单位：

经党委研究决定，任命：

任正德同志为冶金与材料工程学院副院长（主持工作）；

朱光俊同志为冶金与材料工程学院副院长；

曹鹏军同志为冶金与材料工程学院副院长（试用期一年）；

范军同志为石油工程学院院长；

李文华同志为石油工程学院副院长（兼）；

刘威同志为石油工程学院副院长；

韩松同志为石油工程学院副院长；

刘成俊同志为机械工程学院副院长（主持工作）；

周秋沙同志为机械工程学院副院长；

喻忠胜同志为机械工程学院副院长（试用期一年）；

周雄同志为机械工程学院院长助理；

施金良同志为电子信息工程学院副院长（主持工作）；

彭军同志为电子信息工程学院副院长（试用期一年）；

钟秉翔同志为电子信息工程学院副院长（试用期一年）；

廖久明同志为化学与生物工程学院副院长（主持工作）；

贾云同志为化学与生物工程学院副院长（兼）；

刘火安同志为化学与生物工程学院副院长（试用期一年）；

黄林青同志为建筑工程学院副院长（主持工作）；

黄志玉同志为建筑工程学院副院长（试用期一年）；

应晓跃同志为管理学院副院长（主持工作）；

黄启国同志为管理学院副院长；

郑辉昌同志为管理学院副院长；

彭晓玲同志为人文社会科学系主任；

胡伟清同志为经济系副主任（主持工作）；

张宗浩同志为经济系主任助理；

江鸣同志为数理系副主任（主持工作）；

黎彬同志为数理系副主任；

周歧晖同志为外语系副主任（主持工作）；

张琪同志为外语系主任助理（兼）；

巴朝平同志为体育系副主任（主持工作）；

赵东平同志为体育系副主任（兼，分管教学）；

朱新才同志为成人教育学院院长（兼）；

周亚林同志为成人教育学院常务副院长；

秦治中同志为成人教育学院副院长（兼）；

曾庆恒同志为成人教育学院副院长；

郑航太同志为图书馆馆长（兼）；

汪德彪同志为图书馆常务副馆长；

文汝同志为图书馆副馆长（兼）；

熊绍强同志为图书馆馆长助理；

杨应全同志为图书馆馆长助理；

崔轩辉同志为网络中心主任；

徐茂同志为网络中心副主任（兼）；

别祖杰同志为网络中心副主任。

以上同志任期一年。

二〇〇四年十二月十日

三、首任院系领导干部集体谈话纪实

2004年12月10日下午，校党委对新任命的院系等单位领导干部进行了集体谈话，郭庆副书记主持了谈话会，他说：构建重庆科技学院跨越式发展重要基础之一的院系设置，以及领导班子的组建工作，已按照党委既定工作计划和目标顺利完成。这次干部任免呈现的几个特点：一是体现了广泛和民主。学校党委通过各基层单位民主推荐、校领导分头深入基层个别谈话等方式，使征求群众意见的广泛率达到90%以上。二是体现了适度交流、果断调整、优化组合。在院系领导班子的组建中，既有系部之间的交流，又有机关和系部之间的交流，从整体上充实和加强了院系领导班子建设；三是虚位以待，结构提升。这次干部任免，严格按照党委对院系领导干部选拔任用工作意见中对干部任职条件的要求，因此许多院系行政一把手暂时空缺，显现出新组建的重庆科技学院对中层领导干部整体学术水平的更高要求。四是全新的岗位要求。这次任免的干部试用期为一年，以便在一个新的平台高度上对干部进行全面考察。学校党委对院系领导班子和领导干部寄予厚望，也希望每一位领导干部经受得住这次考验。

党委书记、校长唐一科代表党委在会上做了重要谈话，他着重强调和阐述了两个问题和与之有关系的三个观点：

第一个问题是如何树立科学发展观。科学发展观是以胡锦涛总书记为核心的党中央提出来的，作为一所新组建的学院，坚持科学发展观更具有现实指导意义和深远的历史意义。我们坚持科学发展观，就是要以人为本，全面、协调、可持续、有特色地建设科技学院。

以人为本，是学校建设和发展的灵魂。首先，我们办学的主体是广大教职工，他们的利益能否得到保证，是影响学校教育和教学质量的重要因素。其次，求学的主体是广大学生，学生的利益能否得到保证，是关系学校声誉，关系学校能否进一步发展的关键。学生的最大利益就是学校应保证应有的教育教学质量和管理水平，使学生能成才、能就业、能创业。

全面发展，就是要站在学校中长期发展目标上，以学科建设为龙头，人才培养为根本，教学科研为中心，全面推进学校的物质文明、政治文明和精神文明，推进学校整体水平的跨越式发展。

可持续发展，就是要不断增强办学实力，大力提高学校、院系、专业学科的核心竞争力，大力提高依法治校和科学管理水平。

有特色地发展，就是学校、院系、学科、专业的发展着力点，必须放在特色上，心里想着特色，眼睛看到特色，认真挖掘特色，大力支持特色。

第二个问题是如何建设大学文化。大学文化建设实际上是大学精神的一种培养，科技学院应有自己独特的大学文化，科技和文化不能分家，人文和科技应实现有机融合。

校园文化就是一种大学文化。一所大学的校园文化，是该所大学有别于其他社会组织或其他大学的身份证，正是大学自身的文化内涵，赋予了大学的使命感、历史感、神圣感。大学文化建设是一个不断形成、丰富和完善的过程，靠我们一代又一代人去挖掘、总结，赋予新的生命。我们既要注重继承和发扬原两校区的文化精神，更要注重科技学院的大学文化建设和创新。我们的各级领导干部要高度重视科技学院的文化建设，重视一种健康向上的大学精神的培养。

在讲话中，唐一科校长强调了三个观点：

一是群众观点。我们的干部要眼睛向下，认真倾听群众呼声，扎实做好本职工作。今后对干部的考核就是要听群众的，如果群众说不好，考核就过不了关。

二是学术观点。这就是尊重科学、学术自由的观点。我们就是要重奖有学术成就的人，重用有学术成就的人，分配制度要向有学术成就的人倾斜。教学质量高、教学效果好、教改成果大，也是学术水平和学术成就的一种体现。我们的各级领导干部要恭恭敬敬地为从事学术研究，在教学第一线勤奋工作的教师服好务。

三是大师观点。大学是因为有大师才成其为大学。科技学院的大师在哪里？

除了引进的人才外，就是校内那些水平还不太高，成果还不太突出的教授和博士。现在有了科技学院这个平台，我们相信这些教授和博士的水平能得到更快提高，成果会更加突出。目前学校急需人才，我们必须有强烈的尊重人才意识，尽快形成良好的尊重人才、尊重科学的校园文化氛围，才可能尽快提升学校的社会地位和办学声誉。

学校党政领导武金陵、郑航太、朱新才、贾北平等，以及机关部处主要负责人出席了此次的集体谈话会。

第五节　新学校群团及专项工作组织建立

学校工会和团委是学校两个重要的群团组织，他们是学校党委联系师生员工的桥梁和纽带。学校党委高度重视工会、团委工作，按照民主推荐、本人自荐、考察和答辩等程序广泛征求意见，学校党政联席会议讨论，学校党委研究任命了工会、团委首届领导干部。为了加强学校专项工作的开展，首批成立了学校安全稳定工作领导小组、治安综合治理委员会、党校和学术委员会。

一、校工会、校团委首任干部任命文件纪实

中共重庆科技学院委员会
关于张北川等同志任职的通知

重科院委〔2004〕13号

各二级单位：

经党政联席会议讨论，结合我校的实际工作，党委研究决定，任命：

张北川为工会常务副主席；

陈良斌为工会副主席。

以上同志任期一年。

特此通知。

中共重庆科技学院委员会（盖章）

二〇〇四年十月十九日

中共重庆科技学院委员会
关于张北川等同志任职的函

重科院委〔2004〕17号

重庆市教育工会：

　　根据《党政领导干部选拔任用工作条例》的规定，按照《中共重庆科技学院委员会关于设置校部党政管理机构的通知》（重科院委〔2004〕6号）和《中共重庆科技学院委员会关于校部机关中层领导干部选拔任用的实施意见》（重科院委〔2004〕7号）文件要求，经民主推荐、本人自荐、考察和答辩等程序广泛征求意见，学校党政联席会议讨论，学校党委研究任命张北川同志为重庆科技学院工会常务副主席，陈良斌同志为工会副主席。

　　特此函告。

中共重庆科技学院委员会（盖章）

二〇〇四年十月二十七日

中共重庆科技学院委员会
关于陈超同志的任职通知

重科院委〔2004〕14 号

各二级单位：

　　经党政联席会议讨论，结合我校的实际工作，党委研究决定，任命：

　　陈超为团委书记，任期一年。

　　特此通知。

中共重庆科技学院委员会（盖章）

二〇〇四年十月十九日

中共重庆科技学院委员会
关于陈超同志任职的函

重科院委〔2004〕15 号

共青团重庆市委：

　　根据《党政领导干部选拔任用工作条例》的规定，按照《中共重庆科技学院委员会关于设置校部党政管理机构的通知》（重科院委〔2004〕6 号）和《中共重庆科技学院委员会关于校部机关中层领导干部选拔任用的实施意见》（重科院委〔2004〕7 号）文件要求，经民主推荐、本人自荐、考察和答辩等程序广泛征求意见，学校党政联席会议讨论，学校党委研究任命陈超同志为重庆科技学院团委书记。

　　特此函告。

中共重庆科技学院委员会（盖章）

二〇〇四年十月二十七日

二、成立首批专项工作组织文献纪实

中共重庆科技学院委员会
关于成立安全稳定工作领导小组的通知

重科院委〔2004〕18号

各二级单位：

为全力维护学校政治稳定和治安稳定，加强安全稳定工作，依据《重庆市教育委员会调整安全稳定工作领导小组成员的通知》（渝教办〔2004〕59号）精神和要求，结合当前安全稳定形势发展的需要和学校组建后的实际情况，按照"深度融合、分散办学"的原则和统一管理的办法，经学校党委研究，决定成立学校安全稳定工作领导小组，对学校的安全稳定工作实行分工负责，统一管理，现将有关事项通知如下：

一、安全稳定工作领导小组成员

组　　长：唐一科　重庆科技学院党委书记、校长

副组长：郭　庆　重庆科技学院党委副书记

武金陵　重庆科技学院党委副书记

朱新才　重庆科技学院副校长

贾北平　重庆科技学院副校长

成　　员：向晓春　党委办公室主任

李国统　校长办公室主任

李　健　保卫部部长

黄万来　党委宣传部部长

蒋国华　学工部部长

秦治中　教务处处长

陈显明　财务处处长

赵计梅　资产处处长

沈　晓　招生就业处处长

冯承劲　基建规划处处长

周本立　离退休管理处处长

张北川　工会常务副主席

陈　超　团委书记、学工部副部长

学校安全稳定工作领导小组下设安全稳定工作领导小组办公室，办公室挂靠在学校党委办公室。

办公室主任： 向晓春

办公室副主任： 李国统　李　健

办公室设兼职工作人员 3 名。

二、工作职责

学校安全稳定工作领导小组实行组长全面负责制，组长是第一责任人，各副组长分工负责，各处（室）、科具体负责。学校安全稳定工作领导小组负责研究、布置和指导，并对学校出现的突发事件进行指导或协助有关部门实施处理。学校安全稳定工作领导小组办公室负责学校安全稳定工作法人对外衔接，对内统筹、协调、配合和督促相关处室做好相应的安全稳定工作。领导小组成员单位具体分工如下：

（一）基本建设安全

基建规划处牵头，财务处、资产管理处、保卫部、后勤集团、产业集团协助。

（二）消防安全

保卫部牵头，基建规划处、教务处、学工部、团委、资产管理处、成教学院、后勤集团、产业集团、工会、图书馆、离退休管理处协助。

（三）食品安全

后勤集团牵头，校医院、学工部协助。

（四）教学仪器设备及危险化学品安全

教务处牵头，科研处、基建规划处、保卫部、电教室、各实验室、实习工厂协助。

（五）校园周边环境安全

保卫部牵头，校长办公室、资产管理处、宣传部、基建规划处、教务处、学工部、离退休管理处、成教学院协助。

（六）教学活动安全

教务处牵头，资产管理处、学工部、团委、保卫部、后勤集团、成教学院协助。

（七）信息网络安全

宣传部牵头，党委办公室、校长办公室、教务处、科研处、网络中心、保卫部、招生就业处协助。

（八）安全教育和宣传

宣传部牵头，保卫部、学工部、团委、教务处、成教学院、工会、离退休管理处协助。

（九）机要安全

党委办公室牵头，各处室配合。

三、认真落实责任，严格执行情况通报制和责任追究制

（一）安全稳定工作领导小组办公室负责信息汇总和工作协调。办公室接到报告后，及时报告校领导，通知和协调有关处室履行职责，并负责督促其按照分工和相关的事故调查处理规定及时处理。

（二）牵头处室全面负责协调处理职责范围内的安全稳定工作，协助处室应积极配合牵头处室的工作。

（三）发生安全事故必须立即报告，实行书面和电话双报告制度。校内安全事故发生后应在30分钟内报告、2小时内书面报告学校安全稳定工作领导小组办公室，学校在2小时内电话报告、4小时内书面报告市教委安全稳定工作领导小组办公室，并续报处理进展情况，牵头处室与事故发生相关单位保持密切联系，主动做好协调服务及善后处理工作，掌握事态发展随时与学校安全稳定工作领导小组办公室保持联系。

（四）明确职责，责任到人，严格执行行政责任追究制度。全校安全稳定工作实行统一领导，分工负责制。各机关处室、各二级单位和部门要对安全稳定责任制度认真清理，根据学校新的机构设置和职能划分，做到责任层层落实，并分解到具体岗位和个人，要严格执行行政责任追究制，对失职渎职造成安全稳定责任事故者，依法依规追究责任，绝不姑息。

附件：安全稳定负责人通讯录填报表

中共重庆科技学院委员会（盖章）

二〇〇四年十月二十七日

关于成立中共重庆科技学院委员会党校的决定

重科院委〔2004〕21 号

各二级单位：

为认真学习贯彻落实党的路线、方针、政策，有领导、有组织、有计划地培养党员、干部和入党积极分子，根据《中国共产党章程》《中国共产党党校工作暂行条例》等文件精神，结合我校实际情况，经校党委研究决定，成立中共重庆科技学院委员会党校，下设办公室。

郭庆同志任党校校长；

武金陵同志任党校副校长；

熊磊同志任党校副校长；

张其敏同志任党校办公室主任。

中共重庆科技学院委员会（盖章）

二○○四年十一月十五日

中共重庆科技学院委员会
关于成立治安综合治理委员会的通知

重科院委〔2004〕36 号

各党总支、直属支部：

为了进一步贯彻落实中共中央、国务院《关于进一步加强社会治安综合治理工作的决定》和《全国人大关于进一步加强社会治安综合治理工作的决定》，强化学校治安综合治理工作各项措施，保障学校治安综合治理工作顺利开展，结合我校实际情况，经学校党委会研究，决定成立学校治安综合治理委员会（简称"综治委"，下同），具体负责学校治安综合治理工作。

综治委组成名单：

主任：唐一科

副主任：郭　庆　武金陵

委员：（按姓氏笔画排名）

王智祥　田正学　冯承劲　朱新才　向晓春　刘上海　杜长坤　李文华

李必勤　李国统　李　健　杨　敏　邹碧海　张北川　陈显明　陈　超

武金陵　易　俊　周本立　郑航太　赵计梅　秦治中　贾　云　贾北平

郭　庆　唐一科　常　剑　蒋国华　温琪茱　熊　磊　操良利

综治委办公室设在保卫部，具体负责日常工作。

李健任办公室主任；

杨文兵任办公室副主任。

学校治安综合治理委员会的职责是：

1.宣传贯彻执行社会治安综合治理的法律、法规和方针、政策；

2.制订、组织实施学校治安综合治理工作的计划；

3.对学校治安综合治理工作进行调查研究，针对存在的突出问题，提出对策，并对综合治理措施的落实情况进行督促检查；

4.组织、协调、指导、检查二级单位的治安综合治理工作，决定奖惩单位和个人，表彰见义勇为行为；

5.总结、推广社会治安综合治理的典型经验；

6. 办理同级政府和上级交办社会治安综合治理的其他任务。

中共重庆科技学院委员会（盖章）

二〇〇四年十二月二十七日

重庆科技学院
关于成立学术委员会的通知

重科院〔2005〕100号

校属各单位、机关各处室：

根据《重庆科技学院学术委员会章程》的规定，在民主推荐、学科统筹的基础上，经学校校长办公会讨论通过，决定成立重庆科技学院学术委员会第一届委员会。

重庆科技学院学术委员会第一届委员会组成人员如下：

1. 主任委员：唐一科

   副主任委员：郑航太　朱新才

2. 委员：（按姓氏笔画为序）

   王智祥　任正德　刘成俊　刘寅齐　杨志龙　肖大志　应晓跃　武金陵

   范　军　胡伟清　施金良　贾北平　郭　庆　唐海燕　黄林青　曹鹏军

   彭　军　彭晓玲　雷宗明　廖久明

特此通知。

重庆科技学院（盖章）

二〇〇五年四月十九日

第五章　新建重庆科技学院办学理念和初期发展规划

学校的办学理念，是学校基于"办什么样的学校"和"怎样办好这样的学校"的深层次思考的结晶。办学理念，从某种意义上说，就是学校生存理由、生存动力和生存期望的精神支柱。学校的发展规划，是学校阶段性建设发展的蓝图，是一种宏观思维，是根据发展愿景阶段性计划每个时间节点该做的事情和应达到的目标。重庆科技学院组建后，学校领导班子集思广益，凝练了学校的办学理念，制订了学校的发展规划，明确了办学思路、发展愿景和阶段性办学目标。

第一节　新建重庆科技学院的办学理念

办学理念是指导学校科学发展的纲领，也是大学精神文化的重要组成部分。初期的学校领导班子对此给予了高度重视，围绕把重庆科技学院办成一所什么样的大学、如何办好这所大学等问题，多次组织研讨会，开展深入研究，逐步明确并响亮地提出了学校在新的发展时期必须坚持的办学理念，这些办学理念分别用办学宗旨、办学指导思想、办学定位、发展战略、校训、校风、学风、学校精神、大学生形象等给予了清晰的表达。

图 5-1-1
2009 年 4 月，校长唐一科、党委副书记郭庆等组织办学指导思想研讨会

一、新建重庆科技学院的办学宗旨

新建重庆科技学院的办学宗旨：**培养人才、发展科学、服务社会**。学校对这一办学宗旨有明确的诠释。

培养人才：人才培养是大学最根本的使命，也是我们办学治校的最基本的价值取向。我们恪守始终不渝地把人才培养作为学校的第一要务，把培养具有创新精神、创新思维及创新能力的高素质应用型高级专门人才作为最重要的使命，为学生走向社会提供思想、方法和能力上的准备，使学生成为合格的建设人才。

发展科学：科学研究是不可缺少的大学使命。雄厚的科研实力既是学校持续健康发展，迈向高水平特色科技大学的基础，更是提高学校教学质量，完成培养人才使命的必要条件。学校坚持立足石油、冶金行业的发展和重庆地方经济社会的发展，以服务行业求生存，以服务地方求发展，致力于在特色与优势学科上通过持续的科学研究，大力推进产学研合作。学校应坚持以科研促进教学，以教学激励科研，不断推动人才培养、服务社会的发展。

服务社会：服务社会是现代大学的重要使命。服务社会、引领社会，是重庆科技学院发展的新空间和新机遇，也是建设高水平特色科技大学的必然选择。学校应恪守立足重庆，背靠行业，自觉承担服务社会的时代使命，在适应社会的同时担当社会责任、引领社会进步，坚持走服务地方、服务行业、服务社会之路，建立广泛而有效的校地（企）合作机制，多渠道、多层次、多方面地融入国家、地区的经济社会发展和行业发展之中，才能不断地发展壮大自己。

这一办学宗旨明确回答了重庆科技学院今后的基本任务，回答了我们将建设一所什么样的大学和怎样来建设这所大学的根本问题。"培养人才、发展科学、服务社会"是中华人民共和国高等教育法赋予一所本科院校的三大任务，这对于一所刚刚从 50 多年专科办学经历提升为本科办学层次的学校，按照当时的说法，把本科院校这三大任务作为办学宗旨提到学校的最高理念层次，就是要如雷贯耳地告诉全校教职员工，这就是新建重庆科技学院之所以存在的价值，是国家批准升本时赋予学校的崇高任务，也是全部任务。与专科完全不同了，今后，我们的学校不仅要培养人才，还要发展科学、服务社会，还要研究和传承中华文化、人类文明。

二、新建重庆科技学院的办学指导思想和办学定位

新建重庆科技学院对办学指导思想的描述：全面贯彻党的教育方针，落实科学发展观，以"培养人才、发展科学、服务社会"为办学宗旨，坚持"特色立校、文化兴校、人才强校"的发展战略，坚持"立足重庆、背靠行业、面向世界、服务全国"的办学思路，弘扬"厚德、博学、励志、笃行"的校训精神，全面、协调和可持续地提高教育教学质量、科学研究水平和社会服务能力，增强综合发展实力，力争用 30 年左右时间，把学校建设成为一所高水平的特色科技大学。

根据学校办学指导思想和初期办学实际情况，新建重庆科技学院分别将其办学类型、学科专业发展、办学层次、培养目标、服务面向五大定位确定为：

办学类型定位：教学型大学。以人才培养为第一要务，积极开展科学研究和社会服务。

学科专业发展定位：以工为主，以石油化工、机械电子、冶金材料为特色，适度发展理科和人文社会学科、经济管理学科等，以形成理、工、经、管、文多学科相互支撑、相互促进、相互渗透、协调互补的学科专业布局结构，为特色科技大学奠定学科基础。

办学层次定位：以本科教育为主，适度保持专科和成人教育，积极拓展国际合作教育，积极创造条件发展研究生教育。

培养目标定位：坚持德、智、体、美全面发展，培养基础知识面宽、工程实践能力强、具有创新精神、面向行业和区域经济、社会发展第一线工作需要的高素质应用型高级专门人才。

服务面向定位：新建重庆科技学院坚持"立足重庆，背靠行业，面向世界，服务全国"，重点为石油、冶金和重庆的区域经济社会发展服务。

三、新建重庆科技学院的发展目标与发展战略

近期发展目标：通过 5 年左右，到 2010 年，把学校建设成为人才培养质量优良的合格本科院校。其间，全面完成"合校、升本、新校区建设"三大任务，实现老校区置换和新校区整体入驻，本科办学条件全面具备，本科人才培养模式基本形成，办学实力明显增强，教育教学质量明显提高。

中期发展目标：通过 15 年左右，到 2020 年，把学校建设成为特色明显的高级应用型人才培养基地和西部地区新技术和应用技术研发基地，多学科协调发展，具备争取特色科技大学的基本办学条件和办学水平。普通全日制在校学生达到 20000 人，积极发展研究生教育和留学生教育。

远期发展目标：通过 25 年左右，到 2030 年把学校建设成以工为主、多学科协调发展、特色鲜明、国内知名、逐步走向国际的高水平特色科技大学。

学校发展战略：**特色立校、文化兴校、人才强校**。

特色立校：特色是立校之本。坚持面向需求，突出重点，强化特色，有所为，有所不为和立足重庆，依托行业，彰显石油、冶金特色，以特色求生存，以特色促发展。不断从办学指导思想，校风学风建设、学科专业建设、人才培养模式、科学技术研究和大学文化建设等方面去寻求特色，凝练特色，在特色上打造"卓越点"，在特色上创建"高水平"，用特色推动学校的整体实力提高和办学水平攀升。

文化兴校：文化是兴校之基。大学文化是形成学校核心竞争实力的动力源泉，是大学办学的灵魂。学校必须大力推进文化建设。从环境文化、制度文化、精神文化和和谐文化等层面构建富有自身特色的大学文化，养成良好校风、学风和教风，不断增强崇尚学术、关注学者、关爱学生的氛围，不断凝练、培养、丰富、发展具有重庆科技学院特质的大学文化精神和建设高水平特色科技大学的核心价值观。

人才强校：人才是强校之道。教师是学校办学的主体，建立一支高素质的教师队伍，是实施特色立校、文化兴校、实现创建高水平特色科技大学办学目标的根本保证。要大力实施"卓越学者计划""科苑人才计划""特聘教授计划""团队培育计划""能力提升计划"。以建设高水平的教学团队和科技创新团队、培养学科带头人和骨干教师为重点，以打造高层次教学科研人才为核心，努力建设一支规模适当、素质优良、结构合理，充满活力的高水平师资人才队伍，是重庆科技学院唯一的强校之路。

四、新建重庆科技学院的校风、学风和校训

校风：引领人生、创造未来

"引领"是大学的重要功能之一，即包含有知识改变命运，科技启迪智慧之意，也包含了大学服务社会和对社会文化的引领作用。"创造"意味着科技和文化的创新，意味着重庆科技学院要培养出富有创新精神和创造能力的新型人才；"人生""未来"意境深远，既指我们的学生未来会更加美好，也包含学校、社会的未来会更加

美好。

"引领人生、创造未来"充分表达了重庆科技学院作为具有深厚的历史传统和文化底蕴的一所大学和她的广大师生在推动经济发展和社会进步的过程中所肩负的历史使命和重大的社会责任；充分体现了重庆科技学院"培养人才，发展科学，服务社会"的办学宗旨；充分展示了重庆科技学院的活力和蓬勃朝气。表达方式新颖、活泼，与校训的表达方式相得益彰。

学风：求是、奋进、卓越

"求是"即为博学求知，努力探索规律，追求真理，语出《汉书》"修学好古，实事求是"。"奋进"体现了重庆科技学院人在学校进入跨越式发展的新阶段，以"不用扬鞭自奋蹄"的精神，力行求是，锐意创新，自立自强，追求真理的精神气质。"卓越"意指追求卓越，是一种不甘人后、崇敬第一的精神。

"求是、奋进、卓越"表达了重庆科技学院人求实奋进、追求卓越的精神风貌，志存高远的崇高境界，放眼未来的开阔胸怀；彰显了重庆科技学院人在治学、求学过程中，追求真理，坚韧不拔的品格和严谨求实、追求真理的科学态度。

编者按："引领人生，创造未来"的校风和"求是、奋进、卓越"的学风是学校在广泛征求青年教师和学团干部意见后雕琢出来的，又经较长时间在青年学生中广泛征求意见后，才得以形成全校共识。

校训：厚德、博学、砺志、笃行

"厚德、博学、砺志、笃行"八字校训延续和承载了重庆工业高等专科学校和重庆石油高等专科学校于 20 世纪 50 年代建校时的提法，重庆科技学院重新组建时对当时的校训进行了组合和提炼。"厚德、博学、砺志、笃行"八字校训从品德、学业、精神、实践等四个方面对重庆科技学院人，即全体师生员工，提出了明确要求。

厚德：要求重庆科技学院人应具备崇高的道德情操和理想追求，学校教育，育人为本；德智体美，德育为先。出自《易经》："天行健，君子以自强不息；地势坤，君子以厚德载物"。

博学：要求重庆科技学院人应具备广博学识，即宽厚的基础理论和扎实的实践能力；文理兼容，广纳百科，专业领域游刃有余，德智体美全面发展。出自《礼记·中庸》"博学之，审问之"和《论语》"君子博学于文"。

砺志：磨砺意志，坚韧不拔，迎难而上，锐意进取，要求重庆科技学院人注重磨炼意志和陶冶情操。出自苏轼《晁错论》："古之立大事者，不唯有超世之才，亦必有坚忍不拔之志。"砺志是指磨砺意志，有磨炼之意；励志是鼓励和激励之意。校训选择"砺志"，砺志和励志不能混淆。

笃行：学问思辨，贵在笃行，要求师生理论联系实际，学以致用，崇尚实干精神。出自《礼记·中庸》："慎思之，明辨之，笃行之。"

五、重庆科技学院"三创"精神

"创业、创新、创优"精神，即重庆科技学院"三创精神"，既是学校围绕石油、冶金行业办学历史的经验、精神总结，也是学校继往开来、与时俱进的时代要求，它作为一个整体始终服从服务于"建设高水平特色科技大学"的实践，是学校实施"三大战略"、推进改革和跨越式发展的强大精神动力。

艰苦奋斗的创业精神是重庆科技学院办学过程中积淀下来的优良传统，已成为重庆科技学院优秀文化最重要的精神内涵之一。它是一种奋发图强的进取精神，是一种埋头苦干的奉献精神。艰苦创业是学校的发展之源，也是大学生成才成功的发展之源，学校任何战略目标的实现、各项事业的成功，都离不开艰苦奋斗，不管是过去、现在，还是将来，我们都应该提倡和发扬艰苦奋斗的创业精神。

与时俱进的创新精神就是学校的人才培养、科学研究、社会服务工作要体现时代性，把握规律性，富于创造性。时代在前进，形式在发展，实践在深化，创新既是一个国家能够不断向前发展的根本动力，更是重庆科技学院不断发展壮大的不竭动力，是重庆科技学院人在新的历史发展时期迎接新的挑战、创造新的辉煌的关键所系。纵观学校的发展历史，就是一部与时俱进、不断创新的历史。实现创建高水平特色科技大学的庄严使命，要求重庆科技学院人在办学治校的进程中不断解放思想，大力推进观念创新，牢固树立与时俱进的创新精神。

追求卓越的创优精神就是精益求精，追求卓越，就是工作高标准、业务创佳绩。包括始终保持勤奋敬业的精神、始终保持奋发向上的朝气和始终保持奋发有为的锐气。追求卓越、争先创优是重庆科技学院文化所折射出的时代精神。一所学校、一个单位的人能不能奋发向上、争先创优，将在很大程度上影响事业发展的水平、工作推进的成效。追求卓越的创优精神是重庆科技学院人敢于竞争，勇攀高峰的如山誓言，掷地有声的庄严承诺，更是在创建高水平特色科技大学的历史进程中一种坚若磐石的决定和行动。

六、重庆科技学院大学生形象标准

新建重庆科技学院的大学生形象标准设计为：**阳光、自信、包容、进取**。

阳光：阳光普照大地，赋予人们光明和温暖。以阳光作为大学生的形象标准，外在上显露出的是重庆科技学院大学生活力四射、意气风发的良好形象；阳光，也从内在上表明我校学生的情趣高尚、胸怀宽广、纯粹真实、身心健康。同时，阳光的形象也会给人带来真的感受、善的触动和美的愉悦，从而与客观世界建立起一种和谐的关系，而和谐正是现代文明社会的本质要求。作为一种积极的精神状态和健康的精神风貌，阳光不仅是大学生成长成才的基本要求，同时也构成社会主义精神文明建设的重要内容。阳光灿烂、昂首阔步的年轻一代正是祖国和人民的希望。

自信：自信是相信自己能够做好某件事情或完成某项任务的确切性把握。自信是成功的前提，自卑则会导致失败。自信不是迷信，也不是自负，它是基于对主观和客观关系的科学判断。以自信作为大学生的形象标准必然会促使青年大学生勤奋学习、勇于进取，去奠定自信的精神面貌的坚实基础。自信不仅能促使我们学会做事，同时，自信也是处理人际关系的内在要求。人们总愿意跟自信的人相处，因而自信也是一种精神境界，是一种需要学习和修养才可以达到的境界。作为正处于人生发展的黄金阶段的大学生，自信必不可少。

包容：包容是一种胸怀和气度，包容更是一种"海纳百川，有容乃大"的至高境界。心胸宽广，世界才更显辽阔。唯有包容，世界才和谐共生；唯有包容，世界才丰富多彩。青年大学生是国家和民族的希望之所在，唯独具有悲天悯地的博大情怀，江河万里的包涵宽容，才能把宇宙和人类的命运同自身发展连在一起，才能把时代和社会的发展同自我价值的实现连在一起，也才能在改造客观世界的同时不断推动主观世界的改造。具有包涵宽容博大胸襟的大学生必将能承载起祖国和人民的希望。

进取：进取是时代和社会发展的必然要求，是宇宙和人类变迁的必然趋势，更是对正处于成长成才的关键时期、肩负着祖国人民重托的青年大学生的必然要求。以进取作为大学生的形象标准，是一种鼓励，更是一种鞭策。唯有进取，才能实现自身价值，才能报效祖国。进取是由落后到先进，由先进到更先进的一个永无止境的过程，以进取作为大学生的形象标准必然会促使青年朋友们不断去追求、不断去奋斗、不断去完善，抢抓机遇、只争朝夕，求真务实、奋发前行，与时俱进、开拓创新，为实现中华民族的伟大复兴而努力奋斗。

第二节　办学理念的媒体解读实录

一、办学理念答记者问实录

重庆科技学院校报记者按：重庆科技学院自组建以来，在一年多时间里，以先进的办学理念为引领，初步建立起了符合现代大学的制度体系、创新体系和科学的运作机制。一个以特色工科为主，以经管、人文社科为支撑，学科间交叉渗透、互为补充、互相促进、有机联系的学科专业体系初见端倪。重庆科技学院正以惊人的速度步入跨越式发展的历史进程，呈现出光辉灿烂的发展前景。为此，记者对校长唐一科教授作了专访（2006年3月28日整理）。

记者：唐校长，重庆科技学院自组建以来，发展非常好，这里首先想请校长谈谈办学理念在学校发展中的重要作用。

唐一科：理念，即理性领域内的概念，是经过人们长期的实践探索和理性思考所形成的理论化、系统化的思想和观念体系，办学理念的确立，对一所大学而言至关重要。一年来，我们正是在大学理念的探索、引领下，围绕"合校、升本、新校区建设"三大任务，从科学地确定学校办学定位和发展思路出发，初步建立起了基本符合现代大学要求的制度体系、创新体系和科学的运作机制。

记者：重庆科技学院应确立什么样的大学理念？

唐一科："建设一个什么样的重庆科技学院和怎样建设这样的重庆科技学院""培养什么样的人和如何培养这样的人"是贯穿学校建设发展全过程的根本性的问题。我认为，最根本的就是我们应确立什么样的办学理念。经过一年来的实践探索和认真思考，大家达成了共识，认为重庆科技学院的办学理念应成为符合时代和社会需要，符合高等教育办学规律，符合自身实际并具有鲜明特征的先进的办学理念。具体而言，重庆科技学院的办学理念，是我们这所大学的精神、品格和灵魂，它决定了重庆科技学院的思维方式和发展方向，它不仅会决定重庆科技学院的今天，更会决定重庆科技学院的明天。从宏观上讲，它体现重庆科技学院这所大学的使命、宗旨、价值观，是这所大学发展观概括性的表述。从微观上讲，它对重庆科技学院这所大学具体的目标、任务、体制、机制、传统、校风、学风及校园文化建设都将产生最为深刻的影响。

为此，我们非常响亮地提出"培养人才、发展科学、服务社会"的办学宗旨，这12个字的治校理念相互渗透，相互依赖。而且我们认为，培养人才是立校之本，发展科学是强校之路，服务社会是兴校之源。事实上，认同这12个字，就认同了本科院校和专科院校的明显区别，认同了我们升本的重大意义，认同了我们必须尽快从办专科的状态中走出来，认同了搞科研、搞社会服务是宗旨，是任务，不是私活。这一办学宗旨的提出，对重庆科技学院从专科办学尽快驶入本科建设轨道意义十分重大。同时，我们明确提出了"5年建成合格本科，10年初步具备研究生招生资格和申报科技大学基本条件，以及尽早把学校建设成为一所特色鲜明、国内知名、走向国际的高水平科技大学"的发展目标，以此才极大地凝聚起了师生们积极向上的决心。

记者：办学理念对学校的发展会起到什么作用？

唐一科：这一办学理念明确地回答了"建设一个什么样的重庆科技学院和怎样建设这样的重庆科技学院"这一办学过程中的基本问题；突出了"培养什么样的人和如何培养这样的人"的追求；突出了"教育即服务"的思想，使学校办学思想更加立体化，内涵更加丰富，更加符合时代潮流；体现了"传承文化品位，引领现代气息，凸显人文精神"的要求。这一办学理念是重庆科技学院办学的一面旗帜，对学校的建设、改革和发展有着极其重要、深远的引领和指导作用。

记者：重庆科技学院是重庆市目前最年轻的一所普通本科院校，要想在众多的高校中脱颖而出，定位很重要，您是如何考虑重庆科技学院的定位问题的？

唐一科：科学定位，是我们办学的基础，也是我们的发展之源。因为学校的定位准确与否，关乎学校办学的成与败、进与退。作为从原来的专科学校合并组建不久的本科院校，明确学校的办学定位肯定是办学过程中至关重要的问题。

我们在充分研究分析和正视自己所处的环境与条件的基础上，对学校的总体目标和办学定位达成了共识。总体目标是，经过30年左右的时间把学校建设成为一所以工为主、多学科协调发展、特色鲜明、国内知名、走向国际的高水平科技大学；办学定位是以石油化工、冶金材料、机械电子等行业为背景，把学校建设成为国内一流的高级应用型人才培养基地和西部地区新技术与应用技术研发和培训基地。这一描述涵盖了对学校服务面向、发展目标、办学类型、人才培养规格、办学特色五方面的认识。它既考虑了将来，又明确了现在；既不同于传统的"应用型教育"办学理念，也不同于现在的一些"学术型"办学模式。

比如服务面向，我们坚持以地方、行业或区域的经济建设和社会发展为主要的服务面向，坚持根据地方、行业经济、产业和技术结构的特征和特殊的文化发展要求等来筹划自己的学科专业设置等，发展规划会同时兼顾地方和行业两个方面。甚至也可以说，在相当长的一段时间里，重庆科技学院仍然会保留面向地方招生，而面向石油、冶金行业办专业的格局。

所以，重庆科技学院要创建的"一流大学"应该是在这样一个办学定位基础上，努力建设符合自身发展基础、符合经济社会发展需求的学科建设"高峰"、人才培养"高原"和学校文化"高地"。

记者：大学要有大学文化，要有大学精神，您认为重庆科技学院如何构建大学精神？

唐一科：大学文化是一个大学的精神家园，文化建设对我们这样的一所新型本科院校更为迫切，建立起自己独特的优秀文化，积极向上的文化非常重要，涉及学校将来发展的兴衰。大学不仅是一种客观的物质存在，更是一种文化存在和精神存在。作为重庆科技学院人，我们备感骄傲和自豪的是，55 年历史和现实的奋斗，凝练出了以"培养人才、发展科学、服务社会"和"厚德、博学、砺志、笃行"为核心的重庆科技学院精神文化，这是我们重庆科技学院的灵魂，更是我们每一个重庆科技学院人共同拥有的精神家园。

我们不但需要阐释重庆科技学院所拥有的大学精神的历史、内涵和功能，着眼于大学精神的继承和弘扬，而且更应该着眼于重庆科技学院大学精神的未来，着眼于大学精神新内涵的培育和建设，在新形势下进一步凝聚我们的力量，升华我们的境界，激发我们的热情，坚定我们继续前行的信念，为我们提供更为现实的理想追求、奋斗目标和力量源泉，使重庆科技学院精神永远与时俱进，以全力推进"合校、升本、新校区建设"三大任务，为实现跨越式发展奠定坚实基础。

"厚德、博学、砺志、笃行"的校训与我们学校历史发展中所形成的精神吻合，与学校"培养人才、发展科学、服务社会"的办学宗旨和发展理念相一致，与学校所确定的"把学校建设成为国内一流的高级应用型人才培养基地和西部地区新技术与应用技术研发和培训基地"以及"高水平科技大学"的"教学型本科"定位相衔接，体现了重庆科技学院人应该具有世界观和方法论相统一的理论品质。

记者：对重庆科技学院的未来发展，请问校长您有什么想法？

唐一科：今后五年，我们的总体目标就是要完成"合校、升本、新校区建设"三大任务，不断探索具有自身特色的发展模式，构建现代高等教育的质量观，实施"三大工程"，实现"三个发展"。

一是实施教育创新工程，实现学校全面发展。坚持以学科专业建设为龙头，人才培养为根本，教学科研为中心，全面推进学校的物质文明、政治文明和精神文明，推进学校整体水平的全面提升。

二是实施人才强校工程，实现学校可持续发展。为此，我们要树立一种理念，思考两个问题，做好三个统筹。即，树立人才资源是学校实现可持续发展的战略性资源，也是第一资源的理念。我们现在有 600 余人的专任教师，学生将近 14000 人，师生比太大，但是这也给我们的建设发展提供了空间，容量上给我们提供了为本科教育多进高层次教师的机会。我们要很好地把握住这个机会，要坚持"内育外引、科学管理、营造环境"，坚持"以任务带学科、以项目建团队、以发展育人才"方式，快速提升我们师资队伍的整体水平。一句话，人才强校工程的近期目标是，在 3～5 年之内，引进、培养并举，我们要完成人才队伍建设的双百工程，即 100 名左右的博士和 100 名左右的教授的引进培养工程。

三是实施以评促建工程，实现学校特色式发展。坚持"以有所不为换取大有作为"，在学科建设中采取重点突破的战略，集聚人力、物力和财力，优先发展特色学科，树立"以质取胜、特色发展、不求大求全"的思想，不拼"全能冠军"，力争"单打冠军"，坚持在普遍提高的基础上重点发展的原则，从而带动整个学校的全面发展。认真经营学校的品牌，对品牌学科专业和特色学科专业进行整体规划，精心设计，重点建设。在规划起点上，坚持能高则高的原则；在目标上，坚持能优则优的原则；在发展速度上，坚持能快则快的原则。学校、院系、学科、专业的发展着力点，必须放在特色上，心里想着特色，眼睛看到特色，认真挖掘特色，大力支持特色，使特色形成学校真正的办学优势，以实现学校的超常规、跨越式发展。

"合校、升本、新校区建设"三大任务的实施和对今后五年为确保通过本科教学工作水平评估"三步走"战略思路的提出，开启了重庆科技学院现代大学建设的征程，只要我们坚持高扬以"培养人才、发展科学、服务社会"和"厚德、博学、砺志、笃行"为核心的，具有重庆科技学院特质的大学精神，我们就一定会取得学校超常规、跨越式发展的胜利。

二、《决策导刊》第8期署名文章

2006年5月18日，《决策导刊》第8期刊登了唐一科校长的署名文章《以人为本，打造特色科技大学》，全文如下：

以人为本，打造特色科技大学

随着"科教兴国"伟大战略的实施和高校管理体制改革的深入，2004年5月17日，经重庆市人民政府和教育部批准，由原重庆工业高等专科学校和重庆石油高等专科学校合并组建的重庆市又一所普通全日制本科院校——重庆科技学院诞生了，这使得分别成立于1951年7月和1951年4月的这两所全国重点高等工业专科学校共同获得了一次难得的发展机遇。

两年来，新组建的重庆科技学院在学校党委的统一领导下，先后迈出了"快速推进合并进程，全面实施学校发展战略规划，加强内涵发展和新校区建设"三大步，在办学思路、学风建设、教学改革和学科建设等方面取得了长足进展，综合实力明显增强。现已初步建立起了一个以特色工科为主，以应用理科、经济管理学科、人文社会学科为支撑，交叉渗透、互为补充、相互促进、有机结合的学科结构和专业体系，正呈现出灿烂的特色发展前景。

一、高扬"培养人才、发展科学、服务社会"办学宗旨

办学宗旨就是为什么要办这所学校，换言之，办这所学校为了什么。从国家和地方政府而言，创办一所大学，就是希望她培养人才，发展科学，服务社会，我们正是遵循了大学的这一普遍规律，才响亮地提出了"培养人才、发展科学、服务社会"的办学宗旨。

"培养人才、发展科学、服务社会"也是高等教育法赋予大学的三项职能，这三项职能相互渗透，相互依赖，少一项都不成其为高等学校。其中培养人才是立校之本，发展科学是强校之路，服务社会是兴校之源。培养人才始终是高等学校最基本的任务和中心环节，离开培养人才这一根本性任务，学校就无从立足，就没有存在的价值；发展科学是现代高等教育的重要职能，这既是培养科学人才的重要途径，也是科学技术发展的需要，既是学校自身发展的要求，也是国家、社会发展的要求。现代大学要在日趋激烈的竞争中赢得社会的广泛认可，必须不断加强学术研究，提高学术研究水平。学术研究既是大学的重要职能，也是提高育人质量和为社会服务水平的依托。如果高等学校不承担研究学术、发展科学的任务，培养的学生势必只能从书本到书本，无创新能力可言。因此，学校培养人才、发展科学的目的本身也是服务社会。同时，学校也必须以更好地服务社会和优良的办学声誉来赢得发展自己的机会。

这样一个办学宗旨，不但明确回答了我们应该把重庆科技学院建设成一所什么样的大学，而且也回答了怎样建设好这样一所大学，特别突出地明确了这所大学今后的第一要务是培养人才、造就人才。这一办学宗旨是重庆科技学院向前发展的一面旗帜，对学校实现跨越式发展战略起到了极其重要的引领和推动作用。

二、以人为本,长远谋划学校战略目标

建校之初,学校党委就带领全校师生员工在充分研究分析和正视环境条件的基础上,对学校的战略发展目标达成了基本共识,即通过30年左右的时间,把学校建设成以工为主、多学科协调发展、国内知名、逐步走向国际的高水平特色科技大学。在这一目标引领下,我们应首先以石油化工、冶金材料、机械电子这三大重点行业为背景,把学校建设成国内一流的高级应用型人才培养基地和西部地区新技术与应用技术研发和培训基地。这一发展战略符合学校历史背景、学科特色、资源结构等实际情况,也符合国家高等教育构建良好生态体系和实现可持续发展的需要。

按照科学发展观要求,正确处理学校发展目标与发展过程的关系,在以人为本的原则指导下,我们定位了学校三个阶段的发展目标。

近期发展目标:整合办学资源,统一运行机制,实现原两校的深度融合。通过3～5年的努力,完成新校区的建设并顺利实现校区的整体置换和搬迁,使学校的基本办学条件较合校时翻一番。

中期发展目标:5年左右,建成合格(争取良好)本科院校;10年左右,建成国内一流的高级应用型人才培养基地和西部地区新技术与应用技术研发基地,初步具备培养研究生的能力和创建特色科技大学的基本条件。

远期发展目标:通过30年左右的努力,把学校建设成为一所行业背景突出、学科特色鲜明、国内知名、逐步走向国际的重庆市属高水平科技大学。

根据学校55年的办学历史和现有石油、冶金等学科专业特色,我们提出了"立足重庆,背靠行业,面向世界,服务全国"的办学思路。明确了学校近期和中期"以本科人才培养为主的教学型普通全日制高等学校"的办学类型定位;明确了"以市场为导向,以高级应用型人才培养为特色,以石油化工、冶金材料、机械电子三大行业为背景,以应用型科技开发和科研成果为支撑,以教学质量和办学水平为生命",实现学校可持续、跨越式发展的办学途径。

学校这样一个发展战略规划，涵盖了学校的发展目标、办学类型、人才培养规格、办学特色和服务面向五个方面的初步认识。它既考虑了将来，又明确了现在；既不同于传统的"应用型教育"办学理念，更不同于现在的"学术型"办学理念，它是一种与时俱进，可持续、跨越式的办学理念。这一办学理念得到了全校师生员工的共识，并正在付诸行动。

三、背靠行业，打造学科专业特色

学科专业特色是学校的显著特征，突出特色是增强学校竞争力的重要手段。一个学校的学科状况，是在长期历史发展过程中形成的，行业优势是我们学校办学的一笔宝贵财富。重庆科技学院在 55 年的办学历程中，与石油、冶金行业结成了深厚的血缘纽带，建立起了广泛的联系。因此，我们在全市高校中石油、冶金行业特色最为明显，实力也较为突出，学校的发展也理应围绕石油、冶金行业特色这个中心做文章。立足于学校的长远发展和保持学校的可持续发展潜力，我们提出了"致力于服务经济社会，彰显石油、冶金行业特色，深入拓展学科领域，广泛促进文理交融"的学科专业建设理念。

坚持背靠行业，为石油、冶金两大行业服务。顺应国家石油、冶金两大行业大发展的趋势，紧跟石油、冶金行业发展的趋势，紧贴石油、冶金企业发展的需求，已基本形成了以石油学科、冶金学科为代表的特色、优势学科，同时在电子信息学科、机械学科、经济管理学科、人文社会科学等也有了一定的发展基础，成为重庆市乃至全国石油、冶金行业具有鲜明行业特色的一所特色普通高校。已有众多毕业生在石油、冶金行业各级建设管理岗位和重要技术岗位上任职，为学校创造了良好的社会声誉。

坚持立足地方，瞄准重庆经济社会需求的人才市场。坚持有所为、有所不为的原则，抓住关键，重点突破，以学科的特色形成学校的特色。优化特色学科，充分发挥石油、冶金是重庆乃至全国支柱产业的这一优势，抓住石油、冶金工业大发展的机遇，集中有限的资金投入石油、冶金重点学科和特色学科建设。

与此同时，培植新兴交叉学科，以形成与石油工程、冶金工业发展和重庆市经济社会发展相适应的互为依托的学科专业体系。当前，我们新建设的油气井工程、机械电子工程、钢铁冶金3个重庆市高校"十一五"市级重点学科，开设的石油工程及安全技术研发中心和现代机械设计与制造工程中心等重庆市重点实验室和开设的石油工程、冶金工程、油气储运工程、金属材料工程、机械设计制造及其自动化、材料成型及控制工程、化学工程与工艺等20个本科专业和钻井技术、油气开采技术、油气藏分析技术、油田化学应用技术、石油与天然气地质勘查技术、金属材料与热处理技术、冶金技术、材料工程技术、涂装防护工艺、新型材料应用等60多个专科专业，其石油、冶金特色明显，与重庆的支柱产业、优势产业和新兴产业极其吻合，各专业人才的培养目标急企业所需，受企业欢迎。石油、冶金及相关专业毕业生，近年来其一次性就业率均达到96%以上，石油、冶金专业毕业生就业率均达100%。

从2005年起，精心打造学科专业特色，提高学科专业水平，学校每年用200万元资助10个科技创新团队，取得了可喜成绩。为了大力培养安全生产高级专门人才，为重大安全科技研究、政府安全生产决策、事故抢险及调查、重大事故隐患整治、企业安全技术服务提供技术支持，我们与重庆市安全生产监督管理局联合举办了重庆安全工程学院，更成为打造学科专业特色的重要方面。

四、瞄准市场，打造人才培养特色

人才培养是大学教育的基本功能和目的。检验一所大学的办学质量，最终是看其人才培养的质量和特色。大学人才培养的根本任务就是根据经济社会的发展要求，培养出具有自身特色的专门人才，为经济建设和社会发展服务。

我们坚持以国家需求为目标，以行业需要为导向，以教育规律为准则，以人才培养特色为根本，把学校的发展与石油、冶金工业及区域经济发展紧密结合，强化人才的市场意识，努力研究石油、冶金工业及区域经济对人才知识、能力和素质的要求。我们认真转变教育思想和观念，改革人才培养模式。根据面向 21 世纪社会、经济和科技发展的特点，在人才培养的价值取向上从"适应现在"转向"既适应现在、又适应未来"，从主要满足"就业"转向"提高创造能力和创新意识"上来。突出"加强基础，强化能力，提高素质，开拓创新，发展个性"的人才培养思路，使培养方向向"突出创造性"提升、理论教学向"突出应用性"提升、专业教学向"突出适应性"提升（即三个"提升"），以培养应用型人才为目标，着力构建"社会责任感强、基础理论强、实践及社会活动能力强、创新意识及创业能力强、综合素质强"的"五强"人才培养特色。

牢固确立人才培养是高等学校的根本任务，牢固确立质量是高等学校的生命线，牢固确立教学工作在学校各项工作中的中心地位。坚持"办学以教师为本，教学以学生为本"的原则，深化教学改革。

实施"人才强校"战略，大力营造尊重知识、尊重人才、尊重创造的良好氛围。只有充分发挥好高水平专家、教授在办学中的重要作用，学校才有望办成高水平大学。

实施"精品工程"。加强校内精品课程建设，并充分利用全国重点大学的精品课程资源，使学生真正从国家的精品课程资源中获得好处。

加强实习基地建设。作为一所以高级应用型人才培养为特色的本科院校，实习基地建设是我们培养高级应用型人才的重要保证。要进一步建立融教学、科研、就业于一体的长期合作的综合性校外实习基地。构建一年级以认识社会、了解社会为主题，二年级以认识专业、了解专业为主题，三、四年级以服务专业、锻炼专业能力为主题的社会实践教学体系。

重点推动九大人才培养计划，即大学生综合文化素质提高计划、大学生社会交往能力训练计划、大学生自主学习能力训练计划、青年教师三个实践经历的培养计划、高水平科技创新团队建设计划、本科教学工作资格认证计划、师生建议系统的建立和运作计划、精品课程建设和引进使用计划以及用人单位对毕业生意见的反馈计划。

五、内涵深化，打造大学文化特色

大学教育是大学发展之根本，大学教育的根本主题在于说明和回答人类应当怎样存在、人生应该怎样面对这些人类最重要的问题。大学不仅是一种客观的物质存在，更是一种文化存在和精神存在。一所大学，不仅要有大师、大楼，还要有大气。大气就是学校的师德师风、校风学风、精神气质，就是一所大学的文化特色。

大学文化特色正在和将要成为中国大学持续发展的根本，文化特色建设对我们这样的一所新学校更为迫切。体制改革，为重庆科技学院长足发展带来了机遇；培育大学精神，打造文化特色，将为这所崭新的大学插上腾飞的翅膀。经过55年历史和现实的奋斗，我们凝练出了以"培养人才、发展科学、服务社会"和"厚德、博学、砺志、笃行"为核心的重庆科技学院文化精神，这是我们重庆科技学院的灵魂，更是每一个重庆科技学院人共同拥有的精神财富。

优良的校风学风是大学的立校之本，更是大学文化特色的象征。创建优良的校风学风是培养人才最基本和最重要的内容，也是培育大学文化特色的核心内容。我们在抓好学校学科专业建设的同时，从2005年11月开始在全校范围内开展了创建优良校风学风活动，历经学习动员、分析讨论、整改建设和总结提高四个阶段。凝练出了体现重庆科技学院校训精神的"校风"和"学风"的内涵，初步建立起了促进优良校风学风形成的运行机制和规章制度，营造了良好的育人环境。

植根于巴渝文化沃土的重庆科技学院高度重视办学理念的创新和大学精神的培育，组织开展"学校文化建设年"，编制了《重庆科技学院文化建设规划（2006—2010年）》，从学校发展战略高度总结提炼和创新发展学校文化特色，并从观念形态文化、制度形态文化、物质形态文化和行为形态文化四个层次加强文化建设，初步构筑起了比较完整的学校文化体系，正在有力地促进学校各项事业全面、协调和可持续健康发展，为全面打造特色科技大学做出贡献。

三、大学文化建设研讨会实录

2005 年 3 月 21 日，唐一科校长在大学文化建设研讨会上发表讲话，根据录音整理如下：

> 新建重庆科技学院，有两个问题十分重要，一是坚持科学发展观问题，二是健康向上的大学文化建设问题。
>
> 科学发展观是以胡锦涛总书记为核心的党中央提出来的，对国家发展非常重要，对一个单位的发展同样非常重要，特别是对一所刚刚全新组建起来、由专科升为本科的高等学校，坚持科学发展观将具有更大的现实指导意义和深远的历史意义。学校坚持科学发展观，就是要坚持"以人为本，全面、协调、可持续、有特色"地建设学校、发展学校。
>
> "以人为本"，是建设学校和发展学校的灵魂。学校办学的主体是广大教职工，他们的利益能否得到保证，是影响学校教育和教学质量的重要因素，教职工的根本利益就是学校必须得到发展；学校求学的主体是广大学生，学生的根本利益能否得到保证，是关系学校声誉、存亡的关键。学生的利益就是学校应保证应有的教育教学质量和管理水平，使学生能成长、成才，能就业、创业。
>
> "全面协调发展"，就是要站在学校中长期发展目标上，以学科建设为龙头，以人才培养为中心，全面推进学校的物质文明、政治文明和精神文明建设，推进学校整体水平的跨越式发展。
>
> "可持续发展"，就是要不断增强办学实力，大力提高学校、院系、学科专业的核心竞争力，大力提高依法治校和科学管理水平。
>
> "有特色发展"，就是学校、院系、学科、专业的发展着力点必须放在特色发展上，全校师生都要心里想着特色，眼睛看到特色，认真挖掘特色，大力支持特色。
>
> 大学文化建设实际上是大学精神的一种培养，一所大学的健康文化氛围，

是一所大学有别于其他社会组织或其他大学的标志，是大学的灵魂，大学的精神。重庆科技学院必须有自己独特的大学文化。校园文化就是一种大学文化的表现，同样一件事情，在不同的大学有不同的反应，这就是文化不同的原因。

正是大学自身的文化内涵赋予了大学的使命感、历史感、神圣感，大学文化属性是大学永恒的特征不变量。大学文化建设是一个不断形成、丰富和完善的过程，要靠我们一代又一代人去挖掘、总结、赋予新的生命。新建重庆科技学院既要注重继承和发扬原有两校区的文化传统，更要注重现时的大学文化建设和创新。我们的各级领导干部都要高度重视新组建的重庆科技学院的文化建设，重视一种健康向上的大学精神的培养。我们应该努力挖掘、培育健康向上的大学文化的精髓，首先应该从牢固树立**群众观点、学术观点、大师观点**开始，这三个观点是我们由专科转向本科文化内涵建设的开端和提升。

群众观点：我们的干部要眼睛向下，认真倾听群众呼声，扎实做好本职工作。我们的文化应该让只做光面子、不做实际工作的领导干部在新组建的重庆科技学院没有市场，或得不到好处。今后我们对干部的考核就是要听取群众的意见，如果群众说不的干部，考核就不能过关。我们要建立和发扬富含"群众观点"的作风，以逐渐形成"实干得尊重、实绩受重用"的校园文化氛围。

学术观点：尊重科学、尊重学术的观点。在大学里，科学态度、科学精神要得到尊重。我们要鼓励学术研究，重奖有学术成就的人，重用有学术成就的人，提倡教师积极从事学术研究，我们的分配制度要向有学术成就的人倾斜。教学质量高、教学效果好、教改成果大，也是学术水平和学术成就的一种体现。我们的各级领导干部要恭恭敬敬地为从事学术研究、在教学第一线勤奋工作的教师服好务，当好服务员。学术上的交流，学科的交叉、融合在学校里应成为风气；学术上的诚信，应成为我们的共识。良好的学术观点、学术风气和学术氛围是学校、院系、处室，甚至各学科方向、教师、员工个人奋发向上的源泉。坚持"学术观点"，以逐渐形成"学术得尊重，学者受重用"的校园文化氛围。

大师观点： "大学乃大师，非大楼也。" 大学不是因为有大楼、有几千亩绿树成荫的校园、几千教职员工才成其为大学，大学是因为有大师才成其为大学。重庆科技学院的大师在哪里？除了引进的人才外，就是校内那些水平还不太高，成果还不太突出的教授和博士。与重点大学相比，尽管他们的水平、成果现在还有所欠缺，但有了重庆科技学院这个平台，我相信这些教授和博士的水平能够得到很快提高，成果会更加突出，所以他们就是当前值得我们尊重的大师。目前学校急需人才，我们必须有强烈的尊重人才的意识，尽快形成良好的尊重人才、尊重科学的校园文化氛围。只要我们坚持"大师观点"，积极培育"厚德博学"的文化土壤，随时翘盼"大师"的到来，那些属于我们重庆科技学院的教育大师迟早会到来。谁是重庆科技学院未来的"大师"？我们拭目以待！

四、《中国教育报》记者采访实录

《中国教育报》记者蒋建华在 2005 年 11 月 19 日的《中国教育报》第 3 版上发表了针对"已升本学校需要继续'升本'"的采访文章。内容实录如下：

随着我国高等教育事业的发展，很多专科层次的学校升格成了本科院校。在记者专访重庆科技学院校长唐一科教授时，他特别强调，得到国家批复的"升本"只是"升本"形式上的结束，要真正完成实质意义上的专升本，还需要做艰苦细致的工作。要在大学理念的指引下，形成大学精神，走出切实可行的几个步骤，才能完成专科学校向本科院校的实质性转变。

记者：唐校长，重庆科技学院刚从两个国家级部属专科学校合并升格为本科院校，由以前的一流专科学校变成了最年轻的有时甚至被人误认为是末流的本科院校，现在国内同样的学校情况很多，可以互相借鉴、启发，能否介绍一下学校升本后的主要工作，特别是其中的工作智慧。

唐一科：以前我们是专科学校，需要走出专科意识、形成本科意识，变成一所名副其实的本科大学，同时以前是两所学校，还需要完成实质性的合并，变成一所学校、一所大学,因此我们面临的困难和挑战是非常严峻的。这一年来,我们主要是用"大学"而不是专科理念来明确自己的办学理念,找准学校的办学定位,形成学校的大学精神和大学文化,坚决而又策略地实施"合并、升本和新校区建设"三大工程,从而使升本后的学校欣欣向荣。

记者:您刚才提到,专升本学校要克服专科理念、形成本科大学理念,那么本科大学理念在办学中有何作用,它涉及学校工作的哪些范围?

唐一科:大学理念是经过人们长期的实践探索和理性思考所形成的理论化、系统化的思想和观念体系,对一所大学而言至关重要。就我们而言,它决定着我们这所大学的精神、品格和灵魂,决定着我校的思维方式和发展方向。"建设一个什么样的重庆科技学院和怎样建设重庆科技学院"是贯穿我们学校建设发展全过程的根本性的问题,大学理念可以对回答这个问题给予指导。从宏观上讲,它体现我们这所大学的使命、宗旨和价值观,是这所大学发展观概括性的表述。从微观上讲,它对我们这所大学具体的目标、任务、体制、机制、传统、校风、学风及校园文化建设都会产生深刻的影响。

记者:你们学校确定的具体办学理念是什么呢?这与处于专科层次时的学校有什么不同?

唐一科:我们响亮地提出"培养人才、发展科学、服务社会"的办学宗旨,这12个字与治校理念相互渗透、相互依赖,而且我认为"培养人才是立校之本,发展科学是强校之路,服务社会是兴校之源"。这一办学理念突出了"培养什么样的人,如何培养这样的人"的追求;突出了"教育即服务"的思想,使学校办学思想更加立体化,内涵更加丰富,更加符合时代潮流;体现了"传承文化品位、引领现代气息、凸显人文精神"的要求。

记者:大学要有大学文化,要有大学精神,您是如何发挥大学精神在学校发展中的作用的?

唐一科:通过弘扬和培育大学精神,可以激励全校师生员工进一步把思想行动统一到学校的工作部署和重大决策上来，把智慧和力量凝聚到实现学校战略发展规划所确定的目标上来。通过弘扬和培育大学精神，也可以激励全校师生员工进一步解放思想、转变观念、与时俱进、同心同德、加快发展，积极投身"合校、升本和新校区建设"。通过弘扬和培育大学精神，还可以激励全校师生员工进一步增强爱国爱校热情，进一步凝聚我们的力量，升华我们的境界，激发我们的热情，坚定我们的信念，自觉维护团结，促进学校实质融合。学校跨越式发展是一项充满艰辛、充满创造的伟大事业。伟大的事业需要并将孕育崇高的精神，崇高的精神才可能支撑和推动伟大的事业。

记者：看到了大学文化和大学精神的作用，那么您是如何构建重庆科技学院的大学精神的？你们学校是一种什么样的精神？

唐一科：文化是一所学校的精神实质，文化建设对我们这样的一所新学校来说更为迫切，要建立自己独特的文化。因为，大学不仅是一种客观的物质存在，更是一种文化存在和精神存在。我们学校55年历史和现实的奋斗，凝练出了以"厚德、博学、砺志、笃行"为核心的重庆科技学院精神，这是我们学校的灵魂，更是我们每一个重庆科技学院人共同拥有的精神家园。我们不仅阐释了学校大学精神的历史、内涵和功能，着眼于大学精神的继承和弘扬，而且着眼于学校大学精神的未来，着眼于大学精神的培育和建设。

记者：现在正在开展的"先进性教育活动"，与你们学校大学精神的培育是如何结合在一起的？

唐一科：像我们这样一个合并组建的本科院校，面对"合校、升本、新校区建设"的历史任务，只有大力弘扬大学精神，才能把广大师生员工更好地凝聚起来。目前在全校开展的保持共产党员先进性教育活动中，就与弘扬和培育大学精神结合起来了。学校的各级党组织，要求广大党员、干部要始终大力弘扬求真务实、开拓进取的精神，始终保持蓬勃朝气、昂扬锐气、浩然正气，始终做到"党员带头争先进，深度融合促发展"，永葆先进性，始终站在推进"合校、升本、新校区建设"三大任务，实现学校跨越式发展事业的最前列，做弘扬和培育大学精神的先锋。

五、《中国青年报》：与"新特区"重庆一起腾飞

《中国青年报》2007年6月18日刊登了《与"新特区"重庆一起腾飞——重庆科技学院科教兴渝的探索》的文章，对学校当时的建设发展理念、措施及效果给予了客观报道，全文如下：

与"新特区"重庆一起腾飞
——重庆科技学院科教兴渝的探索

几天前，重庆市正式成为全国城乡综合配套改革试验区，6月15日，重庆科技学院第一次党代会隆重召开，学校迎来发展的一个关键点，这所一直以"培养人才、发展科学、服务社会"为宗旨，以立足重庆、背靠行业、融入区域创新体系、服务地方经济社会发展为己任的本科院校，郑重发出宣言：与"新特区"重庆一起腾飞！

精心铸塑办学理念

重庆是山城，坡高坎陡，要干事就得爬坡上坎。2004年5月18日，重庆科技学院顺利实现合校升本，这固然为重庆科技学院创造了难得的发展机遇，但同时也给学校带来了严峻的挑战，学校要确立什么样的办学理念，选择什么样的发展道路，实施什么样的发展方略，以什么样的姿态立足于高等院校之林，以什么样的办学成绩迎接教育部本科教学水平评估，何时实现全国著名、有特色、受欢迎的高水平科技大学的奋斗目标……所有这些都是学院必须破解的难题。如果说把学校建成以工为主、多学科协调发展的高水平特色科技大学的目标与现实之间横亘着重重有形的坎，那么隐含其中的更是无形的坡——合校、升本和新校区建设。重庆科技学院人正以坚毅的执着，越过这些"坡"和"坎"。

重庆科技学院强调一种新的办学理念，以对社会的服务和贡献促进社会和

自身的可持续发展；强调一种大学的育人氛围，以全面培养、塑造学生的创新能力和内在品质，提高学校的学术创新能力；强调未来大学校园的建设，以适应 21 世纪现代大学发展的客观需要。

作为新建的本科院校，重庆科技学院正是遵循了大学的这一普遍规律，积极探索适合自身特点的办学道路，坚持"以先进的办学理念引导人、准确的办学定位凝聚人、合理的发展规划鼓舞人、正确的舆论导向感召人"，提出了"培养人才、发展科学、服务社会"的办学宗旨，明确了牢固树立"以育人为根本，以教学为中心，以特色为目标，以质量为生命"的教育理念。

高扬团结大旗　促进学校实质性融合

伴随着我国高等教育逐步由精英教育向大众教育阶段转变，一批办学历史较长、办学条件相对较好的专科学校经过合并升格为本科院校，很多学校的合并过程并不顺利，在重庆科技学院，两校的合并却没有产生"排异反应"，学校领导班子由当初的生疏磨合到现在的默契配合，已经带领学校顺利度过了合并期。在这个艰难的过程中，他们总结出了十字经，那就是"大局、民主、规范、默契、真诚"。

"两个学校合并会出现很多复杂因素，怎样把握两边原有的人员安置，协调好一个部门内可能因来自不同学校而出现的矛盾，搞好团结，是首要问题。在政策上要考虑均衡，才能赢得群众信任，从而迅速地达到两校融合。"

在学校正式组建成立一个月内，便完成了两校机关的合并，设置了相应的校部党政机关及辅助机构，完成了机关干部的选任工作；两个月内完成了学科专业的整合，完成了二级院系的组建和干部的选聘工作；半年内完善了财务管理和分配制度，统一了原两校的分配办法，财务和资产实行了统一管理。在很短的时间内，快速实现了"领导、机构、制度、财务和规划"五统一，并逐步完成了学科专业的整合发展、办学理念的提升和校园文化的凝练。

根据学校历史背景、学科特色、资源结构等实际情况和可持续发展的需要，目前已经制订了《重庆科技学院发展战略规划》《师资队伍及学科专业规划》《校园建设规划》《文化建设规划》等，初步形成了具有科技学院办学特色的发展规划体系。明确了"立足重庆，背靠行业，面向世界，服务全国"的办学思路；明确了"以本科人才培养为主的教学型普通全日制高等学校"的办学类型定位；明确了"以市场为导向，以高级应用型人才培养为特色，以石油化工、冶金材料、机械电子三大行业为背景，以应用型科技开发和科研成果为支撑，以教学质量和办学水平为生命"，实现学校可持续、跨越式发展的办学途径。

彰显行业特色优势　打造学科专业体系

重庆科技学院正确处理发展战略目标与过程的关系，提出了"通过30年左右的时间，把学校建设成为以工为主，多学科协调发展，特色鲜明，国内知名，逐步走向国际的重庆市属高水平科技大学"的战略目标。同时，根据学校55年的办学历史和现有石油、冶金等学科专业特色，明确提出了学校以石油化工、冶金材料、机械电子这三大重点行业为背景，把学校建设成为国内一流的高级应用型人才培养基地和西部地区新技术与应用技术研发和培训基地。

重庆科技学院认为，为学校打造一张名片，最重要的战略措施就是以特色立校。行业优势是学校办学的一笔宝贵财富。重庆科技学院在55年的办学历程中，坚持背靠行业，精心打造学科专业特色。先后与石油、冶金行业结成了深厚的纽带，建立起了广泛的联系。

学校在全市高校中石油、冶金行业特色最为明显，实力也较为突出，学校围绕石油、冶金行业特色，提出了"致力于服务经济社会，彰显石油冶金行业特色，深入拓展学科领域，广泛促进文理交融"的学科专业建设理念。

学校每年预算120万元投入重点学科建设，预算200万元建设10个左右科技创新团队。同时，每年实验仪器设备投入经费不低于800万元，其中2005年实际投入近2000万元，并在大学城新校区集中投入8000万元的经费添置实验仪器设备。基本形成了以石油学科、冶金学科为代表的特色、优势学科。同时在电子信息学科、机械学科、经济管理学科、人文社会学科等也有了一定的发展基础，成为重庆市乃至全国石油、冶金行业具有鲜明行业特色的一所特色普通高校。

服务区域经济社会大发展

科学规划，立足于服务地方经济和社会发展，在服务中凝练特色，发展壮大自己是新建本科院校发展的必由之路。根据重庆和区域发展的需要，重庆科技学院在冶金材料、石油化工、机械电子、人文社会科学领域，专门设置了"材料技术研究中心""石油工程技术研究中心""现代设计与制造工程中心""电子信息技术研究中心""化学化工研究与分析测试中心""建筑设计与工程咨询中心""现代管理科学与技术推广研究中心"等一批科学研究和社会服务机构，直接为重庆区域发展提供综合性研究和全方位服务。

学校投资 1000 万元与中石油公司资助 1200 万元共建油气井井控及安全技术实验室；投资 2000 万元建立了现代设计与制造工程中心；与重庆市安全生产监督管理局联合创办了重庆安全工程学院，大力培养安全生产高级专门人才，为重大安全科技研究、政府安全生产决策、事故抢险及调查、重大事故隐患整治、企业安全技术服务提供技术支持；与市科委、重庆三峰 - 卡万塔环境产业有限责任公司（以下简称"重庆三峰 - 卡万塔公司"）联合成立了重庆垃圾焚烧发电技术研究院，为地方产业链建设、地方经济发展培养了高级的技术和管理人才，满足了重庆市地方经济的特殊性与机械电子的科学研究前沿和产品开发的需求。"重庆科技学院要站在重庆直辖第一个 10 年的历史时刻，增加一点对未来的想象力，看看能否跟上直辖市快速发展的脚步。"

为着力培育学生的实践能力和创新精神，学校紧密结合专业面向的岗位或岗位群的实际需求，在人才培养的价值取向上从"适应现在"，转向"既适应现在、又适应未来"；从主要满足"就业"，转向"提高社会生产力水平"和"提高创造能力和创新意识"上来。在培养方向上，向"突出创造性"提升；理论教学上，向"突出学术性"提升；专业教学上，向"突出适应性"提升。着力构建"社会责任感强、基础理论强、实践及社会活动能力强、创新意识及创业能力强、综合素质强"的"五强"人才培养特色。

坚持文化建设　构建和谐大学

在重庆科技学院，有两个以学生名字命名的班级——林忠班和恒太班。这是学校为了纪念两位重庆科技学院优秀学生李林忠和李恒太舍己救人的英雄事迹，发扬他们的优秀品格而特别设立的，只有班风优良、学风良好的优秀班级才有资格当选林忠班和恒太班。

大学文化是一所大学生存发展、办出特色的根本。重庆科技学院自组建以来，在新的历史起点上，始终围绕"办什么样的科技学院和怎样办好科技学院""培养什么样的人和怎样培养人"这两大主题，以特有的大学文化来引领学生工作，通过两年多来的不懈探索与实践，人才培养呈现出一派生机勃勃、欣欣向荣的良好局面。

重庆科技学院提出"以学生为本，全面发展，遵循规律，依法治校"的工作理念和"教育为根本，服务为核心，管理为基础"的 ESM 学生工作模式。这一学生工作理念立足于统筹高校学生工作的教育（education）、服务（service）、管理（management）三大职能的关系，突出了"培养什么样的人，如何培养人"的追求，突出了"把学生工作定位在为学生服务和指导学生成才上的教育即服务"的思想。形成了学生工作的正确价值取向和普遍认同的价值观念，为学生工作提供强大的思想保证。

《重庆科技学院文化建设规划（2006—2010 年）》已经编制完成，规划从学校发展战略高度总结提炼和创新发展学校文化特色，并从观念形态文化、制度行为文化、物质形态文化和行为文化四个层次加强文化建设，增强文化建设的内涵，树立先进的文化理念，完善学校的整体形象，优化学校的校园环境，规范师生员工的行为，初步构筑起了比较完整的学校文化体系，增强学校核心竞争力，促进学校各项事业全面、协调、可持续健康发展。

决策者说

重庆科技学院党委书记魏世宏：在新校区的建设中，我们提出四条线，即新校区建设投资最高线、学校建设举债最高线、教职工生活保障最低线、老校区置换资金最低线。有效地控制了新校区建设的总规模与总需求，顺利实现了学校跨越式发展的战略转移，走出了一条适合我校特点的发展之路。

重庆科技学院校长唐一科：重庆科技学院将学校类型定位为"教学型"大学，以培养应用型人才为己任；在服务方向上定位为"为区域经济建设和社会发展服务"；在目标定位上，明确"立足重庆，背靠行业，面向世界，服务全国"的办学思路。

重庆科技学院党委副书记郭庆：重庆科技学院着力构建和完善学生人格培养体系，以实现学生思想的提升和满足其发展需要为中心，突出教育管理的服务和引导功能，不断完善帮助学生成才、解决学生困难、方便学生办事、维护学生权益的服务体系。

重庆科技学院名片

2004年5月17日，记下了重庆科技学院历史上最难忘的一笔。经教育部批准，重庆市委、市政府将重庆最具特色、最有发展潜力的两所高校——重庆工业高等专科学校、重庆石油高等专科学校合并，宣布组建一所全日制普通本科高等院校——重庆科技学院，这是重庆高等教育史上的一个新的里程碑，从此重庆科技学院这个响亮的名字载入了我国高等学校的史册。1万多名师生员工站在一条新的起跑线上，把自己的命运和学校的发展紧紧地联系在一起。

重庆科技学院的前身分别是1951年建校的重庆工业高等专科学校和1951年建校的重庆石油高等专科学校，现设有16个二级学院，1个成人继续教育学院，现有在校全日制学生13600余人，教职工1260余人，专任教师700余人，办学规模不断扩大。占地1500多亩的新校区建设正如火如荼展开，建成后的重庆科技学院大学城新校区即将呈现出来的是一个数字化、生态化的现代大学校园。

第三节　新建重庆科技学院初期发展规划

　　新建重庆科技学院初期的发展战略规划是学校组建后，为适应未来环境的变化，寻求长期生存和稳定发展而制订的总体性和长远性谋划。从 2004 年 9 月开始，学校组建发展规划办公室进行深入的调查研究，初步制订了《重庆科技学院发展战略规划（草案）》，广泛征求校内、外专家和全校教职工的意见，经重庆科技学院第一次党建工作会议代表讨论，学校党委审议通过，形成了学校的初期发展战略规划。

一、初期发展战略规划制订过程实录

　　2004 年 10 月上旬至 11 月上旬，学校组织专门人员对学校办学资源现状进行了调研，掌握了第一手材料和信息，实事求是地进行了客观分析，同时还组织相关人员到市内外高校进行了考察学习和调研。

　　2004 年 11 月中旬至 12 月上旬，学校发展规划办公室根据学校领导指示和规划发展研究的需要，拟定发展规划专题研讨的时间和进程表，收集和整理了专家、教授和教职工的建议。

　　2004 年 12 月中旬，学校召开专题会议，分解规划编制任务。在学校党委领导下，发展规划办公室进行深入调查，广收信息，摸清可资有效利用的办学资源和客观分

图 5-3-1　唐一科等校领导在学校发展战略规划制订过程中深入各院系调研

析学校内部的不足因素，通过了解兄弟院校相关学科和专业设置的状况，分析本校的资源特色与发展方向及发展空间。初步制订了《重庆科技学院发展战略规划（草案）》，再次广泛征求校领导、校内外专家、教授和教职工的意见。

2005 年 1 月 18—19 日，学校党委书记、校长唐一科教授在学校办公楼会议室主持召开了学校发展战略研讨会，提出制订发展规划的四个问题：

（1）发展战略规划是学校改革与发展意图的具体化，是学校的集体信念。要坚持以人为本，着重解决办学宗旨、办学目标和发展途径与措施等问题。

（2）发展战略规划必须体现科学性、可行性和目标性，充分展示学校发展优势与办学特色。

（3）发展战略规划要具有战略性和时效性，尤其是办学理念应该坚持并可持续，不能因人而异，不能因为领导的变化而变化。

（4）学校发展战略规划、学科建设与师资队伍建设规划和校园建设规划是三位一体的关系，要深入调研，科学制订，分步落实。

研讨会议围绕学校发展战略规划编制文件展开了热烈的讨论。与会者认为：规划应在人才培养、科学研究和社会服务三方面拓宽发展空间，要根据学校组建后的"合校、升本、新校区建设"三大任务，认真思考发展的新思路，改革的新突破、开放的新局面和学校各项工作的新举措。与会者还认为，规划的时间跨度为 5～30 年，重点在近 5 年，其指标要以国家和重庆市的发展规划为参考依据。通过研讨，大家深化了认识，明确了发展战略规划的方向。

2005 年 1 月 25 日，重庆科技学院发展规划委员会成立，正式开展《重庆科技学院发展战略规划》的编制工作。

2005 年 7 月，重庆科技学院发展战略规划经重庆科技学院第一次党建工作会议代表讨论，学校党委于 2005 年 8 月 22 日审议通过，并以重科委〔2005〕41 号文件形式下发执行。

二、初期发展战略规划详稿

2005 年 8 月 22 日公布执行的重科院委〔2005〕41 号全文：

重庆科技学院战略发展规划

重科院委〔2005〕41 号

为了保证学校的发展方向与国家和区域教育发展规划的要求相衔接，使学校的发展和主要工作有明确的规划依据，持续合理地积累和经营学校的教育资源，最终实现学校跨越式发展，我们必须以高度的历史使命感和责任感，依据党的教育方针政策和国家教育法规，科学合理地制订既具有前瞻性又具有可操作性，既具有原则性又具有灵活性的发展战略规划，将其作为学校适应社会主义市场经济，与时俱进、不断跨越的行动指南。

一、指导思想

以马列主义、毛泽东思想、邓小平理论和"三个代表"重要思想为指导，全面贯彻党的教育方针，坚持社会主义办学方向，坚持科学发展观，以"培养人才、发展科学、服务社会"为办学宗旨，坚持以人为本，尊重知识、尊重人才，努力实施"人才强校"战略；贯彻德、智、体、美全面发展方针；科学育人，倡导"厚德、博学、砺志、笃行"的校风和学风；促进学生知识、能力、素质向全面协调和可终身学习发展。

二、发展定位

坚持内涵发展基础上的跨越式发展战略，以社会需求为导向，以人才培养为中心，大力发展全日制本科教育，适度发展高职高专和继续教育，积极筹办研究生教育，积极拓展学科领域，快速提升科研水平，扎实推进教育教学改革，使规模、结构、质量、效益协调一致。经过 30 年左右的努力，把学校建设成以工为主、多学科协调发展、特色鲜明、国内知名、走向国际的高水平特色科技大学。并且首先应以石油化工、冶金材料、机械电子等行业为背景，把学校建设成国内一流的高级应用型人才培养基地和西部地区新技术与应用技术研发和培训基地。

三、基本思路

坚持教育的"三个面向"，主动适应经济社会以及行业背景的发展需要，"立足重庆，依托行业，面向世界，服务全国"，大力培养面向生产、管理、服务的高级应用型人才。

坚持"以评促建，以评促改，以评促管，评建结合，重在建设"的方针，深化教学改革，加强教学建设，夯实教学基础，确保教学中心地位，全面提高学校的人才培养质量。

坚持以学科建设为龙头，以师资队伍建设为核心，优化学科结构，培养学术精神，大力发展高新技术和应用技术，不断提升学校的科学研究能力和技术开发能力。

坚持科学发展观，坚持内涵发展，正确处理改革、发展和稳定的关系，加强基础设施建设，加强校园文化建设，不断改善师生员工的工作、学习、生活环境，切实保证学校的可持续发展。

四、发展步骤

根据战略发展定位，结合国家"十一五"规划，提出学校的战略发展规划，并分步实施。规划时段为：2005—2010年；2011—2020年；2021—2030年。按25年跨度规划，分三个阶段实施，重点规划前5年。

第一阶段：夯实基础阶段（2005—2010年）。整合资源，调整机制，理顺关系，快速发展，圆满完成"合校、升本、新校区建设"三大任务，确保通过教育部本科教学工作水平评估。

该阶段分三步走：第一步，2005年起，注重内涵发展，推进融合，平稳过渡。第二步（2005—2009年），用5年时间，强基固本，苦练内功，按照教育部本科教学工作水平评估指标体系要求进行全面建设：力争2007年获得学士学位授予权。第三步（2009—2010年），用1年时间精心准备，顺利通过教育部本科教学工作水平评估。

第二阶段：巩固提高阶段（2011—2020年）。加快发展，提高质量，突出特色，提升学校总体办学水平，在教学、科研、学科建设、师资队伍建设、校内管理体制改革、校园文化建设、国际交流与对外服务能力等方面取得突破性进展，在高级应用型人才培养特色和高新技术研发成果方面获得行业和社会的良好声誉。

第三阶段：全面提升阶段（2021—2030年）。抓住机遇，优化结构，打造品牌，强校升位，实现办学层次、办学水平和办学效益的全面提升，初步实现高水平特色科技大学的建设目标。

2010年：普通全日制在校生达到16000人，其中本科生11500人，高职高专学生4500人。成人继续教育在校学生5000人。

2015年：普通全日制在校生17500人，其中本科生14000人左右，力争招收一定数量的硕士研究生和留学生，高职高专学生3000人，成人继续教育学生6000人。

2016—2030年：稳定本科教育规模，积极发展研究生教育。

在发展进程中，必须努力实现以下目标：

一个基本形成——学科优势、办学特色和开放式办学格局的基本形成。

两个重大转变——办学理念的重大转变和办学模式、办学层次的重大转变。

三个明显提高——学科建设整体水平明显提高；人才培养质量明显提高；科技创新和服务能力明显提高。

四个显著改善——师资队伍状况显著改善；整体办学条件显著改善；校园科技文化氛围显著改善；师生员工的工作、学习和物质文化生活环境显著改善。

五、任务措施

（一）统一认识，统一思想观念

在办学过程中，以下列思想观念统一全校师生员工的认识：

——坚持现代大学的办学理念，以"培养人才，发展科学，服务社会"为办学宗旨，深化办学模式和内部管理体制改革，使外延开拓与内涵发展相结合，"产学研"相结合，实现开放式办学的基本格局。

——坚持人才培养的根本性地位，以学科建设为龙头，科学整合办学资源，推进深度融合，凝练特色学科，培育新兴学科，促成学校的健康、协调和可持续发展。

——坚持"以人为本，人才强校"战略思想，努力营造"尊重人才，造就人才，用好人才"的和谐氛围和健康环境，积极创造条件，培养、引进各类高层次人才和学术带头人，实现高水平教师队伍的自我完善。

——坚持本科教育为主体，兼办高职高专和成人继续教育，积极筹备研究生教育；以教育质量为生命，深化教学改革，推进素质教育，积极探索科学教育与人文教育的有机融合。

——坚持创新为学校发展的灵魂，大力倡导创新精神，教育要创新，科技要创新，管理工作要创新，对学生要实施创新教育，要使创新成为校园文化的重要组成部分。

——坚持依法办学，依法治校，增强师生员工凝聚力，倡导兼容并蓄的学术气氛，营造健康向上的学术环境，持之以恒地培育具有自身特色的先进大学文化和大学精神。

（二）学科专业建设

正确处理当前与长远、局部与整体、需要与可能、数量与质量、特殊与一般的关系，走"产学研"相结合的道路，拓展学科、专业发展途径，使我校的学科、专业结构更加合理，学科优势和特色更加明显，为社会经济建设服务的能力更加增强，实现规模、结构、质量、效益的协调发展。

1.学科专业建设主要思路

（1）从实际出发，构建学科专业特色

按照"面向需求，突出重点，强化特色，有所为，有所不为"的原则，根据国家及重庆经济建设和社会发展实际，根据"培养人才、发展科学、服务社会"的办学宗旨，坚持以工学为主干，以应用理学（应用数理学、应用力学、应用化学等）和经济管理、人文社会学科为支撑，合理调整学科专业结构，提升和改造传统学科，扶持优势学科，培育特色学科，凝练学科方向，形成学科团队，构筑学科基地，以形成优势突出、特色明显、协调互补的学科体系。力求从石油化工、冶金材料、机械、电子信息、经济管理等学科建设方面取得突破，并积极培育和发展人文社会学科，促进学科的文理交叉和渗透。

（2）推进教学改革，构建人才培养模式特色

落实教学工作的中心地位，积极探索以就业为导向的人才培养模式，坚持"产学研"结合和开放式办学，不断深化教育教学改革；牢固树立质量意识，实施"精品工程"，更新教学内容体系，改革教育教学方法，创新教育教学手段；注重学生知识、能力、素质的全面培养和个性发展，强调"理工渗透""科学与人文教育融合"。在人才培养方案中，为学生建立一个宽阔、扎实的知识平台，努力培养具有创新意识、实践能力和创业精神的，面向生产、管理和服务一线、适应社会主义现代化建设需要的德、智、体、美等全面发展的高级应用型人才。

（3）实行优胜劣汰动态管理，建立学科专业建设竞争激励机制

建立健全学科专业的自我发展和自我约束机制，实行学科、专业滚动建设制度，加强对学科专业发展的指导与评估，建立健全"校、院（系）"两级办学质量和状况的评估体系，不断调整优化学科专业结构与总体布局，使学科专业具有开放性、成长性，以增强学科专业对地方经济建设、社会发展、产业结

构调整和科技发展的动态适应能力，努力适应社会对从业人员综合素质的提升要求以及人才需求多样化的趋势。

（4）推进科技进步和创新，整体提高学科专业建设水平

正确处理教学、科研和社会服务的关系，以科技创新为先导，以学科人才梯队为支撑，加强科研工作。千方百计争取承担国家优先发展领域的重大项目与课题，推动产出一批在国内外学术界有重要影响的标志性成果，力争在国家级、省（部）级科技成果奖、教学成果奖等多个领域多获奖项，并形成新的学科生长点。在二级学科领域，有目标地重点建设若干个学科，使其中的部分学科成长为新的硕士点；同时，使原有的优势学科通过阶段性努力，建设 1～2 个接近或达到国家重点学科的水平，并发挥其学科优势，带动一批相关学科的成长与发展。对一些社会急需、对学科发展起关键作用、具有较大发展潜力的三级学科领域，有所侧重地采取新的学科运行机制进行支持，带动所属二级学科向新的研究方向发展。加速学术梯队建设和实验实训基地建设，推动学科专业建设进程，全面提高学科专业的整体水平。

2. 学科专业建设任务

2010 年：校级重点学科 5～8 个，省部级重点学科 2～3 个。本科专业增加到 25 个以上，形成以工学、管理学、人文社会科学为主要学科门类的学科结构布局。高等职业教育和成人继续教育针对地区、行业经济和社会发展一线对应用型人才的需要，按照技术领域和专业岗位（群）的实际要求进行设置和调整。

最近 5 年内，要力争把石油工程及安全技术研发中心和现代机械设计与制造工程中心建成重庆市重点实验室，另建成 2～3 个在西部地区和石油、冶金、机械行业有影响的高新与应用技术研究、开发与培训基地。

2015—2020 年：本科专业增加到 30 个以上。每个主要学科门类的本科专业数不低于学校本科专业总数的 15%。2017 年力争油气井工程、冶金及材料工程、机械制造及自动化、控制理论及工程和会计学达到硕士学位点设置申报

条件,力争硕士点达到5个以上,校级重点学科10个以上,省部级重点学科5～8个;2020年后力争实现国家级重点学科零的突破。

2025年后要进一步加大硕士研究生教育建设力度,力争硕士点达到10个以上,并规划筹备博士点建设。

3.教学基本建设目标要求

结合新校区建设,科学规划和大幅度调整全校实验室建制,逐步形成相互配套、资源共享的现代化实验室管理体系。加大实验室投入和建设力度,实现实验仪器设备的更新换代和补充配套。不断完善实验室管理办法,真正做到资源共享,提高实验室和仪器设备的使用效率和效益。

2008年前建成10个左右能满足本科教学需要的基础实验室和专业实验室;完善金工实习、电工电子、物理、化学、力学、会计、石油工程、冶金工程和机械工程等校内实训基地。2010年前,建成15个左右专业实验室,建成现代先进制造技术和石油工程安全技术培训基地。2015年建成20个左右专业实验室,实验室总数达到45个左右。

基于现代教育管理理念和人才质量培养规格和要求,严格教学过程管理,科学制订和认真执行人才培养计划、教学计划。建立和完善有效的教学过程管理机制,对教师资格认证、师资力量配置、教材选用、教学和考试实施严格管理,科学督导,全面监控,全面提高教育教学质量。

加强国家精品课程的使用和建设。建设精品课程资源网站,充分利用国家与市级精品课程资源;自主建设市级精品课程5～8门,校级精品课程20门左右。建成石油、冶金、机械、电子信息、化工和社会工作等专业的校外实习基地各1个。开展基于多媒体和网络技术的课程研发与推广,推进优质教育资源共享。

积极开展高等教育研究,制订出台相关政策,保证教师和干部的优秀高教研究成果、优秀教学成果享有与专业研究成果同等重要的地位。不断创新办学理念,运用新的教育思想观念指导学校改革发展。

4.科研工作规划

以科技进步为动力，以服务行业为方向，以推动学科建设为目的，制订有效激励政策，把科研工作与人才培养有机结合，培育相对稳定的研究方向：构筑"产学研"平台，形成创新型科研体系。整合现有的科研力量，组建有较高水平的科研团队，提升整体科技实力。努力实现科研经费连年有较大的增长，科研规模不断扩大，科研成果水平和成果转化率不断提高，服务领域不断延伸。

建设若干个结构合理、充满活力和竞争力的科研团队，实现科技项目、高层次人才培养和研究平台的一体化建设格局。在保持基础研究优势的同时，实现基础研究、应用研究、科技开发的协调发展，大力发展新兴和交叉学科领域，形成新的学科生长点。

建立健全科研管理机制，加大科研投入力度，发挥学校整体优势，满足国家和地方经济建设的知识支撑需要。与政府、企业、科研院所和兄弟院校积极合作，形成以石油化工、冶金材料、机械、电子信息等方面的应用技术开发主导格局，促进人文社会学科和经济管理学科尽快成为学校科研的重要方面。

以2005年科研经费1000万元为基数，力争2006年达到1800万元，2007年达到2500万元，2008年达到3000万元，2009年达到3500万元：2015年力争突破8000万元。

到2015年，力争承担国家级科研项目15项，获得国家级奖励的成果突破5项，市（省、部）级科研成果奖励突破20项。取得一批有重要影响的科研成果，形成优势研究方向。力求实现学术价值、经济效益和社会影响的统一。

（三）人才队伍建设

坚持以人为本，实施"人才强校"战略，积极创造条件，制订出台相关政策，培养、引进各类高层次人才和学术带头人，建设一支规模适当，素质优良，结构合理，稳定且富有活力的高水平师资队伍和精干、高效的管理干部队伍。在工资津贴、科研经费、生活条件等方面予以相对优厚的待遇，形成"以事业吸引人，以情感凝聚人，以政策激励人，以环境留住人"的良好环境和文化氛围。

把学术带头人和教授队伍建设作为人才工作的重中之重，抓紧抓好，形成以专任教师为主体，专兼任教师相结合的教师队伍。制订并落实《引进高层次人才实施办法》《吸引优秀毕业生来校工作暂行办法》等政策性文件，加大教师培养工作力度，鼓励优秀青年教师攻读硕士、博士学位，出国进修或攻读学位，提高学历层次，改善学缘结构，为重点学科、优势学科、交叉学科和新兴学科提供人才支持。

2010年：专任教师人数达到960人。具有硕士学位的教师比例达到60%以上，教授数达到教师总数的10%，副教授数达到教师总数的30%以上。市（省部）级学术带头人10名左右，市（省部）级优秀青年骨干教师20名左右。

2015年：专任教师人数达到1100人。具有硕士以上学位的教师比例达到70%以上，副教授数超过330人，教授数超过100人。省部级学术带头人15名左右，省部级优秀青年骨干教师25名左右。

（四）校园规划建设

根据国家把加快建设节约型社会作为编制国民经济和社会发展"十一五"规划以及各类专项规划、区域规划和城市发展规划的重要指导原则的要求，加强学校基本建设领导，摒弃传统的发展思维和发展模式，坚持和实施节约优先的方针，学校的基本建设活动要把节约资源放在突出位置，降低消耗，减少浪费，提高资源利用率，为教学、科研、管理工作提供有效的保障。

（1）坚持"高起点设计、高标准施工、高水平管理"要求，加快新校区规划建设。为实现新校区建设目标：①加强领导，科学规划。②按市场运作的方法，建设新校区。③以"贷款建设、换地还款"为主，多渠道筹措建设资金，保证工程进度与质量。④加强工程建设过程管理，严格执行工程质量的监督和成本管理。2006年秋季，保证满足在校生8000人的办学条件；2007年秋季，进驻学生15000人；至2008年，新校区基本建成；2010年前，完善全部配套设施，校园绿化和校园文化景点基本建成。

（2）建设先进的信息网络系统。加强网络教育资源建设，建成信息化校园，为教学、科研和管理提供先进高效的信息和技术环境，形成完善的网络教学、辅导、服务和管理体系，为学校在信息化社会条件下向更高水平发展创造条件。

（3）加强图书馆馆藏建设、信息化建设和人文环境建设。2010年达到各类图书128万册，生均80册；年进书量达到3册／生以上。电子图书、各类期刊和文献资料在品种与数量上有突破性增长；信息化水平和人文读书环境达到现代化图书馆基本要求。

（五）学校内部管理体制改革

（1）努力推进干部人事制度和人事分配制度改革。根据国家和重庆市关于事业单位人事分配制度改革的规定和部署，加速推进人事分配制度改革。按照"总量控制、精干高效、职事相符、优胜劣汰"的原则配置人力资源，规范机构、人员编制管理。

采取一切可能的政策和措施，稳定现有学科带头人和学术骨干，积极吸收和引进国内外重点高校、科研机构的学科带头人、学术带头人，优秀博士后人员、博士毕业生。学校和院（系）要千方百计为教学科研人员营造良好和谐的创业环境和工作平台。

根据"效率优先，兼顾公平"的原则，调整分配政策，使各类职务与岗位职责、待遇、考核、奖惩紧密结合，重点改善学科带头人和学术骨干、技术骨干、管理骨干的待遇和工作环境。

推行教师聘任制，强化考核和管理，改革用人制度，破除职务终身制，形成人员能进能出，职务能上能下，待遇能升能降，优秀人才脱颖而出，充满生机与活力的用人机制。

（2）深化后勤社会化服务改革和校办产业改革。建立和完善市场化的后勤资源配置，社会化的学校后勤服务保障，企业化的后勤运作体制和机制，形成统一、开放、竞争有序的校园后勤服务市场和有效调控、规范管理的监督系统。

实现后勤资源的市场化配置，后勤服务产品的市场化供应，后勤服务市场的规范化管理和有效监控。不断提高市场竞争能力，做好师生满意的后勤，力争在大学城后勤服务市场的开拓方面取得成效。

运用现代企业制度规范、整合和管理校办产业，理顺学校与校办产业之间的资产和管理关系。注重发展科技型产业，为教学科研服务。要以市场为导向，培育和提高校办产业的创新创业和生产经营能力。

（3）拓宽融资渠道，形成开放式办学格局。坚持开源节流，积极争取政府、企业和社会各界的支持，多渠道筹措办学资金，发挥一切可资利用的办学资源（包括有形、无形资产和国际国内资源），加强财务管理，本着开源节流的原则，切实加强办学成本管理，多渠道筹措办学经费，为学校各项事业的稳步发展提供财力保障；同时，进一步完善财务管理制度，加强科学预算，严格过程管理，提高资金使用效益和办学效益，为学校跨越式发展提供财力保障。

适应学校事业发展要求，积极拓展办学空间，全面改善办学条件和校园环境。大力提高学校开放度和知名度，促进国内外学术、科技交流与合作。

加强与国内外一流大学的交流合作，积极采取措施提高教师参与国际国内合作交流项目的能力。积极广泛地与国内外高校、科研机构进行学术交流与合作，邀请国际国内知名学者来校进行合作、讲学，拓展学术视野，不断提高学校的竞争力和学术影响力。

积极推进办学模式与机制创新，引入先进经营管理理念，牢固树立大学品牌意识，着力打造良好的社会形象，强化并充分发挥教育、科技、服务和交流功能，努力实现学校的全方位协调与统一。

（六）切实加强党建和思想政治工作

1.加强党建工作，为实现学校跨越式发展提供强有力的政治保障和组织保障

以马列主义、毛泽东思想、邓小平理论和"三个代表"重要思想为指导，

坚持科学发展观，在学校党委领导下，开展保持共产党员先进性教育活动，组织和动员党员干部坚定共产主义理想和中国特色社会主义信念，胸怀全局、心系群众，立足岗位、奋发进取，开拓创新、无私奉献，充分发挥先锋模范作用，团结并带领广大教职员工为学校改革发展做出贡献。

切实加强党的思想建设、组织建设和作风建设。为学校发展改革提供坚实的政治保证和组织保证。继承和发扬现代大学的优秀传统文化精髓，立足于对社会现实及发展规律的深刻洞察和准确把握，反映师生员工的期望和要求，培育教育教学改革创新精神，坚决破除妨碍学校发展的思想观念，坚决改变束缚学校发展的做法和规定，坚决革除影响学校发展的体制弊端。通过改革，尽快消除旧体制的影响和痕迹，促进原两校区的深度融合，以最大限度和最有效地调动学校各方面的办学积极性和创造力。

坚持党委领导下的校长负责制，切实加强领导班子建设，努力提高执政能力，进一步发挥党委总揽全局、统筹协调各方的领导核心作用。深化校内管理体制改革，建立健全包括咨询、审议、决策、执行、监督和反馈等环节在内的科学、完整的管理体系。进一步完善校务公开制度，加大决策的科学性和透明度。增强依法治校的意识，提高依法治校的能力和水平。

加强干部队伍和党风廉政建设，提高管理水平，实现管理的现代化、规范化和科学化。加强校级宏观决策调控的职能，强化目标管理，建立层次清晰、科学规范的管理体制和运行机制；科学界定学校和院系的管理职能，简政放权，管理重心下移，促进教学科研基层组织建设，促进学校健康、有序、协调发展。

加强党的基层组织建设，提高基层党组织活动的质量，注意吸收青年教师和优秀学生入党。

全心全意依靠广大教职工民主管理，积极推行校务公开，充分发挥教职工代表大会、校工会、各民主党派的积极作用，进一步为学校的建设发展凝心聚力。

2. 加强思想政治工作

从战略和全局的高度，切实增强做好大学生思想政治教育的责任感、使命感和紧迫感，全面、深入、创造性地开展大学生思想政治教育，特别是要切实加强大学生思想道德教育和"两课"建设，以理想信念教育为核心，以爱国主义教育为重点，以基本道德规范为基础，以大学生全面发展为目标，努力培养和造就有理想、有道德、有文化、有纪律的一代新人。

切实转变学生教育管理工作观念，牢固树立"大育人"理念，求真务实，积极开创大学生思想政治教育工作新局面，加强学生工作队伍建设，营造浓郁的人文氛围和健康的育人环境，建立健全大学生思想政治教育工作的保障机制。

扩大思想政治教育工作覆盖面，倡导"厚德、博学、砺志、笃行"，体现和展示团队合作的凝聚力量、执着进取的精神境界、理性务实的科学素养、创新进步的动力源泉。通过正面引导，加强教育和严格管理，形成良好的校风和学风。

适应新形势、新要求，不断分析研究思想政治教育工作面临的新形势、新问题，努力探索思想政治工作的新方法、新思路，不断改进和创新思想政治工作的载体、机制、途径、方式、方法和手段，增强大学生思想政治教育工作的主动性、针对性和实效性。强化"两课"教育、党团教育、专业教育、文化教育和心理素质教育，规范管理，严格施教，不断提高学生的政治素质和综合实践能力。

3. 加强校园文化建设

以实施科学文化素质教育为基础，形成优良校风、学风为核心，以优化校园文化环境为重点，以树立正确的世界观、人生观、价值观为导向，充分发挥教师的主导作用，形成既有主旋律又丰富多彩，强调高品位也注意多层次，并具有鲜明特色的校园文化。挖掘校史资源，传承学校文脉，博采文明精华，逐步形成科学的、人文的、包容的、灵动的和创新的校园文化主调，以营造健康的文化环境、浓厚的学术氛围、执着的科学精神、正确的舆论导向，形成良好的校园育人环境。

第六章　重庆科技学院初期特色发展纪实

　　新建的重庆科技学院，要实现与其他高校错位发展，实现其可持续、跨越式发展目标，走特色发展之路就是其必然且唯一的选择。本科建校初期，学校就提出了"背靠行业，走特色发展之路"的战略思路。学校利用原石油工程安全评价的基础，抓住重庆市开展安全工程人才培养和科学研究的需求机会，争取到了与重庆市安全生产监督管理局联合建立重庆安全工程学院、重庆安全生产科学研究院和中国安全生产科学研究院重庆分院的机会；学校利用长期与重庆钢铁（集团）有限责任公司的合作关系，紧跟其转战垃圾焚烧发电行业的步伐，进入了国家垃圾焚烧发电行业技术开发领域，并借此机会开展了系列的国际合作；充分利用背靠冶金材料行业的机会，团队引进技术和人才，挤进国家航空航天功能材料研发领域，成为为国家嫦娥登月工程做出重要贡献的市属少数高校之一。学校积极参与石油科技大会战，在南海深海钻井平台技术等方面做出突出贡献，成为国家科技进步特等奖获奖单位之一，更有力地彰显了学校坚持特色发展的光明前景。本章收集到特色发展的部分原始资料，以对当年的相关工作作一些纪实性回顾。

第一节　设立重庆安全工程学院、重庆市安全生产科学研究院和中国安全生产科学研究院重庆分院纪实

重庆市人民政府高度重视安全生产工作，2006年专门颁发《重庆市人民政府关于2006年安全生产工作要点的通知》（渝府发〔2006〕14号），时任市长王鸿举同志作出了"依托相关高等学校，筹备成立重庆安全工程学院"的指示。为了贯彻市府文件和市长指示精神，重庆市安全生产监督管理局以肖健康局长为首的领导班子，开始在重庆市寻找合作院校。重庆科技学院凭借已有的石油系统安全评价资源和特色发展的强烈愿望，获得了重庆市安全生产监督管理局的信任，并于2006年9月18日正式签署联合举办重庆安全工程学院的协议。

重庆安全工程学院在重庆市安全生产监督管理局和重庆科技学院的双重领导下，开启了"政、产、学、研"联合办学的先例，先期确定的合作模式和内容分担，对后来的良性发展起到了十分关键的作用。随后，在重庆市教育委员会和中国安全生产科学研究院的大力支持下，在重庆安全工程学院基础上又建立起了重庆市安全生产科学研究院和中国安全生产科学研究院重庆分院。重庆安全工程学院和安全生产科学研究院在重庆科技学院的建立和发展，为重庆市安全工程人才培养、安全工程科学技术研究、企业

图 6-1-1
2006年9月18日，重庆科技学院校长唐一科与重庆市安监局局长肖健康签署联合举办重庆安全工程学院协议

图 6-1-2　肖健康

安全技术服务、政府安全生产决策、安全事故抢险及调查、重大安全事故隐患整治等做出了重要贡献，同时也为重庆科技学院的特色学科发展建设增添了异彩。2013年学校的"安全工程"学科被国务院学位办批准，成为重庆科技学院首批服务特殊领域的两个硕士学位授权点之一。

一、设立重庆安全工程学院纪实

重庆安全工程学院建立，除经历上述重庆市安全生产监督管理局选点等程序外，后面还经历了筹备、申请、审批、签订协议四个环节。首先，由双方组建了重庆安全工程学院申办筹备机构；接着，重庆市安全生产监督管理局和重庆科技学院向主管部门提出联合组建重庆安全工程学院申请；然后才有重庆市教育委员会审查批准成立重庆安全工程学院的批文；最后才有 2006 年 9 月 18 日举行重庆科技学院、重庆市安全生产监督管理局签订联合举办重庆安全工程学院协议签订仪式。以下以文献纪实形式，记录发展历程。

（一）成立"申办重庆安全工程学院"组织机构

重庆科技学院

关于成立申办重庆安全工程学院

工作领导小组的通知

重科院〔2006〕57 号

校属各单位、机关各处室：

为了认真贯彻落实《重庆市人民政府关于2006年安全生产工作要点的通知》（渝府发〔2006〕14 号），以及市领导关于"依托相关大学，筹备成立重庆安全工程学院"的指示精神，为地方的安全生产和经济建设做出应有贡献，同时也为了加强和完善学校的学科建设，经校长办公会议研究，决定成立向重庆市安监局申办重庆安全工程学院工作领导小组。其组成人员如下：

图 6-1-3
2006 年 11 月 18 日，重庆科技学院
与重庆市安监局联合办学工作协调
组成员合影

　组　长：魏世宏（党委书记）

　　　　　唐一科（校长）

副组长：严欣平（副校长）

　　　　　郑航太（副校长）

　　　　　朱新才（副校长）

　成　员：雷宗明（副院级调研员）

　　　　　刘上海（学校办公室主任）

　　　　　肖大志（科技处处长）

　　　　　李文华（教务处处长）

　　　　　范　军（石油工程学院院长）

　　　　　贾　云（化学与生物工程学院党总支书记、副院长）

　　　　　蔡治勇（重庆渝油安全评价所所长）

　　　　　龙正军（重庆井控及安全技术培训中心主任）

领导小组下设办公室，办公室设在科技处。

特此通知。

二○○六年四月十二日

重庆科技学院　重庆市安全生产监督管理局
关于成立重庆安全工程学院
筹备工作领导小组的通知

重科院〔2006〕70号

各二级单位、各处室：

为了认真贯彻落实《重庆市人民政府关于2006年安全生产工作要点的通知》（渝府发〔2006〕14号），以及市领导关于"依托相关大学，筹备成立重庆安全工程学院"的指示精神，经双方研究决定，成立重庆安全工程学院筹备工作领导小组。

组　　长：魏世宏（重庆科技学院党委书记）

　　　　　肖健康（重庆市安全生产监督管理局局长）

　　　　　唐一科（重庆科技学院校长、教授、博士生导师）

副组长：严欣平（重庆科技学院副校长、教授）

　　　　　郑航太（重庆科技学院副校长、研究员）

　　　　　万仕洪（重庆市安全生产监督管理局政策法规科技处副处长）

成　　员：朱新才（重庆科技学院副校长、教授）

　　　　　肖大志（重庆科技学院科技处处长）

　　　　　刘上海（重庆科技学院办公室主任）

　　　　　鞠　江（重庆市安全生产监督管理局办公室副主任）

　　　　　李文华（重庆科技学院教务处处长）

筹备工作领导小组下设办公室，办公室设在重庆科技学院科技处，其成员如下：

主　任：肖大志

副主任：刘上海　鞠　江

成　员：李文华

蔡治勇（重庆科技学院产业总公司副总经理、重庆渝油安全评价所所长）

杜维先（重庆科技学院科技处干部）

包正清（重庆科技学院产业总公司干部）

马林海（重庆市安全生产监督管理局政策法规科技处干部）

特此通知。

二〇〇六年四月二十一日

（二）联合组建重庆安全工程学院文件

重庆科技学院
关于申请联合组建重庆安全工程学院的函

重科院〔2006〕60号

重庆市安全生产监督管理局：

为了认真贯彻落实《重庆市人民政府关于2006年安全生产工作要点的通知》（渝府发〔2006〕14号），以及市领导关于"依托相关大学，筹备成立重庆安全工程学院"的指示精神，为地方的安全生产和经济建设做出应有的贡献，经学校研究，拟申请与贵局联合组建重庆安全工程学院。

重庆科技学院是一所具有55年办学历史，以工为主，以石油、冶金、化工、机械为特色，文、理、经、管多学科协调发展的全日制普通本科院校。学校有深厚的石油天然气和冶金行业背景，并已具备开展安全工程教育、培训的办学条件。现有安全工程教学与培训的教师60余人，可供用于安全工程教学与培训的仪器设备原值1000余万元，已经在石油工程、冶金工程、化学工程与工艺等本专科专业学生中开设了安全工程的相关课程，并已完全具备举办安全工程本、专科学历教育的条件。学校非常重视安全培训、咨询及技术服务工作，建有重庆井控及安全技术培训中心和重庆渝油安全评价所等专门的培训认证机构，在石油天然气开采及储运安全技术培训方面已经取得国际国内相关机构的资质认证，在石油天然气开采及储运、危险化学品、矿山开采及冶金生产、交通运输等方面广泛开展了培训及安全评价工作，是中石油公司安全工程的定点培训基地。

同时，经广泛调研和深入协商，我们已征得重庆工程职业技术学院、中煤集团重庆设计院、重庆化工研究院、重庆松藻煤电工业公司等学校、科研院所和企业的支持，他们将与我校一道共同配合贵局参与重庆安全工程学院的组建工作。

现将相关材料呈送贵局，并希望得到贵局的大力支持。

附件：《重庆科技学院关于成立申办重庆安全工程学院工作领导小组的通知》（重科院〔2006〕57号）

二〇〇六年四月十三日

（联系人：肖大志，联系电话：1370×××××41）

重庆科技学院　重庆市安全生产监督管理局
关于联合举办重庆安全工程学院的请示

重科院〔2006〕74 号

重庆市教育委员会：

为了认真贯彻落实《重庆市人民政府关于 2006 年全市安全生产工作要点的通知》（渝府发〔2006〕14 号），以及王鸿举市长关于"依托相关高等学校，筹备成立重庆安全工程学院"的指示精神，重庆科技学院与重庆市安全生产监督管理局经过认真论证和深入磋商，拟联合举办重庆安全工程学院。现请示如下：

1. 恳请市教委批准成立重庆安全工程学院。重庆安全工程学院将依托重庆科技学院和重庆市安全技术培训中心（重庆煤矿安全技术培训中心）组建，在市教委的指导下，属于重庆科技学院的二级学院，学院名称为重庆科技学院安全工程学院，对外称重庆安全工程学院，由重庆市安全生产监督管理局和重庆科技学院共建共管，实行相对独立的管理模式。学院主要开展本、专科及成人学历教育，以及安全培训、科研开发及安全中介等。

2. 恳请市教委将安全工程和职业卫生两个专科专业备案。如果市教委批准成立重庆安全工程学院，我们拟定于 2006 年 5 月正式挂牌，并计划 2006 年秋季开始招收安全工程和职业卫生两个专科专业共计 120 名学生。上述两个专业的教学计划我们正在抓紧制订。

3. 恳请市教委新增 120 名专科招生指标。这 120 名专科招生指标将用于重庆安全工程学院的新办两个专科专业，每个专业 60 名。

以上请示当否，请批示。

附件：

1.《重庆市人民政府关于 2006 年全市安全生产工作要点的通知》（渝府发〔2006〕14 号）

2.《重庆市人民政府办公厅工作通报》（29）

3.组建重庆安全工程学院申报论证报告

二〇〇六年四月二十九日

重庆市教育委员会
关于同意重庆科技学院设立
重庆安全工程学院的批复

渝教计〔2006〕74号

重庆科技学院：

你院与重庆安全生产监督管理局《关于联合举办重庆安全工程学院的请示》（重科院〔2006〕74号）收悉。根据《重庆市人民政府关于2006年全市安全生产工作要点的通知》（渝府发〔2006〕14号）要求，为满足各行业特别是石油、化工、矿山、冶金、建筑等高危行业安全生产的需要，促进高等学校的产学研结合，增强安全生产的科技保障能力，积极为经济建设服务，经认真研究，同意你院与重庆市安全生产技术监督管理局联合举办重庆安全工程学院（以下简称安全工程学院）。现将有关事宜批复如下：

1. 学院全称为重庆科技学院安全工程学院，属重庆科技学院的二级学院，由你院与重庆安全生产监督管理局共建共管，以重庆科技学院管理为主，实行相对独立的管理模式，对外可称重庆安全工程学院。学院主要开展本专科和成人学历教育，并开展安全培训和科技开发等。

2. 要积极加强与行业企业、科研机构和其他在渝高校的联合与合作，创新安全工程学院的管理体制和运行体制，深化教育教学改革，切实推进产学研结合。

3. 要广泛深入地开展调查研究和论证，制订和完善安全工程学院的发展建设规划和人才培养计划，进一步明确建设目标和任务，要将安全工程学院建设纳入重庆科技学院新校区建设工作，整体规划，制订切实可行的建设方案，确保安全工程学院筹建工作顺利实施。

4. 要加强对安全工程学院的领导，保障学院建设的投入，努力改善办学条件，切实加强师资队伍建设，积极推进人才培养模式改革，加强教育教学管理，不断提高人才培养质量和科研水平，并将安全工程学院设立情况及时报告我委和相关部门。

此复

二〇〇六年五月十六日

（三）联合举办重庆安全工程学院协议

重庆科技学院　重庆市安全生产监督管理局联合举办重庆安全工程学院协议

根据《重庆市人民政府关于 2006 年全市安全生产工作要点的通知》（渝府发〔2006〕14 号）要求和王鸿举市长提出的"依托相关高等学校，筹备成立重庆安全工程学院"的指示精神，重庆科技学院（以下简称"科技学院"）与重庆市安全生产监督管理局（以下简称"市安监局"）经过充分讨论和精心准备，并上报重庆市教育委员会批准（渝教计〔2006〕74 号），联合举办重庆安全工程学院（以下简称"安全学院"），经合作双方友好协商，达成如下办学协议：

第一条　合作内容

重庆科技学院和市安监局（以下简称双方）同意发挥各自的优势，充分利用各自的资源，依据《重庆市教育委员会关于同意重庆科技学院设立重庆安全工程学院的批复》（渝教计〔2006〕74 号）精神，共同举办重庆安全工程学院。

第二条　办学原则及目标

安全工程学院按照办好本、专科学历教育、发展研究生教育、加强岗位与职业技能培训，积极开展科研与中介服务的办学原则，努力将安全工程学院建成重庆市的安全工程人才培养基地、安全工程技术研究开发基地和安全生产技术服务中心，为政府的安全生产决策、事故抢险及调查、重大事故隐患整治、安全人才培养、重大安全科技研究、企业安全技术服务等提供技术支持。

第三条　学院管理体制

安全工程学院由双方联合举办，实行共建共管、相对独立的管理模式。安全工程学院对外称重庆安全工程学院，对内为重庆科技学院二级学院，安全工程学院实行理事会领导下的院长负责制，理事会由市安监局与科技学院及政府相关部门共同协商派员组建，安全工程学院学历教育颁发重庆科技学院文凭。

第四条　学院组织机构

双方同意：成立安全工程学院理事会，理事长由市安监局出任，院长由科技学院出任；设常务副院长一名，由科技学院选派；设副院长两名，一名由市安监局选派，另一名由科技学院选派。学院日常事务由常务副院长负责。

学院下设办公室、财务室，办公室负责人由科技学院选派，财务室负责人由市安监局选派。根据办学需要，学院适时设立相应的教学研究室、实验室、培训机构及其他安全技术服务机构等。

第五条　学院运作模式

一、安全工程学院在教学方面按重庆科技学院二级学院管理模式运行，实行三个统一（统一组织招生、统一教学模式、统一学生管理）。招生规模力争在"十一五"规划期间在校生达到3000人左右（含短训和函授）。

二、双方共同投资建设安全工程学院的培训基地和综合教学楼。建设资金由举办双方共同筹集。双方单位联合申请，争取国家安监总局专项资金扶持和市政府配套资金支持、市教委及市科委的相关支持。不足部分由安全工程学院举债建设分年偿还，安全工程学院产权实行股份制形式。安全工程学院如建在科技学院校内，在联合办学存续期间，土地无偿使用，土地产权属重庆科技学院；在联合办学关系解除后，土地产权归重庆科技学院。安全工程学院如建在重庆科技学院校外争取到的划拨或购置的土地上，资金由双方共同想办法解决，产权归协议双方共同所有，各占50%。双方在各自的业务范围内争取到政府经费，除双方根据需要适当提留外（一般不超过10%），均作为双方的共同投资。

三、学历教育教学管理按科技学院现有的管理模式规范运行，经费独立核算。学生每年的学费20%作为双方的管理费用（其中市安监局和科技学院各10%），其余80%用于安全工程学院的教学运行和教学基本建设（其中10%用作科技学院的图书馆、教学楼、体育场等公共教学资源共享费）。双方每年提取的管理费用在前期的办学阶段，直接投入安全工程学院的教学运行和教学基本建设，投入的具体年限由理事会协商。

四、在安全工程学院下设安全培训中心和技术服务机构，用于扩大和拓展现有安全工程培训（含技能培训）和技术服务的规模和范围。目前双方现有的培训和技术服务项目宏观上统一管理，具体运作仍然按双方现有的模式运作，且双方都可以用安全工程学院牌子，待时机成熟后再行整合。整合后的安全工程学院培训和技术服务机构新增项目的收入，在保证安全工程学院教学和偿还贷款要求的前提下，由理事会研究向双方上交管理费，管理费分配比例各为50%。

五、双方力争向重庆市人民政府申请在重庆市大学城重庆科技学院附近划拨100～200亩教育用地用于安全工程学院建设，争取在2006年10月份以前完成征地手续和审批手续。与此同时，考虑到征地工作的难度性，重庆科技学院立即着手调整大学城新校区规划工作，确定安全工程学院大楼建设位置，争取在2006年12月30日以前完成规划设计立项、审批，2007年1月份开工，2007年8月30日前交付使用。

第六条　举办双方的权力义务

一、重庆科技学院的权力

1. 有权对安全工程学院的运行情况进行监督；

2. 有权对安全工程学院按科技学院二级学院要求进行管理；

3. 有权对安全工程学院学员按照国务院学位委员会、教育部和重庆科技学院的规定进行资格审查及管理；

4. 有权对安全工程学院教师进行资格审查；

5. 有权对安全工程学院投入的办学资产及经费使用情况进行监督。

二、重庆科技学院的义务

1. 提供办学条件投入；

2. 负责学历教育的招生就业工作；

3. 负责学校教学资源调配,组织协调相关教学管理工作,保证安全学院教学、培训、科研及技术服务工作的正常运行；

4. 负责学生的教育管理工作；

5. 负责颁发学位证书和毕业证书；

6. 同市安监局建立密切联系，处理办学过程中的其他问题。

三、市安监局的权力

1. 有权对安全工程学院的运行情况进行监督；

2. 有权对安全工程学院教师进行资格审查；

3. 有权对市安监局投入的办学资产及经费使用情况进行监督；

4. 有权运用安全工程学院的牌子开展安全工程职业教育和培训。

四、市安监局的义务

1. 提供办学条件投入，提供政府的政策支持；

2. 负责相关培训的招生工作，配合科技学院本专科学生的生产实践教学活动和毕业生就业工作；

3. 负责市安监局相关资源调配，组织协调培训与技术服务工作，保证安全工程学院教学、培训、科研及技术服务工作的正常运行；

4. 配合学生的教育管理工作；

5. 同科技学院建立密切联系，处理办学过程中的其他问题。

第七条　协议的修改、变更

双方必须严格履行协议，如因故需要修改、变更协议时，须征得对方同意，并形成书面材料。

第八条　其他

一、本协议其他未尽事宜，由双方共同协商解决；

二、本协议在执行过程中如发生争议，由双方共同协商解决；

三、本协议经双方签字、盖章后生效；

四、本协议一式4份，双方各执2份，具有同等效力。

重庆科技学院（盖章）　　　　　　重庆市安全生产监督管理局（盖章）

校长：唐一科（签字）　　　　　　局长：肖健康（签字）

2006年9月18日　　　　　　　　2006年9月18日

图 6-1-4
2009 年 1 月 12 日，肖健康局长主持重庆安全工程学院联合办学协调组工作会议

图 6-1-5
2008 年 5 月 18 日，重庆安全工程学院协调组主要成员：肖健康、魏世宏、唐一科、郑航太

二、设立重庆市安全生产科学研究院和中国安全生产科学研究院重庆分院纪实

　　为了加强安全生产的科学研究，重庆安全工程学院向重庆市安全生产监督管理局提出了设立重庆市安全生产科学研究院的申请，得到了重庆市安全生产监督管理局的大力支持，重庆市安全生产科学研究院正式成立。在此基础上，由中国安全生产科学研究院、重庆市安全生产监督管理局、重庆科技学院三方又签订了联合组建中国安全生产科学研究院重庆分院的合作协议。

（一）设立重庆市安全生产科学研究院

　　根据重庆安全工程学院的请示，重庆市安监局发文批复，同意设立重庆市安全生产科学研究院，以积极开展安全科学、技术领域的研究工作，为重庆市安全生产提供科学与技术保证。

重庆市安全生产监督管理局
关于组建重庆市安全生产科学研究院的批复

渝安监〔2008〕94号

重庆安全工程学院：

你院《关于组建重庆市安全生产科学研究院的请示》（重安院〔2008〕8号）收悉，根据《重庆市人民政府关于重庆市安全生产科技支撑体系建设方案的批复》（渝府〔2008〕3号），经研究，现批复如下：

一、同意以重庆安全工程学院资源为基础组建重庆市安全生产科学研究院。

二、请你院和我局相关处室立即进行重庆市安全生产科学研究院的组建工作。

三、重庆市安全生产科学研究院管理体制上隶属重庆市安全生产监督管理局，由重庆市安全生产监督管理局和重庆科技学院建设和管理。待条件成熟后，上报市编制委员会审批，争取建成独立的法人事业单位。同时争取国家安全生产管理总局和中国安全生产科学研究院的支持，加挂中国安全生产科学研究院重庆分院的牌子。

此复

二○○八年四月十四日

图 6-1-6
2008 年 5 月 5 日，重庆安全（石油）科技大楼在重庆科技学院奠基

图 6-1-7
2008 年 5 月 5 日，重庆安全生产科学研究院挂牌成立，唐一科校长、郑航太副校长接牌

（二）组建中国安全生产科学研究院重庆分院

经过友好协商，中国安全生产科学研究院、重庆市安全生产监督管理局、重庆科技学院三方于 2008 年 7 月 13 日签订了组建中国安全生产科学研究院重庆分院的合作协议。协议基本内容纪实如下：

组建中国安全生产科学研究院
重庆分院合作协议书

甲方：中国安全生产科学研究院

乙方：重庆市安全生产监督管理局

丙方：重庆科技学院

为了加强国家和地方安全生产科研机构的协作，发挥国家科研机构的技术优势，提升地方科研机构的研究能力，本着优势互补、合作共赢、服务发展的原则，经协商，三方就合作设立中国安全生产科学研究院重庆分院（以下简称中国安科院重庆分院）事宜签署以下协议：

一、中国安科院重庆分院的组织形式

（一）重庆市安全生产科学研究院（以下简称重庆安科院）已于 2008 年 4 月 12 日由乙方按照《重庆市人民政府关于重庆市安全生产科技支撑体系建设方案的批复》（渝府〔2008〕3 号）精神批准设立。中国安科院重庆分院在重庆安科院的基础上设立，与重庆安全工程学院、重庆安科院实行三块牌子、一套机构。

（二）三方合作组建的中国安科院重庆分院，实行由三方组成的协调组领导下的院长负责制。中国安科院重庆分院是以三方共建、共管为平台，以合作项目为纽带，自主经营、市场运作的科研实体。

图 6-1-8
2008 年 7 月 13 日，中国安全生产科学研究院院长刘铁民（右一）出席重庆分院
签字仪式，唐一科校长（前排中）陪同

二、中国安科院重庆分院的组织机构及人员配备

中国安科院重庆分院设院长一人，首席科学家一人，副院长三人。运行初期由重庆安全工程学院领导班子按章程规定履行相应职责。待时机成熟（具有事业或企业独立法人资格）后，由乙方商丙方和甲方任命院长和首席科学家；副院长由三个举办单位各自委任一人。中国安科院重庆分院内设办公室、科技发展部、技术开发部、科技服务部等四个部室。

三、中国安科院重庆分院的业务职责

中国安科院重庆分院主要承担安全生产科学研究、技术推广、技术服务、产业开发等职责。承担政府安全生产公益性研究课题，争取承担国家和地方安全生产科技攻关项目，承接和组织安全科技研究项目的试验，开展安全生产技术的开发、为企业提供安全生产技术咨询、职业病危害因素评价、职业安全健康管理体系认证、环境管理体系认证、安全监测、评估、评价服务，引进、推广国内外先进安全生产技术和管理方式，组织安全科技产品的研发、生产、管理，培育发展安全科技产业。

安全生产领域的经营性服务项目，由三方确认的相关方组织——中国安科院重庆分院所属的经营性机构承担。

四、三方权利义务

三方坚持共建、共管、共享、共赢的合作原则。

（一）甲方

1.优先参与中国安科院重庆分院的课题研究、技术推广、咨询、服务项目；

2.为中国安科院重庆分院提供技术支持，负责提供中国安科院重庆分院技术和管理人员的业务培训；

3.发挥自身优势，协助中国安科院重庆分院开展对外的技术服务项目；

4.优先提供中国安科院重庆分院可承担的科研开发项目和技术推广等。

（二）乙方

1.负责重庆安科院（中国安科院重庆分院）法人资格的设立工作，办理登记注册事宜；

2.为中国安科院重庆分院的发展提供良好的地方性政策支持；

3.协助和开拓本地和周边地区安全生产有关的科研项目和技术、产品、服务市场。

（三）丙方

1.为中国安科院重庆分院提供办公、科研和业务服务的场所，保证其正常的办公和科研业务的需要；

2.为中国安科院重庆分院科研项目提供人员、场地和器材装备等支持。

五、其他

（一）中国安科院重庆分院按重庆安科学院（中国安科院重庆分院）的章

程及相关制度运作；

（二）由于任何一方不履行协议规定义务，造成中国安科院重庆分院无法达到协议规定的目的，按照国家相关规定终止协议并由违约方承担相应责任；

（三）未尽事宜，由三方协商补充协议，补充协议具有同等法律效力；

（四）本协议一式三份，由三方签订后盖章生效，甲乙丙三方各执一份，具有同等法律效力。

以下为三方法人代表签字并加盖单位公章。

二〇〇八年七月十三日

三、重庆安全工程学院 2011 年工作总结纪实

2011 年是重庆安全工程学院首届本科生毕业的一年，更是首次获得硕士研究生招生资格的一年，这对重庆安全工程学院来说，是具有历史里程碑的伟大的一年。所以这里选用了学院"2011 年工作总结"来纪实这一时期重庆安全工程学院的学科和专业建设状况，应该是比较恰当的了。下面是总结全文（由重庆安全工程学院提供）。

2011 年，是学校全面完成第一个战略发展期的各项历史任务，跨入第二个战略发展期的开局之年，学校圆满地完成了教育部调研性本科教学合格评估，圆满完成了 60 周年校庆的各项工作。这一年来，安全工程学院党政班子团结带领全院师生员工，紧紧围绕学校中心工作，以科学发展观为统领，科学谋划，抢抓机遇，较好地完成了各项目标任务，开启了学院内涵发展的新篇章。

一、强化内涵，提升质量，教学工作取得新成绩

（一）学科专业建设成绩卓著

2011 年，学院成功申办消防工程本科专业，并于 7 月开始招生。2011 级安全工程、消防工程计划招生 177 名，实际报到 176 人，新生报到率 99.44%，居

全校第一，同时也改善了专业单一的局面，丰富完善了学科体系，增强了学院的办学实力。今年9月，学院积极申报开展"服务国家特殊需求人才培养项目"工程硕士（安全工程领域）专业学位研究生培养试点，并在10月取得"服务国家特殊需求人才培养项目"安全工程硕士专业学位授予权。并且，安全技术及工程学科申报重庆市高等学校"十二五"市级重点学科获得成功，获批安全技术工程、安全管理工程、职业卫生工程三个二级重点建设学科方向。目前，学科负责人、方向负责人职责明确，任务落实，实行目标考核，各项工作顺利推进。2011届学院毕业学生70人，就业率100%。70名毕业生中，62人通过英语四级、六级，通过率88%；64人通过计算机二级、三级，通过率91%；8人被同济大学、重庆大学和西南石油大学等录取为硕士研究生，占毕业生人数11%。学院顺利通过市教委的审核，获得安全工程专业学士学位授予权。

（二）师资队伍素质不断提高

一是学院结合发展实际，通过引进和培养，学院师资队伍结构更趋合理。2011年，新引进博士生1名，2名教师出国访问学习，2名教师晋升副教授，2名教师晋升讲师，1名教师晋升实验师。目前有教职工31人，其中专任教师20人。20名专任教师的结构情况如下：

学历结构	博士8人，占40%；硕士（含5名在读博士）11人，占55%
职称结构	教授4人，占20%；副教授9人，占45%；讲师4人，占20%
年龄结构	40岁以下青年教师占65%
专业结构	石油类背景8人，化工类背景4人，矿山类背景3人，其他5人
资质结构	国家安全检测检验专家2人，重庆市安全评价专家2人，注册安全评价师8人，安全评价人员16人

二是学院认真执行青年教师"三种经历"制度，制订青年教师培养计划，取得了良好的效果。同时，安排具有高级职称的优秀教师对青年教师进行指导，加强传、帮、带；对新进教师实行严格的试讲制度和教学工作规范培训制度；

积极开展青年教师实践技能培训与考核；利用学院安全评价所的独特优势，有组织、有计划地安排参与实际工程项目的评价和标准化工作，提高青年教师实践技能；组织青年教师参与听评课活动；组织教师参与安全评价师考试，2011 年，有 5 名青年教师取得注册安全评价师资质。

三是学院结合现有安全生产技术研究科技创新团队、安全风险控制工程科技创新团队的组建及工作开展，积极推动安全工程学科建设，带动了人才梯队培养，提高了学院教师的对外科技服务能力。

（三）实验室建设和实验项目开发得到进一步提升

通过一年多的努力，重庆市非矿山安全与重大危险源监控实验室、重庆市职业危险检测与鉴定实验室 2 个省（直辖市）级实验室建设计划项目全部实施完成并顺利通过竣工验收，加上中央与地方共建高校实验室项目投入 360 万元，实验室设备总值达到 1000 万元。2011 年顺利完成了实验室搬迁工作，进一步理顺了实验室管理运行，较好地开展了实验项目的开发，有力地支撑了安全工程的学科发展，为重庆市安全生产科技支撑体系提供了重要硬件条件，同时也为推进"安全保障型城市"建设，为政府安全决策提供了服务平台和决策依据。

（四）本科教学合格评估工作稳步推进

学院组织教职员工认真学习本科教学合格评估相关指标，建立教学资料两级审查制，保证其制度化、常态化。目前，学院已严格按照本科水平评估要求，对资料收集进行完善、整改，教学资料归档完整、规范。对于专家组提出的意见和建议，做出详细的整改方案，并落实到相应的责任人，限期整改。

二、整合资源，搭建平台，科研工作取得新突破

2011 年学院紧紧抓住建设"安全保障型城市"的契机，依托重庆市安监局和相关企业，结合学院实际，加大"政产学研"平台建设力度，学院科技创新能力进一步提升。

（一）加快科研团队建设，扩大团队影响

在提升学院科技创新能力建设方面，学院注重科研团队的打造。在积极搞好现有 2 个科研团队建设的同时，2009 年组建的刘铁民科研团队和 2011 年组建的李世海科研团队也开始发挥作用。学院科研团队在为重庆市安全保障型城市建设和有关区县安全科技发展规划方面做了卓有成效的工作，在社会上逐步形成良好影响，更有力地促进了安全工程学科的建设和发展。

（二）加强科学研究，为安全生产提供科技服务

2011 年学院新申报成功纵向课题 8 项，横、纵向课题及安全评价项目签订合同总额突破 1000 万元。刘铁民团队以科技学院名义参与国家自然科学基金重大专项 1 项；国家安监总局科技攻关项目 2 项；国家安监总局"十二五"规划编制子课题 2 项；重大项目 1 项。学院教师公开发表论文 13 篇，其中被 SCI、EI 检索 3 篇，核心期刊 7 篇，主编安全类教材 3 部。

（三）积极参与重庆市安全生产科技支撑体系建设

重庆市"非矿山安全与重大危险源监控实验室"和重庆市"职业危害检测与鉴定实验室"硬件建设方面取得了较好成绩，通过了总局验收。学院正积极申报上述 2 个实验室对外服务的资质（乙级），并已试验性地开展了部分对外服务工作。在此基础上，组建重庆市安全生产检测技术中心，学院组织教师参与并指导 7 个区县安全生产"十二五"规划编制；参与市经信委突发事件应急处理方案制订等。学院还完成重庆市道路安全研究所筹建和重庆市安全生产检测技术中心筹建的前期准备工作；组织翻译了 Kellowa 教授的《职业安全与健康管理》专著。

三、强化理念，不断创新，安科院工作再上新台阶

（一）积极打造重庆市安全生产支撑平台。安科院成员参与重庆市区县安全生产"十二五"规划的制定，为区县安全生产发展提供技术服务和科技支撑。

（二）成功完成"国家职业危害实验基地暨安全工程人才培养基地项目建议书"前期工作。在国家安监总局的指导下，市安监局和学校的直接领导下，完成了"国家职业危害实验基地暨安全工程人才培养基地项目建议书"的前期工作。在国家安监总局的指导下，市安监局和科技学院的直接领导下，通过广泛调研和论证，顺利完成了"国家级基地职业健康基地建设建议书"。4月份组织了北京专家和加拿大专家建设论证会，并着手在重庆市发改委和国家发改委的申报立项工作。同时，积极配合学校做好该基地建设的征地、经费落实等相关工作。

（三）顺利完成第四届全市安全工程奖助学金评选工作。根据《关于印发重庆市安全工程奖学金助学金管理办法（试行）的通知》文件要求和安监局《关于表彰安全工程奖助学金学生的请示》批复，安科院组织完成了重庆市各相关普通高校、高职高专学校的安全工程奖助学金评选活动。

（四）加速推进安全生产科技成果交流。为进一步适应重庆市安全生产发展需要，结合重庆市高等院校、科研院所以及重点行业，征集了170多项安全工程类科研成果、在研项目以及科研论文，并根据重庆市及行业特点，有针对性地筛选出60余项，按先进科研成果、高水平科研论文整理编录了《重庆市安全科技成果科技论文汇编》（2011卷）。

（五）加强安全科技国际合作与交流。国际交流与合作是安全科技工作的一个重要组成部分。2011年4月，学院与中加项目办成功联合举办中国—加拿大职业健康国际论坛，邀请英国职业卫生健康组织到学院进行交流，并达成了安全工程专业国际认证合作意向；学院还与英国 Middlesex 大学达成学生交流培养意向；与中加农民工职业安全与健康项目办教师培养、举办国际学术会议等合作意向；与加拿大职业安全与健康心理研究主席，圣马丽大学职业安全与健康中心主任 Kellowa 教授达成合作的初步意向。

（六）安全培训和安全评价工作上新台阶。在原有常规培训项目、硫化氢专项培训、化医集团专项培训的基础上，不断开拓市场，新增重庆市经信委、中石化等安全管理人员培训班。安全评价所在 2010 年成功拓展评价资质范围上，加强了安全评价风险控制和过程控制，根据新的业务范围，及时制订了作业指导书，调整了安全评价过程控制文件和作业程序，取得了良好的效果，2011 年全年，安全评价报告评审一次性通过率达 100%，没有发生一次客户投诉。同时，安全评价所还加大市场开拓力度，充分利用国家安全评价甲级资质和公安部民用爆炸物品储存库安全评价资质资源，在原有重庆、四川市场的基础上，通过严格的考察，在云南、贵州、青海、甘肃等省（自治区）建立了稳定的协作方，扩大了学校安全评价的影响力和市场份额。2011 年，公司安全评价合同金额达到 1270 万元，历史上首次突破 1000 万元，取得了社会效益和经济效益双丰收。安全培训和安全评价工作均顺利完成了年初制定的目标任务。

四、以人为本，全面发展，学生工作取得新成果

（一）以育人为根本，坚持学生培养德育为先，不断完善学生教育、服务、管理工作机制

安全工程学院继续扎实推进学生工作相关机制，并深化校院两级管理体制改革，不断创新，提高二级学院学生工作主动性，使学生教育、管理、服务功能更加系统化。

1. 坚持并不断深化主题教育

学院以 60 周年校庆、建党 90 周年庆及第二次党代会为契机，通过学生党员联系班级制度、青马工程培训、第二届"中华魂"读书活动、安全教育、校纪校规教育、学习方法教育、感恩诚信教育、团队精神培养及就业主题班会等形式加强学生爱校、爱国教育，帮助学生树立正确的世界观、人生观及价值观；积极举办"安全大讲堂"，特别是让学生组织并参与到校庆期间各种大型国际性论坛中，帮助学生了解学科发展前沿，激发学生学习热情；通过和谐之家示范寝室及心理之家建设，进一步规范学生行为准则。深入开展创新教育及社会

实践，学生创新意识有显著提升。4个学生创新团队申报第六届大学生"创新训练计划"项目并成功立项，一个创新团队立项第五届大学生"优秀创新人才培养资助计划"项目；学生积极响应学校倡导的"六个一"大学生社会实践活动，参与社会实践的热情及积极性高涨，知行合一的理念深入人心。经校大学生社会实践工作领导小组评选，安全工程学院农民工创（就）业情况调研队获重庆科技学院"永远跟党走"——2011年大学生主题实践教育社会调研先进集体荣誉称号；安全工程091班李俊莹、安全工程094班赵晓宇因在社会实践中表现突出，多次受重庆晨报、中新网等媒体采访。为进一步激发学生的荣誉感和积极性，学院充分利用学生工作宣传阵地及学院网站，树立优秀学生典型，评选出学年学习标兵，教育广大学生学习先进。

2. 不断推进服务学生功能

学院不断推进服务学生功能。在扎实做好学校学生奖助贷工作的基础上，修订《重庆市安全生产科学研究院奖学助学金管理办法》，不断推行安全奖学助学金及学风表彰等相关激励措施，对品学兼优及家庭经济困难的学生给予鼓励及支持。

以职业生涯规划及就业指导为切入点，积极引导学生参与社会工作、社团及文体活动，提高学生的综合素质。学院以英语四级、六级，计算机二级、三级为依托，坚持以赛训练学生，以赛检验学生，积极鼓励学生参与各类竞赛，培养学生的学科知识竞赛能力。学院修订《安全工程学院关于学生取得重要成果奖励的规定》，对获得成绩的学生特别是考取硕士研究生的学生给予重奖，学生参与学科知识竞赛及专业技能竞赛的积极性及成绩均有很大程度提升。为进一步巩固学风建设成果，学院投入资金及精力成立的考研自习室，英语计算机学习室已经投入使用。此外，市安监局也加强学院人才培养支持力度，安监局领导力争每学期能为学生上一堂课；与地方安监部门共同推动学生就业工作，切实服务学生，为学生的成才创造条件。

3. 巩固并不断加强基础性管理工作

学院加强学生工作的基础性管理，修订学生工作考核机制，不断提升学生工作者业务水平及理论水平。积极鼓励学生工作者参与并申报学校及市级学生工作课题，将学生事务性工作有效转化为对学生工作体制的探索。

学院以抓书包工程建设为重点，加强学生课堂纪律和出勤考核。学院强化领导听课、领导巡考、教师互听、教务办和督导检查落实的听课制度，狠抓课堂教风和学风。逐步形成了党政班子全员参与学生工作，形成教学工作推动学生工作、学生工作与专业教学工作紧密结合的局面。学院形成教务办主任及秘书直接联系学生会学习部及各班学习委员制度，及时向各班传达学校教学工作动态，学习部部长定期向教务办主任汇报学院学生出勤等情况，形成良好的沟通机制。学院所属安全评价所向学生活动提供人力以及资金上的保障，参与学生毕业设计，为学生提供就业信息。

（二）坚持以学风建设为主线，提高学生综合素质，促进学生全面发展，打造品牌本科生

学院依托数学建模，力学竞赛，英语配音，情景剧，英语四级、六级，计算机考试等载体，鼓励学生参与各种知识竞赛，在竞赛中增强学生的学习积极性及主动性，全面提升学生的综合素质。

安全工程学院2011届毕业生作为安全工程学院第一届本科毕业生，英语四级、计算机二级过级率均名列学校毕业班前茅，8名同学考上研究生；2012届毕业班英语、计算机水平现已超学校平均水平。同时，我院在第六届经典英文影视作品配音大赛及情景剧大赛均获一等奖，并获得最佳剪辑奖、最佳男配音、最佳表演奖及最佳展板奖。

学院通过"安全大讲堂"及安全创新创业大赛，让学生了解专业前沿；组织学生到重庆煤炭科学研究院体验煤层气和瓦斯爆炸试验，进一步提升学生专业素养的同时增强学生专业学习的责任感。

学院围绕校庆、建党 90 周年及第二次党代会主题，积极参与并开展相关活动。学生积极参与到校庆 60 周年庆典大会扇形排练及志愿者工作中去。学院获"我为校庆做贡献""高举团旗跟党走、我为党旗添光彩"主题团组织生活观摩赛一等奖、校庆校史知识竞赛一等奖、"迎 60 周年校庆　展大学生风采"情景剧大赛一等奖、"颂歌献给党　永远跟党走"文艺晚会朗诵组一等奖。

（三）深入贯彻落实"创先争优"文件精神，以党建带团建，充分发挥学生"三自"作用

安全工程学院学生党支部以建党 90 周年为契机，深入贯彻落实"创先争优"相关文件精神，扎实开展"一讲二评三公示"工作。支部工作逐步规范化，支部加强对学生党员入党后的培养，切实改变了学生党员"重发展，轻培养"的状况；规范毕业班党员在外实习期间参与支部组织生活方式及党组织关系转接方式。

学院认真落实机关党组织与学院党组织的共建工作，共建工作成效初显，第三批积极分子及党员赴保卫处实习顺利开展，学生党员积极性显著提升。实习学生赴保卫处实习，学到安全保卫及突发事件处理办法等知识外，促进了机关及院系工作沟通及资源信息共享。

学院激发学生党员及学生干部先锋模范带头作用，进一步规范安全工程学院团总支学生分会工作制度，充分发挥学生"三自作用"。通过学生党员联系班级制度，高年级学生干部带低年级学生干部等"传帮带"工作制度，加强了各年级之间的联系。在校庆及建党 90 周年之际，充分展现了学生党员及学生干部良好的精神风貌。安全工程 094 班赵晓宇在学校党委关于纪念建党 90 周年暨创先争优表彰及"五四"表彰活动中获"优秀党员"及"十大杰出团干"荣誉称号。

（四）多渠道促进毕业生就业工作，服务学生高质量就业

为进一步完善毕业生就业服务体系，保障学院就业工作顺利开展，安全工程学院特成立党政班子集体负责，分管学生工作负责人主抓，全体专兼职辅导

员参与的领导体制和管理机制。学院党政班子每人重点负责一项具体工作，如校内外政策支持、开发就业市场及就业基地等。积极创造条件，多渠道促进就业工作，服务学生高质量就业。

学院进一步加强毕业生就业工作的指导性，增强工作的针对性，做好大学生入伍，报考研究生、公务员、村官工作，提高毕业生就业的信心和能力。学院加强与企业及区县安监部门的沟通与合作，整合社会资源，扩宽就业道路。安全工程学院就业率为 92.12%，其中就业国有企业率达 74.3%，硕士研究生录取 8 人，专升本 13 人，1 人考取武警重庆市消防总队，1 人考取乡镇人才计划。

五、着眼发展，深化改革，学院党建和内部管理工作取得新进展

（一）加强学院班子建设，以良好的班子作风带动院风

在思想建设方面，学院领导班子坚持政治理论学习，积极参加学校组织的处级领导干部培训班和学院组织的政治学习，努力提高班子成员的理论水平和政治意识；在制度建设方面，学院制订了关于领导班子自身建设、议事规则、院务公开、党风廉政建设责任制、党总支保持先进性长效机制等一系列规章制度，并得到了很好的贯彻执行；在组织建设方面，学院进一步明确了党政联席会议成员，成立了学术委员会、安全稳定领导小组，调整充实了学院教代会和分工会，基本形成了较完备的学院决策、咨询、监督、考核体系。学院领导班子着眼长远，精心谋划学院未来，建立了良好的沟通交流机制，以良好的班子作风促进了良好的院风。

（二）加强教职工思想政治工作及宣传教育工作，为开展各项工作奠定思想基础

学院始终坚持教职工政治理论学习制度，积极宣传党的路线、方针、政策和学校的各项政策、决定和改革措施，坚持以正确的舆论引导人，以学校的事业凝聚人，以深厚的感情关心人，以高尚的情操塑造人。每学期党总支都按学校党委的部署，详细制订本院教职工政治理论学习计划，并按计划有步骤地严

格执行。学院党总支要求全体党员要在政治理论学习中起模范带头作用，各党支部起核心作用，用"三个代表"重要思想和科学发展观统一全院思想，坚决贯彻执行学校党委和行政布置的各项措施任务，确保学院各项工作顺利进行。

（三）扎实开展党建工作，积极促进学院快速发展

扎实有效的学院党建工作，为服务学院发展、创建品牌学院提供了强有力的组织保障，全面推动了学院各项事业又好又快发展。学院已由单一的安全技术管理专科教育形成了以本科教育为主，专科教育为辅，服务地方经济的安全工程成人教育为依托的办学格局和办学体系，尤其是国家专业硕士点的成功申报，更进一步完善了学院的办学结构。国家职业危害实验基地、国家安全生产技术支撑体系两个省级实验室——重庆市职业危害检测与鉴定实验室和重庆市非矿山安全和重大危险源监控实验室，重庆市安全工程及地质灾害监测预警研发中心均成功落户学院。

2011年，是学院各项工作取得可喜成绩的一年，这是全院上下同心同德、埋头苦干、奋力拼搏的结果。但与此同时，我们也清醒地认识到，学院工作中仍存在一些不足，主要表现在：一是对学院制内涵的理解和认识还有待进一步深入；二是对教学质量的控制还有待进一步完善；三是科研项目级别有待进一步提高，科研力量和科研经费的资源整合还有待加强；四是安科院的内涵建设还任重而道远等。

2012年，是学校深入推进第二战略发展期各项工作的重要一年，也是学院深化内涵建设、推动学科建设全面发展的关键一年。安全工程学院全院师生员工将继续发扬"三创精神"，以学院制改革为契机，进一步强化管理、深化改革，以安全生产实际为依托，以做好"十二五"规划理清发展思路为关键，以加强安全学科专业建设为基础，以国家职业危害实验基地建设为重点，以做大做强安全评价和安全培训为动力，以打造安全文化为特色，锐意进取，不断拼搏，使安全工程学院取得新突破、实现新跨越、开创新局面。

第二节　设立重庆垃圾焚烧发电技术研究院纪实

一、重庆垃圾焚烧发电技术研究院基本情况纪实

（一）重庆垃圾焚烧发电技术研究院成立授牌暨奠基仪式

　　重庆垃圾焚烧发电技术研究院的成立授牌暨奠基仪式于 2006 年 12 月 30 日在重庆科技学院大学城新校区建设工地举行，为了节省篇幅，本节选取了"唐一科校长在授牌暨奠基仪式上的讲话"编录于后，以作文献见证代表。

图 6-2-1
2006 年 2 月 14 日，唐一科校长与重庆市科委、重庆三峰环境产业有限公司签订联合共建重庆垃圾焚烧发电技术研究院协议

图 6-2-2
2006 年 12 月 30 日，重庆垃圾焚烧发电技术研究院奠基及授牌仪式在科技学院举行（右一为谢小军副市长，右二为重钢总经理刘加才）

图 6-2-3
2006 年 12 月 30 日，重庆垃圾焚烧发电技术研究院奠基及授牌仪式主席台

尊敬的谢市长、建设部赖司长、科技部闫司长、环保总局王处长以及重庆市各委办局的各位领导，各位来宾，同志们，重庆科技学院的同学们：

大家好！

在 2006 年即将结束，新的一年即将来临之际，我们很荣幸地邀请到了各位领导和来宾，出席重庆垃圾焚烧发电技术研究院授牌暨奠基仪式。在此，我谨代表重庆科技学院 15000 名师生员工，代表重庆垃圾焚烧发电技术研究院全体研究及工作人员，向在百忙之中拨冗光临会议的各位领导、各位来宾表示热烈的欢迎和衷心的感谢！

组建重庆垃圾焚烧发电技术研究院，是为了贯彻落实全国科技大会精神，根据《国家中长期科学和技术发展纲要》的任务要求，由重庆市科学技术委员会、重庆钢铁（集团）公司所属重庆三峰 - 卡万塔环境产业有限责任公司、重庆科技学院三方，在大型垃圾焚烧发电技术的引进、消化、吸收和再创新方面取得阶段性成果的基础上联合组建的。研究院的组建，对于贯彻落实科学发展观，实现社会经济的可持续发展有着重要的意义。这项工作得到了国家有关部委、重庆市人民政府，以及重庆市有关部委局的大力支持与广泛关注，我再次代表重庆科技学院和重庆垃圾焚烧发电技术研究院对此表示诚挚的谢意！

重庆垃圾焚烧发电技术研究院成立以后，我们将在国家有关部委、重庆市人民政府、重庆市科委及相关职能部门的支持下，与有关方面紧密合作，通过研究院这一"政产学研"合作平台，按照"生产一代、储备一代、预研一代"的战略思路，集中力量深入开展大型垃圾焚烧发电技术和二次污染控制集成技术与关键装备的研究，使之尽快形成具有自主知识产权的技术及装备，并逐步实现产业化。要通过 3 ~ 5 年的建设，使研究院成为重庆市垃圾焚烧发电产业的技术研发服务中心和人才培养基地。从而为推动环境保护和高新技术产业的发展，为重庆市的产业结构调整做出积极的贡献！

最后,祝各位领导、各位来宾在新的一年里,身体健康、工作顺利、阖家幸福! 谢谢大家!

（重庆科技学院校长、教授、博士生导师　唐一科　2006 年 12 月 30 日在 重庆垃圾焚烧发电技术研究院成立授牌暨奠基仪式上的讲话）

（二）重庆垃圾焚烧发电技术研究院管理委员会章程

这里选编了《重庆垃圾焚烧发电技术研究院管理委员会章程（2006 年版）》, 内容编录如下：

第一条　重庆垃圾焚烧发电技术研究院管理委员会（简称"研究院管委会"） 是由重庆科技学院（简称"学校"）、重庆钢铁（集团）公司（简称"重钢公 司"）、重庆市科学技术委员会（简称"市科委"）共同组建的联合领导机构。 研究院管委会办公室挂靠在重庆科技学院内,日常工作由重庆垃圾焚烧发电技 术研究院办公室代行处理。

第二条　研究院管委会代表学校、重钢公司、市科委（简称"三方"）对 重庆垃圾焚烧发电技术研究院实施领导和管理职责。

第三条　研究院管委会成员由 5 人组成,其中学校 2 人、重钢公司及所属 三峰 - 卡万塔环境产业有限责任公司 2 人、重庆市科委 1 人,管委会委员 3 年 任命一次。

管委会设主任 1 人,由重钢（集团）公司董事长担任；设副主任 2 人,由 学校校长和市科委主任分别担任；成员 2 人,由重钢（集团）公司所属重庆三 峰 - 卡万塔环境产业有限责任公司总经理和重庆垃圾焚烧发电技术研究院院长 担任。

第四条　研究院管委会的主要职责：

1. 审定研究院的发展规划和年度工作计划；

2. 审定研究院的各种规章制度；

3. 审定研究院提出的人员聘任及其奖惩方案；

4. 聘任并考核研究院院长、副院长和首席专家；

5. 审议研究院的重大研究、开发项目，提出决策建议；

6. 协调研究院与其他单位的关系，维护研究院的正常工作秩序；

7. 监督、管理研究院的总体工作及重大决策的执行情况、资金使用情况等；

8. 听取研究院年度工作汇报。

第五条　研究院管委会实行例会制，每年召开 2 ~ 3 次全体会议。管委会闭会期间如遇重大或紧急情况，可临时召开全体委员大会。

第六条　研究院管委会会议由主任召集和主持，也可以由主任委托的副主任召集和主持。

第七条　研究院管委会大会一般要有三分之二以上委员出席方可召开。当有争议的问题需要解决时，可通过委员投票表决，超过三分之二的票数才能通过。

第八条　研究院管委会的每一次会议，应形成会议纪要，提交有关方面执行、参考、备案。

第九条　本章程的修改必须经过三分之二以上委员通过，并经三方审定同意。

第十条　本章程经管委会全体会议通过后生效。

（三）重庆垃圾焚烧发电技术研究院简介（2009 年 5 月版）

重庆垃圾焚烧发电技术研究院由重庆科技学院、重庆钢铁（集团）公司所属重庆三峰 - 卡万塔环境产业有限责任公司和重庆市科学技术委员会于 2006 年联合组建，以垃圾焚烧发电技术研究及其人才培养为主要目的。研究院建筑面积3000平方米，有价值2600余万元的设计分析软件及科研仪器设备和中外（美）联合建设的一个垃圾气化燃烧中试基地。研究院所属研究开发人员70余人，其中教授8人、副教授25人、博士12人、硕士30余人。

主要任务：在垃圾焚烧发电技术和二次污染控制集成技术与关键装备的研究方面，开展系统集成创新。按照"生产一代、储备一代、预研一代"的战略，形成具有自主知识产权的系列技术和产品。

发展目标：通过5～10年时间，建设成为重庆市垃圾焚烧发电产业的技术研发服务中心、中国垃圾焚烧发电技术人才培养基地和垃圾焚烧发电产业发展的技术综合支撑平台。

机构设置及职能：研究院由联合组建单位共同建立管委会，负责研究院的发展战略及规划、科学技术策略及阶段性研究目标、年度工作任务并监督任务落实情况，协调成员单位以及相关合作单位之间的关系等。管委会主任由重庆钢铁（集团）公司董事长担任，副主任由市科委主任和重庆科技学院校长担任。研究院院长和首席专家由管委会聘任，其余研究人员和工作人员由研究院根据任务需要适时聘任。研究院主要领导的职责：

管委会主任：董林，重庆钢铁（集团）公司董事长

主要职责：主持管委会工作，定期召开管委会会议，研究讨论国内外垃圾焚烧发电技术及其产业发展动态，负责对研究院承担或正在进行的项目进行检查和评估，对重大项目、任务的组织实施和发展方向提出要求等。

研究院院长：唐一科，重庆科技学院校长

主要职责：主持研究院工作，落实管委会工作任务，组织对研究院的人员调配、资源整合、内部协调，对研究院重大任务的落实进行督促、检查和实施考核奖惩，对研究院软硬件基础设施的建设、维护和完善等。

研究院首席专家：朱新才，重庆科技学院副校长

主要职责：主持研究院日常管理和项目研究工作，制订研究院财务预算、项目实施计划，掌握项目实施进展，组织年度研究总结和财务决算工作。

信息研究室

主要职责：收集整理和研究垃圾焚烧发电行业的技术、产品信息与动态，为研究院的决策提供及时有效的信息服务。负责研究院项目的可行性分析和工程评估、新产品和新技术的推广应用、技术中介、技术培训等，负责知识产权管理，负责研究院会议组织、对外接待、合作宣传等日常管理工作。

工艺研究室

主要职责：利用工程热力学、燃烧学、计算流体力学等现代理论和方法，对垃圾在焚烧炉内燃烧过程中的热力学问题、烟道内气体的计算流体动力学问题、垃圾焚烧炉内气固两相流动数值模拟及其非线性动力学问题、垃圾焚烧过程中各种有害物质产生机理问题等进行研究，以建立垃圾焚烧发电技术理论体系。

装备研究室

主要职责：根据市场和长远发展需求，进行垃圾焚烧发电装备及关键零部件等产品及技术的研究与开发，对垃圾焚烧发电前瞻性的共性技术、基础技术、关键性技术进行研究，以建立垃圾焚烧发电装备的系列化产品开发平台。

控制与测试研究室

主要职责：承担垃圾焚烧炉控制系统的研究和调试工作，承担垃圾焚烧发电厂验收检测和垃圾焚烧发电厂二次排放物检测以及新产品的试验研究和检测。根据市场和长远发展需求，进行城市垃圾物化特性测定，建立垃圾物化特性数据库。

资源环境与社会发展研究室

主要职责：进行垃圾焚烧发电领域的相关社会问题及市场运营等方面的研

究，为制订垃圾焚烧发电相关政策和市场开发提供依据。

重庆垃圾焚烧发电技术研究院这一"政产学研"合作平台运营不到3年，就已充分显示了它的蓬勃生机，获得了包括重庆市科委重大科技攻关项目和国家科技支撑计划课题等多项科研经费的资助，研制的垃圾焚烧炉液压控制系统、烟气处理高速离心雾化器已基本取代国外进口设备并形成自主知识产权。与美国哥伦比亚大学地球与环境工程中心合作，成立了美国哥伦比亚大学地球工程中心中国分中心，作为美国哥伦比亚大学地球工程中心在中国唯一的分中心，研究院将为中国环保装备制造业的发展发挥更加积极的作用。

重庆垃圾焚烧发电技术研究院主要成员表

姓名	职务或部门	职称/学历	研究方向	备注
董　林	重庆钢铁（集团）公司董事长、研究院管委会主任	高级工程师	材料工程	
唐一科	重庆科技学院校长、研究院院长	教授/博士生导师	机械工程	
朱新才	重庆科技学院副校长、首席专家	教授	机械电子	
雷钦平	重庆三峰-卡万塔环境产业有限责任公司董事长	高级工程师	环境工程	
王定国	重庆三峰-卡万塔环境产业有限责任公司副总经理	高级工程师	机械工程	
肖大志	重庆科技学院机械学院院长	教授	机械工程	
周　雄	重庆科技学院工程中心主任	副教授/博士	机械电子	
丁又青	重庆科技学院机械学院副院长	副教授	机械电子	
胡桂川	研究院工艺设计研究室主任	副教授	机械工程	
林顺洪	研究院装备技术研究室主任	副教授	机械工程	
唐国华	重庆三峰-卡万塔环境产业有限责任公司综合部部长	高级经济师	市场营销	
邵毅敏	重庆大学	教授/博士	机械工程	兼
李　翔	研究院装备设计研究室	讲师/博士研究生	机械工程	
谭勇虎	研究院装备设计研究室	讲师	机械工程	
徐　明	研究院装备技术研究室	讲师/工程师	机械工程	

续表

姓名	职务或部门	职称／学历	研究方向	备注
刘火安	重庆科技学院生物所副所长	副教授／博士	生物工程	
胡文金	研究院实验与检测研究室	教授	自动化	
汤时龙	研究院实验与检测研究室	教授	自动化	
熊　伟	研究院实验与检测研究室	教授／博士	化工工程	
孔松涛	研究院实验与检测研究室	副教授／博士	热能与动力工程	
李　良	研究院信息资料研究室	讲师	机械工程	
王　堃	研究院实验与检测研究室	讲师	热能与动力工程	
丁剑平	研究院装备技术研究室	讲师	机械工程	
孟　杰	研究院工艺设计研究室	讲师／博士	机械工程	
田祖安	研究院装备技术研究室	讲师	机械工程	
吴　睿	研究院工艺设计研究室	副教授／博士	计算机	
邱会东	研究院实验与检测研究室	讲师	化工工程	
杨　鲁	研究院信息资料研究室	讲师	自动化	
王金波	研究院工艺设计研究室	副教授／博士	化工工程	
唐　龙	资源环境与社会发展研究室	副教授／博士	西方经济学	
何志武	资源环境与社会发展研究室	讲师／博士	公共政策	
余志祥	资源环境与社会发展研究室	研究员	教育经济学	
刘宝发	资源环境与社会发展研究室	副教授／博士	社会发展	
周发财	资源环境与社会发展研究室	讲师／博士	社会发展	
王丽辉	资源环境与社会发展研究室	副教授	金融学	
孟帮燕	资源环境与社会发展研究室	讲师	资环经济学	
帅建强	资源环境与社会发展研究室	助教	公共政策	

（四）重庆垃圾焚烧发电技术研究院科研项目管理办法

研究院科研项目管理办法版本较多，此处编录其 2010 年版如下：

为了规范科研项目管理，发挥研究院的优势与合力，不断提高研究院的科研水平与实力，在服从于重庆科技学院有关科研管理文件规定的基础上，结合本单位的实际情况，特制订本办法。

第一条　研究院科研项目，是以研究院或重庆科技学院名义获得的垃圾无害化、减量化、资源化处理领域的有关基础理论、工艺方法、仪器设备等方面的科研或技术开发项目。已经产业化的项目按照企业运行管理模式进行管理，不按照科研项目方式管理。

第二条　研究院科研项目原则上由研究院人员承担完成，部分因受条件限制院内无法完成的研究内容可以以子项目的形式委托院外单位或人员完成。对外委托项目，由各研究室提出，经研究院组织专家论证批准后方可实施。

第三条　研究院科研项目实行项目负责人制，每个科研项目及其负责人由各研究室推荐研究院确定，项目管理实行校内一个账户院内分别单列的管理模式。

第四条　在完成项目过程中，项目负责人具有组织完成项目任务、组织课题组人员、使用项目经费、完成项目总结报告和结题资料、组织申报成果和撰写论文报告、联系对外合作与交流等权利和义务。

第五条　研究院科研项目经费管理应符合学校的科研管理文件规定。项目经费的 75% 实行院内单列，由项目负责人负责使用，用于课题组完成项目研究的相关费用，原则上费用不可超支。项目支出 5000 元及其以上的经费必须经研究院审核院长审批。

第六条　项目经费的 25% 作为学校管理费和研究院运行奖励等费用。每个项目按照学校规定提取的科研管理费归学校相关二级单位的部分，由研究院根据项目参与人情况统一划拨到相应二级单位。作为研究院运行奖励费的部分由研究院院长按相关规定审批使用。

第七条 本办法自 2010 年元月 1 日起执行。

二、重庆垃圾焚烧发电技术研究院项目合作研究纪实

（一）气化燃烧中试试验项目补充协议

在 2008 年与美国卡万塔能源公司合作建立炉排炉中试基地开展炉排炉垃圾焚烧工艺试验成功基础上，研究院再次于 2011 年 5 月 20 日与美国卡万塔能源公司和重庆三峰 - 卡万塔环境产业有限责任公司三家共同签署"气化燃烧中试试验"项目协议（称"1 号修订案"）。

甲方：重庆科技学院（重庆垃圾焚烧发电技术研究院）

乙方：美国卡万塔能源公司

丙方：重庆三峰 - 卡万塔环境产业有限责任公司

三方在 2008 年 6 月 12 日共同签署的《合作技术开发协议》框架下，在甲方合作共建了城市生活垃圾焚烧中试基地，以炉排形式下垃圾的气化燃烧先进工艺技术开发为目标，在 2010 年期间，完成了中试炉炉排形式、检测流量计等的进一步完善改造和多项垃圾燃烧的设备及工艺控制中试试验，包括易拉罐混烧试验等，其结果给企业现场工艺控制和新产品开发提供了有力的技术参考。

2011 年，在继续合作某些燃烧中试试验的基础上，三方将进一步合作开展城市生活垃圾的气化燃烧中试试验，以进一步开发垃圾焚烧发电技术中先进的气化燃烧工艺和设备技术，提高燃烧效率和烟气处理质量。根据气化燃烧试验要求，将对现有中试焚烧炉进行必要的设备、控制改造设计及相应的制造、安装和调试工作，经三方共同协商，在 2008 年 6 月 12 日共同签署的《合作技术开发协议》框架下，达成如下补充协议：

1. 该补充协议所涉及的气化燃烧项目由甲方牵头，统筹安排项目内容、进度和经费使用，并负责方案设计（包括气化工艺和设备改造）、控制调试和试验研究等。甲方应保证研究人员、试验场地及相关物资条件的及时有效提供，确保项目顺利进行。

2. 乙方与甲方共同负责气化燃烧方案、控制方案和试验方案的开发研究，并特别注意收集国际相关参考资料，提供企业实践经验，确保方案和试验成果的国际先进性。

3. 丙方参与甲、乙方的方案设计及试验过程，提供企业实践经验，并负责设备改造中的设计、制造和安装调试。在丙方负责设备改造的设计、制造和安装调试过程中，甲方应大力协助，确保任务按期完成。

4. 本补充协议所涉及的项目经费控制在 50 万美元左右。其中乙方承担 15 万美元，丙方承担 15 万美元，其余部分由甲方通过其他方式予以支持，确保项目顺利完成。

5. 本协议签订后 10 日内，乙方和丙方分别向甲方指定银行账户拨付所承担经费的 70%，即 10.5 万美元，其余部分待设计改造工程完成，项目试验开始前 10 天内支付到甲方相同银行账户。

6. 项目的进度安排：2011 年 5 月 30 日前完成全部方案设计；6 — 7 月设备详细设计；8 — 9 月设备的制造和采购；10 — 11 月内完成安装调试；12 月完成相关测试和试验。协议签订后，各阶段应制订详细的进度安排。

7. 本补充协议所涉及的成果归属及其他事项，参照 2008 年 6 月 12 日共同签署的《合作技术开发协议》执行。本协议未尽事宜由三方平等、友好协商解决。

甲方：重庆科技学院

代表签字：

日期：

乙方：美国卡万塔能源公司

代表签字：

日期：

丙方：重庆三峰－卡万塔环境产业有限责任公司

代表签字：

日期：2011 年 5 月 20 日

附：《技术研发合作协议》"1 号修订案"第二时间节点任务完成情况说明（项目负责人　唐一科　2011 年 8 月 18 日）

根据美国卡万塔能源公司、重庆科技学院、重庆三峰－卡万塔环境产业有限责任公司三方基于前期的《技术研发合作协议》，于 2011 年 5 月 20 日在重庆科技学院签订的"1 号修订案"，第二时间节点为项目组应在 7 月 31 日前，完成全部设计工作并交付设备制造单位进入制造阶段。现对此时间节点工作完成情况作如下说明：

项目组根据"1 号修订案"，及时组织了气化 / 燃烧的工艺方案设计工作。工艺方案设计小组由唐一科、张汉威、胡桂川、王金波、徐明等人员组成，于

图 6-2-4
2008 年 7 月 15 日，美国卡万塔能源公司、重庆科技学院、重庆三峰－卡万塔环境产业有限责任公司合作技术协议签字仪式在重庆科技学院举行

图 6-2-5
2009 年 12 月 1 日，美国卡万塔能源公司高管访问重庆垃圾焚烧发电技术研究院

5 月下旬进入工作状态,初步方案于 6 月初提出,经美国卡万塔能源公司张汉威、史迪夫,重庆三峰 - 卡万塔环境产业有限责任公司副总经理王定国,制造部杨伟、刘海等相关技术人员以及重庆垃圾焚烧发电技术研究院肖大志、胡文金、汤士龙、李翔等人员 6 次以上会议讨论,于 2011 年 7 月 6 日取得完全共识,完成定稿。2011 年 7 月 12 日在重庆垃圾焚烧发电技术研究院,设计小组将设计方案正式交付制造单位进入设备制造阶段。目前,制造单位工作进展顺利。

综上所述,在此时间节点上,项目组已顺利完成规定任务。

附:炉排式生活垃圾气化燃烧工艺设计说明书

(二)研究院 2009—2010 学年度工作回顾

研究院自 2006 年成立以来,做了大量工作。此处选择研究院于 2010 年 8 月 26 日撰写的工作总结"2009—2010 学年度工作回顾"为代表,以作为对研究院日常工作的写实性记录。

2009 年 9 月 1 日—2010 年 8 月 30 日一年来,在研究院管委会和学校的正确领导和大力支持下,经过研究院全体人员的共同努力,围绕垃圾焚烧发电技术开展了万州 350T/d 型生活垃圾焚烧炉型产业化、垃圾焚烧中式基地改造和烟气净化处理等系列的科学研究工作和产品开发工作,在研究院管理、产学合作、重庆市生活垃圾资源化处理工程技术研究中心建设以及青年教师培养等方面取得的成绩归纳如下:

1. 重庆垃圾焚烧发电技术研究院工作

(1)日常运行与管理工作(含研究院内外接待、技术及工作会议)

筹备召开了 2009 年度重庆垃圾焚烧发电技术研究院管委会会议 1 次,自主召开了垃圾焚烧发电技术研究院内部技术及工作会议 8 次。

编印工作简报 6 期,收集编印了《垃圾气化燃烧技术》《垃圾焚烧发电的公共政策研究》国内外资料汇编各 1 册，约 60 万字；新建了研究院网站，改版了哥伦比亚大学地球工程中心中国分中心网站。

接待：①以美国卡万塔能源公司董事罗恩·布罗利奥为首一行 9 人的高层团对重庆垃圾焚烧发电技术研究院（以下简称垃研院）的合作考察；②以美国卡万塔能源公司副总经理史迪夫为首一行 5 人对垃研院的技术考察；③美国哥伦比亚大学尼古拉斯·塞米尼斯院士和马科尔教授对垃研院的技术考察；④以美国卡万塔能源公司亚太部负责人为首一行 3 人对垃研院的工作考察；⑤国家环保部科技司张司长一行 12 人对垃研院的工作考察；⑥国家科技部副司长一行 8 人对垃研院的工作考察；⑦重庆市科委主任周旭和副主任张文分别对垃研院进行的工作考察；⑧重庆三峰 - 卡万塔环境产业有限责任公司外来宾客的参观访问 5 次。

（2）研究院管理制度与运行机制建设工作

根据工作需要，增选了 2 名院长助理，重新调整了各院对研究机构的业务职能及其人员设置。组织起草了研究院管理文件和规章制度：

《重庆垃圾焚烧发电技术研究院管理委员会章程》；

《重庆垃圾焚烧发电技术研究院科研项目管理办法》；

《重庆垃圾焚烧发电技术研究院信息资料、科研成果及知识产权管理办法》；

《重庆垃圾焚烧发电技术研究院工作规范》；

《重庆垃圾焚烧发电技术研究院中试基地运行管理办法》；

《重庆垃圾焚烧发电技术研究院岗位职责及考核办法》；

《重庆垃圾焚烧发电技术研究院学术交流管理办法》等。

由于种种原因，这些制度和办法尚需在实践中进一步完善。

（3）科研和科技开发工作

①组织研究院团队全面参与同重庆三峰 - 卡万塔环境产业有限责任公司的产

图 6-2-6
2009 年 3 月 20 日，垃圾焚烧中试炉检测系统

校合作，特别是具有自主知识产权的万州350T/d垃圾焚烧发电厂项目的工艺设计、炉排设计、炉排材料设计、垃圾测试、国家实用新型专利和国家发明专利的申请等系列工作。

②申报《大型机械炉排式生活垃圾焚烧炉关键技术及装备》获"重庆市十大节能减排先进实用技术"称号，申报"垃圾发电厂用高速离心式雾化器"中国专利奖1项。

③申报重庆市科技攻关项目《新型耐磨耐蚀抗氧化垃圾焚烧炉排材料研究》1项。

④申报并获得国家社科基金西部项目批准：《我国循环经济扶持政策的整合问题研究——以支持垃圾焚烧发电产业发展的公共政策为例》。

⑤申报并获得重庆市教育委员会人文社会科学研究重点项目：《垃圾焚烧发电扶持政策的国际经验比较研究》。

⑥申报并获得重庆市教育委员会人文社会科学研究项目：《重庆市居民生活垃圾源头分类政策研究》。

⑦为重庆三峰 - 卡万塔环境产业有限责任公司配套雾化器产品 2 台。

⑧在公开刊物正式发表专业性学术研究论文 7 篇。

⑨组织研究人员参加全国专业性学术会议 12 人次。

⑩ 参加国家及重庆市科研项目指南的编写、完成项目申报和验收工作：完成国家"十二五"重大需求项目"固体废弃物焚烧烟气中的二噁英在线检测研究与示范"的编写；完成"城镇生活垃圾焚烧处置和资源化利用集成技术应用研究与示范"国家可持续发展实验区西南片区项目建议编写；参与完成重庆市"十二五"重大需求项目指南的编写；参与完成重庆市"十二五"基础研究重点发展规划调研报告的编写等。

2. 垃圾焚烧中试基地的研发与中试实验工作

（1）设备和技术研发工作

提出有效办法解决了垃圾焚烧中试基地研发过程中的技术难题，挽回了与美国卡万塔能源公司的合作关系，重新获得了美方的信任，从 2009 年 12 月 1 日开始，使该《国际合作项目》的研发工作和合作关系恢复到正常并逐步发展到良好状态。

（2）改造、更新和项目扩展工作

研究院团队对垃圾焚烧中试基地进行了 30 多项改造和完善工作，其中包括将一期工程"逆 + 逆 + 逆"的炉排形式改为"顺 + 顺 + 顺"形式，全面更换空气压缩系统，全面改造通风管道、送料系统和点火系统，重新研制流量检测方法和仪器等；实施二期工程，模拟 350T/d 万州项目 "顺 + 逆 + 逆" 炉排形式的设计、制造、安装和调试、除渣系统改造等，以及以上各项改造的燃烧试验和现场测试工作方案设计。

中试基地的试验工作利用国际互联网，实现了与在纽约的美国卡万塔能源公司研发部进行远程控制的有效连接。

（3）垃圾焚烧中试试验工作

组织大型试验3次，分别为：① 2009年11月25日—12月1日；② 2010年3月1—5日；③ 2010年5月22—29日。其中，2009年11月25日—12月1日的试验获得了以美国卡万塔能源公司董事罗恩·布罗利奥为首一行9人的高层考察团的高度认可，使合作得以继续；2010年3月1—5日的试验是利用国际互联网与在纽约的美国卡万塔能源公司研发部进行远程控制共同完成的，是使合作研发转入第二阶段的关键；2010年5月22—29日的试验是与美国卡万塔能源公司研发部汉威博士和Bobu Baker在重庆科技学院实验基地现场共同完成的，得到了美国卡万塔能源公司有关方面的高度认可，推动了该国际合作项目的进一步发展。

3.市级生活垃圾资源化处理工程技术研究中心

完成了重庆市科委组织的对"重庆市生活垃圾资源化处理工程技术研究中心"2009年度计划任务检查及三年中期计划任务验收工作，获验收专家"优秀"评价。

完成了重庆市教委组织的教委属工程中心建设及重庆市教委优秀成果转化项目"垃圾焚烧发电液压及控制系统"中期检查任务。

组织了"城市生活垃圾焚烧处理及资源化利用"国际学术论坛。

研究院院长唐一科教授牵头，由重庆垃圾焚烧发电技术研究院联合美国哥伦比亚大学地球工程中心于2010年5月21日在学校图书馆9楼会议室举办了"城市生活垃圾焚烧处理及资源化利用"国际学术论坛。其间，来自美国哥伦比亚大学、美国卡万塔能源公司、重庆市科委、重庆市环保局、重庆环境科学研究院、重庆钢铁（集团）公司、重庆瑞帆再生资源开发有限公司、西南交通大学、重庆大学、西南大学、重庆理工大学等单位代表及学生近150人出席了会议。

论坛上，美国科学院院士、哥伦比亚大学 Themelis 教授，哥伦比亚大学地球工程中心 Castaldi 教授，重庆市环境保护局总工程师温汝俊，西南交通大学环境科学与工程学院博士生导师张文阳教授，重庆钢铁（集团）环保投资有限公司总经理、教授级高级工程师刘思明，以及重庆瑞帆再生资源开发有限公司的代表等分别作了交流发言。特别是美国科学院院士 Themelis 教授所著的《针对中国和全球气候变化的垃圾焚烧发电可持续性发展战略》，以及美国哥伦比亚大学 Marco J. Castaldi 教授所著的《垃圾焚烧发电技术的研究与应用》引起与会者极大的关注，会场上的互动非常热烈。

会后，Themelis 教授和 Castaldi 教授与重庆垃圾焚烧发电技术研究院教师和工程技术人员进行了学术和工作座谈。

4.青年教师与高年级学生培养

研究院团队在垃圾焚烧发电领域开展研究工作，召开研讨会 10 余次，派送林顺洪、孔松涛等参加全国性会议 12 人次。人文社科系何志武等 6 人，以垃圾焚烧发电产业为突破口，开展资源环境与社会发展研究，获得省（市）级及国家社科基金项目。以研究院中试基地为基础，接纳学生实习或直接参与试验工作 30 余人次，开阔了学生视野，提高了学生社会实践能力。

（三）与合作方美国卡万塔能源公司工作信函交流摘录

研究院的中试项目与美方卡万塔能源公司和重庆三峰 - 卡万塔环境产业有限责任公司是密切合作关系，中试基地建设和中试试验内容三方共同完成，中试试验经常采用互联网远程试验方法，Stephen、Hanwei 和 Bob 经常在美国的办公室共同参与对现场试验参数的调试。此处选择一封信，谨希望能反映当时工作的大致轮廓。

Dear Stephen,

Since March 3rd when my team finished the tests on the forward-forward grate system, a series of modification and improvement had been done. As Covanta's requirement, we redirected the combustion/burnout grate into reverse reciprocating grate and re-fabricated all grate bars by increasing the grate bar head height. While the bottom ash discharger was replaced by the simple water tank to ensure the ash removing continuity, another by-pass duct was installed to avoid moisturizing the bags during start-up. All six flow elements for primary air were replaced and installed.

On April 25th, my team had the first run for trial test after all modifications. The first run test report was presented to you during our test scheduling meeting on May 12th. During the week of May 23rd, Hanwei and Bob worked closely with my team testing the forward-reverse grate. We checked all instrument and had them calibrated. Seven days' tests confirmed that all subsystems can run well. The pilot can maintain long term stable combustion for high moisture MSW that was a mixture from Tongxing MSW and University campus MSW. The CEMS displayed good ranges of oxygen and the pollutants. The bottom ash was sampled for unburnt carbon test, as the quality of bottom ash was pretty good by observation. While analysis of recorded data is ongoing, we identify a few issues that need to be overcome: 1. Flow elements are still unstable after two times' modification; 2. Air pipe for primary air should be modified to ensure accurate reading of air flow rates; 3. The bottom ash disposal water tank can be improved for easy operation/accessibility; 4. The control code should be improved/re-programmed to satisfy the automatic/cascade control requirements. After the above issues are solved, we are going to have a series of tests with mixed waste and Tongxing waste separately. The purpose of the test is to find out the best parameters with different wastes under the conditions that the flue gas emissions of carbon monoxide and other major pollutants meet standards. Heavy metals and dioxin tests are scheduled for optimal pilot run.

Furthermore, on the base of above tests, we will carry out the improvement and validation of current forward-reverse-two-stage grate system for the industrial needs of 350 Tons / day. Any modification and redesign of grate bar for commercial application will be tested in pilot before finalized. According to the preliminary budget， the completion of above tasks would request 150-200 thousands US dollars. We hope you can supply timely in order to facilitate the smooth progress of the next design and tests of the pilot program.

Best regards，

Yike Tang

Director of CWTER

Chongqiong University of Science & Technology

Tel：+86-23-6502-3889

信函内容大意：自 3 月 3 日完成顺推炉排系统测试以来，我们又完成了顺推炉排设备的一系列改进工作。根据美国卡万塔能源公司的要求，我们改变了焚烧炉排的安装方向，使之变成逆推式炉排系统。同时，我们还重新制造了增加头部高度的炉排片。除渣机改变成一个简单的水箱，以确保连续可靠地清除底灰。此外，我们还安装了旁通管，避免在起炉初期管道中的水分浸湿布袋。6 个主风管道也已重新安装到位。

炉排系统设备改造完成后，我们于 4 月 25 日进行了首次开机运行测试，测试报告已在 5 月 12 日召开的测试工作会议上向您做过汇报。5 月 23 日后的一周时间，汉威和鲍勃与我团队人员紧密合作，共同做了顺推 - 逆推炉排系统的测试试验。我们检测了所有设备的工作情况，并对仪器进行了标定。经过 7 天的测试，确认中试炉所有子系统运行良好，可以保证维持长期稳定的焚烧高水分的城市生活垃圾（试验用垃圾为同兴垃圾焚烧发电厂城市生活垃圾与科技学校校园垃圾的混合物）。CEMS 显示的氧气及其他污染物含量的区间范围良好。经观察，底灰质量好，并对底灰取样分析测试了剩余碳含量，试验数据正在进一步分析中。试验中，我们认为有一些问题尚需进一步改进：①经过两次改进的流量计运行仍不稳定；②一次风管道需要改造以确保流量计显示的数据真实；③底灰储存水箱需要改进使其除渣更容易；④控制系统的某些规程还需要进一步改进和完善。以上问题解决后，我们将针对混合垃圾和同兴垃圾焚烧发电厂的城市生活垃圾再次进行一系列的试验。试验目的是：在满足烟气中一氧化碳和主要污染物排放达标的情况下，找出中试焚烧炉焚烧不同垃圾时的最佳工艺参数。重金属和二噁英的检测也已列入计划之中。

此外，在完成以上试验研究基础上，我们将使目前这些顺推 - 逆推两段式炉排系统成果用于 350T/d 的产业化焚烧炉产品之上。任何基于商用的改型和炉排片的设计在应用前都将在中试炉上测试。根据初步预算，完成以上工作需要 15 万 ~ 20 万美元。希望你们及时支付这笔费用以便能顺利实施下一阶段的设计和测试计划。

三、研究院学术交流活动摘录

（一）参加世界垃圾焚烧发电技术双年会

2008 年 10 月 16 日，唐一科院长应邀在美国哥伦比亚大学 2008 年垃圾焚烧发电技术国际双年会上作大会发言，发言的中文翻译全文记录如下：

> 题目：垃圾焚烧发电技术在中国的发展（WTE Growth in China）
>
> 发言人：中国·重庆垃圾焚烧发电技术研究院院长唐一科，教授
>
> 尊敬的塞米尼斯教授，女士们、先生们：
>
> 上午好！
>
> 今天，我很荣幸有机会代表中国重庆垃圾焚烧发电技术研究院向各位专家介绍"垃圾焚烧发电技术在中国的发展"。
>
> 中国城市垃圾堆积量已高达 60 亿吨，已占用的可用耕地面积高达 5 亿平方

米，仅此土地资源消耗一项，其直接经济损失可高达 80 亿人民币以上。

中国城市生活垃圾的突出特点是垃圾不分类。与发达国家的城市生活垃圾相比较，中国城市生活垃圾的特点是：含水量高，其含水率一般可达 45% ~ 65%；热值低，一般在 4200 千焦耳左右；有机成分高，厨余类生活垃圾占 40% ~ 60%；垃圾中可回收的成分低，占 10% ~ 25%。

由于中国城市生活垃圾不分类，因此用混合垃圾生产的堆肥产品，质量较低，市场较小。

垃圾填埋方法，方便易行，处理量大，是现在中国城市生活垃圾处理的一种主要方法。但是，垃圾填埋不仅占地广，还容易造成周边环境和地下水的二次污染。垃圾填埋发酵后产生的甲烷不易收集和利用，其温室效应是二氧化碳的 20 倍以上。

焚烧是城市生活垃圾物处理最有效、最经济的方法之一。利用特殊的垃圾焚烧技术和设备，以城市生活垃圾作为燃烧介质，焚烧后，垃圾的固体体积可减少 85% 以上，重量可减轻 80% 以上。垃圾中大量有害病菌和有毒物质得以消除。同时，垃圾焚烧后产生的热能可用于发电、供热，实现多种能源的综合利用。

中国目前已有 600 多座大中型城市，城市生活垃圾量以每年 8% 左右的速度增长。而城市生活垃圾处理 90% 以上仍然采用的是填埋方式。

20 世纪 90 年代中期，中国的部分大城市以及沿海地区城市已开始重视垃圾焚烧技术的应用，但由于焚烧和烟气处理技术落后，大型焚烧发电厂的建设主要靠引进国外技术。因此，目前中国在垃圾焚烧发电方面尚处于起步阶段。

自 1988 年中国第一座垃圾焚烧发电厂在深圳建成投产以后，截至 2005 年，中国已在上海、天津、杭州、哈尔滨、重庆等大中型城市建成垃圾焚烧发电厂 60 余座，日处理能力达到 3.30 万吨。据 2008 年 8 月的统计资料称，中国目前已建和在建的垃圾焚烧发电厂已达 140 座。

中国的垃圾焚烧发电厂大致可分为引进设备焚烧厂、引进技术焚烧厂、国产炉排炉焚烧厂、国产流化床焚烧厂四类；各类垃圾焚烧发电厂处理垃圾能力总和只占到中国全部城市生活垃圾总量的 8% 左右。

早在 8 年前的 2000 年，中国就颁布了城市生活垃圾处理及污染防治的技术政策和鼓励性产业化政策，鼓励在经济发达、生活垃圾处理量大、土地资源紧张的大中型城市，加快再生资源的利用和垃圾焚烧发电厂的建设。

国家 2006—2010 年的垃圾无害化处理设施规划是：新增城市生活垃圾无害化处理能力 24.20 万吨 / 日，其中垃圾的焚烧处理 6.66 万吨 / 日，占总数的 27.5%；新增城市生活垃圾无害化处理设施 479 项，其中建设垃圾焚烧发电厂 82 座，占 17.1%。

全国建设垃圾焚烧厂的规划布局是：

东部地区：建垃圾焚烧发电厂 56 座，日处理能力达到 4.51 万吨；

西南地区：建垃圾焚烧发电厂 6 座，日处理能力达 0.61 万吨；

西北地区：建垃圾焚烧发电厂 4 座，日处理能力达 0.33 万吨；

中部地区：建垃圾焚烧发电厂 9 座，日处理能力达 0.72 万吨；

东北地区：建垃圾焚烧发电厂 7 座，日处理能力达 0.49 万吨。

重庆垃圾焚烧发电技术研究院是在国家和地方政府的支持下，由重庆市科学技术委员会、重庆三峰 - 卡万塔环境产业有限责任公司和重庆科技学院联合组建而成的，以垃圾焚烧发电技术研究及其人才培养为主要目的的产学研合作机构。

研究院的主要任务是：在垃圾焚烧发电技术和二次污染控制集成与关键装备的研究方面，开展系统的研究与技术创新。

研究院的发展目标是：建成中国国内垃圾焚烧发电产业的技术研发、技术服务中心，使其成为垃圾焚烧发电的人才培养基地。

研究院的近期研究计划是：

1. 研究垃圾焚烧发电技术支撑体系；

2. 研究各类垃圾物化特性；

3. 研究垃圾焚烧过程中污染物排放的控制；

4. 研究垃圾的前处理系统；

5. 研究和创新垃圾焚烧炉及炉排系统；

6. 研究和创新垃圾焚烧炉自动燃烧控制系统；

7. 研究已经过填埋的城市生活垃圾等废弃物的再处理技术。

研究院现有 3000 平方米的中试基地，2000 平方米的实验室和研究室。现有价值 2800 多万元人民币的实验仪器、设备及各种设计与分析软件。研究院现有 30 多名研究人员，其中 5 名教授、10 名博士，80% 的研究人员具有在海外大学和科研单位进修学习和工作的经历。

城市生活垃圾的物理组分、化学成分、热值等的测试和分析，是垃圾焚烧发电厂系统设计及运营的重要依据。因此，研究院近两年来对中国重庆等大中型城市生活垃圾的物理组分、化学成分、热值等进行了大量的测试与分析，获得了一些垃圾焚烧发电厂系统设计所需的基础数据，这将有益于焚烧工艺优化及焚烧发电系统的设计。

研究院将进一步开展对诸如城市污水处理的污泥、已填埋垃圾、油田油沙、农作物废弃物、电子废弃物、医疗垃圾等各种废弃物的特性分析和测试，为这些废弃物的无害处理提供研究依据。

近两年来，研究院还做了以下工作：

根据中国城市生活垃圾的组分、热值等特点，研究了垃圾焚烧炉的设计及各种平衡计算，研究了生活垃圾自动燃烧的智能控制模型。研制了垃圾焚烧发电厂焚烧炉液压控制系统，该液压控制系统在中国部分垃圾发电厂得到应用。

研究院已获得中国国家专利 25 项，其中发明专利 6 项，专利主要包括炉排片、炉排系统、垃圾预处理系统、焚烧炉进料系统等垃圾焚烧发电系统中的部分核心技术。

研究院正成长为中国西部高校的产学研示范基地，正成长为垃圾焚烧发电

图 6-2-7
2008 年 10 月 17 日，唐一科、周雄、周歧晖在美国调研垃圾焚烧处理技术情况

图 6-2-8
2008 年 10 月 18 日，唐一科、周雄、周歧晖参加美国垃圾处理国际双年会

的技术研发和人才培养基地。研究院的建立，推进了垃圾焚烧发电在中国的技术进步。

2007年10月29—30日，美国工程院院士、哥伦比亚大学教授尼古拉斯·塞米尼斯对研究院进行了为期两天的访问，访问期间对研究院的工作给予了充分的肯定和有益的指导，在此，我要向他表示衷心的感谢！

随着中国国内对城市生活垃圾处理的日益重视，研究院将进一步加大人力和资源的投入，加大产学研合作力度，加大国际合作力度。

研究院非常希望与国内外同行共同努力，为垃圾的无害化资源化处理做出更加积极的贡献。

（二）在重庆《决策导刊》发表研究论文

题目：关于加快发展重庆垃圾焚烧发电产业的对策研究

刊物：《决策导刊》2009年5月20日

作者：唐一科，重庆垃圾焚烧发电技术研究院院长，教授

为把重庆打造成中国西部的循环经济战略高地，大力扶持垃圾焚烧发电产业是一个重要突破口，具有重要的政治、经济、社会战略意义。本文针对重庆的垃圾焚烧发电产业的现状与问题，对垃圾焚烧发电产业扶持政策体系的构建、垃圾分类制度的立法实施、垃圾焚烧发电科技创新平台的建设三个方面提出对策与建议，供相关部门参考。

◇重庆垃圾焚烧发电产业的现状与困境

如何处理城市垃圾？这是世界性的难题。重庆市同样面临这一难题。据统计，重庆市主城区日产生垃圾3000吨，年产垃圾约110万吨。而且，随着重庆经济和社会进一步发展，人们生活水平的提高，垃圾的总量会很快提高。为解决重庆市的城市生活垃圾问题，实现建设循环经济的战略目标，重庆市政

府逐步放弃填埋式处理垃圾方法，果断发展垃圾焚烧发电产业。相对于传统的填埋、露天焚烧，焚烧发电是垃圾处理最经济、最环保的科学发展模式，符合"无害化、减量化、资源化"的原则。重庆市有关部门对当前垃圾处理的两种主要方式，即垃圾填埋和垃圾焚烧发电进行了专项调研，重点调研了两种处理方式最具代表性的长生垃圾填埋场和同兴垃圾焚烧发电厂。在此基础上，从更深层次上认识到垃圾焚烧发电的优势：可以较好地利用垃圾资源；可以节约大量土地；垃圾填埋可能有二次污染，垃圾焚烧则相对更少；重庆市垃圾焚烧发电走市场化运作模式，未来经济效益可期。在政府及有关部门的大力扶持下，重庆市的垃圾焚烧发电产业取得了可喜的成绩，具体来讲，有如下几个方面的表现：

第一，以重庆同兴垃圾焚烧发电厂的技术为模板的《生活垃圾焚烧炉及余热锅炉》国家标准将于 2009 年 6 月 1 日正式颁布实施。重庆垃圾焚烧发电的先进技术将开始服务全国。

第二，重庆同兴垃圾焚烧发电厂 2005 年 3 月 28 日投产，它由重庆钢铁（集团）公司、世界上最大的垃圾发电公司美国卡万塔能源公司等共同投资，是中国第一个以建设、运营、移交方式运作的垃圾焚烧发电厂，是西南地区第一个大型垃圾焚烧发电厂。该厂日处理城市生活垃圾 1200 吨，年发电量达到 1.2 亿度，可满足 3 万户城市居民用电需要。

第三，继同兴厂之后，重庆正在建设第二座大型垃圾发电厂。该项目选址巴南区，由同兴厂的控股方重庆三峰 - 卡万塔环境产业有限责任公司等投资约 8.1 亿元打造，2009 年上半年开工建设，2010 年底投产，日处理生活垃圾能力为 1800 吨，年发电量达 1.8 亿度，发电量可供 5 万户居民使用。目前该项目已经通过了公示。届时，重庆市主城区的生活垃圾可以全部用于焚烧发电。

第四，重庆市率全国之先成立了重庆垃圾焚烧发电技术研究院。该院由重庆科技学院、重庆市科学技术委员会和重庆三峰 - 卡万塔环境产业有限责任 公司三方于 2006 年 12 月联合组建，以垃圾焚烧发电及资源化处理技术研究及其人才培养为目的。它以科技创新为核心，以垃圾的资源化处理技术国产化为目标，通过垃圾焚烧发电技术的创新，参与制定国家技术标准，成为我国垃圾焚烧发电产业的一个"产学研"有效结合平台。两年来，重庆垃圾焚烧发电技术研究院取得省（部）级科技进步研究成果 3 项、发表高水平的学术论文 20 余篇、申请专利 66 项，其中发明专利 15 项，建立了美国哥伦比亚大学地球工程中心中国分中心网站和重庆钢铁公司博士后流动工作站垃圾焚烧发电研究院分站。研究院成功开展国际合作研究，2008 年 7 月 15 日，在中美合作的垃圾焚烧炉中试基地举行签字仪式，该项目由美国卡万塔能源公司出资 164 万美元，在重庆科技学院建造一套完整的日处理量为 3 吨的垃圾焚烧发电试验基地，以科技学院为主，美方参与共同设计试验装置，科技学院组织建造该试验基地、提供运行资源并进行测试，其最终目的是将研究成果实行产业化。

第五，资料显示，重庆市计划投资 9.1 亿元，在 2007 年以前上马 16 座垃圾综合利用发电项目。据了解，这 16 座垃圾发电项目中，除了奉节康乐电厂可日处理垃圾 300 吨外，其余 15 座的年处理能力都为 200 吨左右。项目分布在重庆中梁山、南川、荣昌、南桐、秀山、彭水、涪陵、开县、巫山、忠县等地。据悉，担当项目业主的企业，主要是当地的电力企业，如三峡水利电力公司、南川东胜电业有限责任公司、荣昌电厂等。可以预期，重庆市的垃圾焚烧发电产业将达到一定规模，呈快速发展的态势。

在重庆垃圾焚烧发电产业快速发展的同时，也暴露出一些困难和问题，对重庆的垃圾焚烧发电产业管理体制和扶持政策体系提出新的挑战。以重庆同兴垃圾发电厂为例，该厂位于北碚区童家溪镇，占地 150 亩，总建筑面积 17212 平方米，设计日处理垃圾 1200 吨，主要处理北碚区、沙坪坝区、高新区的全部生活垃圾和九龙坡、大渡口区的部分生活垃圾，相当于主城区生活垃圾的 1/3 强。该厂自 2005 年投产以来，遭遇到一些问题，主要表现在两个方面：第一，垃圾处置权的归属问题制约垃圾焚烧发电产业的发展。垃圾本是人人不愿要的废品，可同兴垃圾发电厂 2005 年 3 月投产后却遇到了"吃不饱"垃圾的尴尬。

每天可"吃掉"上千吨垃圾的焚烧炉，最低一天只运进8吨多。原料不足，企业曾因缺垃圾一度停产。原因在于，垃圾本身附着的最大收益就是垃圾处置费。每处置一吨垃圾，市财政都要给予一定的补贴。出于自身利益的考虑，环保的垃圾焚烧发电厂往往竞争不过传统的垃圾填埋场。针对这种情况，重庆市政府相关部门迅速采取措施，对各有关区域的垃圾供应下达了硬性指标，基本解决了同兴垃圾发电厂的"温饱问题"。显然，仅仅依靠政府的强制是难以真正解决不同利益群体"抢夺"垃圾的问题，垃圾处置权的归属改革势在必行。

第六，不健全的垃圾收集制度制约了垃圾焚烧发电产业的发展。由于重庆市绝大多数社区均未实行垃圾分类收集，这导致输入电厂作为燃料的垃圾水分过重，燃烧后提供的热值不够，某些电厂在焚烧垃圾时，不得不额外添加燃料助燃，使公司利用垃圾发电的成本增加。导致这一情况的原因在于，垃圾收集制度不健全，一方面，市民的环保节能意识还不强，从2002年开始，重庆就已经在主城的渝中区、沙坪坝等区试点垃圾分类回收。据调查，由于传统观念等因素，这项试点工作虽然已进行了5年，却几乎没有进展。大多数市民认识不到实行垃圾分类制度以及支持垃圾焚烧及资源化处理是利国利民的好事。另一方面，现有的垃圾分类收集制度还不完善，一些关键措施未能严格执行，如有记者发现，一些环卫工人居然把刚刚从分类垃圾桶里倒出来的垃圾混杂后，重新堆放在一起。同时，垃圾分类回收的法规还有待进一步完善，以便垃圾分类制度得以保障规范运行。可以肯定的是，没有规范的垃圾收集制度，垃圾发电厂就难有市场竞争力，垃圾焚烧发电产业就难以发展壮大。

◇加快发展重庆垃圾焚烧发电产业的对策与建议

为实现重庆在未来3～5年内城市生活垃圾100%焚烧发电的环保目标，把重庆建设成为中国西部循环经济高地，以垃圾焚烧发电产业为突破口，大力扶持垃圾焚烧发电产业的发展是必然的选择。为进一步加快重庆垃圾焚烧发电产业发展，本文认为可以从如下几个方面着手：

第一，确立以垃圾焚烧发电产业为突破口，构建扶持循环经济的政策体系。长期以来，垃圾焚烧发电产业的发展得到了重庆市委市政府的高度重视，在一系列政策和相关部门的支持下，垃圾焚烧发电产业取得了突出成就，形成了以重庆同兴垃圾发电厂为龙头的相当规模的产业化基础。为进一步落实党中央提出的科学发展观建设"生态文明"要求，把重庆市建设成为中国西部循环经济的战略高地，就十分有必要把垃圾焚烧发电产业作为发展循环经济的突破口，以大力发展垃圾焚烧发电产业来实现建设重庆经济新的增长点，推动绿色重庆的战略目标。具体地讲，有如下几条建议和措施：①把垃圾焚烧发电产业发展列入全市经济、社会发展总规划中，整合市发改委、环保局、建委、科委对垃圾焚烧发电产业的扶持政策，实现垃圾焚烧发电产业市场化运作与政府的财政、税收等扶持手段相结合，形成一个目标一致、相互联系、相互支撑的科学的扶持政策体系。②完善垃圾处置权制度，确立垃圾焚烧发电产业使用垃圾的优先权。按照循环经济的要求，彻底改革垃圾处置权制度，垃圾焚烧发电产业所需垃圾应及时、足量供应，防止出现垃圾发电厂与垃圾填埋场争抢垃圾的奇怪现象。③根据垃圾焚烧发电产业的发展阶段情况，逐步关闭垃圾填埋场，加大垃圾焚烧发电产业的扶持力度，鼓励垃圾焚烧发电产业的市场化发展，真正实现垃圾 100% 用于焚烧发电。

第二，推动垃圾分类收集制度立法，提高垃圾发电厂的市场竞争能力。政府扶持垃圾焚烧发电产业的一个根本目标是引导垃圾发电厂走市场化的道路，通过自身的市场竞争力来实现生存。因此，对于垃圾焚烧发电产业的扶持政策应该围绕如何提高垃圾发电厂的市场竞争力来进行。本文作者多次深入垃圾发电厂调查研究，得知重庆垃圾发电厂发电成本过高，运营困难。究其原因，发现是生活垃圾未分类、垃圾含水量过高，燃烧值不够。这些因素无疑会大幅增加企业的发电成本。为更快地推进重庆垃圾焚烧发电产业的发展，笔者建议积极推动垃圾分类收集制度立法，通过制定地方性法规，规范城市居民自觉进行垃圾分类，以实现既保护城市环境，又直接支持垃圾焚烧发电产业发展。在市民通过分类收集垃圾的同时，城市环卫部门也应该按照法律法规的要求，在全市范围设置简单实用的分类收集垃圾箱，对已分类的垃圾要分类装集、分开运输，把适合用于焚烧发电的垃圾及时送到垃圾焚烧发电厂。只有在全市范围内切实遵循垃圾分类制度，才能大幅降低垃圾发电的成本，提高垃圾发电厂的市场竞争力，吸引更多的投资者加入垃圾焚烧发电产业中，壮大垃圾焚烧发电产业的队伍。

第三，扶持垃圾焚烧发电领域的技术创新，建设"产学研"相结合的平台。"科技兴渝"一直是重庆的发展战略，为加快重庆的垃圾焚烧发电产业的发展，科技创新是一个重要保障。科技创新是垃圾焚烧发电产业生存和发展的根本，依赖国外的垃圾焚烧发电设备，不仅费用高昂，经济负担重，而且不符合我国独立自主、可持续发展的战略。因此，在垃圾焚烧发电领域，应该加大对科技创新的扶持力度，积极探索"产学研"相结合的道路，建设一批垃圾焚烧发电产业的研究平台。如继续依托和建设现有的垃圾焚烧发电专业研究机构——重庆垃圾焚烧发电技术研究院，加大垃圾焚烧发电的科技创新投入，全面探索垃圾焚烧发电设备的国产化道路。可以预期，有了一批该领域的高水平研究平台，重庆市的垃圾焚烧发电产业就会又好又快地发展。

综上所述，重庆市的垃圾焚烧发电产业是重庆产业发展的重要组成部分，其快速发展的瓶颈在于垃圾处理制度和政府的扶持政策体系不完善。为加快发展重庆市的垃圾焚烧发电产业，建议政府继续加大循环经济的扶持力度，整合扶持政策体系，促进以重庆的骨干垃圾发电企业为基础的产业群的形成，推动重庆市的垃圾焚烧发电产业服务全国市场，走向世界。

第三节　建立航空航天功能材料与元件研究制造中心

一、团队引进技术和人才，白手起家涉足航空航天事业

（一）中心发展历程

学校的钢铁冶金板块自 20 世纪 50 年代建校以来，基本围绕炼钢炼铁开展人才培养工作，新建的重庆科技学院抓住机会，采取特殊措施，以团队引进模式，引进了以陈登明教授为首的功能材料及元件研究队伍，白手起家顺利涉足国家航空航天研究领域，取得系列成就，并光荣成为嫦娥五号奔月工程的有功单位之一。

图 6-3-1　陈登明

以陈登明教授为首的重庆科技学院航空航天功能材料与元件研究制造中心（以下简称"中心"）于 2005 年 6 月开始筹建，2005 年 7 月，中心通过了 ISO 9001、ISO 2000 质量标准认证。2005 年 9 月 10 日通过了由航天一院、二院，中航一集团等专家组织的技术鉴定会，中心正式成立。2005 年 10 月，中心通过了以航天二院、晨光集团等为代表进行的特殊品定点考察认证，获得通过并由双方签订了特殊品定点研发协议。

2005 年 12 月 12 日，航天一院与火箭运载技术研究院对中心按航天产品质量保证能力和细节的要求通过了航天产品合格供方质量保证能力认证，并颁发了航天产品合格证书。2006 年 2 月中心与中航一集团 609 所、618 所先后签订了特殊品定点研发相关协议。不久，中心就成为中国航天科技集团运载研究院 18 所，中国航天科工集团晨光 215 所、812 所，航空南京液压工程研究中心，航空飞行自动控制研究所等航空航天单位定点研发高可靠性磁性功能材料的实验研究基地。

2013 年 5 月，中心在中国著名磁学专家中国科学院院士都有为的指导下，进一步凝练了研究方向，瞄准具有国际前沿的纳微复合磁性材料，形成了纳微磁性复合材料应用基础研究和纳微磁性复合材料器件研制两个新的方向。纳微磁性复合材料

应用基础研究主要针对纳微磁性颗粒材料的应用基础研究和纳微晶磁性复合材料应用基础研究两个方向。纳微磁性复合材料器件研制方向主要针对航空、航天和其他高技术领域，研发"三高"，即高精度、高性能、高稳定可靠性的新型磁性复合材料及器件。

（二）中心运行管理

中心的组织构架如图 6-3-2 所示。

管理委员会负责中心发展规划，制订竞争战略，筹备项目资源；研究相关技术、标准，对研究及产业化项目的具体方案进行立项评估，提出修改意见；督导项目进展、审查财务状况；参与组织架构调整，聘用及解聘人员。学术委员会参与审议专业研究方向、发展规划以及重大项目的论证，并提出合理化建议；指导并协助项目立项编制，组织内外部专家评审，监督项目实施；组织学术交流；提出人才引进的目标、规划，并进行培训；解决中心其他技术管理问题。

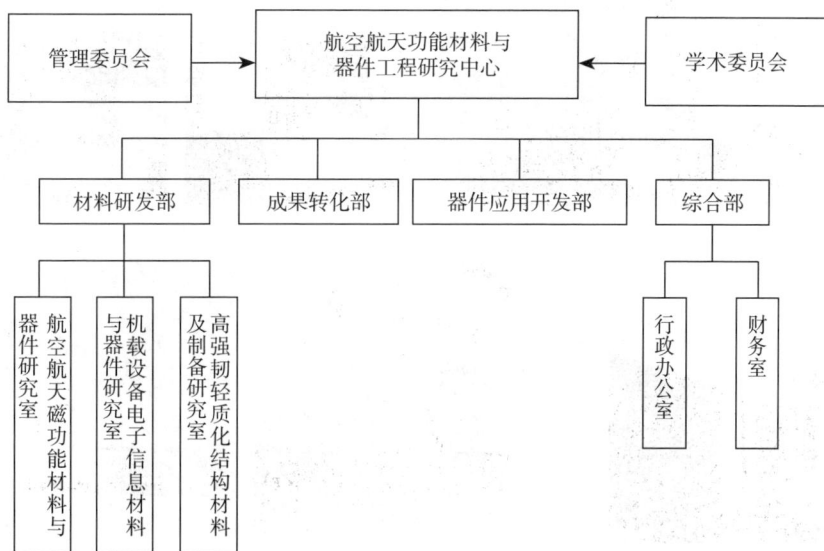

图 6-3-2　研究制造中心组织架构

图 6-3-3　研究制造中心部分场地照片

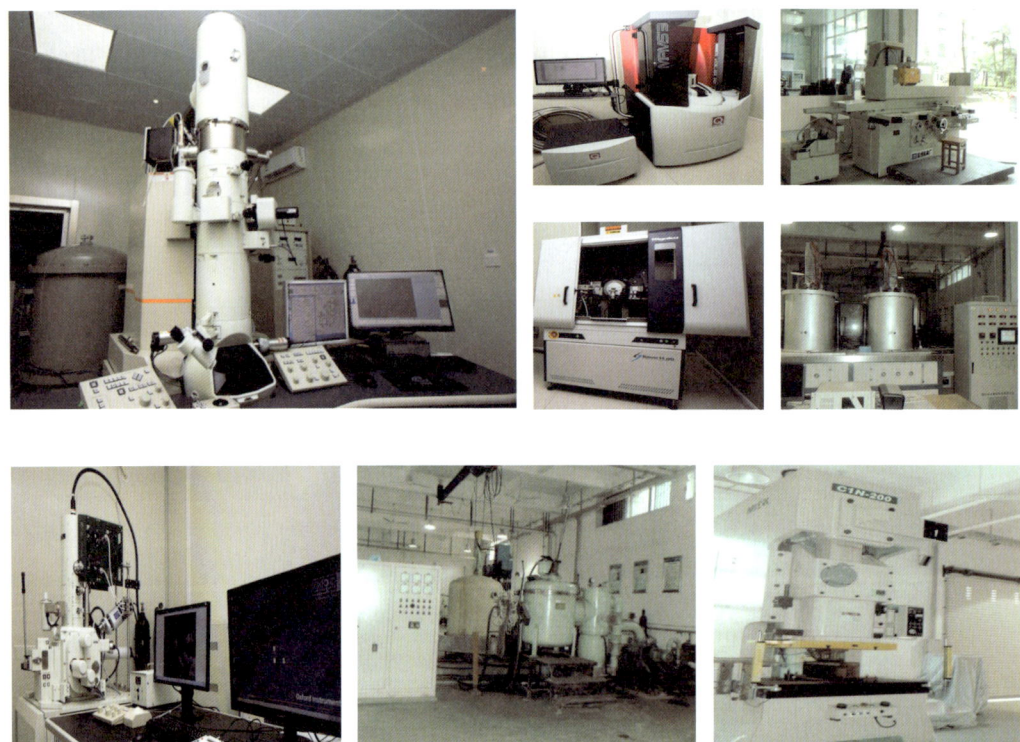

图 6-3-4　研究制造中心部分设备照片

材料研发部，包括航空航天磁功能材料与器件、机载设备电子信息材料与器件、高强韧轻质化结构材料及制备三个方向的研究室，负责相关材料基础理论研究、制备合成、性能及微观结构分析，以及专利、课题申请等。器件应用开发部，负责基础研发平台研制的新材料在应用端的器件开发及实验、产品品质管理、相关实验设备所需的模具加工和维修维护。成果转化部负责成果转化资源收集、市场调研推广、企业商谈以及对外接待等工作。综合部，包括行政办公室及财务部。行政办公室负责文件起草、资料审核存档、会议安排记录以及管理委员会指派的其他工作，财务室负责中心资产管理、编制收支和财务报告以及账务处理等工作。

各委员会实行委员制。管理委员会与学术委员会分设主任委员 1 名。中心另设主任 1 名，副主任 3 名，各职务实行任期制，每届任期 3 年，可以连任。工作人员由固定人员、客座人员和附属人员组成。固定人员主要由重庆科技学院的专业教师和实验技术人员组成；客座人员由客座教授、合作单位技术人员和研究生组成；附属人员主要由学院内科研和行政秘书组成。

力推对外技术服务与成果转化机制。积极申报政府部门的纵向课题的同时，拓宽面向社会的有偿技术服务渠道，以获取建设发展经费；以器件产品应用化为基础研发导向，积极申请及获取专利授权，大力推进知识产权的转移转化。强化与企业的互助联动机制。发挥高校人力资源及设备优势，特别是对重庆市内航空航天相关领域的中小企业，采取横向立项、技术入股、共同开发等多种模式，进行创新性合作。积极实施开放性研究机制。邀请国内外同行自带课题和经费到中心开展研究，与国内外研究机构实行联合培养硕士生或委托代培硕士生机制，鼓励与中心外组织联合申请课题或课题共研。

（三）中心现有条件

中心现有专业技术人员共 34 人，其中专职人员 33 人，兼职人员 1 人。队伍中有中国科学院院士1人，重庆市学术带头人后备人选1人，重庆市中青年骨干教师3人，巴渝海外引智计划人选1人。队伍的职称结构、学历结构、年龄结构、学科专业结构合理：正高12人，副高14人，高级职称人员占比79%；博士18人，硕士14人，硕士及以上学位人员占比94%；20人具有企业一线工作经历，占比59%。

中心建筑面积超过3000平方米，实验室配套设施和办公设施完善。建有院士工作站、国家仪表功能材料工程技术研究中心磁性检测分中心、校级材料分析测试中心等研究平台。另外还与中国航天科工南京晨光集团、北京航天一院、重庆材料研究院有限公司、重庆文童机电责任有限公司等单位保持长期合作。

在学校重大专项、地方与中央共建、中央支持地方高校专项等建设资金的支持下，中心设备资金总额已达到4700多万元，大型仪器设备达100余台（套），包括材料制备和加工设备仪器（如真空感应炼钢炉、高频感应炉、电弧熔炼炉、钟罩式真空气氛烧结炉、多功能热压反应烧结炉、射频磁控溅射镀膜机、离子氮化炉、磁热处理设备、热等静压机），材料结构分析设备（如扫描电子显微镜、智能转靶X射线衍射仪、高分辨率透射电镜、高分辨率场扫描电镜等）以及材料性能测试设备（如美国量子公司综合物性测试系统PPMS及磁性测试系统MPMS3、磁化特性自动测量系统等），目前各个设备使用效率高，运行良好。

二、中心研究方向与成果纪实

（一）中心研究方向和主要研究内容

针对我国航空航天、电子信息、新材料等行业对磁性智能材料元器件高性能和高可靠性的强烈需求，在都有为院士的指导和陈登明教授的带领下，中心研制出高可靠性、高稳定性、高磁性和高精度的"四高"磁性元件；基于"晶界调控磁畴和磁性能机理"开发出高性能伺服阀用磁钢和导磁体元件、高性能电磁铁配套磁元件、热冲压精密成型导磁体元件等，本方向主要开展以下工作：

（1）针对航空航天及特殊项目要求，通过揭示晶界调控磁畴和磁性能的机理，研制出高可靠性、高稳定性、高磁性、高精度"四高"航空航天专用永磁功能材料及元件，已成功应用于"神舟"系列飞船、"嫦娥"系列、"天宫一号"等工程及国家重点工程项目上。这类磁性元件已获得航天产品合格供方资质证书，实现成果技术转让100万元，批量生产累计数量达100余万件。由于在业内行业的突出影响，《航空航天用伺服阀磁元件规范》2016年通过全国仪表功能材料标准化技术委员会向中央军委装备发展部成功立项为国家军用标准武器装备技术基础2016年度科研合同计划项目。

（2）利用热成型新技术制备软磁元件，并成功用于国家重点项目和载人航天、探月工程等系统中。同时，利用这一技术，针对智能装备用软磁元件腐蚀问题，成功研发出汽车、机器人、家电等使用的耐蚀软磁材料和元件。已授权发明专利并实现成果转让，批量生产数千万件，获得省部级科技进步二等奖2项。

（3）开展了高居里温度、高稳定性的稀磁半导体材料研究。在阐明缺陷调控稳定性和磁性机理的基础上，研制出存储介质专用器件。在磁学和医学交叉领域，针对生物靶向治疗定位差的问题，设计出三维定位磁场，制备具有高转动惯量的磁纳米线和磁纳米棒，并研制出优异的药物磁载体和定向磁场。

（二）特色工作与成果

中心主任陈登明教授带领团队不断开拓创新，先后承担了为我国载人航天工程"神舟五、六、七、八、九、十号""嫦娥一号""嫦娥二号""天宫一号""天宫二号"及我国大运载火箭、大飞机研发合格的磁性功能元件的任务，特别是以上国家载人航天工程"神舟系列号""天宫系列号"及探月工程"嫦娥号"的成功发射。本中心已成为国内多家航空航天单位定点研发基地，获得了航天一院颁发的"航天产品合格证书"及中国航天科技集团运载火箭技术研究院赠送的"神六"模型、"神七"模型和感谢信。

由于团队在航天方面的突出贡献，2009年受邀参加了在航天五院召开的"中国同庆神七飞天，共建创新中国"院士专家研讨会，并获得重庆市科委和重庆市组织部等上级部门的表彰。

　　其中，"稀土改性航天用高性能 Fe-50%Ni-Re 软磁合金及元件"获中国有色金属协会科技进步二等奖；"高性能航天用 Al-Ni-Co-Re 永磁合金及元件的研制"，经过中国有色金属工业协会鉴定，成果属于社会公益类应用技术成果；"高温度稳定性航天伺服阀用永磁材料及元件"，被重庆科技成果转化促进会鉴定为重庆市科学技术成果。

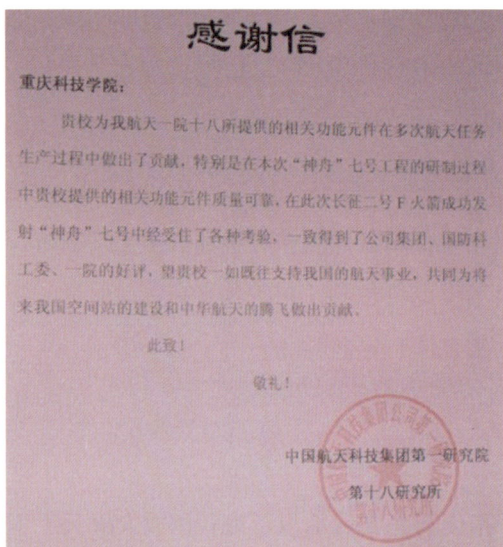

图 6-3-5
"神舟七号"发射成功后火箭研究院
为学校送来感谢信

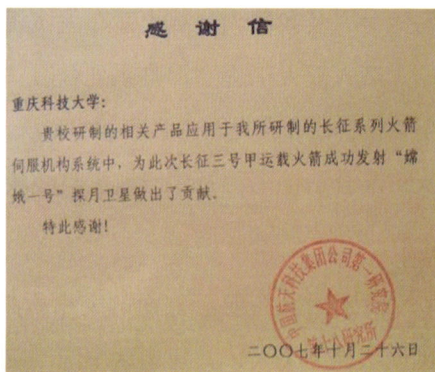

图 6-3-6　"嫦娥一号"发射成功后火箭研究院为学校赠送火箭模型并送来感谢信

图 6-3-7　戚发轫院士在航空航天功能材料与元件研究制造中心指导工作

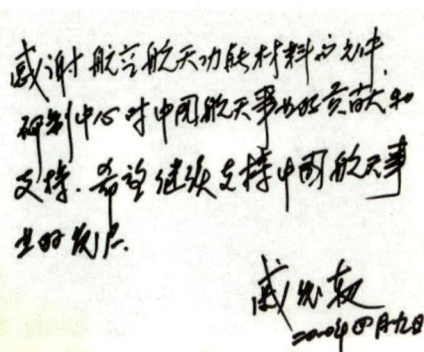

图 6-3-8　叶培建院士在航空航天功能材料与元件研究制造中心指导工作

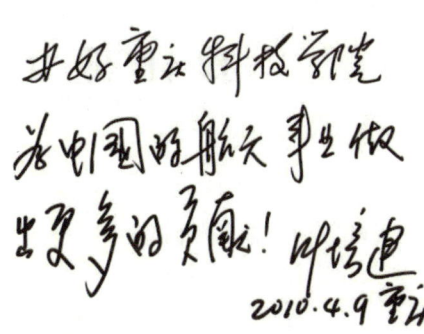

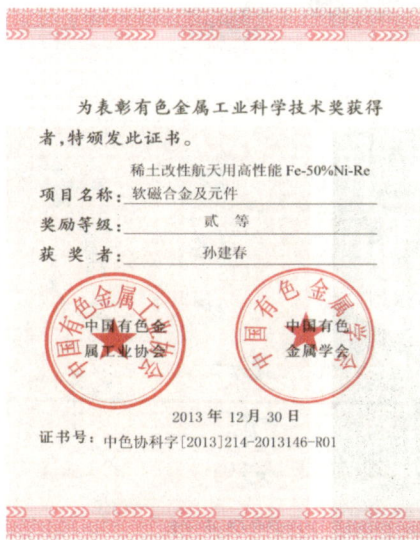

图 6-3-9　研究制造中心获奖证书

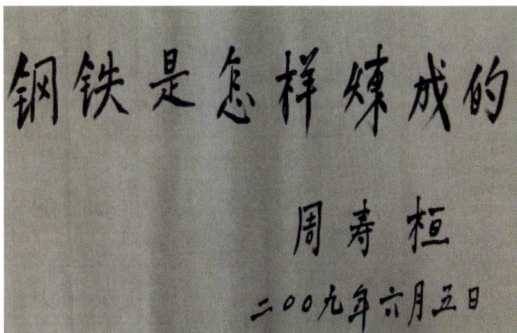

图 6-3-10　光电子学专家周寿桓院士在中心指导工作

图 6-3-11　《科技日报》对研究制造中心研发工作的报道

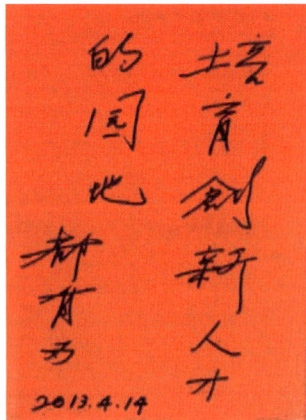

图 6-3-12　著名磁学专家都有为院士在航空航天功能材料与元件研究制造中心指导工作

2011年5月，我校校友、著名光电子学专家周寿桓院士到中心指导工作，对中心取得的成果给予高度评价。

神舟九号发射成功后，由于长期对我国航天事业做出的贡献，2012年6月18日，《科技日报》对学校所研制的航天磁性材料进行了专门报道。

2013年4月，我国磁学领域著名专家都有为院士来学校航空航天功能材料与元件研究制造中心指导工作。都院士对中心的研究工作和所取得的成果给予高度赞扬。

近5年来，中心承担航空航天重大专项百万级项目10余项，经费累计2000余万元，授权转让专利一项，实现产值百万余元，并申请标准1项；承担国家及省部级重大科研任务5项；获省部级科技奖励11项，其中包括重庆市自然科学奖1项，重庆市科技进步奖4项，中国有色金属工业科技进步奖5项，重庆市人民政府技术发明奖2项；发表高水平SCI学术论文163篇；申请/授权专利42项（表6-3-1至表6-3-3）。

表6-3-1　中心相继承担的部分研究项目情况

序号	项目名称	编号	负责人	起止时间	进展情况	类别
1	强磁场下磁性功能材料的生长和相关物性研究	U1232210	都有为	2013—2017	在研	自然科学基金委员会
2	973项目："分子及自旋体系中的量子调控"子课题"自旋电子体系的量子调控研究"	2007CB925104	都有为	2007—2011	已结题	科技部
3	基于晶界调控的热变形纳米复合永磁取向及性能增强机制研究	51201191	马毅龙	2013.1—2015.12	在研	国家自然科学基金
4	高强度铜基大块非晶-纳米晶合金复合材料的制备及纳米晶增韧机理的研究	CSTC2012JJB50008	曹鹏军	2012.1—2014.12	在研	重庆市自然科学基金重点项目
5	基于荧光粉隔离远场封装下大功率白光LED老化机理及寿命预测	CSTC2013JCYJA90003	董季玲	2013.7—2016.6	在研	重庆市自然科学基金
6	新型耐磨耐蚀抗氧化垃圾焚烧发电炉排材料研究	CSTC2011AC4115	仵海东	2011.1—2013.12	在研	重庆市攻关项目

续表

序号	项目名称	编号	负责人	起止时间	进展情况	类别
7	新型 Sm-Co 永磁材料的机械合金制备研究	KJ121415	马毅龙	2012.5—2013.12	在研	重庆市教委科学技术研究项目
8	新型软磁合金的产业化与应用技术研究		刘筱薇	2010.11—2012.11	已结题	重庆市教委成果转化项目
9	航天磁体 4KD-10/0-02 元件研制		陈登明	2010.5—2012.5	已结题	航天晨光215 所
10	X-02 航天磁体元件研制		陈登明	2009.11—2012.12	已结题	南京晨光集团有限公司
11	9A10B 航天磁体元件研制		孙建春	2009.11—2011.11	已结题	航天一院
12	X-10/-19 航天永磁体元件研制		陈登明	2012.1—2013.12	已结题	航天晨光215 所
13	101-01 高 Bs 磁体研制		陈登明	2011.12—2013.12	已结题	南京晨光集团有限公司
14	16A 航天磁体元件研制		陈登明	2011.10—2012.10	已结题	航天一院
15	14B/9D 航天永磁元件研制		陈登明	2011.7—2013.12	已结题	航天 18 所
16	X-02 航天磁体元件研制		陈登明	2010.1—2012.12	已结题	南京晨光集团有限公司
17	2B3C 航天磁体研制		陈登明	2009.3—2010.3	已结题	航天 18 所
18	X-01 航天磁体元件研制		陈登明	2009.4—2010.6	已结题	航天晨光215 所
19	10A 航天磁体元件研制		陈登明	2009.12—2010.6	已结题	航天一院
20	航天永磁体 4KD-10 研究		陈登明	2008.2—2008.7	已结题	航天晨光215 所

表 6-3-2　中心相继发表的部分研究论文情况

序号	论文名称	期刊(会议)名称	影响因子	年、卷、期、页	引用次数	作者
1	The Doping of Reduced Graphene Oxide with Nitrogen and Its Effect on the Quenching of the Material's Photolumine-scence	Carbon	5.868	2012，50（14）	1	都有为
2	Synthesis, Photoluminescence, and Magnetic Properties of Nitrogen-Doping Helical Carbon Nanotubes	Journal of Physical Chemistry C	4.814	2011，115（25）	10	都有为
3	Coil-in-Coil Carbon Nanocoils: 11 Gram-Scale Synthesis, Single Nanocod Electrical Properties, and Electrical Contact Improvement	ACS Nano	12.062	2010，4（2）	15	都有为
4	Helical Carbon Nanotubes: Catalytic Particle Size Dependent Growth and Magnetic Properties	ACS Nano	12.062	2010，4（1）	35	都有为
5	Die-upset Nd11.5Fe72.4Co9Nb1 B6.1 Magnets with Additions of Zn, Al and Sn	Journal of Magnetism and Magnetic Materials	1.826	2010，322（16）：2419-2422	7	马毅龙
6	Anisotropic Nanocomposite Nd2Fe14B/α-Fe Magnets Prepared by Spark Plasma Sintering	IEEE Transactions on Magnetics	1.422	2009，45（6）：2605-2607	6	马毅龙
7	The Microstructure and Magnetic Properties of Bulk Magnets Nd14-xFe76+xCo3Zr1B6（x=0, 0.5, 1）Prepared by Spark Plasma Sintering	Rare Earths	1.363	2009，27（6）：1023-1026	1	马毅龙
8	放电等离子烧结制备纳米晶双相耦合（NdDy）11.5（FeCoNb）82.4B6.1致密磁体	稀有金属材料与工程	0.16	2009，38（12）：2246-2249	0	马毅龙
9	脉冲加压镍原子在纳米晶铁中扩散行为研究	功能材料		2012，43（16）：2264-2266	1	陈登明
10	振动环境对航天铁钴软磁合金的影响研究	功能材料		2012，B08：118-120	1	陈登明
11	工业纯铁表面自纳米化及其表征	中南大学学报（自然科学版）		2011，42（1）：62-66	1	孙建春
12	自纳米化电工纯铁表面合金化改性研究	功能材料		2011，42（4）：763-767	1	孙建春

续表

序号	论文名称	期刊(会议)名称	影响因子	年、卷、期、页	引用次数	作者
13	Microstructure and Magnetic Properties of Hot-pressed and Hot-Deformed Composite Magnets Produced by Spark Plasma Sintering Method	Advanced Structural Materials		2011, 686: 740-744	1	马毅龙
14	放电等离子烧结制备高性能热变形 Nd-Fe-B 磁体	功能材料		2011, 42(Z3): 389-390	1	马毅龙
15	航空航天用永磁材料磁性温度稳定性研究	功能材料		2010, 41(S2): 133	1	陈登明
16	SmCo5 永磁材料组织结构及温度磁特性的研究	功能材料		2010, 41(S2): 336-339	1	孙建春
17	H2 气氛保护热处理 1J50 组织结构与性能的研究	功能材料		2010, 41(3): 463	1	孙建春
18	铝镍钴永磁材料高温 Q 点稳定性研究	功能材料		2010, 41(Z3): 487-489	1	陈登明
19	Evolution of Carbide Morphology and Composition in Cr-Mo- V Steel After Service Exposure	Materials Technology	0.593	2012, 27(1): 70-72	1	董季玲
20	Precipitates in 9%-12% Cr Steel After Creep Rupture Test and Determination of Life Time Assessment Upon Larson-Miller Parameter	Advanced Science Letters	1.253	2011, 4(6-7): 2555-2559	0	董季玲
21	振动环境对航天铁钴软磁合金的影响研究	功能材料		2012, 2009, 40(9): 188-191		李春红
22	新型耐蚀软磁合金的研制	功能材料		2006, 37(12): 1884-1887		刘筱薇
23	Influence of Heat Treatment on Corrosive Property of 5083 Aluminum Alloy	Advanced Materials Reseach		2013, 779-780: 205-211		李春红
24	温度及变形速率对单级热变形 Nd-Fe-B 磁体磁性能的影响	功能材料		2012, 43(S1): 47-50		周安若

表 6-3-3 中心近年获得的部分专利情况

序号	发明人	专利名称	授权专利号	授权国家	年份	转让情况
1	刘筱薇	一种铁基耐蚀合金	ZL2005100571456	中国	2008	无
2	陈登明	一种高稳定性永磁元件的制备技术	201310240153.9	中国	2013	

（三）研发"四高"磁性元件，助推"神舟""嫦娥"飞天

针对我国高性能高可靠性飞行器中急需磁性材料及元件的现状，"磁性功能材料"课题组在都有为院士的指导和陈登明教授的带领下，研制出高可靠性、高稳定性、高磁性和高精度的"四高"磁性元件；基于"晶界调控磁畴和磁性能机理"开发出高性能伺服阀用磁钢和导磁体元件、高性能电磁铁配套磁元件、热冲压精密成型导磁体元件等。这些材料和元件已通过航空航天相关单位地面试验和飞行试验验证，并广泛应用于各特殊项目型号及重点航天工程（如大运载火箭、大飞机、"神舟"系列飞船、"嫦娥"卫星、"天宫"太空站等）。我校已成为航天一院18所、南京晨光集团、航空609所等航空航天单位磁性材料和元件的定点研发和生产基地，包括航空航天功能材料与元件研究中心和功能磁性材料检测分中心。授权重庆文童机电有限责任公司"高稳定磁性功能材料及器件"专利一项，实现产能百万元。

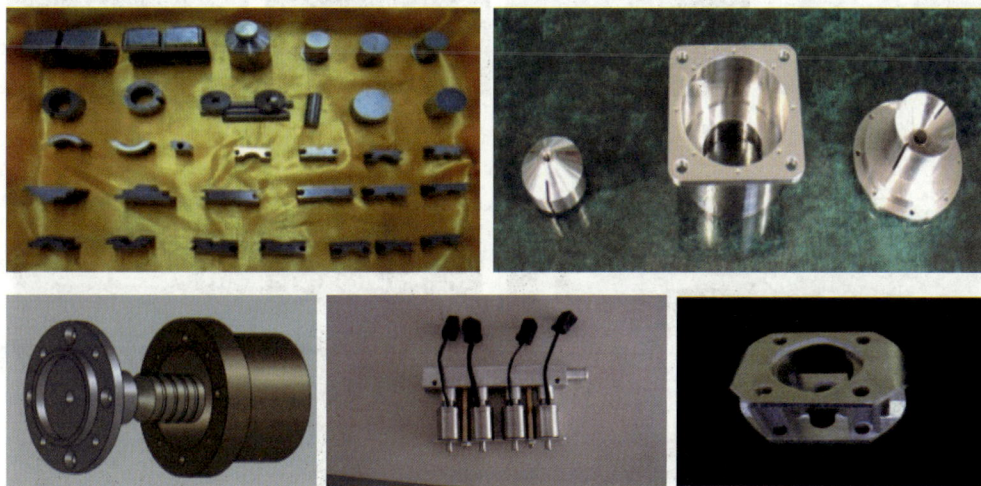

图 6-3-13 中心研制的部分磁性元件样本

（四）中心对外交流与合作

积极开展对外课题联合，航空航天磁性器件率先获得突破。中心主任陈登明教授所率团队承担中国航天科工集团南京晨光集团、航天晨光215所、航天科技集团一院18所、航空618所、航空609所、船舶重工704所等对外设置的高性能磁性器件、航天永磁体元件等研制课题，取得重大突破，成功应用于"神舟"飞船、"嫦娥"卫星、"天宫"空间站及我国大运载火箭、大飞机工程，并提供了该方面总需求90%以上的功能磁性元件。符春林教授、刘晓燕教授团队在铁电、热电、光伏敏化太阳能电池等方面与电子五所等积极合作，储备开发多种航空航天用功能材料，获得发明专利数项。中心获得多项研究工作定点授牌。

聚焦尖端功能材料的交流与合作研究渠道有效拓展。自2011年来，中心承办纳米能源材料国际研讨会、海峡两岸功能材料技术及应用高层论坛、日本国家材料研究所—重庆科技学院学术研讨会、重庆科技学院—中冶赛迪青年科技论坛等研讨会等10次；符春林、廖晓玲、刘晓燕教授先后5次在国际会议进行表面增强拉曼散射检测技术、高-K电介质材料及器件开发方面的学术汇报，由此衍生联合开发项目10余项。

图6-3-14　中心获得的授权匾牌

图6-3-15　部分外聘专家交流活动

主动外聘企事业技术专家，基础科研应用化步伐加快。外聘航空航天及相关技术专家 11 名，在精密控制、材料分析、材料表面处理及产品品质管理等方面，为基础科研成果向应用产品的转化形成强力支撑。

三、中心 5 年（2015—2020 年）发展规划纪实

通过未来两年建设，在都有为院士的亲自指导下，凝练出产业急需、特色鲜明、优势明显的学科方向，打造结构合理、创新进取、富有活力的高水平研究与开发队伍，建成设施一流、管理先进、开放共享的学科平台，孵化显示度高、影响力大、标志性强的科研成果，培养德优品正、业精致用、拓新笃行的高级应用型人才，将中心建设成为国内知名、西南一流的科研平台。

创新质量、成果上台阶。承担国家级项目 3 ～ 5 项、省部级项目 5 ～ 10 项、横向项目 5 ～ 10 项，科研经费达 1000 万元以上，获国家、省部级奖励 1 ～ 2 项，发表学术论文 40 篇以上（其中被 SCI、EI 收录 10 篇以上），申报 / 授权专利 30 件以上，成果转让 2 项。

研究条件手段完善。为适应建设高水平和鲜明特色的航空航天新型功能材料与器件实验室的需要，中心将新增实验场地 500 ～ 800 平方米。在材料制备手段上，进一步完善块体磁性材料手段，增加磁悬浮熔炼、等静压烧结等设备；加强磁性粉体材料制备手段，增加真空甩带炉等设备；新建磁性薄膜材料制备与分析手段，新增磁控溅射等设备。

实验技能方面，鼓励教师到相关企业、研究所参与项目研究或挂职锻炼；多开设综合性、设计性强的学生实验。多种渠道、多种方式鼓励研究人员将科研项目、成果转化为教学内容，改革教学方式方法，依托学科平台实现科技创新—实验实习实训—毕业设计（论文）一体化无缝对接，奖励在科教转化和人才培养方面取得突出成绩的人员。

服务贡献。充分发挥中心的手段、技术、成果优势，为材料相关企事业单位提

供分析、测试、加工等服务，为产业转型升级提供技术支撑，为企业行业输送人才200余名，培训技术骨干80～100名，为地方政府和企业提供政策与决策咨询5～8项，为我市战略性新兴产业和支柱产业发展提供技术、人才和平台保障。参与国家标准与军用标准的建设，使中心成为国内相关领域的领头羊。将航空航天功能材料研究制造中心建成大、中、小学生的科普基地，接受全市学生参观学习。

科教深度结合。继续坚持科教深度结合，坚持为大飞机、大火箭、重庆待建的以直升机为核心的通用航空产业基地等研制高可靠性磁性功能元件，并设计、研制新型磁性材料的研究方向。在科研活动过程中，培育1～2名市级学术带头人和1～2个市级科研团队，从而为市级重点学科和工程中心建设奠定基础。未来5年，中心将进一步改善办学条件，更新教育观念和教育手段，改进教学方法，提高教学质量和教学效率，培养针对性强、更加贴近社会需求的高素质高级工程应用型专门人才。将中心建设成为国内外本领域重要的科学研究和高层次人才培养基地，教学水平显著提升，毕业生的创新创业能力显著提高。培养高级应用型人才200～300名，联合培养博士研究生1～2名、硕士研究生10～15名，其中市级优秀毕业生1～2名。新增10～20项省部级及校级教研教改项目，开发优质课程1～2门，获省部级优秀教学成果奖2～4项。学生获省部级科技竞赛奖5～10项。

人才队伍。培养具有较高学术水平的教师队伍和高水平科研团队。培养/引进长江学者或教育部新世纪优秀人才1名、重庆市学科（学术）带头人1～2名，在中青年教师中培养/引进博士后、博士各2名。

对外交流与合作。在巩固与航天一院18所、航天晨光215所合作的基础上，加强与国内外企业、高校、研究所的合作。邀请国内外知名专家来校讲学，积极争取举办国际及全国性会议，选派教师参加各类学术、教研交流会。加强与国内外高校和科研院所的交流，联合申报科研项目、培养教师和学生，共同建立科研平台、孵化成果。承办国内外学术会议2～3次，派遣合作研究人员10～15名。

第七章　办学初期 "人才强校" 战略纪实

2004年，刚刚组建的重庆科技学院有教授19人，博士10人，高层次人才数量少，实力也不强。为适应学校的跨越式发展需要，"人才强校"战略是自然的选择，也是谁都明白、谁都赞成的事情。问题的关键恐怕还在于如何实施。首先是思路。我们采取的思路是：以引进青年博士为主，博士是三五年之后的高水平教师来源。由于当时学校尚处于发展期，水平较低，实际上具有教授、副教授职称的高水平成熟教师也一时难以引进。如何才能把博士吸引到重庆科技学院？政策措施很重要。学校求贤若渴，做出了与众（其他高校）不同的决定，扎住了行政、教辅和后勤人员入校的口子，大量引进博士，并给优秀博士解决配偶入校工作的优惠待遇。学校根据博士配偶的不同情况，安排教师、行政、教辅或后勤岗位，或合同制岗位。在第一战略发展期，学校成功地以每年25～30人的速度引进博士，短短5年时间，博士人数超过100人。博士们带来的不仅仅是学位提升，更重要的是给学校带来了全国若干所重点大学的办学理念和办学资源，有的还带来了十分优秀的校企合作项目。事实证明，第一战略发展期引进的博士，大都成为学校第二战略发展期的中坚和骨干，为学校的可持续、跨越式发展做出了积极贡献，成为建设高水平特色科技大学的基石。学校初期的"人才强校"战略纪实也就从"博士"这里开始。

第一节 "人才强校"战略背景

进入本科办学之初，学校最缺的是本科教学人才。及时建立"以人为本，人才强校"的发展理念，是学校能够马上起航远行的关键。如何将这一理念变成全校师生的共同理念和行动，又是学校领导班子，特别是校长的重大责任。这一节重点选用了学校办学之初师资队伍现状及其解决办法的多次校长讲话摘录，权作当时人才队伍现状和发展理念的部分纪实。

一、一分为二看待教师数量不足问题

2004年9月15日唐一科校长在全校干部大会上的讲话内容节选：

"坚持以人为本，人才强校的发展理念，做好师资队伍建设规划"是当前各高校最响亮的口号，但具体做法却大不一样。作为新组建的重庆科技学院，只要我们做好了这一篇大文章，我们的跨越式发展就有了希望。如果我们从现在起，用5年时间达到教育部规定的合格本科院校标准，再结合我们新校区1500亩校园用5年建成，按合格标准的生均校园占地面积计算，每亩可容纳10~11名学生，那么1500亩可容纳在校学生16000人。发展这16000名学生人数容易，但教师是关键，教师的质量最重要。就目前我们的现状而言，解决教师数量问题仍是当务之急。根据评估要求，如按优秀标准即师生比1∶16计算，我们需要专任教师1000人；按合格标准即师生比1∶18计算，我们需要专任教师900人。为了充分利用办学资源，达到上述目标，5年之内则需要净增教师400~500人，即在现有专任教师人数基础上翻一番。师资数量不足看起来似乎是主要问题，但一分为二看，这应该是一件好事情，5年内翻一番，如果翻的那一番都是高层次、高水平教师，那就叫跨越式发展了。

如果我们经过学科专业资源整合，建立起10个二级院（系），相当于每个二级院（系）每年新增10位教师，其中教授1~2人，副教授3~4人，

讲师 4 ~ 5 人，助教（本科、硕士及以上）3 ~ 4 人。如能完成这个指标，我们达到晋升科技大学的条件（教授 100 人以上，副教授 300 人以上）就有了希望。

因此，为了提高办学质量和办学效益，解决师资队伍的数量和质量是我们学校当前的首要问题。我们必须整体规划我们的师资队伍结构，加大师资队伍建设的力度，力争把专任教师数与行政管理人员的比例，控制在 2 : 1，即学校教职工 1500 人，专任教师 1000 人左右。这个任务相当艰巨，需要我们大家充分认识到"以人为本，人才强校"的深刻含义，自觉地为学校师资队伍建设做出新的贡献。

二、用"人才强校"理念做好师资队伍建设规划

2005 年 1 月 18 日唐一科校长在期末干部大会上的讲话内容节选：

人力资源是社会的第一资源，更是高校的第一资源。我们必须坚持用"人才强校"理念，及时做好人才队伍建设规划，特别是师资队伍建设规划。升本组建新的重庆科技学院以来，学校根据合格本科院校的标准严格规划师资队伍建设，重视调整优化教师队伍、管理干部队伍和员工队伍的结构。学校通过改革人事、分配制度，激励教职员工奋发向上，不断进取，自觉成才。目前已对两校区原有的人事、分配制度尤其是师资队伍建设政策进行了全面的清理，对学校现有人员的基本情况等进行了全面的摸底和分析，提出了加强队伍建设的实施意见，拟订了两校区教职工工资并轨方案，统一的分配制度和方案正待讨论，可望很快出台。

师资队伍建设作为办学的头等大事，面对新的发展目标，学校教职工队伍结构不合理的矛盾十分突出。一是职工队伍中教师比例偏低；二是层次结构不合理，即年龄、职称和学历结构不合理，高层次、高学历人员比较短缺，学科带头人更少。根据学校的发展目标，5 年之内需要净增教师 400 ~ 500 人，即在现有专任教师人数上翻一番，预计最近 3 年每年要引进 80 ~ 100 名高学历、

高职称人才。同时还要进一步优化教师队伍的结构，使教师的学历、职称、学缘、专业、年龄等结构逐步趋于合理，这个任务相当艰巨。为此，需要我们大家充分认识到"以人为本，人才强校"办学理念的深刻含义，自觉地为学校师资队伍建设做出新的贡献。为进一步加大人才引进工作的力度，学校专门成立了考评组，并组建了14个学科组，对2005届硕士毕业生进行考察和筛选。到目前为止，已从340多名硕士应聘者中挑选出180多人来校面试和双向考察，已同60多名应届硕士毕业生签订了用人合同，有12名具有副高职称、有丰富实践经验、年龄40岁左右的人员正在办理调入手续。按此理念和选人用人机制坚持，相信学校的师资队伍结构不久就会发生良性变化。

三、始终把"建设高水平教师队伍"放在首位

2005年3月16日唐一科校长在学校第一次教学工作会议上的讲话内容节选：

客观地讲，重庆科技学院当前的教师队伍状况，尚不能满足教学工作的基本要求，更不能满足5年以后教育部合格本科的评估要求。学校当前的主要任务，就是坚持科学发展观，把"以人为本，人才强校"作为学校的发展战略，始终把"建设高水平教师队伍"放在一切工作的首位，想尽一切办法去努力提高教师队伍的整体水平，以满足高水平本科教学工作的需求。但我们要正视当前的问题。

首先，我们的教师数量严重不足，在校学生12500人，而教师不足600人，师生比例高达1∶22。而我校要在5年后达到教师数量上的合格标准是1∶18，再加上新校区建成后，在校学生数将达到基本规模16000人，则专任教师数需达到900～1000人。这说明我们从现在起5年内需每年新增教师80～100人，如果考虑退休和其他流失因素，每年需新增100～120人，才可能满足教育部本科教学工作合格评估对数量的基本要求。

同时，我校教师的职称和学历结构亟待改善，据人事处的统计，高职称和高学历的教师严重不足，高水平学术带头人和学术团队更是不足。要适应本科

人才培养的需要，我们必须花大力气在 5 年之内改善这种状况，切实提高教师队伍整体水平。改善现状的办法就两条：一靠培养，二靠引进。首先说培养，我们要鼓励现有青年教师在职攻读硕士研究生，个别条件好、教学优秀的教师，我们要鼓励其攻读博士学位。对全体教师，我们应分不同情况，给他们制订职称晋升计划，督促他们按照重庆市教师专业技术职务评审条件认真准备，需要提供条件的，二级院系应该给他们提供条件。

就目前数量严重不足的情况下，引进和新增教师是我们改变现状的捷径。我们已明确提出，近 3 年学校每年新进 100 人左右的硕士研究生毕业以上或副高职称以上人员。2005 年，我们要力争新进 80 人以上硕士毕业研究生，新增副高职称以上人员 20 人以上，充实教师队伍。这个目标人事处要努力，二级院系更要努力。在引进人才，建设高水平教师队伍方面，我们要反对保守主义，不闯过这一关，我们的教师队伍现状就无法得到改善。我相信这一点在我们全校已经得到共识，只要我们坚持以人为本，真心引才，诚心迎才，我们科技学院的高水平教师队伍就一定会尽快形成。

第二节　办学初期"人才强校"战略实施纪实

为了贯彻落实"人才强校"发展战略，学校采取了一系列引进人才，培养提升教师学历、职称层次，激励教师爱岗敬业、积极向上，不断提高自己的教学科研水平的措施，先后出台了《重庆科技学院引进和稳定人才的暂行办法》《重庆科技学院教师招聘办法（试行）》《重庆科技学院教职工进修培训暂行办法》《重庆科技学院青年教师"三种经历"培养工作管理办法》《重庆科技学院教学名师评选暂行办法》《重庆科技学院科技工作奖励暂行办法》和《重庆科技学院实施科技创新团队建设工程暂行办法》等系列文件，有效地促进了高水平教师队伍的成长等。下面选录部分办法作为史实，以供参考。

一、引进和稳定人才办法纪实

（一）引进和稳定人才措施

重庆科技学院关于引进和稳定人才的暂行办法

重科院〔2005〕275号（1）

（2005年11月17日公布执行）

为了加强对高层次人才的引进和稳定，改善我校教师队伍年龄结构、学缘结构、学历结构，建设一支素质优良、相对稳定的教师队伍，促进人才培养、科学研究、社会服务等各项事业的建设和发展，根据学校战略发展规划和重庆市引进人才的有关政策，结合学校实际，特制订本暂行办法。

第一条　指导思想及原则

牢固树立人才强校的观念，根据学校发展目标和定位，以学科建设为龙头，以强化重点学科建设、培育支撑学科、构建合理学科体系和加强基础学科、基础课程建设为导向，优化学科梯队结构，突出学科和办学特色，引进急需人才，稳定现有人才，培养后备人才，营造用事业吸引人、政策激励人、感情留人的人才资源开发管理的良好环境。

第二条　高层次人才的基本条件

1. 热爱祖国，爱岗敬业，治学严谨，开拓进取，具有团队精神；

2. 至少熟练掌握一门外语，具有对外进行学术交流的能力；

3. 研究领域处于国内学术前沿，且符合我校重点学科建设和发展的要求；

4. 能胜任讲授两门以上我校急需的课程；

5. 身心健康。

第三条　引进高层次人才范围及享受的优惠待遇

（一）中国科学院院士、中国工程院院士条件从优，特别商定。

（二）博士生导师（一般在55岁以下）：

1. 学校在主城区提供130平方米以上的住房，服务期内免收房租，若需获得该房产权，则按房改房（福利性）政策购买此房；如需在校外购房者，则资助购房补贴10万～20万元（或本人按福利性购房政策交纳房款，学校补足差额部分）。

2. 享受一次性安家补贴8万～10万元人民币。

3. 安排配偶工作，协助解决子女入学。

4. 视申报科研方向情况，提供科研启动费10万～20万元人民币。

5. 根据工作需要配备工作室和办公设施设备。

（三）教授：

1. 学校在主城区提供120平方米以上住房，服务期内免收房租，若需获得该房产权，则按房改房（福利性）政策购买此房；如需在校外购房者，则资助购房补贴8万～15万元人民币。

2. 发放一次性安家补贴5万～10万元人民币。

3. 配偶可随调，协助解决子女入学。

4. 视申报科研方向情况，提供科研启动费5万～10万元人民币。

5. 提供必要的办公条件。

6. 同时具有博士学位者待遇从优（50岁以下）。

（四）博士：

1. 学校在主城区提供三室一厅住房，服务期内免收房租，若需获得该房产权，则按房改房（福利性）政策购买此房；如需在校外购房者，则资助购房补贴 5 万~10 万元人民币。

2. 发放一次性安家补贴 3 万~6 万元人民币。

3. 酌情解决配偶随调，协助解决子女入学。

4. 视申报科研方向情况，提供科研启动费 3 万~5 万元人民币。

5. 提供必要的办公条件。

6. 同时具有副高级职称者待遇从优（45 岁以下）。

7. 博士无职称的，校内津贴参照副教授标准执行。

（五）重点建设学科、基础学科急需的其他专业人才条件从优，特别商定。

第四条　柔性引进高层次人才的政策

根据相对稳定、合理流动、专兼结合及不迁户口、不转人事关系的原则，学校对急需的重点建设的学科专业，可以根据需要，聘请国内外高层次人才作兼职教授、特聘教授、客座教授、顾问教授，实行聘期目标管理，聘用期间，学校发给受聘教授商定的报酬和工作经费等。

其中，特聘教授为全职到校受聘上班；兼职教授为部分到校受聘上班；客座和顾问教授为不定期参与学校建设和发展的重要工作。

第五条　稳定高层次人才的范围和待遇

凡属于学校现有的博士生导师和教授，委托培养和在职攻读学位的博士，重点学科和基础学科急需的硕士研究生，均属享受稳定人才政策的范围，按照"就高不就低、不重复享受"的原则，在学成后按时回校工作的人员，其科研启动费和办公条件与引进的同类人才享受一样的政策；配偶的安排参照同类引进人才的政策执行；在培养期间未享受到学校优惠政策者，还可享受引进人才的其他优惠政策。

第六条　组织机构

1. 学校成立人才引进工作领导小组（以下简称"领导小组"），组长、副组长分别由学校校长和主管校长担任，成员由学校有关职能部门的负责人及相关院系的院长（主任）组成。主要职责是研究确定人才引进工作的目标、规划，协调解决有关问题。

2. 学校由各院系学科组的相关教授、学术骨干及院系领导组成考察评估小组，负责对拟引进人才的学术水平、业务能力、人品素质和协作精神等进行考察评估，必要时可以聘请校内、外相关学科的专家参与考察评估。

3. 人才引进工作领导小组办公室设在人事处，由人事处长担任办公室主任。主要职责是协调人才引进有关各部门的关系，公布人才招聘计划，与引进对象联络，按照程序进行人才引进的具体操作。

第七条　引进程序

1. 每年的 10 月份各二级院系根据学科建设的需要，制订下一年度人才需求计划，报到人事处，领导小组根据院系的计划及学校的整体发展目标研究制订学校人才引进年度总体计划。

2. 各二级院系可以通过各种渠道搜集、物色各学科急需的优秀人才，并将可能来校工作的人才信息报送到人事处。人事处与引进对象接触，做好引进前期工作。

3. 应聘人员提交个人基本情况介绍材料（包括学历、学位、工作简历、专业技术职务聘书、博士后流动站出站证明、驻外使馆提供的在外留学证明及获奖证书复印件）和配偶、子女的简要情况材料；提供科研教学工作成果（包括科研项目立项证明、科研成果获奖证书、专利证书、论文索引、专著目录及 3 ~ 10 篇学术作品）等材料。

4. 组织相关考察评估小组对申请引进人员进行考察评估评价。

5. 领导小组根据提交的引进人才评估材料进行讨论，对拟引进人才提出可享受待遇的意见。

6.与引进对象签订有关协议书并办理聘用手续，其他有关部门负责落实相关事宜。

第八条　其他

1.人才引进经费在年度财务预算计划中单列，专款专用；资产房管部门要有计划地预留房源并及时通报人事处以便掌握。

2.人事处同有关职能部门以及各二级院系对引进的人才进行跟踪考核，及时发现并协助解决他们在工作中遇到的问题；同时总结人才引进工作经验。

（二）加强和规范教师招聘工作

初期的重庆科技学院，为了充分利用人力资源尽快提升师资队伍整体质量和水平，于2005年11月17日及时公布和规范了教师招聘办法，并顺利执行。

重庆科技学院教师招聘办法（试行）

重科院〔2005〕275号（2）

为适应学校发展战略的需要，进一步吸引和招揽优秀人才，建设一支素质优良、结构合理的教师队伍，根据学校学科和师资队伍建设规划，制订本办法。

一、招聘原则

1.本着公开、公平、公正的招聘原则，坚持标准，明确程序，严格考察，确保质量，择优录用，合同聘用，契约管理。

2.坚持以学科建设为中心，师资队伍建设为重点，优化结构为目标，体现充实基础学科和薄弱学科，加强重点学科和特色学科的原则。

3.优化学缘结构，鼓励各二级院系选聘国内重点大学毕业生来校工作（不低于年度进人计划的50%）。

二、招聘基本条件

1. 热爱高等教育事业，遵纪守法，具有良好的职业道德、强烈的事业心、责任感和敬业精神。

2. 善于团结协作，具有团队精神，愿为学校发展、学科建设和人才培养做贡献。

3. 一般应具有硕士学位以上或本学科较高学位（外语、艺术、体育等专业如聘用学士本科生，须经学校批准）；第一学位一般应在国内重点大学取得（第一学历必须为全日制本科）；具有较高的外语水平，能够运用外语进行教学、科研实践，或经过短期培训后，能够进行双语教学；具有计算机操作和应用能力；国家普通话水平测试成绩不低于二级乙等。

4. 身体健康。

三、招聘机构

1. 教师招聘工作在学校人才引进工作领导小组统一领导下，由人事处具体负责。

2. 各院系学科组为院系教师招聘的考察评估机构，成员包括本单位的教授、学术骨干以及党政负责人。

四、招聘毕业生来校工作的优惠政策

1. 提供教职工公寓或发放租房补贴；

2. 提供必要的工作条件；

3. 除国家工资、津贴以外，享受全部的校内津贴（包括见习期的前半年）。

五、招聘程序

1. 各院系根据工作岗位需要和人员编制情况，于每年10月制订下一年度拟招聘教师计划，报送学校人事处核定。

2. 院系等用人单位将应聘材料汇总提交人事处师资科。师资科在学校批准的年度用人计划控制范围内，对应聘者进行人事政策等方面的审核。

3. 院系学科考察评估组对应聘者进行教师任职条件等方面审核，并提出审核意见。

4. 院系学科考察评估组负责填写《新进人员审批表》。

5. 《新进人员审批表》提交学校人事处汇总，由学校人才引进领导小组研究确定。

6. 学校、院系与拟新招聘教师签订协议书或岗位目标责任书。

六、其他情况说明

招聘新教师遵循亲属回避原则。

二、教师能力提升办法纪实

（一）教职工进修培训暂行办法

2006 年 2 月 28 日，学校出台了《重庆科技学院教职工进修培训的暂行办法》，并以重科院〔2006〕11 号文件发布执行。

重庆科技学院教职工进修培训的暂行办法

重科院〔2006〕11 号

第一章　总　则

第一条　为了建立和完善师资培训体系，加强我校师资队伍建设，改善我校师资队伍结构，提高师资队伍素质和水平，促进我校各项事业发展，同时，使我校师资培训工作规范化、制度化，根据《高等学校教师培训工作规程》和《重庆科技学院战略发展规划》，结合学校实际，特制订本办法。

第二条　学校教职工培训工作坚持思想政治素质和业务能力素质并重，理论与实践统一，按需培训、学以致用、注重实效、在职为主的原则。

第二章　进修培训方式

第三条　岗前培训。新补充来学校从事教育教学工作的各类应届毕业生，以及从非教师岗位调入学校任教的人员，均应参加由重庆市教委统一安排组织的教师岗前培训。在获得市教委指定部门颁发的《岗前培训合格证书》后，方可上岗任教。培训考核结果是教师资格认定和职务聘任的基本条件之一。

第四条　见习教师培训。见习教师一般是指作为教师新补充来校的应届本科生和应届硕士研究生，见习期应届本科生为一年、应届硕士研究生为半年，见习教师在见习期的培训由所在单位负责，并指定一位学术水平较高和教学经验较丰富具有副高及以上职称的教师担任指导教师，帮助其熟悉教学环节，掌握现代教学方法和技术，开展教学研究。

见习教师在见习期内原则上不安排具体授课任务，主要安排备课、助课、听课、实验、实习和社会实践等。见习考核结果是见习教师转正和定职定级的主要依据。

第五条　"三种经历"培训。"三种经历"是指在校外课程或专业进修的经历、学生工作的经历（主要指担任班主任、辅导员）和社会生产实践的经历。从2005年起新进的应届本科生和硕士研究生，在申报中级职称前，原则上应完成"三种经历"的培训，时间应分别达到一个学期以上，其中学生工作经历不少于一个学年。三种经历及其效果是新教师职称评聘和教师职务考评的重要依据，学校支持所有教师有计划地参加"三种经历"培训。

第六条　学历学位提高教育。结合学科专业建设的需要，学校支持教师以在职方式，以正规渠道攻读硕士或博士学位，以提高教师队伍的学历学位层次。

第七条　学校支持教师有计划、有目的地在职开展学术交流、教学科研实践和社会实践活动，在职参加以教学改革和教材建设为主要内容的高水平研讨班，参加国内外重要学术会议或合作科研、学术访问等，使他们熟悉和掌握本学科发展的前沿信息，以不断提高教学能力和学术水平。

第三章 进修培训的申请条件

第八条 热爱祖国，遵纪守法，遵守学校规章制度，为人师表，事业心和责任心强，认真履行岗位职责，聘期内各年度考核结果均在称职及以上。

第九条 具有学士学位的在岗教师，在校实际工作满两年及以上，可报考在职硕士研究生；具有硕士学位在岗教师，在校实际工作满两年及以上，可报考在职博士研究生；党政管理人员一般需在校工作满三年后方可报考研究生。

第十条 报考在职硕士研究生的教师和党政管理人员，其年龄应在45岁以下。

第十一条 在职进修培训期间，能保证完成岗位考核要求所规定的工作量。

第十二条 学校根据二级院系制订的青年教师培养计划，优先安排与"三种经历"有关的课程或专业进修和社会生产实践。

第十三条 坚持有计划地培养和有利于学科专业建设的原则，优先安排学科建设需要的教师参加进修培训。

第十四条 必须符合国家和学校有关报考或选派的其他规定条件。

第四章 进修培训的审批

第十五条 学校根据各二级单位报送的进修培训计划，全面考虑，统筹安排好教职工的在岗学习。各二级单位分别在每年的3月和9月填《重庆科技学院教职工申请在职进修培训计划表》（附件1），并送交人事处师资科，经学校批准后，下达各二级单位在职进修培训计划。

第十六条 申请报考研究生的审批：

1.个人书面申请：申请报考硕（博）士研究生的教师，须由本人向所在单位提出书面申请，并填写《重庆科技学院教职工攻读硕士、博士学位申请表》（附件2）。

2.二级单位审查推荐：由申请人所在单位根据学校批准的在职进修培训计划，择优推荐，经单位领导集体研究后提出审查意见。

3.人事处审核：各单位于每年4月中旬和10月中旬前分别将申请报考硕士、博士研究生名单及申请材料统一交人事处师资科，经审核通过后，方可报考，逾期不再受理。

第十七条　其他进修培训的审批：

符合进修培训条件、二级单位同意推荐的人员，应在培训招生简章或通知所规定的报名时间前一个月，将《重庆科技学院教职工在职进修培训申请表》（附件3）等申请材料送交人事处师资科，经批准后申请人方可办理其他手续。

第十八条　申请在职或脱产进修培训三个月及以上并获批准的人员，必须与学校签订进修培训协议书，并办理有关手续。

第五章　进修培训费用及待遇

第十九条　经学校批准纳入学校进修培训计划者，在规定的学习期限内，按下列办法享受相应的待遇：

一、短期（一年以内）在职进修培训

1.工资及福利待遇与其他在职在岗教职工同等对待。

2.由学校按规定发给岗位津贴。业绩津贴的发放根据进修培训时间分为：行政管理人员3个月内按100%发放；超过3个月，不足6个月的按50%发放；从第7个月起停发业绩津贴。教师参照上述原则由所在二级院系根据本单位规定处理。

3.由学校安排人员参加进修培训的学费，学校承担；由二级院系安排人员参加进修培训的学费，原则上由院系及个人承担；一般在其取得有关合格证书并办理有关手续后一次性报销。

二、在职攻读硕士、博士学位

1. 工资及福利待遇与其他在职在岗教职工同等对待。

2. 在本市高校或科研院所就近攻读硕士、博士研究生的教师，教学工作量减免1/3，完成规定的工作量者，按规定发给所聘岗位的校内岗位津贴，并按有关规定计发业绩津贴；不能完成所聘岗位规定的任务和工作量者，需按定向脱产方式处理。

3. 校级以上学科带头人、后备学科带头人和优秀青年骨干教师，在职攻读硕士、博士研究生的学费学校承担80%，个人承担20%（处级以上干部和具有高级职称的教师参照执行）；其他人员在职攻读硕士、博士研究生的学费学校承担70%，个人承担30%。由学校承担的部分学费，一般应在其取得学位证书并办理有关手续后凭有效票据报销。

三、在职攻读专业硕士学位

1. 工资及福利待遇与其他在职在岗教职工同等对待。

2. 学校不减免其工作量，并按所聘岗位规定的职责和工作量进行考核和计发有关校内津贴。

3. 学费学校承担60%，个人承担40%。由学校承担的部分学费，一般应在其取得学位证书并办理有关手续后凭有效票据报销。

四、脱产攻读定向培养硕士、博士研究生

1. 工资及福利待遇与其他在职在岗教职工同等对待。

2. 学费学校承担50%，个人承担50%。由学校承担的部分学费，一般应在其取得学位并办理有关手续后凭有效票据报销。

3. 实行奖学金制度，对遵守进修管理规定、学习成绩优良的，每学年给予一定奖励，或者学成回校后，按稳定人才政策一次性奖励（办法另定）。

第二十条　未经学校批准，教职工自己所参加的其他学历、学位教育和短期培训所发生的一切费用，由参加培训学习的教职工自理，并且在培训学习期间，按所聘岗位规定的职责和工作量进行考核和计发有关校内津贴。

第二十一条　新进教师参加高校师资岗前培训的培训费由学校承担、教材费自理。

第二十二条　进修培训期间的交通费和住宿费报销标准：

1. 在本市主城区内在职学习的教职工，交通费包干报销300元/年，不报销住宿费。

2. 在本市近郊区在职学习的教职工，交通费一年报销两次往返公交汽车票，住宿费包干报销600元/年（以寒、暑期两次集中学习计，只有一次集中学习的减半）。

3. 在外地在职、脱产学习的教职工，交通费一年报销1次往返火车票，住宿费按一年内实际学习时间分别限额报销：6个月以上，限额报销1200元；3个月以上6个月以内，限额报销900元；一个半月以上3个月以内，限额报销600元；半个月以上一个半月以内限额报销300元；半个月以内，按每天20元报销。

4. 由学校领导批准，上级主管部门文件明确规定报销的进修培训差旅费，按文件规定或参照学校有关财务制度执行。

第六章　进修培训的管理

第二十三条　教职工在职进修培训期间，应当正确处理好工作与学习之间的关系，认真完成工作和学习任务，并参加学校的教职工年度考核。考核合格者，参加学校正常晋升工资档次。符合专业技术职务申报条件的，可申报高一级专业技术职务。

第二十四条　参加在职或脱产进修培训的人员，在学习期间应主动与学校人事处和所在单位加强联系，汇报学习情况。进修培训结束后，应及时持结业证或毕业证、学位证到人事处验证，并须向所在单位和人事处提交学习情况的总结报告一份（含思想表现、考试成绩、毕业证和学位证复印件等），归入教师业务档案。

第二十五条　研究生的硕（博）士论文选题应符合或接近重庆科技学院学科专业建设的需要，选题前应事先征求送培单位的意见。对不符合学校送培要求的，学校有权终止培养，并追究其违约责任。

第二十六条　未经学校同意，擅自延长学习时间或者不能按时完成学业的人员，学校将视其情况给予批评教育，停止报销培训费用，逾期不回学校工作的，将按培养合同追究其违约法律责任。

第二十七条　因特殊原因不能按期毕业者，由本人提出书面申请，指导老师和所就读的学校出具证明，学校人事处和主管校领导批准后，可适当延长学习期限。延长时间为：硕士在半年之内，博士在一年之内。原则上延长期内停止享受相应的待遇。

因违法乱纪受到处分而不能完成学业的，培训期内所发生的费用，概由本人自负，所借学校费用应全部退还学校或从其工资收入中逐月扣除，并视情节轻重给予相应处分。

第二十八条　新进教师到校第一年的管理，按照《重庆科技学院新进教师培养管理与津贴发放暂行办法》执行。

第二十九条　进修培训人员须与学校签订《协议书》，严格按照《协议书》所规定的培训方式、学习内容、学习目标和学习期限认真完成学习任务。

第三十条　对在进修培训期间学习成绩优异，取得重要发明或研究成果，以及为我校的教学科研做出了积极贡献的教职工，学校给予表彰。

第三十一条　参加进修培训的教职工在我校的服务年限应延长，具体按《协议书》中有关条款执行；对服务期未满就调离学校的教职工学校将按规定收取违约赔偿费。

第七章　附　则

第三十二条　校内实行经济独立核算单位的人员参加在职进修培训，参照本办法执行，学费由学习者与所在单位协商解决，其参加在职进修培训的人员名单报人事处师资科备案。

第三十三条　关于出国进修培训的管理办法另行制订。

（二）青年教师"三种经历"培养管理办法

2008 年 11 月 17 日学校出台了《重庆科技学院青年教师"三种经历"培养工作管理办法》，并以重科院〔2008〕152 号文件公布执行。此处全文纪实。

重庆科技学院
青年教师"三种经历"培养工作管理办法

重科院〔2008〕152 号

为了加强对青年教师的培养，提升教师综合素质和能力，根据《重庆科技学院师资队伍建设规划（2006—2010 年）》（重科院〔2008〕117 号）的要求，切实做好青年教师"三种经历"培养工作，特制订本办法。

第一条　"三种经历"培养的主要内容

青年教师从到学校正式报到之日起 5 年内，由所在院系有计划地安排完成以下"三种经历"的培养：

（一）生产实践经历：主要到石油、冶金等行业的油（气）田、钢铁企业等，进行为期半年的现场社会实践活动，使青年教师根据自身特点，找到与石油、冶金等相关行业的结合点，培养生产实践能力，拓展学科专业的发展空间。

（二）课程进修经历：根据每位青年教师将要承担的主讲课程，到国内高水平大学进行为期半年的课程进修，使青年教师掌握主讲课程的教学内容、教学方法、教学资源和实验技能，提升青年教师的授课能力和水平。

（三）学生工作经历：每位青年教师应主动承担学生管理工作，并有两年以上班导师、兼职或专职辅导员工作经历，以培养青年教师关心学生、爱护学生的品德，提升教书育人的素质和组织学生的能力。

第二条　实施范围

2004 年 9 月 1 日以后引进或补充的 35 岁以下的教师。

第三条　培养计划

2004 年 9 月 1 日—2007 年 12 月 31 日期间引进或补充的 35 岁以下的教师，由学校人事处会同青年教师所在院系制订每个青年教师的"三种经历"培养的实施计划。

2008 年 1 月 1 日后引进或补充的 35 岁以下的教师，在签订进人协议或到校报到时，由所在院系制订"三种经历"培养的实施计划，并报学校人事处备案。

（一）生产实践经历原则上应在青年教师进校后第一学年的下半年完成。生产实践结束一月内，参加生产实践的青年教师应向所在院系和学校人事处提交实践报告，并由所在院系对其考核，填写相应考核表，计入教师档案。

（二）课程进修经历原则上在青年教师进校后 3 年内、承担主讲课程的前一学期安排。参加国内高水平大学课程进修的课程原则上应是该校的国家精品课程，且是进修教师本人拟担任的主讲课程。进修结束后，由所在院系教师凭进修证明和成绩单进行考核，同时考核实验技能，填写相应考核表，经学校教务处审核后，计入教师档案。

（三）学生工作经历应在青年教师进校后的5年内完成，经院系和学生工作部门考核合格后，计入教师档案。

第四条　组织管理

（一）各院系必须把青年教师"三种经历"培养作为师资队伍建设的重要内容规划好、落实好。青年教师"三种经历"培养的实施情况和效果是考核院系师资队伍建设效果的核心指标，并与院系年度考核挂钩。

（二）青年教师的"三种经历"计划和实施由相关院系负责组织。青年教师参加生产实践的单位应由所在院系根据需要统筹考虑和遴选，并负责联系和落实，必要时可由学校人事部门出面协调；青年教师课程进修由所在院系根据开课情况统筹考虑，并负责联系和落实进修学校，必要时可由学校教务处出面联系；青年教师学生工作经历由院系根据工作需要安排，报学校学生工作部备案同意即可实施。

（三）学校人事部门要建立健全青年教师"三种经历"培养的计划、实施、考核、评价等制度，确保"三种经历"培养工作的落实。

青年教师在进行"三种经历"培养时应凭有关材料（包括到国内高校重点学科进修课程的接收函、社会实践或生产实习单位的接收函等）到人事处签订有关协议。

青年教师在完成"三种经历"，并考核合格后，由学校人事处颁发青年教师"三种经历"合格证书。考核结果计入教师个人档案。

第五条　费用和待遇

青年教师进行"三种经历"培养时涉及的有关费用和待遇参照《重庆科技学院教职工进修培训暂行办法》（重科院〔2006〕11号）文件执行。

第六条　其他

（一）未按计划执行"三种经历"的青年教师将延期转正或暂缓参加高一

级职称评聘。

（二）曾在工矿企业工作1年及以上的教师，由本人申请，经所在院系认定，可视为已完成生产实践经历。

（三）曾在大学担任过学生工作经历2年及以上的教师，由本人申请，经学校学生工作部认定，可视为已具有学生工作经历。

（四）曾在本科院校为本科生主讲过一门以上课程或有过国内高水平大学相关课程进修经历人员，由本人申请，经所在院系审核，报教务处认定，送人事处备案，可视为具有课程进修经历。

（五）青年教师被聘为学校专职辅导员期间可暂不进行生产实践和课程进修，待转岗到教学岗位后再按本办法规定完成其他相关经历的培养。

第七条　本办法自下发之日起执行。

三、教学、科研激励政策与措施纪实

（一）教学工作激励

2008年3月13日，学校以重科院〔2008〕25号文公布了《重庆科技学院教学名师评选暂行办法》，并贯彻执行。

重庆科技学院教学名师评选暂行办法

重科院〔2008〕25号

为了深入贯彻落实教育部《关于实施高等学校本科教学质量与教学改革工程的意见》（教高〔2007〕1号）和《关于进一步深化本科教学改革全面提高教学质量的若干意见》（教高〔2007〕2号）精神，建设一支结构合理、素质精良的教师队伍，鼓励学术造诣深、教学水平高的教授积极投身本科教学，尤其是在基础课程教学第一线，树立一批全校教师的楷模。为表彰我校在教学和人才培养领域做出突出贡献的教师，参照国家和市级教学名师评选办法，结合我校实际，特制订本办法。

一、评选时间和奖励名额

学校教学名师评选原则上每3年评选一次，每次5名。

二、评选原则

1. 坚持教学与学术水平相结合的原则，突出对本科教学成绩、教学效果、教学艺术、教学改革和教书育人等方面的要求。

2. 在同等条件下，承担公共基础课、专业基础课的教师优先。

3. 遵循公开透明、公平推荐、公正评审，坚持标准，宁缺毋滥的原则，严格按照规定的程序进行评选。

三、评选条件

1. 政治立场坚定，师德高尚；事业心强，富有创新协作精神；治学严谨，教风端正，教书育人，为人师表。

2. 长期承担本专科教学任务，坚持讲授基础课程；高校教龄在5年以上，受聘副教授及以上专业技术职务；近三年来，直接面向本专科生的课堂教学工作量不少于400学时（本科不少于200学时）。

3. 教学效果好，主讲课程在同行中有较大影响，学生评价优秀，并自编有主讲课程的高质量教材。

4. 具有符合时代特点的教育思想，在知识更新、教学手段、教学方法改革方面取得突出成绩，做出重要贡献；积极开展教学研究与实践，主持省级及以上的教改项目或省级及以上精品课程，或获得省级及以上的教学成果奖。

5. 自觉指导和帮助中青年教师不断提高授课水平，在形成合理的学术及教学梯队等方面成绩显著。

6.具有较高的学术造诣，在本学科领域具有较高的学术地位和知名度，科研成果较多，取得明显的社会经济效益，并能够将最新研究成果和科研思想融入课堂教学，科研促进教学成效显著。

四、评选程序

1.推荐与自荐。各院系组织本单位教学名师的初评、推荐工作。由所在教学院系推荐或本人自荐，填写申请表，并按期将推荐名单和有关材料由院系审核后报送教务处。

2.形式审查。由教务处会同人事处、科研处等部门进行资格和条件审查。

3.专家审核。组织学校教学督导组专家在同行和学生中开展听课和问卷调查等，并提出专家组审核意见。

4.教学指导委员会评审。根据专家组审核意见，提交学校教学指导委员会评审，通过公示名单。

5.公示。对学校教学指导委员会评审通过的重庆科技学院教学名师在校内公示，公示期为5个工作日。

6.发文公布。若公示无异议，报学校校长办公会通过后即正式发文公布。

五、表彰、奖励与考核

1.学校授予"重庆科技学院教学名师"荣誉称号，颁发荣誉证书并给予每人3000元的奖金，在重庆科技学院教学工作大会上予以表彰。

2.学校教学名师在专业技术职务岗位聘任、推荐市级教学名师和其他荣誉称号等方面优先考虑。

3.学校每年对教学名师进行一次阶段性考核，考核合格，当年的教学工作量按1.2的系数计算并核发课时津贴；每3年进行一次综合性考核，考核合格，继续保留其荣誉称号。

4.凡出现二级及以上教学事故或 3 年内出现两次三级教学事故，将取消其教学名师称号。

六、相关要求

1.“教学名师”的评选表彰工作是落实“人才强校”战略，鼓励教师积极承担本科教学工作，促进教学质量提高的一项重要举措，各院系要充分重视，提高认识，认真组织，严格按条件和程序组织推荐，保证评选质量。

2.荣获学校教学名师称号的教师应当珍视荣誉，要充分发挥示范作用，继续探索教育教学规律和深化教育教学改革，积极投入本科教学工作，不断提高教育教学质量。

3.学校将举办“教学名师”示范讲座，推广名师的教学经验，进一步创造良好的教学氛围。教务处将定期编纂“教学名师”先进材料，邀请教学名师参加青年教师培训等活动。

七、本办法由人事处、教务处负责解释。

（二）科研工作激励

1.实施科技创新团队建设工程

以下实录《重庆科技学院实施科技创新团队建设工程暂行办法》内容，展现当初相关工作：

重庆科技学院实施科技创新团队建设工程暂行办法

重科院〔2005〕101 号

（2005 年 4 月 15 日公布执行）

第一章　总　则

第一条　为了实现学校“超常规、跨越式”发展和全面落实“人才强校”战略，激发我校中青年教师及科技工作者的团队合作精神，加速我校高层次创新人才的培养，营造良好的科技创新环境，逐步提升我校科技工作的核心竞争力和整体实力，学校决定利用科研基金实施"重庆科技学院科技创新团队建设工程"（以下简称"创新团队建设"）。

为加强创新团队建设项目的管理，确保项目建设成效，根据创新团队建设的目标要求，结合我校实际情况，特制订本办法。

第二条 "创新团队建设"是我校学科建设工作的重要组成部分，旨在通过高层次科技人才的机制创新，倡导和培育团队精神，凝练学科方向，建设高水平科技创新队伍，培养拔尖科技人才。在实施创新团队建设中，要鼓励大胆探索，鼓励学术争鸣，鼓励跨学科、跨院系学术交叉，鼓励合作、竞争，营造拔尖人才成长的良好环境。

创新团队建设工程拟用3年时间资助建设30个左右的科技创新团队，每年计划用200万元资助10个左右的团队，每个创新团队建设周期一般为三年。资助经费作为创新团队建设的启动费，用于团队开展学术科研工作的基础建设和申请课题的前期准备工作。

第三条 实施创新团队建设的指导思想与基本原则是：以科技创新平台为依托，以前沿性创新课题为导向，以体制与机制创新为保障，以杰出学者的造就与引进为重点，以凝练学科方向和提高学术水平为目标。

第四条 创新团队应依托本校重点发展的学科和科研领域，瞄准国家和我市科技发展的战略目标、重大科技专项，对经济发展、社会进步和国家安全有重要意义的基础性研究或技术创新领域，或是多学科交叉的前瞻性研究领域，确定研究方向。重点开展基础研究、应用基础研究和高技术研究。

第五条 创新团队必须具备良好的研究队伍和工作基础。

第二章　立项条件

第六条　创新团队负责人可以是校内人员，也可以聘任校外人员担任，核心成员一般应由3~5人组成，平均年龄应不超过45周岁。各核心成员都应有相对独立的研究方向并具有较强的独立科研能力。团队其他成员由各核心成员根据研究方向或项目灵活组织。

第七条　团队成员应有共同关注的科学问题及良好的科研合作基础。

第八条　团队负责人一般应具有博士学位或教授职称，有明确的学术研究方向，具有较高的学术造诣和良好的组织协调能力，作风正派，敢于创新，思路开阔，能团结同事，在团队中有较强的凝聚作用；近3年曾主持过省部级科研计划项目或重庆市教委重大项目，或参加过国家级科研项目的研究；或已取得了水平较高的学术成果，曾获省部级及以上的科技奖励，或发表了一定数量的高水平论文等。创新团队的核心成员一般应具有硕士以上学位或副教授及以上职称。

第九条　创新团队要求具有良好的学科基础和高标准的建设目标，形成合理的学术梯队，团队成员要勇于探索，敢于创新，具有良好的团队精神。项目建设要有明确的高层次后备人才培养目标，要着眼于团队成员整体素质提高。创新学术团队所在学科应具有良好的建设基础和发展潜力，团队建设对所在学科要有较强的辐射和带动作用，能够强有力地推动学科建设并使之水平提高。项目建设计划要坚持从实际出发，应与所在单位学科建设发展规划相统一。

第十条　向学校申报的团队，应主要从本校的学科带头人、学术骨干中推荐产生。创新团队可以是自然形成的学术群体，可以是围绕某一重大研究课题有效整合的学术团队，也可以是学校整体引进或引进与整合相结合的学术团队。鼓励跨学科组织创新团队。

第十一条　优先扶持以博士生导师和硕士生导师为核心的创新团队建设。

第三章　申报与审批

第十二条　由项目单位根据团队的组建条件，结合本单位的人才与学科建设规划，制订本单位创新团队建设计划，并填写《重庆科技学院科技创新团队建设计划申请书》（以下简称《申请书》），各创新团队所在院系研究通过，并向学校科研处申报。创新团队必须以院（系）为依托单位，学校科研处不受理个人或机关部门的申报。

第十三条　学校科研处按照"依靠专家、公平合理、鼓励创新、择优支持"的评审原则，组织同行专家对《申请书》进行初审，主要评审创新团队的组建条件、建设内容、建设目标等，评选符合立项条件的创新团队建设项目，并根据团队的组建基础、学科特点、建设目标等因素初步确定投资额度，遴选被资助的团队。

第十四条　校学术委员会对已通过初审的创新团队建设项目进行评审，提出是否同意立项的审查意见和《申请书》修改意见，并确定项目拟投资额度。

第十五条　根据审查意见和拟投资额度，进一步修订团队建设内容与建设目标，填写《重庆科技学院科技创新团队建设项目计划任务书》，并提交学校校长办公会审批。审批通过的项目签署《重庆科技学院科技创新团队建设项目目标责任书》后正式立项建设。

第十六条　对创新团队建设项目，学校将按照"成熟一个，立项一个，建设一个"的原则，分期分批立项建设。

第四章　组织管理

第十七条　各院（系）要积极协助和支持团队负责人做好团队的日常管理工作。

第十八条　创新团队建设项目经费投入额度的确定将主要考虑团队所在学科的性质特点、团队中高层次人才的数量与学术水平、项目的人才建设目标和科研工作目标。对建设目标相对现有基础跨越度大、可行性强的项目，学校将优先、重点支持。团队每期资助时限为3年。由科研处负责对资助经费分年度根据研究工作进展和考核情况分期划拨。

第十九条　创新团队的研究项目应围绕某一研究方向提出几个子课题，各核心成员围绕相关子课题开展科学研究并对团队负责人负责。团队负责人应制订团队组织协调办法，并定期检查各核心成员的研究情况，开展学术研讨。团队负责人有权根据具体情况对各核心成员的研究经费进行调整，但应报科研处和所在的院（系）备案。团队成员应开展经常性的学术交流，营造自由探索、相互激励、开拓创新、宽容失败、团结合作、共享成果的良好的学术氛围。团队每年至少要召开两次学术会议。

第二十条　团队应于每年十二月三十一日前向科研处和所在的院（系）提交当年的创新团队建设工作年度进展报告，三年完成后应交结题报告。

第二十一条　根据人才引进的情况和项目实施的需要，团队负责人有权对组成人员进行调整。人员调整经所在的院（系）签署意见后，报科研处备案。

第二十二条　创新团队建设项目的建设内容与建设任务应包括人才培养和科研工作。团队在获取国家重大和重点项目，争取科技经费，解决重大理论、技术问题，获得国家级奖励，发表高水平科研论文等科研工作方面要有明确、合理的建设目标。团队所在学科在国家重点学科、国家重点实验室、教育部重点实验室和学位点建设等方面也要有相应的建设目标。

第二十三条　团队考核实行个人与团队考核相结合，重点实行团队考核（每年考核一次，具体考核办法另发）。项目实施两年后，考核不合格的将取消资助计划，没有认真开展科学研究的或存在严重违纪问题的将收回已资助的经费。实施3年后考核为优秀的创新团队，将纳入下一轮资助计划，给予滚动支持，使其创新能力进一步增强。

第二十四条　考核团队的主要内容为：在国内外主要期刊发表论文的情况；

被 SCI、EI、ISTP 收录情况；争取到各级重点项目的情况；获得各级科技成果奖励情况；对外获得科研经费情况；形成有关知识产权情况；考核团队成员学术职务及学术影响的变化等。

第二十五条　创新团队经费使用、项目管理、成果奖励参照学校有关科研管理文件执行。

第五章　附　则

第二十六条　创新团队建设项目实施过程中如遇到未尽事宜，学校将另做补充规定。

第二十七条　本办法由学校科研处负责解释。

2. 设立校内科研基金

学校以重科院〔2005〕42 号文，发布科研基金管理暂行办法等 4 个科研管理文件，实施对科研工作的激励。此处选择其中两个纪实如下。

重庆科技学院科研基金管理暂行办法

重科院〔2005〕42 号（4）

（2005 年 2 月 18 日公布执行）

为了支持和鼓励学校教职工积极开展科研工作，加快中青年科技人才的选拔培养，资助有潜力的中青年教师科研启动、提高科技创新能力、多出成果，特设立重庆科技学院科研启动基金。

第一条　学校每年用科研启动基金资助一定数量的校内科研项目。学校科研启动基金项目每年申报一次，由科研处按照一定程序组织评审。

第二条　学校科研启动基金经费来源：

（一）学校事业费中按一定比例提取；

（二）学校技术交易项目获得的收益中按一定比例提取；

（三）科技项目经费节余的学校提成部分中按一定比例提取；

（四）学校科研基金有偿资助项目返还的经费；

（五）校外单位、团体、个人捐赠的科技基金；

（六）其他自筹经费。

第三条　学校科研启动基金面向全校接受申请，项目研究期限一般为1～2年。

第四条　学校科研启动基金择优资助以下各类基础研究和应用研究中带基础性工作的项目：

（一）围绕经济建设和社会发展中的关键性、共性科学技术问题开展的基础研究、应用研究及产业化前期关键技术研究项目；

（二）属于前沿学科、边缘学科、交叉学科并可望获得重大突破的项目；

（三）结合学校高层次人才培养的特点、学科布局及发展的需要，对学校重点学科建设、博士点和硕士点建设、重点实验室建设起促进作用的项目；

（四）经1～2年的预研究，可获得一定的研究基础，能提高申请高层次项目竞争力和命中率的项目；

（五）留学归国人员为扩大在国外取得的成果需进行研究的项目。

第五条　学校科研启动基金采取专家评审、择优支持的原则。

第六条　申报学校科研启动基金需具备以下基本条件：

（一）选题符合经济、社会及科技发展的需求，鼓励学科交叉。

（二）研究思路明确，学术思想或技术路线具有创新性和可行性；提交成果的方式具有可考核性。

（三）研究队伍结构合理，项目负责人具有较高的学术造诣和较强的组织能力。

（四）需资助的项目已具有较好的研究基础并基本具备主要研究条件（实验室和基本设备等）。

第七条　学校科研启动基金项目的立项。申请者需填写《重庆科技学院科研基金项目申请书》，由所在单位学术委员会审查并就申请书内容的真实性、申请资助的必要性、实现研究方案的可能性、经费预算的合理性等签署意见，加盖单位公章后上报科研处。经校学术委员会评审通过后，报主管校长批准立项。

第八条　学校科研启动基金项目的管理实行学校和各二级单位分级管理。学校科研处负责宏观管理与目标控制；各单位负责组织、协调、实施、监督等过程管理。对于跨单位、跨学科的联合资助项目，由科研处负责组织与协调。

第九条　学校科研启动基金项目负责人每年年底须填写《重庆科技学院科研基金项目年度工作报告表》，于当年12月31日前交学校科研处。无故不按期上交报告表者，学校将停止经费资助。

第十条　学校科研启动基金项目经费的使用，严格按照本办法规定列支，使用范围仅限于与本项目有关的内容，不得超出项目申请书的开支范围，不得列入国家规定禁止列入的其他支出。

第十一条　学校科研启动基金项目负责人不得更换，资助经费不得转让。

第十二条　对研究计划执行不力或难以按原定计划完成的项目，所在单位可向科研处建议予以终止、撤销。

第十三条　学校科研启动基金项目的结题或验收程序：

（一）项目按计划完成后，项目负责人应在2个月内做好结题工作，填报结题报告表，申请结题验收；

（二）科研处主持项目验收，验收专家组至少由5名专家组成。

第十四条　被验收项目存在下列情况之一者，不予通过验收：

（一）未完成合同规定任务；

（二）预期成果未能实现，成果已无科学或实用价值；

（三）提供的验收文件、资料、数据不真实、不完整；

（四）擅自修改申请书或合同书规定的研究目标、内容、技术路线。

第十五条　因故不能按期完成项目计划，项目负责人须提前向科研处提出申请延期报告，延期时间不得超过 1 年。

第十六条　对科研启动基金项目，学校不提取管理费，不另外提供科研设备补贴和科研业务费补贴。学校科研启动基金项目的开支范围、审批权限和剩余经费分配与纵向科研项目相同。

第十七条　学校教师和科研人员出版学术著作，可根据学校的有关规定（另定），申请学术著作出版经费资助。

第十八条　本办法自公布之日起实施，由学校科研处负责解释。

3. 发布科研项目管理办法

重庆科技学院科研项目管理暂行办法

重科院〔2005〕42 号（3）

（2005 年 2 月 18 日公布实施）

第一章　总　则

第一条　为了充分调动全校教师开展科学研究的积极性与创造性，积极争取科研项目，保质保量完成项目任务，增强学校科技创新能力，提高教学、科研水平，改善人才培养环境、提高人才培养质量，使学校科研管理工作逐步走向科学化、制度化和规范化，特制订本办法。

第二条　学校科研项目分类：

按研究性质分为：基础研究（含应用基础研究）项目、应用研究项目、开发研究项目。

按项目来源分为：纵向科研项目、横向科研项目、校内科研项目。

第三条　纵向科研项目指国家、省、市各级政府有关部门按一定程序下达的科技项目，分为国家级项目、省部级项目和其他纵向项目三类。

国家级项目包括国家自然科学基金项目、国家攀登计划项目、国家"973"科技计划项目、国家"863"科研计划项目、国家国防项目和其他由校学术委员会认定的国家级项目。

省部级项目包括国务院各部（委）科技计划项目、省（直辖市）自然科学基金及重点（攻关）项目、省（直辖市）高校重点学科项目和其他由校学术委员会认定的省部级项目。

其他纵向项目主要包括省（直辖市）各厅、局科技计划项目等。

第四条　横向科研项目指学校各单位（不包括校办企业）或教师利用职务成果或学校设备条件，以学校名义在社会上承接的科研项目（包括政府委托学校承担的技术含量较高的工程建设项目）以及经费进入学校科研账户的建筑设计项目。横向科研项目有技术开发、技术咨询、技术转让、技术服务和工程设计等多种形式。

第五条　校内科研项目指学校科研发展基金资助或经学校科研处认定备案并纳入统一管理的科研项目。

第六条　科研处代表学校组织以上各类项目的申报与推荐，签订研究开发合同或合作协议，监督项目按计划执行，组织结题验收及成果申报。

第七条　各单位负责组织项目申报，对申请项目的先进性、科学性、可行性等内容进行认真评价，并负责项目的过程管理，与科研处共同协调解决项目执行过程中出现的有关问题。

第八条 科技项目实行项目负责人负责制,项目负责人对科技项目的申报、执行、经费使用及结题验收等具体环节与过程全面负责。

第九条 本管理办法为学校科技项目管理的主要依据,各类项目管理还应执行项目下达部门的有关规定。

第二章 申报与立项

第十条 学校科研处根据各计划资助渠道的项目申请通知、招标指南及其他相关信息,定期或不定期地向各单位发布项目申请通知和项目申请指南,各单位应及时将有关信息和要求传达到教师和科技人员,并积极动员、组织教师和科技人员申报项目。对于重点、重大项目,跨单位、跨学校申报的项目及其他相关重要项目,由科研处会同相关单位共同组织或直接组织教师向有关部门申报。

第十一条 项目申请人应仔细阅读、认真研究相关项目申请指南,按照规定的格式,实事求是地填写各类项目申请书并打印成册。有特别要求的,还应提交项目申请书软盘和相关附件,按照项目申请通知要求的份数提交所在单位审查。

项目申请人所在单位应就申请项目的科学意义、研究特色和创新点、研究方法及技术路线的可行性等内容进行审查并由单位负责人签署具体意见,报学校科研处审定。

第十二条 对于重点、重大项目的申请,学校科研处应组织相关学科专家进行咨询、论证、修改,以确保项目申请书的质量,经校学术委员会评审后推荐或立项。

第十三条 与校外其他单位联合申请的项目,项目申请人应请合(协)作单位签署意见并加盖公章后,报学校科研处审批。

第十四条　全校各级各类科技项目的申请，由科研处代表学校，将项目申请书按要求上报给各有关部门或单位。

第十五条　项目申请书上报以后，校院（系）两级管理部门和项目组应积极配合由各计划主管部门或单位组织的项目评审、论证或答辩工作，积极推荐评审专家，提交有关材料，了解有关信息。

第三章　项目执行

第十六条　项目合同书一经签订，即具有法律效力。项目负责人及项目组成员应严格执行项目合同书（任务书、责任书）中所规定的各项条款，及时开展工作，按计划进度执行项目研究任务，安排专人建立完整、科学的项目档案，并按规定时间向所在单位提交年度进展报告和各类统计报表，经所在单位审定后，报学校科研处备案。

第十七条　学校科研处将依照各计划资助渠道的项目管理规定和项目合同书（任务书、责任书）的内容监督项目按计划执行，协调解决项目执行过程中出现的有关问题，每年安排一定时间，对部分项目有重点地进行检查。

第十八条　各单位负责科技项目的过程管理，检查项目进展情况，为项目顺利实施提供人员、时间和条件保障。

第十九条　项目执行过程中，项目组成员应保持相对稳定，项目负责人原则上不得代理或变更。如确因特殊情况需要发生变更的，有关单位应及时以书面形式向学校科研处上报变更项目负责人或中止、撤销该项目的意见。由学校科研处审核后报项目资助部门或单位。

第二十条　项目执行过程中，若对涉及降低研究目标、改变研究内容、延长研究期限等变动，项目负责人应提出书面报告陈述理由，学校科研处签署意见，经项目计划下达部门或单位批准以后方能实施。

第二十一条　对研究计划执行不力，或难以取得研究结果的项目，学校科研处可以建议予以撤销或更换，报项目主管部门或单位批准。

第二十二条　学校承担的所有项目必须按期结题。对于确因特殊情况需延期结题的项目，项目负责人应于规定结题时间前 3 个月向所在单位提出申请并报学校科研处。学校科研处在征得有关部门同意后，延期结题。

第四章　结题与验收

第二十三条　学校科研处根据各项目主管部门或单位的要求负责组织项目的结题、验收或成果鉴定等工作，各有关单位及项目组应积极配合。

第二十四条　基础研究或应用基础研究的一般项目以书面总结报告的方式为主，重点、重大项目以验收方式为主；应用、开发研究项目以验收或成果鉴定方式为主；横向合作项目的结题方式按项目合同（协议）书有关规定执行。

第二十五条　研究工作完成后，项目负责人及项目组应认真准备并及时上报各种项目总结材料，一般应在研究计划到期后一个月以内提出结题、验收或鉴定申请，并做好相关准备工作。

第二十六条　由项目主管部门或单位主持项目的结题、验收与鉴定工作，聘请专家对项目完成情况进行综合评价，提出结题、验收或鉴定意见。

第二十七条　学校科研处应及时把专家评审意见通知项目组。项目组应认真研究、分析专家评审意见，并就后续研究工作提出设想与具体方案。

第二十八条　对专家组评价优秀的项目，学校科研处会同相关单位提出继续支持意见。对专家评价意见较差或未能通过结题、验收、鉴定的项目，学校将酌情予以处理；引起法律纠纷的，按有关法律程序办理。

第五章　纵向科研项目管理

第二十九条　本办法中"科研经费"是指由政府或部门、企事业单位或学校等提供的用来完成合同中规定的科研项目的经费。

第三十条　科研配套资金的申请与管理。

省部级以上纵向科研项目经费到位后，项目负责人可向学校申请科研配套资金。国家级纵向项目批准立项且经费到位后，如项目合同需要，经申请学校可考虑提供一定配套支持。

第三十一条　纵向科研项目实行项目负责人制，科研经费到位后，项目负责人按《重庆科技学院科研经费管理暂行办法》使用科研经费，并承担相应责任。

第三十二条　申报国家级或省部级纵向科研项目，没有得到经费资助但给予立项的项目，可向学校申请适当的科研立项经费补助。

第三十三条　纵向科研项目负责人必须按要求及时向项目资助单位和学校科研处汇报项目进展情况，严格履行项目合同，按时、保质完成项目。在项目进行期间，若违反项目合同或项目经费使用，科研处有权冻结并追回项目经费。

第三十四条　科研经费由学校计划财务处统一管理，按照《重庆科技学院科研经费管理暂行办法》规定使用。

第三十五条　任何科研项目经费的开支都要实事求是，所有的报销凭据都要符合财务规定；属于个人收入的，要依法纳税。

为保证纵向科研项目按合同完成，学校有权对经费使用情况进行审计、检查和监督。对于经费使用明显不合理，导致项目不能按合同完成的，学校将根据实际情况予以处理。

第六章　横向科研项目管理

第三十六条　学校鼓励各单位在搞好教学和纵向科研项目的同时组织教师承担横向科研项目。

横向科研项目由科研处代表学校对外签订合同、协议。

第三十七条　横向科研项目实行项目负责人负责制。

（一）横向科技项目由项目负责人计划、自主、包干使用项目经费并承担经济责任，但必须保证按时、按质、按量完成项目合同所规定的任务，并符合国家和学校的财务制度、物资管理制度、科技工作管理制度。

（二）科研经费到位后，项目负责人按照《重庆科技学院科研经费管理暂行办法》的规定使用经费。

第三十八条　有下列情况之一的横向科研项目实行项目承担单位保证制度：

（一）学校科研主管部门认为项目风险较大，需要项目承担单位予以保证；

（二）因使用科研资源（设备、人力等）较多，对承担单位计划中的教学或科研影响较大，需要承担单位予以协调的；

（三）项目主要由单位承接，项目负责人和项目参加人员由单位安排的。

第三十九条　实行项目承担单位保证制的横向科研项目管理。

（一）由项目承担单位和项目负责人与科研处签订保证书。

（二）项目负责人是项目的直接责任人。在保证项目按合同完成的前提下，经项目承担单位授权（可在保证书上体现），项目负责人批准使用经费的范围和权限按所签订的项目合同执行。

（三）项目承担单位应尽力支持项目负责人按合同完成项目，提供必要的条件（包括实验室和设备的使用，人员的安排等），同时监督经费的使用，控制项目的风险，维护学校的利益和声誉。

（四）根据在科研项目中承担的风险或所起的作用，项目承担单位可以从到账经费或项目完成后的节余经费中提取一定比例作为单位的科研基金。

第四十条　横向科研项目必须在学校科研处办理登记立项手续。只有经登记立项的横向科研项目成果才能享受学校的有关奖励，并作为职称评定的依据。

以学校或校内各单位的名义承担横向科研项目而又不办理立项手续的，学校不负任何法律责任。一经查出，学校将予以严肃处理。对学校造成损失的，须予以赔偿。

第四十一条 横向科研项目的经费管理和使用按《重庆科技学院科研经费管理暂行办法》中的有关条款执行。

第四十二条 横向科研项目完成后，如达到较高水平，可以申请鉴定，也可以申报成果。横向科研项目如进行鉴定，鉴定费主要由项目经费支付。横向科研项目如获得各级政府奖励，学校将根据《重庆科技学院科技工作奖励暂行办法》给予奖励。

第四十三条 横向科研项目协议一经签订，必须认真履行。项目所在单位应为项目参加人提供履行协议所必需的条件（包括时间等），项目负责人应努力完成协议规定的所有工作。

本办法自公布之日起实施，由学校科研处负责解释。

第三节　办学初期博士俱乐部及博士风采

　　博士的引进、培养和稳定工作是解决初期的重庆科技学院人才匮乏的关键举措，它直接关系到学校是否能实现跨越式且可持续发展的大事，学校曾一度作为"人才强校"战略的重中之重。为了使逐渐增多的博士们"加强联系不孤单、相互学习促发展"，在校长唐一科和主管人事工作副校长严欣平的提议下，由学校人事处牵头服务，成立了重庆科技学院首届博士俱乐部，正式地把在编博士青年教师组织了起来。博士俱乐部在学校的支持下，选出了自己的理事会及理事会领导班子，开展了大量有意义的活动，如学术讲座、课题交流、为青年大学生的生涯规划作报告等。2006年暑期，由校领导带队，还按东、西线分别组织了"重庆科技学院博士考察团"，考察了近20家石油、冶金企业，使博士们认识了企业，同时也宣传了刚刚升本的学校。重庆科技学院的校友们反映，"博士考察团"到了哪里，哪里的校友都像见到亲人一样，特别高兴。升本初期入校的博士们成长较快，绝大多数很快成为学校的教学、科研骨干，部分还走上了学校的重要领导岗位，在人才强校中发挥了重要作用。纪实这段历史，选用了当时的博士名册和博士风采，相信博士们后来的人生和对科技学院的贡献，一定更加精彩。

一、2009 年在册博士名单

序号	姓　名	性别	出生年月	民族	博士毕业学校	毕业时间	来校时间
1	严欣平	男	1957.01.21	汉族	重庆大学	2008.12	2005.08.31
2	钟昆明	男	1968.06.03	汉族	吉林大学	2003.12	2006.11.13
3	刘成俊	男	1965.11.15	汉族	重庆大学	2004.06	1990.03.22
4	况龙川	男	1970.01.30	汉族	同济大学	1998.07	2005.12.08
5	李志军	男	1977.02.08	汉族	西南石油大学	2008.06	2008.07
6	刘　洪	男	1972.07.11	汉族	西南石油学院	2003.07	2003.07.18
7	龙芝辉	男	1963.01.04	侗族	中国石油大学	2007.01	1983.08.31

续表

序号	姓　名	性别	出生年月	民族	博士毕业学校	毕业时间	来校时间
8	杨志龙	男	1957.12.11	汉族	重庆大学	2000.12	1992.06.16
9	范　军	男	1954.12.18	汉族	西南石油学院	1998.07	1979.10.31
10	曾顺鹏	男	1965.06.25	汉族	西南石油学院	2005.06	1990.09.01
11	罗　佩	男	1963.12.10	汉族	西南石油大学	2007.06	2006.07.05
12	何行范	男	1949.07.09	汉族	西南石油学院	2001.06	1982.01.31
13	焦国盈	男	1976.05.20	汉族	西南石油学院	2005.07	2008.01.16
14	戚志林	男	1968.07.06	汉族	西南石油大学	2004.06	2008.01.23
15	陈　兰	女	1975.09.08	汉族	中国科学院地球化学研究所	2006.08	2005.12.21
16	白建平	男	1965.05.06	汉族	中国地质大学	2006.07	1989.07.03
17	赵东升	男	1966.12.07	汉族	西北大学	2006.07	2008.03.25
18	李祖兵	男	1978.09.23	汉族	西南石油大学	2008.07	2008.06.30
19	王　炯	女	1968.08.07	汉族	中国地质大学（北京）	2008.07	2008.10.08
20	陈国民	男	1974.03.23	汉族	西南石油大学	2006.07	2008.12.31
21	梁　平	女	1972.08.27	汉族	解放军后勤工程学院	2008.06	1997.07.02
22	孟　江	男	1973.12.17	汉族	成都理工大学	2007.07	2007.07.05
23	田　园	男	1973.03.18	汉族	西南石油大学	2007.07	2007.07.10
24	高正宪	男	1975.03.09	汉族	解放军后勤工程学院	2008.06	2008.07.09
25	苏堪华	男	1978.10.23	汉族	中国石油大学	2009.07	2009.07.01
26	郭晓东	男	1981.11.21	汉族	中国石油大学	2009.07	2009.07.06
27	杨　斌	男	1979.08.24	汉族	西南石油大学	2009.07	2009.07.07
28	夏文堂	男	1964.11.29	汉族	中南大学	2007.05	2007.06.28
29	符春林	男	1970.02.04	汉族	电子科技大学	2005.06	2006.01.06
30	廖晓玲	女	1969.02.08	汉族	西北工业大学	2006.07	2007.10.24
31	邸永江	男	1978.10.14	汉族	华中科技大学	2007.12	2008.04.01
32	唐　笑	女	1978.02.21	汉族	重庆大学	2008.07	2008.07.01
33	邓洪达	男	1977.01.30	汉族	西南石油大学	2008.07	2008.07.02
34	望　军	男	1978.01.09	汉族	四川大学	2008.12	2009.01.20
35	宋美娟	女	1963.04.21	汉族	重庆大学	2006.12	1992.04.14
36	石永敬	男	1974.07.24	汉族	重庆大学	2009.06	2009.06.29

序号	姓　名	性别	出生年月	民族	博士毕业学校	毕业时间	来校时间
37	尹立孟	男	1976.08.10	汉族	华南理工大学	2009.06	2009.07.03
38	周传德	男	1978.09.20	汉族	重庆大学	2006.06	2007.01.17
39	周雄	男	1970.03.07	汉族	重庆大学	2008.12	1998.12.30
40	吴睿	男	1971.7.16	汉族	哈尔滨理工大学	1999.12	2007.03.02
41	李建辉	男	1976.08.09	汉族	哈尔滨工业大学	2006.09	2007.09.24
42	王春	男	1965.04.23	汉族	重庆大学	2006.06	2007.03.01
43	任连城	男	1973.12.02	汉族	西南石油大学	2007.06	2007.07.04
44	孟杰	女	1981.01.01	汉族	重庆大学	2008.06	2008.06.30
45	邓晓刚	男	1975.03.06	汉族	重庆大学	2006.06	2008.01.07
46	黎泽伦	男	1979.03.22	汉族	合肥工业大学	2008.06	2008.07.01
47	伍奎	男	1966.06.13	汉族	重庆大学	2005.06	1987.07.31
48	贺泽龙	男	1969.07.17	汉族	重庆大学	2001.07	2004.09.14
49	黄琪	男	1974.01.03	汉族	重庆大学	2009.12	2007.03.01
50	孔松涛	男	1969.12.05	汉族	郑州大学	2007.07	2007.07.11
51	韩贤武	男	1974.10.20	汉族	重庆大学	2007.07	2007.07.03
52	安培文	男	1964.10.29	汉族	重庆大学	2003.07	2008.02.25
53	阳小燕	男	1974.01.06	汉族	中南大学	2008.12	2009.05.21
54	施金良	男	1963.05.04	汉族	重庆大学	2009.06	1987.06.31
55	彭军	男	1970.07.16	汉族	重庆大学	2003.06	1992.07.17
56	吴英	女	1972.04.12	汉族	重庆大学	2002.12	1992.07.08
57	李太福	男	1971.08.01	汉族	重庆大学	2004.06	2006.03.07
58	杨波	男	1973.04.28	汉族	重庆大学	2002.06	2007.01.04
59	唐德东	男	1970.07.20	汉族	重庆大学	2007.07	2007.07.16
60	董志明	男	1974.01.14	汉族	中国科学院研究生院	2007.06	2007.07.30
61	王雪	男	1971.09.26	汉族	重庆大学	2007.06	2007.09.17
62	曾建奎	男	1978.04.08	汉族	电子科技大学	2009.06	2009.06.29
63	黄永文	男	1970.10.07	汉族	重庆大学	2009.06	2009.06.29
64	葛继科	男	1977.02.23	汉族	西南大学	2009.06	2009.06.30
65	黄文章	男	1963.05.06	汉族	重庆大学	2004.06	1986.07.31

续表

序号	姓　名	性别	出生年月	民族	博士毕业学校	毕业时间	来校时间
66	熊　伟	男	1968.12.13	汉族	四川大学	2005.07	2006.07.14
67	陈　勇	男	1972.06.22	汉族	兰州大学	2006.06	2006.07.14
68	王金波	男	1976.03.28	汉族	四川大学	2008.06	2008.06.27
69	陈双扣	男	1976.01.03	汉族	重庆大学	2009.08	2005.07.04
70	苏小东	男	1975.12.19	汉族	四川大学	2007.12	2008.01.16
71	陈世兰	女	1980.10.27	汉族	兰州大学	2008.06	2008.06.30
72	冯　建	男	1981.11.25	汉族	四川大学	2009.07	2009.07.06
73	陈小亮	男	1980.01.09	汉族	中国科学院力学研究所	2008.07	2008.07.17
74	陈明政	男	1977.07.02	汉族	重庆大学	2006.12	2007.01.23
75	董　倩	女	1971.03.16	汉族	重庆大学	2007.06	2007.06.29
76	许年春	男	1977.12.19	汉族	重庆大学	2007.12	2008.01.17
77	蒋实节	男	1973.08.01	汉族	重庆大学	2005.12	2007.05.29
78	齐志刚	男	1974.07.08	汉族	重庆大学	2008.12	2009.04.20
79	刘其鑫	男	1978.12.15	汉族	清华大学	2008.07	2009.07.01
80	易　俊	男	1965.07.09	汉族	重庆大学	2007.12	1991.07.13
81	蔡治勇	男	1963.11.02	汉族	重庆大学	2008.06	1997.03.02
82	刘　春	男	1972.02.04	汉族	重庆大学	2007.06	2007.06.28
83	梁开武	男	1968.02.21	汉族	山东科技大学	2008.06	2008.07.08
84	王文和	男	1980.05.29	汉族	南京工业大学	2009.07	2009.07.09
85	游　静	女	1977.04.03	汉族	重庆大学	2008.07	2008.07.08
86	伊辉勇	男	1977.06.21	满族	重庆大学	2004.03	2005.06.01
87	曹　俊	男	1975.10.29	汉族	重庆大学	2008.06	2008.07.08
88	周梅妮	女	1970.05.16	汉族	西南交通大学	2006.07	2007.01.11
89	刘宝发	男	1972.10.01	苗族	华中科技大学	2005.06	2006.02.28
90	胡伟清	男	1964.09.27	汉族	重庆大学	2008.06	1992.12.05
91	唐　龙	男	1974.05.23	汉族	华中科技大学	2006.06	2006.06.27
92	李　强	男	1973.02.04	汉族	辽宁工程技术大学	2009.06	2009.07.06
93	唐海燕	女	1958.05.20	汉族	中国矿业大学（北京）	2004.06	2005.06.30
94	王月清	男	1980.09.16	汉族	陕西师范大学	2008.07	2008.07.04

序号	姓 名	性别	出生年月	民族	博士毕业学校	毕业时间	来校时间
95	张启义	男	1977.11.30	汉族	南京大学	2007.07	2007.07.10
96	方 旺	男	1975.10.10	汉族	四川大学	2008.06	2008.06.27
97	刘火安	男	1963.09.02	汉族	重庆大学	2006.07	2005.03.19
98	戴传云	男	1976.09.06	汉族	重庆大学	2006.06	2006.06.30
99	姚 波	男	1977.10.06	汉族	中国科学院水生生物研究所	2007.03	2007.04.27
100	申小云	男	1971.08.05	汉族	兰州大学	2006.06	2006.07.10
101	兰天颖	女	1982.07.06	汉族	南开大学	2008.06	2008.10.10
102	何志武	男	1974.06.26	汉族	武汉大学	2008.06	2008.06.26
103	周发财	男	1978.10.05	瑶族	复旦大学	2008.07	2008.06.30
104	吕庆春	男	1967.12.10	汉族	中国人民大学	2007.07	2007.07.09
105	王光华	男	1974.11.08	汉族	四川大学	2007.07	2007.07.06
106	彭体春	男	1972.02.24	汉族	四川大学	2007.12	2008.07.02
107	师会敏	女	1980.09.30	汉族	四川大学	2009.07	2009.07.02
108	彭 美	女	1976.11.21	汉族	四川大学	2009.07	2009.07.07

二、博士俱乐部章程及活动剪影

（一）博士俱乐部章程纪实

重庆科技学院博士俱乐部章程

（2008 年 12 月 15 日制订）

第一章 总 则

第一条 博士俱乐部是以重庆科技学院在职在编博士为主体的内部非营利公益社团组织，接受学校直接领导。

第二条 博士俱乐部的宗旨是：为学校的发展建设提供参谋与咨询服务；组织和开展多种形式的活动，致力于促进学术交流、提升教学水平和科研水平；

信息共享，充分利用各种资源，开展纵向和横向课题的合作研究，引领科研人员向纵深发展；积极参与或组织各类科技服务和社会公益事业，加强对外交流，维护和提升学校声誉；帮助博士解决工作、学习和生活中的具体困难。

第三条　博士俱乐部实行民主协商原则。重大事项的决定，均应在发扬民主，充分协商的基础上，经到会半数以上会员通过。

第二章　组织原则

第四条　博士俱乐部设理事会，负责俱乐部的重大事项（如经费预算和制订发展规划等）。俱乐部理事会设理事长一人，副理事长两人。俱乐部的日常工作（包括组织活动、筹集与管理经费、协调各项事务等）由理事会领导下的秘书处负责。秘书处设秘书长一人、副秘书长三人，其中一人由人事处分管师资队伍建设的副处长担任。

第五条　博士俱乐部理事会名誉理事长由校长担任，名誉副理事长由主管人事工作的副校长担任，理事会和秘书处成员由俱乐部成员推选，报学校人事处备案。秘书处设在人事处。

第六条　博士俱乐部由以下人员组成：

（一）学校的在职在编博士（含在读博士生）；

（二）特邀的校内外两院院士、长江学者、曙光学者、知名大学资深学者和博士生导师；

（三)特邀的对科学技术、文化教育、经济发展做出突出贡献的知名科学家、教育家和企业家。

第七条　俱乐部经费来源：

（一）重庆科技学院预算拨款；

（二)企业、单位、个人资助或者捐赠；

（三）俱乐部会员开展有偿社会服务；

（四）其他合法收入。

第八条　重庆科技学院博士俱乐部会员具有以下权利：

（一）有选举权和被选举权；

（二）有获得表彰和奖励的权利；

（三）有向俱乐部提出自己意见和建议的权利；

（四）有参加俱乐部各种活动、接受服务的权利；

（五）有对俱乐部负责人的监督权、批评权；

（六）有对俱乐部各项活动，尤其是财务支出状况的知情权。

第九条　重庆科技学院博士俱乐部会员具有如下义务：

（一）遵守国家法律法规，遵守学校校纪校规；

（二）遵守俱乐部章程，执行俱乐部决议；

（三）接受俱乐部委托办理的各项事宜；

（四）积极参加俱乐部组织的各项活动；

（五）积极为俱乐部建言献策。

第十条　有下列行为之一的，俱乐部有权终止其会员资格：

（一）触犯刑律，被判处刑罚的；

（二）从事违法经营，给学校及俱乐部造成不良影响的；

（三）有其他损害俱乐部和学校形象行为的。

第十一条　博士俱乐部定期或不定期召开全体会员大会，会员大会、理事会和秘书处分别行使以下职权：

（一）会员大会讨论决定俱乐部的重大事项：1.审议由俱乐部发起人起草的章程，提出改进意见并对修改后的章程进行投票表决，四分之三会员同意则通过；2.审议理事会对已通过的章程的修改，提出改进意见并对修改后的章程进行投票表决，四分之三会员同意则通过；3.选举和更换理事；4.审议批准俱乐部的财务报告；5.裁定俱乐部的其他重要事宜。

（二）理事会行使下列职权：1.召集会员大会，并向会员大会报告工作；2.执行会员大会的决议；3.制订俱乐部的发展计划；4.制订俱乐部的财务方案；5.决定俱乐部内部机构和人员安排。

（三）秘书处受俱乐部理事会委托，全权负责俱乐部日常工作。在理事会的领导下，秘书处的职权为：1.处理俱乐部的日常事务；2.组织俱乐部日常活动；3.做好会员档案的登记和管理；4.负责管理俱乐部经费；5.代表俱乐部协调处理会员在工作、学习和生活中的困难。

第十二条　理事会成员每届任期两年。因特殊情况须提前或延期换届的，须由理事会表决通过，报重庆科技学院人事处备案，但延期换届最长不超过一年。

第三章　日常工作

第十三条　组织博士间的交流联谊会，加强博士（或在读博士）之间的交流与合作。

第十四条　不定期发布工作简报，协助学校领导与职能管理部门了解博士（或在读博士）的近况，及时了解他们的思想动态，动员和组织他们为科技学院发展建言献策。

第十五条　举办学术讲座、交流教学经验，努力提高教学和科研水平，致力于推动学校的学科建设和教育教学改革。

第十六条　发挥团队智慧优势，积极组织和鼓励会员申报各类课题、参与科技攻关、新产品开发和技术改造，推动科学技术成果产业化。

第十七条　组织会员定期或不定期地外出调研与考察，加强与政府、企业与其他高校（尤其是博士母校）的沟通与联系，积极主动地维护和提高重庆科技学院的知名度。

第十八条　向学校相关部门反映会员的意见和建议，协助解决具体困难；促进会员之间相互学习、相互尊重，凝心聚力服务学校发展。

第十九条　根据情况需要组织和开展的其他事务。

第四章　附　则

第二十条　本章程自公布之日起生效。

第二十一条　本章程由会员大会修改。理事会全体会议修改章程，须四分之三以上理事出席，并须出席会议的三分之二以上理事同意。

第二十二条　本章程解释权归博士俱乐部秘书处。

（二）博士俱乐部活动剪影

此处收录 6 张博士俱乐部和初期服务重庆科技学院的博士们的活动剪影，回放当时的工作和生活原型。

图 7-3-1
2006 年 4 月 14 日，唐一科校长主持博士座谈会

图 7-3-2
2006 年 12 月 3 日，严欣平副校长、郭庆副书记等参加博士俱乐部成立大会

图 7-3-3
2007 年 11 月 8 日，郑航太副校长主持博士教授科技创新团队交流会

图 7-3-4
2006 年 4 月 14 日，唐龙、陈兰、黄文章、符春林等博士参加博士座谈会

图 7-3-5
2006 年 12 月 3 日，彭军、熊伟、黄文章、易俊、唐海燕等博士参加博士俱乐部成立大会

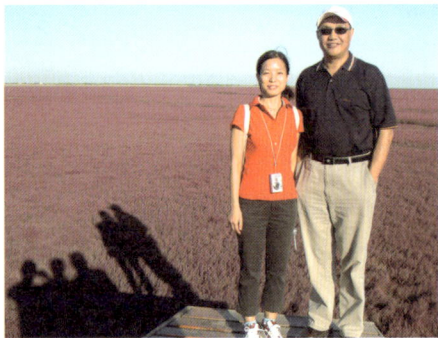

图 7-3-6
2006 年 8 月 17 日，陈兰博士与唐一科校长参加油田考察

三、博士考察团工作及活动剪影

　　为了及时宣传刚刚升本组建起来的重庆科技学院，也为了刚刚引进的年轻博士们尽快熟悉石油、冶金行业，学校于 2006 年 5 月作出决定，按东、西线分别组建重庆科技学院暑期博士考察团，对东线的辽宁、吉林、黑龙江和山东等地，西线的青海、新疆等地的石油、冶金企业进行考察访问，对校友进行联络和慰问。2006 年 8 月 12—27 日的半个月时间，东线考察团 21 人，先后考察调研了吉林油田、大庆油田、辽河油田和胜利油田、鞍山钢铁厂等企业。这一活动加强了与企业和企业校友的联系，特别是宣传了学校、锻炼了年轻的博士教师，起到了意想不到的良好效果。一路行程，留下了一些珍贵照片，10 年过去了，它们也成为学校发展历史中的良好见证。

图 7-3-7
2006 年 8 月 16 日，博士考察团考察油田开发

图 7-3-8
2006 年 8 月 21 日，博士考察团考察海上钻井平台

图 7-3-9
2006 年 8 月 22 日，博士考察团应邀参观军舰

图 7-3-10
2006 年 8 月 21 日，博士考察团在油田合影

四、办学初期的部分博士简介

以下介绍重庆科技学院办学初期部分博士的基本情况，特别注明了其学科专业和人才引进入校时间。他们中的许多人，现在虽然已成为学校的教授、学术骨干或某些单位的重要负责人，但当时还多是刚刚毕业的研究生，羽毛尚未丰满。

刘火安，男，1963年9月生于四川眉山。1994年毕业于大连理工大学，获应用化学分析硕士学位；2005年3月19日人才引进入职重庆科技学院；2006年获重庆大学生物医学博士学位；2007年7—8月在日本北海道大学进修，2008年3—8月在日本三重大学进修。主要研究领域：城市生活垃圾物理化学特性测试、污水处理。主持完成多项科研成果，发表研究论文多篇。

唐海燕，女，1958年5月生于辽宁鞍山。1978—1982年辽宁大学物理学专业获学士学位；1982年在辽宁省鞍山师范学院从事物理学、力学和机械工程等方面教学及科研工作，曾任机械系主任；2003年被评为教授，2004年6月获中国矿业大学（北京）工程力学博士学位。在《中国机械工程》等学术刊物公开发表学术研究论文20余篇。2005年6月30日作为教授、博士人才引进入职重庆科技学院，任数理系主任。

陈兰，女，1975年9月生于新疆喀什。2000年毕业于新疆工学院，获学士学位；2003年毕业于成都理工大学，获古生物与地层学硕士学位；2006年毕业于中国科学院地球化学研究所，获地球化学博士学位。2005年12月21日人才引进入职重庆科技学院。主要研究领域：沉积学、油气资源评价、油气地球化学、大洋缺氧事件。

符春林，男，1970年2月生于四川岳池。1999年7月—2005年12月在电子科技大学电子薄膜与集成器件国家重点实验室任助教、讲师、副教授（硕士生导师）。2005年6月电子科技大学材料学专业博士毕业。2006年1月人才引进入职重庆科技学院，负责"信息材料与器件"科研团队。2006年9月被评为重庆市高校中青年骨干教师，2007年11月被破格评为教授，2008年12月被评为首届重庆市高校优秀人才。

李太福，男，1971年8月生于四川资阳。2004年6月重庆大学机械设计及理论专业博士毕业。中国运筹学会模糊信息与工程分会理事，国际一般系统研究会（IIGSS）中国分会理事。*Programmable Controller & Factory Automation*杂志编委。曾入选重庆市首批优秀中青年骨干教师资助计划、重庆工学院后备学科带头人。2006年3月7日人才引进入职重庆科技学院，担任"控制理论与控制工程"重点学科带头人。

戴传云，男，1976年9月生于江西崇仁。1995—1999年江西农业大学农学院攻读学士学位；2000—2006年重庆大学生物工程学院攻读硕士和博士学位；2004年于University of California, San Diego Extension（online）学习。2006年6月30日人才引进入职重庆科技学院化学与生物工程学院，同年9月在北京大学做博士后研究。2007年3月任生物系主任助理、生物系及现代生物技术研究所副主任、副所长（主持工作）。

罗沛，男，1963年12月生于甘肃镇原。博士、教授级高级工程师，硕士研究生导师，国家科学技术奖评审专家，原中国石化集团公司后备技术专家。于2006年6月人才引进入职重庆科技学院，从事油气田开发领域研究与教学工作。主要研究领域：油气田开发理论与现代试井解释。

陈勇，男，1972年6月生于甘肃华亭。1994年毕业于兰州大学，获应用化学学士学位；2003年毕业于四川大学，获工程硕士学位；2006年毕业于兰州大学，获高分子化学与物理博士学位。2006年7月14日人才引进入职重庆科技学院。主要研究领域：复合材料、智能高分子材料、纳米功能材料。发表高分子化学研究论文多篇。

熊伟，男，1968年12月生于重庆彭水。1993年毕业于四川师范学院（现四川师范大学），获学士学位；2005年毕业于四川大学，获有机化学博士学位。2006年7月14日与重庆科技学院签订人才引进协议并入职化学化工学院。2008年获得教授职称。主要研究领域：工业催化、有机合成及废水处理等。

陈明政，男，1977年7月生于四川仪陇。2000年毕业于河海大学，获建筑工程专业学士学位；2003年毕业于贵州大学，获水工结构工程硕士学位；2006年毕业于重庆大学，获结构工程博士学位。2007年1月23日人才引进入职重庆科技学院建筑工程学院。主要研究领域：预应力混凝土结构设计、结构耐久性研究。

周传德，男，1978年9月生于湖北宜昌。2001年7月毕业于重庆大学机械工程与自动化专业，获工学学士学位；2003年6月获重庆大学机械电子工程硕士学位；2006年6月获重庆大学机械电子工程博士学位。2007年1月人才引进入职重庆科技学院机械工程学院。2008年被评为重庆市第五届中青年骨干教师。主要研究领域：机电传感器与机械测试、信号处理与智能科学仪器。

周梅妮，女，1970年5月生于重庆开县。1993年毕业于重庆大学，获工学学士学位；2000年毕业于西南交通大学，获管理学硕士学位；2006年毕业于西南交通大学，获管理学博士学位。2007年1月11日人才引进入职重庆科技学院，任人力资源管理学骨干教师。主要研究领域：管理学、经济学。发表研究论文20余篇。

姚波，男，1977年10月生于四川双流。2007年3月毕业于中国科学院研究生院，获理学博士学位。2007年4月27日人才引进入职重庆科技学院，任化学化工学院生物与制药系教师。2008年获副教授职称。主要研究领域：遗传学、天然药物分离纯化。主持《石斑鱼生殖调控和胚胎发育重要功能基因的克隆与应用》国家"863"计划项目等多项，在SCI、EI发表研究论文多篇。

刘春，男，1972年2月生于山西五寨。1994年毕业于重庆大学，获学士学位；2007年毕业于重庆大学，获采矿工程博士学位。2007年6月人才引进入职重庆科技学院。主要研究领域：矿山生产安全、岩土施工安全、隧道工程、边坡工程。

周雄，男，1970年3月7日生于重庆永川。1991年7月毕业于武汉钢铁学院机械系流体传动与控制专业，获学士学位；1998年6月毕业于重庆大学机械一系流体传动与控制专业，获硕士学位；2008年12月毕业于重庆大学机械设计及理论专业，获博士学位。1998年12月30日入职重庆工业高等专科学校，2007年7月至2008年1月在日本三重大学作访问学者。主要研究领域：流体传动与机电系统集成。

孔松涛，男，1969年12月生于四川自贡。1991年毕业于郑州工学院，获化工机械学士学位；2007年毕业于郑州大学，获工学博士学位。2007年7月11日人才引进入职重庆科技学院机械与动力工程学院。主要研究领域：流体流动与传热、污水与污泥处理、石油钻井装备。2009年参加《深水表层钻井关键技术及装备研究/泥浆密度动态调节装置的研制》项目。

唐德东，男，1970年7月生于四川万县。1995年毕业于大庆石油学院，获工学学士学位；1998年毕业于四川大学，获工学硕士学位；2007年毕业于重庆大学，获工学博士学位。2007年7月人才引进入职重庆科技学院电子信息工程学院。主要研究领域：智能结构健康监测、在线分析与控制等。

李建辉，男，1976年8月生于江西新干。2000年毕业于哈尔滨工业大学，获工学硕士学位；2006年毕业于哈尔滨工业大学，获工学博士学位。2007年9月24日人才引进入职重庆科技学院冶金与材料工程学院材料成型及控制工程系。主要研究领域：塑性成形工艺及理论、材料组织力学行为。

吕庆春，男，1967 年 12 月生于四川蓬安。2004 年毕业于黑龙江省社会科学院，获法学硕士学位；2007 年 7 月毕业于中国人民大学，获法学博士学位，同年 9 月人才引进入职重庆科技学院人文社科系，并于 2007 年进入中国社会科学院做博士后。2008 年获得教授职称。主要研究领域：转型社会学、政治发展、社会风险等。

廖晓玲，女，1969 年 2 月生于陕西汉中。2002 年毕业于西北大学，获分析化学硕士学位；2006 年 7 月毕业于西北工业大学，获材料学博士学位。2007 年 10 月 24 日人才引进入职重庆科技学院冶金与材料工程学院（纳微复合材料与器件重庆市重点实验室、钱煦生物医学工程研究院）。2007—2009 年在重庆大学做博士后。2009 年晋升教授职称。主要研究领域：生物材料、活细胞影像。

邓晓刚，男，1975 年 3 月生于四川德阳。中国力学学会流体传动与控制分会理事。2003 年 1 月于重庆大学获硕士学位；2006 年 6 月于重庆大学获博士学位。2008 年 1 月人才引进入职重庆科技学院机械与动力工程学院。2008 年 12 月被评为副教授。主要研究领域：流体传动与控制、计算流体力学、流体机械内部流动。

戚志林，男，1968年7月生于四川营山。2001年毕业于西南石油大学，获工学硕士学位；2004年6月在西南石油大学获工学博士学位，为西南石油大学与中石化中原油田联合培养博士后。2008年1月人才引进入职重庆科技学院。主要研究领域：油气田开发理论、油气藏工程及数值模拟等。

苏小东，男，1975年12月生于四川三台。2004年毕业于四川师范大学，获环境科学硕士学位；2007年毕业于四川大学，获应用化学博士学位，2008年1月16日人才引进入职重庆科技学院化学与化工学院。主要研究领域：环境科学、环境污染控制及治理，纳米材料及分析应用，化学与生物传感器。兼任重庆市分析测试学会光谱分会常务理事。

许年春，男，1977年12月生于安徽宿松。2003年毕业于重庆大学，获岩土工程硕士学位；2007年毕业于重庆大学，获岩土工程博士学位。2008年1月17日人才引进入职重庆科技学院建工学院。2009年获副教授职称。主要研究领域：岩土测试方法、边坡支护技术。2009年主持重庆市教委科技项目《考虑岩体蠕变效应边坡支挡力的合理设计》。

安培文，男，1964年10月生于山西平遥。1990年毕业于重庆大学，获工学硕士学位；2003年毕业于重庆大学，获工学博士学位。2005年在宁夏大学获教授职称。2008年作为引进人才入职重庆科技学院机械与动力工程学院。主要研究领域：机构学、机械设计学。主持多项重大研究项目，发表多篇文章被EI收录。

赵东升，男，1966年12月生于河南渑池。1999—2000年在加拿大卡尔加里API公司进修；2006年在西北大学获矿物学岩石学矿床学博士学位。2008年3月25日人才引进入职重庆科技学院石油与天然气学院。主要研究领域：沉积储层、石油地质综合研究。主持《中国含油气盆地黏土矿物研究》（2007）等多项研究课题，发表研究论文多篇。

邸永江，男，1978年10月生于河北唐县。2001年毕业于大连轻工业学院（现大连工业大学），获工学学士学位；2004年毕业于武汉理工大学，获工学硕士学位；2007年毕业于华中科技大学，获工学博士学位。2008年4月1日人才引进入职重庆科技学院冶金与材料工程学院材料工程系。主要研究领域：磁电材料、陶瓷制备技术、磁性材料。发表材料学研究论文10余篇。

陈世兰，女，1980年10月生于四川达县。2008年毕业于兰州大学，获理学博士学位。2008年6月30日人才引进入职重庆科技学院化学化工学院。主要研究领域：高分子材料合成及理论分析。

何志武，男，1974年6月生于湖北鄂州。2004年毕业于湖北社会科学院，获法学硕士学位；2008年毕业于武汉大学，获法学博士学位。2008年6月26日人才引进入职重庆科技学院。主要研究领域：循环经济方向的公共政策、政治现代化和政府治理。2009年获得国家社科基金项目《我国循环经济扶持政策的整合问题研究》。

孟杰，女，1981年1月生于黑龙江加格达奇。2003年毕业于重庆大学，获工学学士学位；2008年毕业于重庆大学，获工学博士学位。2008年6月30日人才引进入职重庆科技学院任机械与动力工程学院冶金与石油装备系。2008年度获重庆市科学技术进步二等奖。2009年获副教授职称。主要研究领域：机械设计制造及其自动化、先进制造技术、高速加工技术。

王金波，男，1976年3月生于山东寿光。1998年毕业于山东大学，获化学工艺工学学士学位；2005年毕业于青岛科技大学，获化学工艺工学硕士学位；2008年毕业于四川大学，获有机化学博士学位。2008年6月人才引进入职重庆科技学院。主要研究领域：能源清洁转化与大气污染控制、化学工艺等。

夏文堂，男，1964年11月生于山东胶南。2003年毕业于燕山大学，获材料学硕士学位；2007年毕业于中南大学，获有色金属冶金博士学位。2007年6月28日人才引进入职重庆科技学院。2007年获教授职称。主要研究领域：有色金属冶金过程节能减排、湿法冶金及难冶选矿物综合利用。任重庆市有色金属学会理事、重庆市金属学会理事。

陈小亮，男，1980年1月生于湖北浠水。2003年毕业于中国科学技术大学，获力学学士学位；2008年毕业于中国科学院力学研究所，获固体力学博士学位。2008年7月17日人才引进入职重庆科技学院。主要研究领域：计算固体力学。兼任重庆力学学会理事等社会职务。

李志军，男，1977年2月生于黑龙江大庆。2008年6月毕业于西南石油大学油气田开发工程专业，获工学博士学位。2008年7月人才引进入职重庆科技学院石油与天然气工程学院。2014年获教授职称。曾任校团委副书记、书记、组织人事部副部长，现任石油与天然气工程学院党总支书记。学校地质资源与地质工程校级重点学科带头人。

彭体春，男，1972年2月生于四川西充。1993年于四川师范大学，获文学学士学位；2002年于天津师范大学，获文学硕士学位；2007年于四川大学，获文学博士学位。2008年7月人才引进由四川音乐学院戏剧影视文学系调入重庆科技学院人文社科系。2009年获教授职称。主要研究领域：比较文学与世界文学、文学理论等。

王月清，男，1980年9月生于山西怀仁。2005年毕业于陕西师范大学，获理学硕士学位；2008年毕业于陕西师范大学，获理学博士学位。2008年7月4日人才引进入职重庆科技学院数理学院数学系。主要研究领域：基础数学——泛函分析。

游静，女，1977年4月生于重庆长寿。2004年毕业于重庆大学，获工商管理硕士学位；2008年毕业于重庆大学，获管理学博士学位。2008年7月8日人才引进入职重庆科技学院工商管理学院会计系。主要研究领域：协同创新、信息系统集成。兼任重庆金算盘软件股份有限公司外聘咨询顾问。

王炯，女，1968年8月生于青海海西。1990年毕业于西南石油大学，获工学学士学位；2008年毕业于中国地质大学（北京），获工学博士学位。2008年10月8日人才引进入职重庆科技学院石油与天然气工程学院石油工程系。主要研究领域：油气藏开发。主持完成中石油集团公司（省部级）项目多项，在核心期刊发表论文多篇。

董志明，男，1974年1月生于上海。2007年毕业于中国科学院研究生院，获理学博士学位。2007年7月人才引进入职重庆科技学院电气与信息工程学院。主要研究领域：新能源自动化技术与装备、超低速跟踪技术等。

方旺，男，1975年10月生于安徽东至。2005年毕业于四川师范大学，获教育学硕士学位；2008年6月毕业于四川大学，获理学博士学位。2008年6月24日人才引进入职重庆科技学院数理学院物理系。主要研究领域：凝聚态物理、过渡金属离子理论。

李祖兵，男，1978年9月生于四川广安。2005年6月毕业于西南石油大学，获油气田开发地质硕士学位；2008年6月毕业于西南石油大学，获矿产普查与勘探博士学位。2008年6月30日人才引进入职重庆科技学院石油与天然气工程学院地球科学系。主要研究领域：油气田储层地质及开发地质。

梁平，女，1972年8月生于四川南充。1997年毕业于西南石油大学，获工学硕士学位，同年到重庆石油高等专科学校任教；2008年毕业于解放军后勤工程学院，获博士学位，同年获评教授职称。主要研究领域：油气集输处理过程模拟及优化。

刘成俊，男，1965年11月生于四川仁寿。1985年毕业于重庆大学，获工学学士学位；2004年获重庆大学工学博士学位。2005年获教授职称。主要研究领域：冶金装备、测试技术、故障诊断、设备维护管理、振动控制。

刘洪，男，1972年7月生于重庆垫江。2003年7月获西南石油学院博士学位，2003年7月入职重庆石油高等专科学校。加拿大University of Regina访问学者。主要研究领域：油气田增产技术、现代油气藏工程理论与方法、采油采气工艺技术。

彭军，男，1970年7月生于重庆万州。1992年7月毕业于东北工学院（现东北大学），获理学学士学位，同年到重庆钢铁高等专科学校任教师；2000年获重庆大学工学硕士学位；2003年获重庆大学工学博士学位。2006年获教授职称。2004年和2007年分别在日本筑波大学和美国加州州立大学做访问学者。主要研究领域：密码学与信息安全、数字图像处理。

任连城，男，1973 年 12 月生于内蒙古四子王旗。1994年 6 月毕业于黑龙江矿业学院，获工学学士学位；2007 年 6 月毕业于西南石油大学，获工学博士学位。2007 年 6 月 23 日人才引进入职重庆科技学院机械与动力工程学院冶金与石油装备系。主要研究领域：石油装备、旋流分离技术、流场数值分析等。

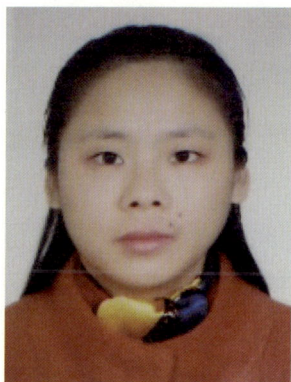

吴英，女，1972 年 4 月生于重庆涪陵。2002 年 12 月毕业于重庆大学光电工程学院，获工学博士学位。2004 年在日本东北大学从事访问研究。2005—2007 年在清华大学从事博士后研究工作。2007 年获教授职称。1992 年 7 月入职重庆钢铁高等专科学校，后在职攻读研究生。主要研究领域：微纳米技术（MEMS/NANO）、新型检测技术及微小型仪器。

黎泽伦，男，1979 年 3 月生于重庆铜梁。2002 年毕业于四川大学，获电子与信息技术专业学士学位；2005 年毕业于景德镇陶瓷大学，获机械设计及理论专业硕士学位；2008 年毕业于合肥工业大学，获精密仪器及机械专业博士学位。2008 年 7 月 1 日人才引进入职重庆科技学院机械与动力工程学院。主要研究领域：精密仪器、光纤传感器以及机器人技术等。

第八章　升本初期的学生工作纪实

学生工作和教学工作在新建的重庆科技学院受到同等的高度重视，课内外育人平行进行。学生工作绝不是管管学生不出事，或仅仅为学生做点生活服务而已，而应该是学生思想、素质、能力提高的第二课堂。第二课堂和第一课堂都是课堂，是课堂就应该有教育思想、目的、方法、路径和资源配置，就应该有目标要求、有过程记录、有结果考核。学生工作是学校人才培养体系的重要组成部分，新建的重庆科技学院对自己未来的学生工作有十分清醒的认识。

第一节　学生工作新理念新思路确立

一、学生工作新理念新思路探索过程纪实

传统的学生工作，侧重于学生管理，重点在保平安，保证学生不出问题，有人将学生工作者形象比喻为"警察""消防队员"。如何让学生工作走出这一浅层次的工作层面，提升学生工作水平，在人才培养中发挥更重要的地位和作用，这成为摆在新建重庆科技学院学生工作者面前迫切需要解决的问题。2004 年 8 月，中共

中央、国务院颁布了第 16 号文件《关于进一步加强和改进大学生思想政治教育的意见》，对高校做好大学生思想政治工作作出了总体部署。中华人民共和国成立以来，以党中央、国务院名义下发关于大学生思想政治教育的文件还是首次，充分表明了党和国家对高等学校教育工作、高校学生工作的重视。作为高校大学生思想政治教育的主阵地，学生工作者开始进一步深思和审视自己的地位与作用。新建的重庆科技学院在学校"开好头，起好步"的新形势下，于 2005 年 7 月 1 日及时召开了第一次党建工作会，明确了党委对学生工作的领导。在党委的统一领导下，学校积极开展了学生工作的理念创新、模式创新和实践创新。

2004 年，学校育人事业翻开新的篇章，学生工作开启新的征程。在学校党委行政的高度重视和统一领导下，2004—2005 年由党委武金陵副书记分管学生工作，其间，学校选拔了一批年轻有为的干部充实学生工作队伍，蒋国华为首任学工部部长，马维嘉为学工部副部长，陈超为首任团委书记，各二级学院的学生工作负责人有盛友兴、邱正阳、李海荣、熊书银、张莉等，大家铆足了干劲，在学生管理、思想教育、心理健康教育、公寓管理等工作方面，积极探索新学校、新思路、新面貌，在"新"字上作了六个方面的实践和探索。

一是深入学习贯彻中共中央、国务院《关于进一步加强和改进大学生思想政治教育的意见》（中发〔2004〕16 号）文件精神，积极整合优化专科时期两校学生工作资源，大力探讨新形势下高校学生管理模式与机制。二是结合教育部新颁布的《普通高等学校学生管理规定》，全面修订《学生手册》和《大学生操行评价办法》

图 8-1-1　蒋国华　　　　图 8-1-2　马维嘉　　　　图 8-1-3　陈超

图 8-1-4
2005 年 7 月 1 日，重庆科技学院召开第一次党建工作会

等学生工作制度，为学校的进一步发展创造了良好环境和保障机制。三是建立健全学生工作组织机构。学生处下设教育科、综合科、公寓管理中心等二级工作机构，各二级学院设立团总支，配齐专职团学干部，进一步规范强化学生日常行为管理和班级建设。四是加强和改进学生思想政治工作，逐步推行学生政治辅导员制度，开展学生心理健康教育，促进学生全面健康成长。五是加强学生诚信教育和优良学风建设。以狠抓班风、考风和宿风为工作切入点，继续开展文明班级、宿舍评比活动，构建奖罚分明的制度体系，不断提升学生工作的管理服务层次和水平。六是积极开展校园文化建设，促进校园融合融通。坚持定期组织早操、升国旗仪式，大力举办合校升本后第一次"春季运动会""迎新晚会"等第二课堂活动，积极营造团结和谐奋进的校园新氛围、新风尚。

2004—2005 年的学生工作，承载着承前启后继往开来的重任，承载着新建本科院校学生工作的新希望、新探索、新实践，为后期的学生工作科学发展奠定了扎实基础。

2005 年年底，学校对干部队伍再次作出调整，学生工作由郭庆副书记分管，学生处处长由张劲担任，副处长由盛友兴、熊书银担任，徐彦任团委书记，各学院

图 8-1-5
2005 年 5 月 18 日，在庆祝建校 54 周年活动中，党委副书记郭庆为师生做"立新与传承"的主题演讲

图 8-1-6
2005 年 6 月 25 日，学校首届毕业生欢送晚会留影

分管学生工作的负责人有邱正阳、李海荣、吴明全、汪德彪、袁华、任毅等。

2006 年 3—6 月，学校陆续派出若干支学生工作队伍到全国知名高校学习、考察、调研，了解先进的学生工作理念，其中张劲带领部分学院分管学生工作的副书记到华东地区，熊书银带领部分学院分管学生工作的副书记到华北地区，深入浙江大学、南京师范大学、北京科技大学、河北工业大学等高校进行学习调研。6 月初，在学校分管领导党委副书记郭庆的精心安排下，大家进行了信息汇总和梳理。郭庆副书记提出了"学生是学校一切工作的逻辑起点""学生是学校工作的源头""学校工作以学生为本"等教育理念。以学生为本是一个重要的教育理念，它首先承认了学生在教育过程中的主体地位，并尊重学生的主体地位，在学生工作中发挥学生的主动性，激发学生"自我教育、自我管理、自我服务"，正如苏霍姆林斯基所说"只有能够激发学生进行自我教育的教育，才是真正的教育"。

初步梳理出学生工作应该包括教育、管理、服务、咨询等内容。在郭庆副书记主持下，学生处起草了加强学生工作的主题文件，高教所余志祥起草了大学生素质教育的三个文件。

2006 年 7 月盛夏，根据学校统一安排，郭庆副书记组织学工部、组织部、宣传部、团委及二级学院分管学生工作的部分领导利用周末时间静下心来深入开展专题讨论。经过反复讨论，"以学生为本"的理念得到进一步强化。郭庆副书记指出，学生工作是学校人才培养体系中不可或缺的组成部分，学生工作要"以人才培养为中心"。同时"全面发展"是马克思主义教育观的重要内容，是中国社会主义教育的要求，更是人才成长的必然要求，也是社会对人才规格的总体描述，因此学生工作还必须坚持"全面发展"的教育理念，"全面发展"是协调发展，包括了德、智、体、美诸方面在内的协调发展。

经过这次会议，李军良和盛友兴于当年 8 月对学生工作的文件进行了进一步的梳理和修改，并交郭庆副书记审核。当年 9 月，学校决定召开第一次学生工作大会，时间定在年底。12 月 25 日，学生工作大会召开前夜，郭庆副书记召集张劲和盛友兴，决定再次全面梳理学生工作的理念。郭庆副书记对学生工作进一步提出了"遵循规律""依法治校"的理念，即学生工作要遵循高等教育规律，遵循大学生身心发展规律；学生管理要依法治校，要保障和维护学生的正当合法权益。于是形成了"以学生为本，全面发展，遵循规律，依法治校"的学生工作理念，并写入了学校第一次学生工作大会的主文件《重庆科技学院关于进一步加强和改进学生工作的实施意见》中，在第二天的学生工作大会中，这一理念得到全校师生的认同。

2008 年，郭庆副书记在与余志祥讨论人才培养的过程中，在谈到人才质量最

图 8-1-7
2006 年 9 月 13 日，学校组织的大学生献爱心活动

终需要社会认可时，讲到"社会评价"的概念，再次提出"面向社会"应该作为学生工作的理念。于是，新学校的学生工作理念曾一度修改为"以学生为本，全面发展，遵循规律，依法治校，面向社会"。

二、新理念新思路标志性文献纪实

中共重庆科技学院委员会
关于进一步加强和改进学生工作的意见

重科院委〔2006〕50 号

为深入贯彻落实中共中央、国务院《关于进一步加强和改进大学生思想政治教育的意见》（中发〔2004〕16 号）文件精神，结合学校实际，现就加强和改进我校学生工作提出如下意见。

一、指导思想和总体要求

（一）学生工作的指导思想

以邓小平理论和"三个代表"重要思想为指导，以科学发展观为统领，全面贯彻落实中发〔2004〕16 号文件精神，牢固树立以学生为本的教育理念，围绕学生成长成才，实行"教育为本，服务为核，管理为基"的学生工作模式，努力培养社会主义事业合格建设者和可靠接班人。

（二）学生工作的总体要求

服务成才，全面推进素质教育。适应新时期人才的高素质要求，围绕学校人才培养目标，坚持德育为先，加强学生知识、能力、素质的培养，促进学生德智体美的全面发展。

遵循教育规律和青年学生健康成长规律。将课程建设的思维方式运用到学生社会实践、校园文化等第二课堂教育活动建设中，增强学生工作的规范性、实效性；充分调动学生的内在主动性，充分发挥学生"自我教育、自我服务、自我管理"的作用，鼓励和推动学生全面参与教育、服务和管理之中，促进学生积极主动、生动活泼地成长成才。

依法治校，创造和谐育人环境。加强学生管理规范化建设，依法处理学生事务，服务学生的学习、生活和成长需要，认真解决好关系学生健康成长的各种困难和问题。

二、工作目标

全面推进素质教育，促进学生全面发展。

——形成"全员、全过程、全方位"育人，教学相长、充满活力、特色鲜明的人才培养工作格局；

——形成围绕学校人才培养目标，"教育为本，服务为核，管理为基"的学生工作模式；

——形成广大学生"自我教育，自我服务，自我管理"主体作用充分发挥，成长成才积极性、主动性充分调动，生动活泼的工作局面；

——形成做好贫困家庭学生资助工作，指导学生规划职业生涯并成功应对毕业就业，促进学生身心健康，维护学生合法权益，帮助和服务学生成长成才的工作平台；

——形成资源整合，多方和谐的学生安全稳定工作机制和应急机制。

三、近期工作任务

（一）尽快提高学生工作队伍整体水平

按"高起点选拔，高品位培养，多渠道分流"的原则，把专职学生工作人员的选拔、任用、培养、管理、发展纳入学校师资队伍建设和党政领导后备干部队伍建设之中，整体规划，努力建立一支政治坚定、专兼结合、结构合理、素质过硬的学生思想政治工作队伍。要像培养学术骨干和学科带头人那样，花大力气培养高水平、高素质的学生工作骨干。

（二）充分调动学生成长成才的内在动力

充分发挥学生在教育活动中的主体作用，构建多维的学习环境，坚持"教师搭台，学生唱戏"，在学生和学生组织"自我教育、自我服务、自我管理"的实践中促进学生全面发展；把学生成才作为一切工作的出发点和落脚点，多渠道关注学生需求，想学生之所想，急学生之所急。了解学生、尊重学生、理解学生和信任学生。

（三）逐步健全"教育为本，服务为核，管理为基"的ESM学生工作模式

教育（Education）、服务（Service）、管理（Management）是高等学校学生工作的三大职能。教育是学生工作围绕人才培养的根本任务；服务学生成长成才是学生工作的核心内容和有效方式；管理有序是开展教育和服务的基础和保障。"教育为本，服务为核，管理为基"是对教育、服务、管理的准确定位和合理摆放，充分体现了"以学生为本，全面发展，遵循规律，依法治校"的学生工作理念，要在学生工作的实践中逐步健全这一模式。

（四）全面推进素质教育，促进学生全面发展

以人才培养为中心，构建全面推进大学生素质教育的工作机制和培养体系。加强学生思想政治教育，开展丰富多彩的学生教育活动；充分利用第一课堂的教育功能，在传授知识的同时重视学生能力的发展；积极开展第二课堂素质拓展，组织学生开展科技创新活动、社会实践活动、文化素质培养活动，促进学生全面发展。

四、主要工作内容

实施教育、服务和管理六大工程，提升学生工作新台阶。

（一）实施理想信念教育工程

在学生中实施"四大教育主题"活动，一是以理想信念教育为核心，深入

开展树立正确的世界观、人生观、价值观教育；二是以爱国主义教育为重点，深入开展弘扬和培育民族精神教育；三是以基本道德规范为基础，深入开展公民道德教育；四是以全面发展为目标，深入开展素质教育。对于学生中的先进分子，要把他们培养成具有共产主义远大理想和马克思主义坚定信念的可靠接班人。要以学生党员和入党积极分子为主体，以学生党支部自主建设为途径，推进学生党建工作，充分发挥大学生党支部的战斗堡垒及党员的先锋模范作用，增强学生党员的政治意识、责任意识、模范意识、学习意识、服务意识。

在思想政治教育中，要重视思想教育的细致工作，要及时掌握学生的思想动态，对学生群体性思想情绪要有预判，对学生的思想情绪要及时引导，及时化解并妥善处理各种矛盾，切实做好学生思想稳定工作。

要深入推进思想政治教育进网络，建设好融思想性、知识性、趣味性、服务性于一体的主题教育网站或网页。

（二）深入开展优良校风学风创建工程

进一步加强校风学风建设。建立校风学风建设的长效机制和联动机制，创新和完善管理制度体系，转变教育思想，更新教育观念。注重加强学生学习过程管理，建立学风情况监控网络，实行情况通报制；加强对学生成长过程的咨询指导，建立起院系领导、教师与学生多种形式的沟通机制；进一步加强教师的师德师风建设，切实转变机关工作作风和后勤经营服务作风；加强辅导员与专业教师的互动，使学生思想教育与专业教育紧密结合，共同促进学生的健康成长。

进一步加强大学文化建设。要以培育现代大学精神为核心建设大学文化，大力弘扬校训精神和优良校风学风；大力开展校园文化活动，以科技文化艺术节为点，以周末文化系列活动为线，以基层组织文化活动为面，形成点、线、面结合的文化活动系统；要围绕学生成才需求，以第一课堂学习为依托，以第二课堂活动为载体，加强社团建设和管理，促进学生社团繁荣。发挥教师和学生在大学文化建设中的主动性，着力培养健康向上的大学精神，建设优美文雅的校园环境，培养并形成良好的大学文化氛围。

（三）深入开展能力素质培养工程

进一步加强能力素质教育，深入实施《大学生自主学习能力培养方案》《大学生交往能力培养方案》和《大学生文化素质培养方案》三大计划。

深入开展创新能力培养。组织学生积极开展科技创新活动，精心组织学生参加全国大学生挑战杯、全国大学生创业计划大赛、全国机械创新设计大赛、全国大学生电子设计竞赛等全国性创新大赛，不断取得突破性成绩。辅导员要大力引导学生参与科技创新活动，专业教师要直接参与到科技创新活动的指导中。建立科研育人机制，要以产学研相结合、课内外相结合、校内外相结合的教学模式为基础，通过组织学生参与教师的科研项目，在科研活动中培养学生的创业、创新、创造能力。

（四）深入开展基础文明修身工程

结合学生实际，针对学生中存在的各种不良习惯，深入开展文明修身活动，加强学生基础文明养成教育。通过对学生的严格要求，思想引导，倡导学生遵守《大学生文明行为准则》，从小处做起，树立文明大学生的形象，养成文明行为习惯。依靠广大学生和学生组织开展自我管理、相互监督活动。组织学生开展文明修身体验活动，在实践中提高学生文明素质。

（五）深入开展"阳光关爱"服务工程

建立三大中心，设立扶助基金，为学生提供帮助和服务，加强对贫困学生扶贫助学。

建立大学生职业指导服务中心，扎实做好大学生职业指导工作。改进就业指导与服务，逐步完善毕业生就业服务体系，精心组织供需洽谈会；以教师为指导，以学生社团为重要力量，在学生中开展职业规划、就业辅导咨询和讲座；建立毕业生就业信息系统和网上就业市场，提供高效优质的就业创业服务。

建立大学生心理健康教育与咨询中心，尊重学生主体地位，坚持"面向全体、重视个体"；加强大学生心理健康知识的普及教育；加强心理危机干预。强化校、院系心理健康教育网络的建设，开展学生社区心理健康互助活动。逐步建立起以专业人员为核心、以学生工作者为重要力量、以学生心理健康协会和学生社区心理健康互助活动为基础的三级工作网络格局。

建立大学生法律援助中心，以人文社科系的法律教师为骨干，以学生法律协会为基础，在学生中积极开展法律咨询和援助活动，切实帮助学生解决各种法律问题，依法调解学生遇到的各种法律纠纷，增强学生的法律意识，保障和维护学生的正当权益。

设立青年成才扶助基金，加强贫困学生的助学工作。进一步加大勤工助学工作力度，在校内外建立勤工助学基地。建立以国家助学贷款为主渠道，以奖学金、助学金和勤工助学为辅助，以社会资助和困难补助为补充的多元化"奖、贷、助、补、减"扶贫助学资助体系。要认真做好经济困难学生的思想教育工作，鼓励他们自立自强，加强学生的诚信教育。

（六）深入开展思想政治教育进公寓工程

重视和加强学生公寓的服务和管理工作，努力提高学生公寓教育、服务和管理的综合功能，本着以学生为本和为学生服务的原则，理顺管理体制和运行机制，积极探索适合学生公寓管理的新路子。建立和完善学生思想政治教育进公寓的工作平台、工作机制和管理制度；实行向学生公寓派驻辅导员的制度；发挥学生骨干在公寓服务和管理工作中的积极作用，充分发挥学生公寓民主管理委员会、学生党员之家和学生社团的"三自"作用。在学生公寓形成教育、服务、管理网络，将学生公寓建设为健康、安全、文明的学习型和谐社区。

五、保障措施

（一）建立健全学生工作领导体系，推行校、院系两级学生工作管理体制

学校成立由主管校领导任组长，相关部门负责人为成员的学生工作领导小

组,对学生工作进行领导和全面规划部署。学生工作部(学生处)作为学校学生工作的职能部门,统筹组织全校的学生工作。二级院系根据学校学生工作的总体安排,全面负责本院系学生的教育、服务和管理工作。强化二级院系对学生工作的责任,着力构建校、院系两级学生工作管理体制和运行机制。

(二)加强学生工作制度建设

完善学生工作的协调机制、激励机制、考评机制和保障机制,落实学生安全稳定工作责任制和责任追究制。制订和实施《二级院系学生工作考评办法》和《辅导员工作条例》,建立健全《学生信息反馈制》《学生紧急事件处置工作制度》和配套预案。完善对学生培养的评价制度,促进学生工作的科学化、规范化、制度化。

(三)加强学生工作队伍建设

按照政治强、业务精、纪律严、作风正的要求,实施《重庆科技学院辅导员工作条例》,建立一支高素质的学生工作队伍。要建立完善学生工作队伍的激励和保障机制。坚持党建带团建,加强共青团和各级学生组织的建设,保证共青团组织机构设置和人员配备。

(四)加强学生工作理论研究

紧紧围绕提升学生工作的整体水平,突出学生工作重点,突破学生工作难点,及时研究和分析新时期我校学生工作面临的机遇和挑战,积极探索学生工作的特点、规律,大力推进学生工作的创新与发展。

图 8-1-8
2006 年 11 月 30 日，学校学风建设总结大会

图 8-1-9
2006 年 12 月 6 日，学校首届学生工作大会召开

三、新理念新思路标志性讲话纪实

重庆科技学院第一次学生工作大会上的校长讲话：

德育为先　育人为本
全面开创学生工作新局面
（2006 年 12 月 6 日）

校长　唐一科

重庆科技学院第一次学生工作大会今天隆重召开了。本次大会的指导思想和主要任务是：以邓小平理论和"三个代表"重要思想为指导，深入贯彻落实中共中央、国务院《关于进一步加强和改进大学生思想政治教育的意见》精神，坚持"以人为本"的原则，紧紧围绕服务大学生成长成才、全面提高人才培养质量这一主题，进一步明确我校学生工作在新形势下的工作目标、工作思路和主要任务，增强责任感和使命感，为推动学校整体工作上水平，为实现我校的跨越式、可持续发展做出应有的贡献。

一、合校以来的学生工作回顾

重庆科技学院组建以来，坚持以德育为先导，以育人为根本，狠抓校风学风建设，在学生工作方面，开展了大量卓有成效的工作，为学校的改革、发展、稳定做出了积极贡献。

（一）坚持科学理论武装学生，思想政治教育取得新成效

学校始终把"培养什么人""怎样培养人"作为办学的首要任务，在学生中深入进行正确的世界观、人生观、价值观教育，民族精神教育，公民道德教育，充分发挥课堂教学在大学生思想政治教育中的主导作用。学校成立了思想政治理论课领导小组，统筹领导和协调工作。切实加强学科建设、课程建设、教材建设、教师队伍建设和教学设施建设，"思想道德修养与法律基础"被纳入学校精品课程进行建设；积极探索实施"两个结合"的思想政治理论课教学新模式，不断深化邓小平理论和"三个代表"重要思想"进课堂、进教材、进学生头脑"的途径和方法。注重"第二课堂"的思想政治教育功能，发挥"毛泽东邓小平理论学习研究会""法律协会"等社团作用，组建了"人生发展咨询中心""法律咨询中心"和"心理健康咨询中心"。重视政治理论课教学的实践环节，进一步规范形势政策课的教学管理。

（二）深入开展先进性教育，党团组织建设迈出新步伐

在学生党组织认真开展以实践"三个代表"重要思想为主要内容的保持共产党员先进性教育活动和增强共青团员意识主题教育活动，组织开展了"走进社区、走进农村、走进企业，提高党性修养、提高思想素质、提高实践能力"的"三走进、三提高"主题实践活动，提出了学生党员"做党放心、学校肯定、同学满意、社会认可的新时期合格党员"的基本要求，坚持举办团校和学生干部培训班，对各级团学干部进行全面培训，学生党团组织的凝聚力和战斗力进一步增强。按照"坚持标准、保证质量、改善结构、慎重发展"的方针做好发展学生党员工作，学生党员比例稳步提高，入党积极分子队伍不断壮大，学生党支部设置更趋规范。截至 2006 年 8 月，全校有基层学生党支部 57 个，申请入党人数 3914 名，入党积极分子 1994 名，学生党员 602 名。学校全日制在校生申请入党的学生达到学生总数的 38%，学生党员达到在校学生总数的 5.8%。

（三）健全制度，规范管理，学生日常管理实现新进展

我校根据《普通高等学校学生管理规定》和《高等学校学生行为准则》的相关要求，结合学生工作新情况，按照管理内容系统化、管理主体明晰化、管理工作程序化、管理方式透明化的要求，进一步加强和改进学生日常管理的制度建设，制订、完善了一系列学生管理制度，各院系结合本院系实际制订了相应的实施办法，确保了升本新校学生管理工作的科学性和有效性。

实行了学生工作督导员制度，全面加强学生工作的督促、检查、指导和调研等工作。积极探索学院管理和学生社区管理相结合的学生公寓管理的新模式，组建了学生公寓管理的民主管理委员会。全面推行了素质拓展计划，建立了"大学生素质拓展社会实践基地"和"大学生素质拓展思想教育基地"。成立了大学生申诉处理委员会、大学生法律咨询援助中心等学生管理和救助机构，切实维护大学生的合法权益。初步形成了教（用思想教育武装塑造）、管（用制度管理规范行为）、导（用政策舆论引导激励）、育（用环境氛围熏陶培育）、评（用考核体系督察评价）五位一体的学生工作运行机制。

进一步加强学生工作队伍建设。实施辅导员选聘准入制度、班主任优选制度和辅导员、班主任岗前和在岗培训计划，把从事辅导员和班主任的工作经历作为学校实施"青年教师三个经历"的重要内容之一。

（四）加强大学生就业服务指导，招生就业工作取得新突破

积极贯彻国家招生政策，规范工作程序，实行阳光操作，新生质量逐年提高，本科生招生人数由 2004 年的 800 人提高到 2006 年的 2000 人，第一志愿录取率由 2005 年的 40% 提高到 2006 年的 90%，招生工作不断迈上新台阶。

积极实施毕业生就业工作党政"一把手"负责制，初步形成了由学校统筹规划，各院（系）具体负责的两级毕业生就业工作体制。启动全过程、全方位就业指导工程，组织开展"大学生职业生涯设计"活动，深化大学生职业发展教育和就业指导工作。两年来，先后组织了各种类型、不同规模的毕业生供需

见面会达数百场，为毕业生就业提供了极大的便利条件。

（五）实施"阳光关爱"工程，贫困学生资助工作取得新发展

学校十分重视对贫困家庭学生的资助和帮扶，为了"不让一名学生因为家庭经济困难而辍学"，建立起了"奖、贷、补、助、减、免、保"为一体的困难学生资助体系，以多种形式设立勤工助学岗位，每年发放勤工助学金达到 60 余万元，这不仅使学生通过自己的诚实劳动获得了经济补偿，而且还培养了学生的吃苦耐劳奉献精神。同时学校还设立了资助基金，积极开辟多种渠道，吸引社会各界在学校设立各种形式的奖学金、助学金，初步构建起了学校、社会、家庭三方联动的贫困学生资助体系。与此同时，学校还特别重视扶贫育人与扶贫励志相结合，经济资助与精神扶助相结合，重视贫困家庭学生的精神扶助工作，积极开展"青年成才大学生关爱互助行动"，成立了自强不息协会，举办了自强不息优秀学生报告会，特别表彰了"自立自强优秀学生"。

（六）牢记办学宗旨，弘扬校训精神，校园文化建设显现新气象

学生创造文化，文化塑造学生。学校注重营造健康向上的校园文化氛围，发挥校园文化的育人功能，努力提高大学生的文化素质和科学精神。校园文化活动既有特色鲜明的"红五月·青年成才"主题系列活动、英语演讲比赛、计算机技能大赛、大学生课外科技作品竞赛、"红岩精神走进校园"活动等，也有社会调查、志愿服务、文艺科技卫生三下乡活动和大学生志愿服务西部计划等社会实践活动、社区科技志愿者行动和彰显学生个性的校园歌手大赛、新生擂台赛，还有综合性的文化艺术节、科技创新节、元旦晚会、毕业生晚会等活动。通过系列化、特色化、品牌化校园文化主题活动的开展，进一步扩大了学生思想政治工作的覆盖面。

我校的社会实践活动，坚持"受教育、长才干、做奉献"原则，专业特色性强、社会认可度高，已经连续 5 年被重庆市评为"三下乡"社会实践先进单位，

2004 年被中宣部、中央文明办、教育部、共青团中央、全国学联授予全国大中专学生志愿者暑期"三下乡"社会实践活动先进单位称号。

（七）深入开展创建优良校风学风活动，校风学风呈现新局面

自去年 11 月开展创建优良校风学风活动以来，学校各级组织高度重视，精心组织，齐抓共管，真抓实干，校风学风的重要地位在学校的日常工作中得到充分展现。

1.坚持以党风引领校风，推进优良校风学风活动不断深化

党风建设是校风学风建设的源头和龙头，学校党委把以党风引领校风作为深化先进性教育，加强党风建设的着力点，认真分析校风学风现状，切实解决校风学风方面存在的突出问题，从而净化和提升了教风、学风和工作作风。

2.坚持把重在建设的方针贯穿创建优良校风学风活动始终

学校各级领导、各院系和相关职能部门坚持一手抓学科建设，一手抓校风学风建设，"不抓校风学风就是失职，抓不好校风学风就是不称职"的思想认识不断强化，认真落实校风学风工作责任制，明确了"三项任务"，抓住了"三个环节"。"三项任务"一是努力解决好学生学的问题，二是努力解决好教师教的问题，三是解决好机关的服务问题；"三个环节"一是从严治校，充分发挥学校党组织和管理者引领作用，二是从严治教，充分发挥教师的主导作用，三是从严治学，充分发挥广大青年学生"诚信为人，严谨为学"的积极性和创造性。

3.坚持把真抓实干作为创建优良校风学风活动的中心环节

校风学风的优劣事关育人的质量，真抓实干体现了学校、教师对学生的责任，受益最大的是学生，我们已经高兴地看到，各部门和二级院系已经把校风学风建设放在了更加突出的位置，建章立制，严格管理，加强引导，校园总体学习氛围有了明显改观，作用日益彰显。

4.坚持齐抓共管，努力营造全员参与创建优良校风学风的氛围

在创建活动中，学校各级组织和广大领导干部，群策群力，分析情况，研究对策，解决问题，层层推进；有关职能部门、二级院系配套出台了不少好的政策、措施和规定；许多教师、辅导员、干部克服种种困难，不怕苦、不怕累，不计报酬，积极奉献，涌现出许多感人的事迹；团员青年发扬自律、自励精神，自觉投入校风学风建设中。

5.坚持常抓不懈，创建优良校风学风的制度初步建立

加强制度建设是形成良好校风学风的重要手段，是创建优良校风学风建设的根本保证。积极完善教学管理制度，严格执行教学工作的考核、评价和监督制度，初步建立起了高效有序的学生教育管理和教学管理与运行机制。同时，各部门、各院系也都结合各自实际，加强校风学风制度建设，以更主动、务实的工作态度和更科学、有效的工作方法把校风学风建设引向深入。

同志们、同学们，以上这些成绩的取得既得益于上级部门和学校党委、行政的正确领导，凝结着全校教职工的心血和汗水，也饱含着广大学生工作干部的崇高情怀和无私奉献。在此，我代表学校党委和行政向长期以来关心爱护学生，为学生成长成才辛勤耕耘的全校教职员工表示衷心感谢，也向在老师指导下，积极从事学生日常教育、管理、引导和服务的广大学生干部们表示衷心的感谢。

回顾合校两年多来的学生工作，我们的成绩是有目共睹的，但同时我们也应该看到差距和不足，这些差距和不足主要表现在：

一是我们的学生工作与社会主义市场经济的要求和高等教育迅速发展变革的形势还不完全适应，以现代育人观为指导的学生工作理念尚未牢固树立，还存在着重管理轻育人、重管理轻服务的现象，养成教育比较薄弱，服务职能不够到位。

二是与学校跨越式发展的要求和现代大学学生工作的标准还有差距，院系党政齐抓共管的合力有待整合，专职学生工作人员不足，缺少专业化、专家化、职业化的专门队伍，影响了整体效能的提升，学生工作无论是从体制、机制、内容、方法、途径上，还是从人力、物力和财力投入上都需要进一步加强。

三是全员育人、以德育人的格局尚未完全形成。主要表现是：一部分教职员工对以德育人看得不重，想得不多，做得不够。个别教师重知识灌输，轻品德塑造，存在着"只教书不育人"的现象，管理育人和服务育人工作中也存在办事推诿，教育不到位，服务质量差等学生不满意的现象。

这些问题的存在，有客观原因，也有主观原因，我们必须从讲政治的高度，以对党和人民高度负责任的态度，对学生和学生家长高度负责的态度，去认真加以解决。

二、认清形势，沉着应对学生工作面临的机遇和挑战，切实增强做好学生工作的责任感、使命感

人才培养工作是事关学校命运和发展的关键。当前深刻变化的高等教育改革，使高校学生工作面临许多新问题和新任务，为我们进一步做好学生工作提供了难得的机遇和严峻的挑战。

（一）社会发展"全球化"的深刻变化的新形势对高校学生工作提出了新要求

人类进入21世纪以来，随着信息技术的迅猛发展，经济全球化，政治多极化，文化多元化已成为不争的事实。"地球村"的形成，使得各种不同的政治模式、经济模式、文化模式相互碰撞、相互交融。社会经济成分、组织形式、就业方式、利益关系和分配方式日益多样化，新事物新问题层出不穷。在这样的背景下，如何改进和加强对学生的教育服务管理，引导青年学生树立正确的世界观、人生观、价值观，引导广大学生正确认识当今世界错综复杂的形势、正确认识国情和社会主义建设的客观规律、正确认识自身肩负的历史使命，是当前学生工作一项重要而特殊的任务。

（二）高等教育"大众化"发展阶段的新趋势，给学生工作带来了新机遇

当前，我国高等教育从"精英化教育"迈入"大众化教育"，随着高等教育的快速发展，随着社会需求、入学对象、办学机构等多样化格局的形成，人才培养质量问题、贫困生问题、学生心理问题以及毕业生就业问题令大家普遍关注。在高等教育大众化阶段，对高校人才培养和教育教学的评价将依据三个维度进行：一是遵循受教育者身心全面、和谐发展的要求和规律，重视未来教育"四大支柱"作用的确立；二是注重学科发展的内在逻辑与相关性，正确处理精英人才与一般人才的标准；三是高度重视社会，特别是用人单位对高校毕业生知识、技能和素质的要求，增强毕业生自主择业和市场竞争意识。在这种发展趋势下，学生工作如何遵循学生成长规律和人才培养规律，坚持"贴近生活、贴近实际、贴近学生"，服务于学校的改革与发展，服务于学生的成长与成才，成为学生工作的新课题。

（三）当代大学生思想呈现的多元、多样、多变的新特点，给学生工作提出新挑战

学生社会化正在极大地改变着青年学生的生活方式、学习方式、交往方式、娱乐方式甚至是语言习惯，对他们的学习、生活和思想观念产生着深刻的影响，使学生的思想问题日趋复杂，学生活动的组织方式、学生的管理模式出现新的变化。

社会大学生作为涉世未深的年轻群体，他们思想主流是积极向上的，感知最为敏锐，反应最为迅捷，这个群体在政治信仰、理想信念、价值取向、诚信意识、社会责任感、艰苦奋斗精神、团结协作精神、心理素质等方面存在的问题，我校大学生也同样存在。这些都对我们如何坚持社会主义办学方向，不断提高学生的敏锐性和鉴别力；如何从大学生实际出发，指导和帮助学生妥善处理成长需求与就业需求、物质需求与精神需求、现实需求与未来发展、个人需求与群体需求的关系，培养合格人才带来了挑战。

（四）学校跨越式发展战略的新要求，给学生工作提出了新任务

学校第一次党建会明确提出了实现学校跨越式发展的宏伟目标，建成以工为主，多学科协调发展，具有鲜明特色的高水平科技大学。高水平科技大学不但要有高水平的教师队伍、科研成果、实验条件、管理水平，而且要有高水平的学生工作。学生工作水平的高低在很大程度上反映着一所大学的建设水平，关系到学生培养目标的实现。在学校跨越式发展进程中，作为学校基础工作之一的学生工作，在学校文化建设和提高人才培养质量方面承担着十分重要的任务。因此，我校的学生工作必须从思想观念、工作目标、工作内容、领导体制、工作方法等进行系统的规划，不断适应学校发展的新形势，注重工作的创造性。

三、科学规划，进一步明确当前学生工作的总体思路和目标任务

今后我校学生工作的总体思路和工作目标是：以科学的人才培养观为统领，坚持"教育为本，服务为核，管理为基"，紧紧围绕学生的健康成长和全面发展主题，进一步强化学生工作在育人工作中的地位和作用，着力抓好思想政治素质教育、党团组织建设、学生工作队伍建设、制度建设、校风学风建设、文化建设，着力构建"全员育人、全过程育人、全方位育人"的工作格局，不断丰富工作内涵，完善工作机制，创新工作体制，拓展工作途径，突显工作实效。努力实现以科学理论武装学生要有新突破，增强学生工作能力要有新举措，加强学校文化建设要有新气象，完善学生工作服务体制要有新进展。

当前和今后一个时期我校学生工作的主要任务是：

第一，巩固主渠道和主阵地，充分发挥课堂教学在大学生思想政治教育中的主导作用，全面加强大学生思想政治素质教育。

坚持以"两课"为主渠道开展思想政治教育，加强思想政治理论课建设。思想政治理论课是大学生思想政治教育的主渠道，体现社会主义大学的本质要求。我们要全面加强思想政治理论课的学科建设、课程建设、教材建设、教师队伍建设和教学改革，要像扶持其他重点学科一样加强马克思主义学科的建设。

要把课堂教育与课外日常教育统一起来，积极探索思想政治工作"进网络、进社区、进社团"的新方法，建立网上思想政治工作阵地，扩大覆盖面，增强影响力，使思想政治教育工作真正进课堂、进公寓、进宿舍、进网络、进社团，做到入耳、入脑、入心。

要突出"四大教育主题"，即以理想信念教育为核心，深入开展树立正确的世界观、人生观、价值观教育；以爱国主义教育为重点，深入开展弘扬和培育民族精神教育；以基本道德规范为基础，深入开展公民道德教育；以大学生全面发展为目标，深入开展素质教育，强化"国家利益至上""在集体中求得发展""诚信受益"和"在创业中实现人生理想"四个基本价值观念。坚持"五个结合"，即把传授知识与思想教育结合起来，把系统教学与专题教育结合起来，把理论武装与实践育人结合起来，把解决思想问题与解决实际问题结合起来，把继承优良传统与改进创新结合起来，着力提高思想政治理论课的针对性和实效性。

第二，以建立一支素质优良、结构合理、规模适度、作用突出的学生党员队伍为目标，进一步加强学生党建工作。

要认真落实中共中央、国务院16号文件精神，实现"一年级有党员，二年级有党小组，高年级党支部建在班上"的工作目标，进一步加大学生党建工作力度。加强有关制度建设，制订学校3～5年发展党员规划。实行发展党员工作责任制。要把发展党员工作的着力点放在入党积极分子的培养上，早选苗、早教育、早培养。加快在优秀大学生中发展党员，既要加快速度，积极发展，又要坚持标准，慎重发展，切实保证学生党员的发展质量。

加强学生党支部建设，合理设置和调整学生党支部。坚持党支部书记培训制度，充分发挥学生党支部的战斗堡垒作用；加强学生党建工作队伍建设，建立一支以辅导员为主导的专兼职结合的学生党务干部队伍；突出实践环节，加强学生党员的教育和管理，深入开展"党员风采"等教育活动，依托学生党组织和学生党员进一步延伸学生工作的手臂，着力发挥好三大优势，即：党的政治和组织优势，共青团在教育、团结和联系学生方面的优势，学生会、班级、社团在实现学生自我教育、自我管理、自我服务方面的优势。

第三，大力加强校风学风建设，推动育人质量稳步上升。

校风学风建设是一项系统工程、基础工程，是学校教育工作永恒的主题。校风学风建设的目标是：用 3～5 年时间致力于打造校风学风建设的品牌，取得校风学风建设的实质性成效和标志性成果：一是要提升校风学风建设在学校发展中的地位，转变教育思想，更新教育观念，改善办学条件，使育人环境和学习氛围显著提高；二是加快和深化教育、教学和管理改革的步伐，建立校风学风建设的长效机制和联动机制，创新和完善管理制度体系，使学校的管理水平、教学水平、服务水平和人才质量显著提高；三是要抓住学风中突出问题和关键环节进行治理整改，争取在 1～2 年内要有显著改善。

坚持从严治校、从严治教、从严治学，认真总结开展创建优良校风学风活动的成功经验，加强领导，统筹规划，把校风学风建设作为学校的核心工作纳入党政工作要点进行总体部署，通过每年 10 月的"学风建设月"，坚持不懈地把校风学风精神作为贯穿学校整个教育工作的一条主线，作为学校育人的最重要的基础性工作和核心环节，长期不懈地抓、一步一个脚印地抓。

第四，坚持以基础管理为重点，大力推进学生管理工作的信息化、法制化和科学化。

建立目标管理机制，完善学生工作的协调机制、激励机制、考评机制和保障机制，落实学生工作责任制和责任追究制。建立和完善对院系学生工作的考核办法，重点考核各院系学生工作整体思路的实施，党政工团齐抓共管状况、学生工作保障体系建设等，使学生工作重心逐步下移到院系，通过适当分离部分服务和管理职能，推动院系学生工作走向规范化、制度化，切实保障学生工作的可持续发展。进一步加强对学生工作考核，建立健全学生工作先进单位的评比、表彰办法，推进学生工作的规范化建设。要完善对学生的考核和评价制度，建立有利于增强学生创新精神和实践能力、有利于学生个性发展的学生综合素质评价体系，使得我校学生管理在规范化、系统化、科学化、制度化方面走上一个新的台阶。

第五，从素质教育的战略高度出发，进一步加强学生工作队伍建设。

专职学生工作队伍是学生工作的骨干力量和主力军，是学生工作的组织者、指导者和具体实施者，是学校教师的重要组成部分。要按"高起点选拔，高品位培养，多渠道分流"的原则，把专职学生工作人员的选拔、任用、培养、管理、发展纳入学校师资队伍建设整体规划，努力建立一支政治坚定、专兼结合、结构合理、素质过硬的学生思想政治工作队伍。

要大力加强学生工作队伍的培养和提高。要像培养学术骨干和学科带头人那样，花大力气培养高水平、高素质的学生工作骨干。坚持"三结合"即培养干部与培养专家相结合、专业化培养和职业化发展相结合、学历（学位）进修与能力培养相结合，培养部分辅导员骨干向职业化、专业化方向发展，成为高校思想政治教育的专家，积极支持现有辅导员等学生工作者的研究生学历提升，积极推荐辅导员参与全国性各项学习、培训和校际交流活动，积极创造条件支持辅导员赴国内外进修、交流，形成多层次培养体系，努力把学生工作干部队伍打造成学习型、研究型、管理型、服务型的组织。

要高度重视专职学生工作队伍的考核与管理。要逐步建立和完善学生工作干部的考核及管理办法，建立和完善《专职学生工作人员工作规范》《辅导员工作条例》等相关制度。要建立学生工作者的考核评价制度，制订院系学生工作负责人的岗位职责，考核结果与学生工作者的晋职、晋升、聘任挂钩。

第六，唱响主旋律，用科学高雅健康的校园文化和育人环境塑造人，扎实推进校园文化建设。

要以培育学校精神为核心建设学校文化，充分发挥大学文化引导人、激励人、鼓舞人的作用。认真抓好学校文化的规划和建设，要尽快出台并实施《重庆科技学院校园文化建设规划（2006—2010 年）》，重视校园人文环境和自然环境建设，完善校园文化活动设施，大力弘扬校训精神，培育优良的校风、教风和学风；要大力加强大学生文化素质教育，结合传统节庆日、重大事件和开学典礼、毕业典礼等时机，开展特色鲜明、吸引力强的主题教育活动。要建构"一院一品、百花齐放"的校园文化格局，打造校园文化活动品牌。要加强学生社团组织的建设和管理，积极支持一批理论型社团、重点扶持一批学术科技型社团、建设一批青年志愿者协会等公益社团，使学生社团成为大学生素质拓展的重要平台。

第七，尊重学生主体地位，关注学生的切身利益，切实做好困难学生的助学工作和心理素质教育工作。

坚持解决思想问题与解决实际问题相结合，深入学生实际，突出抓好学习困难群体、经济困难群体以及其他特殊个体的教育和帮扶工作，对他们的思想、学习和生活给予更多的关心，帮助他们解决实际困难。对于学习困难的学生群体，要实行跟踪管理，教学管理部门和学生系统要因势利导，指定学生党员或学习骨干实行"一帮一"结对帮扶，帮助他们顺利完成大学学业。要构建"以国家助学贷款为主要渠道，勤工助学、奖学金为重要手段，学费减免、困难补助、社会资助为辅助办法"的多元化资助体系。要加大勤工助学工作力度，开辟更多的岗位，使更多学生能够获得勤工助学机会，增加对勤工助学的经费投入，扩大勤工助学岗位，解除贫困生的后顾之忧。

要从培养学生全面素质的角度积极推进心理素质教育。健全心理素质教育的领导体制、工作机制、工作渠道、条件保证，实现由现在的个别心理咨询、心理健康宣传向开展心理健康教学、引导学生积极参与并成为心理健康教育的主体转变。坚持"面向全体、重视个体"和"专职为主、全员参与"，建立起以专业人员为核心、以学生工作者为重要力量、以学生和学生社区心理健康互助中心为基础的三级工作网络格局。

第八，扎实做好毕业生就业指导服务工作。

毕业生就业工作关系到学校的建设和发展，关系到毕业生的切身利益，要高度重视、加强领导，内抓质量，外抓市场。毕业生就业工作是学校的"一把手"工程，毕业生就业工作的源头是专业设置和教学内容、课程体系改革，因此，院系主要负责人是毕业生就业工作的第一责任人。与此同时，学生工作系统要扎实做好毕业生就业指导和服务工作。就业指导服务工作要以提高一次就业率为主要目标，一是开设就业指导课程，帮助学生从新生入学开始有机会进行自己的职业生涯规划，增强毕业生的就业竞争力；二是要改进就业指导与服务内容，逐步完善毕业生就业服务体系，不断完善就业信息平台建设，精心组织供需洽谈会，建立毕业生就业信息系统和网上就业市场，为毕业生提供准确丰富的就业信息。实施从新生开始的全程就业指导服务、全员重视并参与就业指导服务工作、全面拓展和巩固就业市场、为毕业生提供全方位服务，达到"三提高"，即提高毕业生就业率、提高毕业生就业质量、提高社会对毕业生和学校的满意度。

四、引领人生，创造未来，不断开创学生工作的新局面

同志们、同学们，我校学生工作目标明确，任务艰巨，我们必须紧紧依靠和充分发挥全校教职员工的积极性、创造性，按照"发展要有新思路，改革要有新突破，各项工作要有新举措"的要求，以"引领人生，创造未来"的精神状态全面开创我校学生工作的新局面。

（一）着力建设"教育、服务、管理"并举的工作体系，致力于把握学生工作的基本规律

"教育、服务、管理"（ESM）并举的工作体系，揭示了育人的基本规律，赋予了学生工作鲜明的时代气息和时代特征，从根本上明确了在充满挑战和希望的重要时期，学生工作的根本任务，进一步回答了怎样开展学生工作、学生工作到底干什么的问题，明确了我们的学生工作必须坚持以促进学生自身完善

与发展为根本目的，密切关注学生成长，全面服务学生成才。

（二）着力坚持"以学生为本"的工作理念，致力于更新观念，服务学生的大局

大学的一切活动都是围绕一个"学"字而展开，学生是大学存在的依据，一所大学的社会声望，首先取决于它培养的学生在推动社会发展和科技进步中所取得的成就和做出的贡献。

坚持"以学生为本"的工作理念，要求我们必须强化学生在教育过程中的主体作用，把学生成才作为一切工作的出发点和落脚点，深怀爱生之心，恪守为师之责，善谋扶才之策，多办助学之事。要多渠道关注学生需求，了解学生、尊重学生、理解学生和信任学生，想学生之所想，急学生之所急。坚持学生的社会价值与个体价值的统一，既重视全体学生综合素质的提高，又重视学生个体的创造性培养，尊重学生个性发展，增强学生的归属感。

坚持"以学生为本"的工作理念，要求我们必须遵循教育规律和学生成长规律，把学生工作定位在为学生服务和指导学生成才上。作为学校基础性工作之一的学生工作，它着眼的根本问题就是学生的发展问题，就是确立更佳目标、创造更好条件、采取更好措施，去服务于学生的健康成长和全面发展，促进学生的思想道德素质、科学文化素质、健康心理素质的协调发展，做好重点服务，实现教育观念上的人本化、教育教学中的个性化、教育管理上的人性化，彰显服务与关爱。

（三）着力建立"全员、全方位、全过程"的育人格局，致力于为学生的健康成长和全面发展营造良好的环境氛围

学生工作不仅是学生工作干部的任务，更贯穿了教学、科研、学科建设、管理工作和后勤服务工作的每一个环节，学校的一切工作、所有人员都应当面向学生，为培养人才服务，以对国家、对社会、对未来负责的态度，自觉以学生的成长成才为己任，把为学生工作服务、为学生服务作为自觉的工作诉求。

要完善教师教书育人工作制度，所有教师都负有育人的职责，每个教师都必须为人师表，教书育人。要健全干部管理育人的工作制度，每个干部都要自觉强化育人意识，以学生为本，热情、主动为教学、为基层、为学生服务，以优质服务和模范行为，引导学生成长成才。要切实提高后勤服务水平和质量，努力为学生办实事，办好事，解难事，为学生的学习生活创造良好的环境和条件。把学生工作与教学、科研、社会服务紧密地结合起来，形成大思路、实现全员化、把握全方位、利用多渠道、创造大格局、构建多层次、重视全过程，以形成独具特色的学生教育管理新体系和新格局。

（四）着力深化学生工作体制改革，致力于完善领导体制和工作运行机制

要加强学校党委对学生工作的领导，逐步建立健全校、院系两级学生工作管理体制。根据党委"总揽全局、协调各方"的原则，建立学校学生工作领导小组，由分管的校领导和有关的职能部门负责人参加，对全校的学生工作实行全面领导、组织和协调。

要坚持责、权、利相统一，进一步研究和推动学生工作重心下移，真正实现学生工作的低重心运行，形成既有压力又有动力，更加科学、合理，充满活力的学生工作新机制，构建"贴近实际、贴近生活、贴近学生"的管理服务新模式。党委学生工作部（学生处）、团委等是学生工作的主要职能部门，各二级院系是执行、落实学生工作的基本单位。院系要成立学生工作领导小组（或学生工作办公室），协调总支和行政两方面的力量，确保"以学生为本"的工作理念在院系学生工作中得到贯彻落实。

（五）着力建设学习型学生工作队伍，致力于加强学生工作的理论研究

学生工作是一门科学，同时又是一门艺术，有其自身的规律。要提高学生工作水平，实现学生工作的科学化，就必须加强对学生特点和思想状况的研究，在理论探索上下功夫。面对学校办学层次的提升，要认真分析和研究学生教育管理工作出现的新问题、新要求，建立大学生思想政治教育和学生工作研究机

构，完善激励机制，加大经费投入，为研究活动的顺利开展提供组织保证和政策支持。要从学生工作特点和我校实际出发，从学生工作的主要任务、未来几年学生工作目标定位出发，紧紧围绕提升学生工作的整体水平，在突出学生工作重点，突破学生工作难点上下功夫。

同志们，同学们，学生兴则学校兴，学生强则学校强。得天下英才而育之，既是我们的光荣，也是我们沉甸甸的责任。让我们牢记"培养人才，发展科学，服务社会"的办学宗旨，秉承"厚德、博学、砺志、笃行"的校训精神，胸怀大目标、把握大方向、力求大作为，不断开创全校学生工作的新局面，为实现学校跨越式发展的宏伟目标、培养社会主义事业合格建设者和可靠接班人做出新的更大的贡献！

第二节　新学校学生工作模式内涵与实践创新

2006 年 7 月底的学生工作研讨会上，经过大家的深入讨论，认为学生工作应该包括教育、管理、服务、咨询等内涵。郭庆副书记认为服务已经包含了咨询，学生工作就是教育、管理、服务，学生教育首先是思想政治教育，包括心理健康教育等，学生管理包括学生班级管理、学生公寓管理以及校风校纪管理等，学生服务包括学生事务处理、就业指导服务、学习指导服务、家庭经济困难学生帮扶等。有人提出将这三个词的英文首字母组合起来就是 EMS，因此应该称为 EMS 学生工作模式，这与邮政快递的简写相同，包含学生工作"及时高效"的理念。

同年 8 月，盛友兴副处长在改写文件时，对教育、管理、服务的内涵进行了丰富，重点突出了当时学生工作中急需解决的问题。郭庆副书记认为，坚持以学生为本，就应该将学生服务摆放在最重要的地位上，提出了以服务为核心的观点，并进一步理清三者的逻辑关系，认为教育是根本前提，管理是基础保障，形成"教育为根本，服务为核心，管理为基础"的 ESM 学生工作模式，有力地回应了学生工作应该做什么、怎么做的问题，并真正将学生工作纳入人才培养体系中，准确地对学生工作进行了定位。

2006 年 12 月，学校第一次学生工作大会隆重召开，ESM 学生工作模式写入了学校第一次学生工作大会的主文件《中共重庆科技学院委员会关于进一步加强和改进学生工作的意见》中，得到了大家的高度评价。在学生工作大会上，还出台了《辅导员工作条例》等配套文件。

一、学生教育的创新与实践

学生教育包括五大内容：思想政治教育、科学精神教育、人文精神教育、文明养成教育、社会实践教育。

（一）思想政治教育

学生工作是大学思想政治教育的主阵地，自然地承担着大学生的思想引领、政治教育、道德感化工作。通过开展党团主题教育活动、主题班会教育活动、革命传统节日教育活动，帮助学生树立科学的人生观、世界观、价值观，坚定社会主义理论自信、道路自信、制度自信、文化自信。积极开展共产主义理想信念教育，以社会主义核心价值观引领学生，以红岩精神哺育学生。积极开展法制教育和心理健康教育，通过定期与不定期地开展法制日宣传，开展宪法和校纪校规教育，开展"525"心理健康日系列活动。注重大学生意识形态的教育引导，让学生的思想与党中央保持高度一致，坚定信念永远跟党走。在这些教育活动中，以下是几个生动的事例：

1. 大学生军训教育

军训是大学生的大学第一课，不仅是大学生国防教育的重要形式，也是大学生思想政治教育的重要内容。学校提出，要实施军政结合的军训模式，军训即军事训练，政训即思想政治训导，将思想政治教育有机地融入军事训练中。2006年，学工部牵头，各二级学院派出得力干部，几乎全部的总支学生工作书记或副书记亲自参加军训团担任教导员，将全校近5000名新生带到歌乐山军训基地进行了为期40天的封闭式军政训练。在军训中，不仅有军事教官对学生开展军事素质

图 8-2-1
2006年10月28日，大学城新校区大田堡体育场举行新生军训汇报会。带队教师：左图前排左三为学工部部长张劲，右图前排右七为保卫部副部长杨文兵

训练，还有机地融入了军营文化教育、国防教育、思想品质教育等内容，使军训由以前的只注重军事技能训练转变为军事训练、思想政治教育同等重视的工作模式，有力地增进了当年学生的军训效果。后来，由张劲、盛友兴、田正学等人深入探索了这一教育方式，并经过总结，到2007年学生军训时，田正学和盛友兴牵头共同完善了《军训大纲》和《政训大纲》，使这一工作得到进一步推进。到2008年，已经形成完整的政训方式，其主要内容包括：红岩魂革命精神教育、国防教育、学校文化教育、石油冶金科普教育、心理辅导活动、校纪校规教育等，而教育形式有讲座报告、观看电影、团体辅导、参观基地等。这一政训方式受到了学生的一致好评和同行的肯定。

2. 李恒太精神教育

2005年10月1日下午，电子信息学院自动化专业2004级本科学生李恒太在长江的滚滚洪流中，为救落水儿童不幸牺牲。时任重庆市委副书记的邢元敏批示："心痛亦感动，心痛年轻生命的不幸，感动李恒太同学见义勇为舍己救人的行动。"重庆市教委、重庆市团市委、重庆市九龙坡区政府、重庆科技学院分别追授李恒太为"重庆市见义勇为优秀大学生""重庆市见义勇为优秀共青团员""九龙坡区见义勇为优秀市民""重庆科技学院见义勇为优秀大学生"。2005年10月，学校在南校区大礼堂举行了隆重的表彰大会。2007年9月，重庆市人民政府追授李恒太"革

图 8-2-2
2005年10月，李恒太见义勇为英雄事迹表彰大会

图 8-2-3
2016年1月23日，仁立在大学城新校区灵湖岸边的李林忠、李恒太烈士纪念碑

命烈士"称号。学校命名李恒太生前所在班级为"恒太班"，随着首届"恒太班"毕业，学校将"恒太班"作为一种精神在电子信息学院各专业班级传承，每年开展"恒太班"创建评选活动。学校为见义勇为英雄大学生李林忠、李恒太建立的纪念碑，现仁立在大学城新校区的灵湖西岸。

（二）科学精神教育

科学精神教育是大学生素质教育的重要内容，学生工作通过邀请校外各领域的高水平专家到校为学生开展学术前沿专题报告，组织新生参观校内科普教育基地，组织学生选修《石油工程概论》或《冶金工程概论》，组织学生参加科技创新大赛或技能大赛，组织学生参加教师的科研项目，组织学生申报科研孵化课题等活动，大力提升学生的科学素养，培养学生的批判精神与创新能力。每年全校听取学术报告的学生有 10000 余人次，参观科普基地学生 5000 余人次，选修科学课程学生 3000 余人次，参加各级各类科技竞赛和学科知识竞赛学生 2000 余人次，获得国家、省市级奖励 100 余项。学校自 2004 年升本以来，积极组织学生参加"挑战杯"的市级和国家级竞赛活动：2004 年获得重庆市市级金奖；2005 年《纳米 TiO_2 在汽车面漆中的应用研究》获得全国三等奖、重庆市市级特等奖，实现了本校参加"挑战杯"项目竞赛全国奖项零的突破；2008 年学校获得"挑战杯"赛事的全国优秀组织奖。

（三）人文精神教育

学生工作通过指导学生阅读中外经典名著系列活动，通过开展科技创新节、体育文化节、文化艺术节以及民族传统文化系列和新年文化系列等丰富多彩的校园文化活动，陶冶情操。学校每年定期举办五大特色文化活动，不仅吸引了全校学生参与，也吸引了不少教师参加，不仅是师生参加，学校领导也积极参与，形成了高雅的大学文化活动品牌。开展毕业文化活动，2008 年第一届本科生毕业，学校举行了隆重的毕业典礼与授位仪式，唐一科校长亲自为毕业生授位。学生参与学校建设发展的主体作用不断发挥，2008 年 1 月 11 日，在 2007 年学生工作总结表彰暨颁奖典礼上，发布了"阳光、自信、包容、进取"的大学生形象标准，并在具体工作中加以丰富。

2006年在大学城新校区入驻伊始即组建大学生艺术团，组建舞蹈队、合唱团、民乐队、钢琴队等学生艺术团队，涌现出卢丽丝、杨洲、陈思宇等一批学生文艺骨干。形体训练室、合唱排练室、钢琴训练室、学生活动中心等艺术团训练硬件条件不断改善。2006年，原学生刊物《窗》改版为《大学生活》，以生动反映学生校园文化生活，学生视野看社会、看学校为主要题材。不断完善成立大学生记者团，使其活跃在校园文化宣传第一线，从中走出了柳毓文等学生文化艺术骨干。

（四）文明养成教育

为引导全校大学生讲文明、树新风，建设积极向上的"美丽重科"人文校园，提高大学生文明素养，提升人才培养质量，着力打造"德优品正、业精致用、拓新笃行"的高级应用型专门人才，学生工作部积极推行大学生文明养成教育。大学生文明养成教育以学分的方式纳入学生必修课教学工作，积极纠正学生在日常生活中的不文明行为和习惯。拟定了《重庆科技学院大学生文明养成教育方案》，主要包括学习文明、寝室文明、举止文明、交往文明、衣着文明、网络文明、娱乐文明、就餐文明等内容。

（五）社会实践教育

2006年5—7月，举办"红五月·青年成才"主题活动，千名青年学生践行社会主义荣辱观社会实践团、"1+1结对共建"志愿服务进社区、大学生"关爱互助"行动、合唱比赛、青年成才主题宣讲进校园等20余项主题活动，强化"践行社会主义荣辱观""创建优良校风学风""校园文化建设"三项工程的落实落地，得到重庆电视台、中央电视台、重庆晨报等新闻媒体广泛关注。"红五月·青年成才"主题系列文化活动，成为具有重科特色的校园文化活动之一。2006年开始举办"感

图 8-2-4
2006 年 4 月 29 日，重庆科技学院启动"红五月·青年成才"活动

图 8-2-5
2006 年 4 月 29 日，严欣平副校长为"红五月·青年成才"活动学生团队授旗

动校园"十大青年评选，通过学生民主推荐评选，评选出了战病魔自强不息的龚海蛟，见义勇为斗歹徒的付杰，勤奋钻研敢创新的赵波，克万困难展风采的任丹，执着艺术追求的宋晓萌、卢丽丝等优秀个人，以及持之以恒传递爱心奉献社会的义务家教中心和青年志愿者协会等一批青年学生榜样群体。

学校以"三下乡"、常态化志愿服务进社区等活动积极加强大学生社会实践活动。2005 年以来，学校每年以"重点组队 + 分散实践"的方式，组织市、校、院三级重点团队 10 余支分赴市内外社会实践基地开展暑期社会实践活动，其余学生按照专业学科就近就便选择乡村社区、企事业单位开展社会实践活动。截至 2009 年 8 月，先后建立学生校外社会实践基地 50 余个，与近 10 个乡村社区结对开展关爱"空巢"老人、留守儿童、义务家教等常态化志愿服务活动。2007 年重庆市大中专学生"三下乡"社会实践活动出征仪式在重庆科技学院举行，重庆市人大、团市委、市委宣传部、市教委领导以及全市 40 多所高校代表参加了会议。学校多次获得重庆市"三下乡"社会实践先进单位。2005 年学校党委副书记武金陵同志被评选为全国"三下乡"社会实践先进个人。2007 年学校获评全国"三下乡"先进单位。

二、学生服务的创新与实践

大学生服务包括就业指导服务、心理健康咨询与教育服务、法律援助与咨询服务、体验英语指导服务、创新创业指导服务、生涯规划指导服务、贫困大学生关爱服务等。

（一）就业指导服务

学校成立大学生职业指导服务中心，中心挂靠招生就业处（后并入学生处），中心主任为叶怀平（后变更为邱正阳），成员包括就业科工作人员和各二级学院负责就业工作人员。中心主要为学生就业提供系列服务，如开展大学生就业指导教育教学，联系用人单位，组织大型招聘会和日常零星的招聘活动，为学生提供就业咨询，制订毕业生就业方案等。这一工作的开展，有力地保障了全校毕业生顺利就业，落实好了大学生就业这一重要的民生工程。

重科院〔2006〕217 号文件实录：

重庆科技学院
关于成立大学生职业指导服务中心的通知

重科院〔2006〕217 号

（2006 年 12 月 4 日）

校属各单位、机关各处室：

为加强大学生职业指导工作，积极开展职业生涯规划，有效地对毕业生开展就业指导教育，经学校研究，特成立重庆科技学院大学生职业指导服务中心，面向全校大学生开展职业指导与咨询服务活动。

大学生职业指导服务中心人员由相关学生工作者和两课教师组成。大学生职业指导服务中心工作方式有：课堂教学、举办讲座、团体辅导与个别咨询、电话咨询、开展调研等。

大学生职业指导服务中心的主要职责：

1. 为来访的学生提供职业指导和咨询服务，帮助学生充分了解社会信息、了解国家的相关政策，确立正确的择业观。

2. 以多种形式开展职业生涯规划、创业、就业等方面的咨询及讲座活动，让学生掌握求职、择业的技巧和方法。

3. 每年对应届毕业生开展职业能力测试工作，并及时分析测试结果，为学生的职业指导提供服务。

4. 定期培训职业指导人员，不断提高业务水平、工作能力和指导技巧。

大学生职业指导服务中心挂靠招生就业处，中心主任由叶怀平同志担任。

图 8-2-6
2005 年 11 月 25 日，学校在北校区体育馆为 2006 届
毕业生举办就业双选会

图 8-2-7
2006 年 5 月 25 日，学校举行大学生心理咨询活动

（二）心理健康咨询与教育服务

学校成立大学生心理健康教育与咨询中心，中心挂靠人文社科系（后转到学工部），中心负责人朱卫嘉（后调整为向守俊）。中心有专职人员 3 人，兼职教师 30 余人。中心按照《普通高等学校学生心理健康教育工作基本建设标准》进行建设。

中心工作规范、特色鲜明、重点突出，做到硬件建设重基层，危机干预重预防，课程建设重创新，队伍建设重培训，活动体系重长效，咨询服务重贴心。中心创立了"德心共育、自助助人、互助成长"的教育模式，构建课堂教学、课外实践、社会服务一体化的心理成长路径，运用骨干带头、朋辈互助、高年级带低年级等方式，引导学生在自助中起步，在互助中成长，在助人中升华。其中坚持数年、不断完善的三级心理之家建设、大学生成长论坛、心理成长微课堂讲课比赛等活动深受学生欢迎。

探索创立"建设心理之家，引领心理成长"系列活动。从 2006 年开始试点，2007 年取得基本经验，2009 年形成工作模式，每年坚持开展，不断深化，取得实效。大学生心理之家建设分为学校（院）、班级、宿舍三级，做到学校有队伍，院系有阵地，班级有活动，宿舍有心灵通道。

2009 年开始构建大学生互助合作共同成长人际关系模式的积极探索，主持完成重庆市教委人文社会科学研究重大委托项目《大学生自助助人心理成长模式构建与运行研究》，构建"德心共育、自助助人"的心理健康教育新模式，形成创新心理健康课程，引导宿舍关系建设的理念、思路与操作模式。通过骨干培训、课程设计、课程教学、团体沙盘辅导以及各类心理成长活动等渠道促进宿舍关系建设。

学校开创了大学生心理成长论坛，坚持每年定期举办一次，主要内容有三级心理之家建设成果展演、青春健康微课堂讲课比赛、大学生成长沙盘竞赛、社会调研与社会实践报告、心理成长历程宣讲、校园情景剧创作展演、心理成长书画作品展等。学校心理健康教育与咨询中心开展的教育活动多次被重庆卫视、重庆日报、重庆晚报、新华网等多次报道。2007 年获评全国大学生心理健康教育工作优秀单位（机构）荣誉称号。下面是学校成立大学生心理健康教育与咨询中心文件（重科院〔2006〕215 号）纪实。

重庆科技学院
关于成立大学生心理健康教育与咨询中心的通知

重科院〔2006〕215号

（2006年12月4日）

校属各单位、机关各处室：

为贯彻落实《教育部关于加强普通高等学校大学生心理健康教育工作的意见》（教社政〔2001〕1号）和《普通高等学校大学生心理健康教育工作实施纲要（试行）》（教社政厅〔2002〕3号）精神，将我校大学生心理健康教育与心理咨询工作提高到一个新水平，经学校研究，特成立重庆科技学院大学生心理健康教育与咨询中心，面向全校大学生开展心理健康教育与咨询服务活动。

大学生心理健康教育与咨询中心人员主要由具有丰富心理健康教育与咨询工作经验的专家和教师组成。大学生心理健康教育与咨询中心的工作方式有：个别咨询、团体辅导、电话咨询、专家门诊、举办讲座、心理测试等。

大学生心理健康教育与咨询中心的主要职责：

1. 每年完成对新生的心理普查测试，建立学生个人心理档案工作；对测试资料进行整理、统计分析，及时向学校提供有关学生群体心理健康状况的分析报告。

2. 结合思想品德课对学生进行心理健康知识和心理素质教育，开设选修课，组织有关专题讲座，宣传和普及心理科学知识。

3. 对学生进行心理咨询，为大学生增强保健意识、调节负性情绪、解除心理困惑、消除心理障碍、正确认识与处理自己学习、工作、生活、就业等方面的心理问题提供有效帮助。

4. 开展学生心理状况调查与研究，提出学生心理健康教育与心理咨询的指导性意见与建议。

5. 与重庆精神卫生中心和校医院合作，及时识别和处理大学生中的心理异常，对患有严重心理障碍和心理疾病的学生，及时转介到专业卫生机构治疗；对处于心理疾病康复期的学生进行心理监护或支持性治疗；协助学校和院系做好因心理疾病休学、退学的学生及家长的工作。

6. 建立并完善我校大学生心理健康三级防御网，对本校专兼职心理辅导教师和学生工作队伍成员进行业务培训和指导。

7. 定期开展心理咨询案例分析或研讨会，提高咨询人员的业务水平。

大学生心理健康教育与咨询中心挂靠学生处，接受学生处的工作领导，中心主任由朱卫嘉同志担任。

（三）法律援助与咨询服务

为给学生提供优质的法律援助，增强学生的法制意识，学校成立大学生法律援助中心，挂靠人文社科系，主任张宗浩。中心是为学生健康成长和全面发展提供法律服务的机构，中心的设立是我校为在校大学生成长成才提供全方位、专门化服务的重要尝试，是实现我校学生教育工作从管理为主向服务为主并从一般性生活服务为主向高层次专门化服务转变的重要措施。中心有一支学历层次较高，法律教学经验丰富，法律服务能力较强的工作队伍。中心现有工作人员12名，其中有6人是执业律师，10人具有硕士以上学位，大多数成员有多年法律教学或法律服务经历。中心主任张宗浩系我校人文社会科学系党总支副书记，重庆律师协会执业维权委员会委员，从事法律教学和律师工作十余年，实践经验丰富，曾多次担任重庆卫视《拍案说法》栏目、重庆电台法治节目的释法嘉宾。

中心成立以来，服务内容不断完善，已形成以下5个方面的工作体系。第一，担任法律顾问。担任学校学生处分委员会法律顾问，就学生纪律处分中证据及程序问题提出意见，提高学校行政处分的合法性，维护受处分学生权益；受邀请为各类学生社团担任法律顾问，为社团活动提供法律指导。第二，开展法律咨询。设立大学生法律援助接待工作室，定期开展法律咨询，分析解答学生在生活、学习、社会实践、求职择业中遇到的法律问题。第三，进行法治宣传。结合学生中普遍存在的法律问题，有针对性地举办法治讲座、模拟法庭或案例分析会，提高学生的法律意识，培养法律思维，营造校园法律文化氛围。第四，调解校内纠纷。应相关部门、院系的邀请，并经争议双方同意，参与学生在校内发生的各类争议的调解，以维护双方的合法权益和良好的校园秩序。第五，实施个案帮助。对我校学生与校外主体发生的争议，根据学生本人申请及委托，代表学生一方参与协商、调解、仲裁或诉讼，依法维护我校学生的合法权益，为学生创新项目提供专利查询、代理指导，为学生创业项目提供章程制订、商标注册指导等服务。

大学生法律援助中心成立后，在校学生参与法律咨询人次逐年增加，在学校各项学生事务中起到了很好的法治宣传、纠纷化解作用，为维护学生权益和学校稳定做出了积极贡献。中心的法律咨询问题涉及学生医疗保险、工伤保险、交通事故赔偿、招生政策、转专业、纪律处分、就业协议与劳动合同、培训纠纷、人身伤害赔偿、勤工助学、消费维权、个人学法疑难以及学生家庭中的各类法律问题等，深受学生欢迎。

2009年春节期间，学校经济管理学院学生胡嫒的父母在酉阳发生交通事故双双死亡，酉阳交警大队认定胡嫒之父承担全部责任，胡嫒姐妹（姐姐为重庆师范大学在校学生）不服，不断申诉但效果甚微。我校大学生法律援助中心得知后作为重点法律援助案件办理，通过艰苦努力，事故责任从一方全责改为三方同等责任，学生胡嫒的父母在交通事故中的责任就由100%降为30%。我校大学生法律援助中心一心为学生维权的事迹受到市交警总队领导、酉阳县领导的高度评价，并在网络上广为流传，在我校和重庆师范大学学生中产生了较大影响。

关于成立大学生法律援助中心文件纪实如下：

重庆科技学院
关于成立大学生法律援助中心的通知

重科院〔2006〕216号

（2006年12月4日）

校属各单位、机关各处室：

为增强学生法律意识，维护学生合法权益，及时有效地为学生提供法律援助，经学校研究，特成立重庆科技学院大学生法律援助中心，面向全校学生开展法律援助与咨询活动。

大学生法律援助中心人员由法律专业教师组成，也可聘请校外有关专家。大学生法律援助中心活动与学校人文社科系法律教研室的学术活动相结合。大学生法律援助中心工作方式有：举办讲座、团体辅导与个别咨询、开展调研和免费法律援助等。

大学生法律援助中心的主要职责为：

1. 指导大学生法律协会，对协会会员进行不定期法律培训。

2. 定期开展法律咨询，及时解答和处理学生中存在的法律问题。

3. 结合学生中普遍存在的法律问题，有计划地开展法制讲座，提高学生的法律意识和法律素养。

4. 结合全国法制日、世界知识产权日等法制宣传日，开展相关的法律宣传教育活动，营造校园法律文化氛围。

5. 根据学生本人申请和相关部门委托，对符合援助条件的在校学生提供专业法律援助。

6. 在必要时可应相关部门和院系的邀请，协助处理学生冲突，防止矛盾激化。

7. 在上述工作职责范围内，努力协调学生与学校、学生与教师之间的关系，维护学生合法权益，维护学校正常管理秩序。

8.加强大学生法律援助工作的理论研究、资料收集和人员培训，条件成熟时开展大学生法律援助的对外宣传及交流活动。

大学生法律援助中心挂靠学生处，接受学生处的工作领导，中心主任由张宗浩同志担任。

（四）助学关爱与服务

重庆科技学院的学生大多来自农村家庭，历年的家庭经济困难学生比例高达35%以上。如何做好家庭经济困难学生的助学工作，包括学生突发疾病时的救助等，需要学生工作者拓宽思路，开阔视野，创新自己的工作。

2006年春季，在学校分管学生工作党委副书记郭庆的倡导下，学校建立了"大学生青年成才扶助基金"，经费来源于校友赞助、学校资助、社会捐助，主要用于学生临时困难资助，包括疾病救助、家庭变故资助、困难学生火车票资助、学生临时困难发放等。"大学生青年成才扶助基金"每年用于帮助学生的金额达到30万元左右，受助学生100人以上，有力地保障了我校部分困难学生顺利完成学业。

大学生勤工助学基地是又一帮助学生成长成才的育人平台和助学平台。2007年初，在郭庆副书记的关心下，学工部建立了大学生勤工助学基地，由张强国负责指导。学校同时将学生宿舍区的部分门市交给学生经营，还与企业联合在学校规划位置定点设立学生报刊亭等，学工部一次性投资给基地购买了电脑、打印机、复印机等设备，成立了学生文印服务中心。大学生勤工助学基地开始运转起来，采取公司化的运作方式，全部由学生自主经营。公司设立总经理1名，下设办公室、人力资源部、超市、报刊服务中心、文印中心、绿色回收服务中心、饮用水服务中心等，参与学生200余人。学生们的工作积极性很高，经营效果良好，2007年年底，学生们还召开了年报会，发布财务报告，赢利50余万元。学生们开展工作总结，讲述工作中的酸甜苦辣等，最后他们还将自己劳动所得的节余现金 2 万元人民币捐给大学生青年成才扶助基金，参会的老师和领导都被学生一年来的工作所感染！多年以来，这一平台培育了无数的青年学子，直到今天，它依然发挥着重要的作用。

针对家庭经济困难学生的实际情况，学校成立大学生助贷中心，并作为学工部下面的正式科级单位，中心负责人为王文博，专门负责家庭经济困难学生的助学工作，负责国家奖助学金的评定与发放工作。通过一年的努力，中心建立了完善的家庭经济困难学生档案，每年帮助数千名学生完成助学贷款工作，完成数千万元的奖助学金发放工作。至 2006 年年底，新建重庆科技学院已从国家层面资助，到学校层面扶助与学生个人勤工自助，基本形成了一个较为完善的大学生助学服务体系。

三、学生管理的创新与实践

（一）"和谐寝室"建设

本着新校区、新规划、新思路的原则，学校将 20000 人规模的学生宿舍，规划建成了容园、禾园两大片区，每片区 10000 人左右规模，每片区 3 ~ 4 个组团，每组团容纳学生 3000 人左右，在每个组团之内建设了充裕的学生工作和学生活动场所。2007 年 3 月，北校区和南校区的学生均已全部搬迁至大学城新校区，随着学生宿舍人数的增多和新校区条件的改善，学生宿舍的管理模式也发生了全新的变化。首先，在学生工作部部长张劲和副部长熊书银等的努力下，学生公寓引入大正物业公司进行管理，包括安保、卫生保洁、设备维修等，提升了学生公寓的管理水平。在公寓思想政治教育工作方面，郭庆副书记不失时机地提出了大学生思想政治教育"四进公寓"的工作模式。第一，机构进公寓。各二级学院学生工作办公室入驻学生公寓办公，并设立一名主任，为科级干部。第二，人员进公寓。全体辅导员入住学生公寓，办公点在学生工作办公室，每一层楼设立辅导员值班室，为辅导员夜间值班地点，学校为辅导员值班室配置了家具、电视机和空调。第三，组织进学生公寓。各学院党、团组织，即学生党支部、二级学院团总支、学生会进入学生公寓。第四，重心进公寓。学生工作的重心下沉，深入学生群体内部，工作重心从二级学院的办公楼转移到学生公寓中。在学生公寓楼的各大组团内，专门设立了用于学生工作的办公区和学生的活动场地，典型的布局是从一楼到五楼的同一个位置都是学生工作的区域，各学院学生工作办公室设立在一楼，二楼为团总支、学生会办公室，三楼为党员之家，四楼为社团之家，五楼为心理之家。组团进门的位置第一间为辅导员值班室，从一楼到五楼均为辅导员值班室。这一工作方式的大力推进，完全改变了传统的辅导员与学生之间的距离，天然地将辅导员摆放在了学生的中间，有力地促进了新建重庆科技学院的师生关系，方便了学生及时找到辅导员进行谈心和思想交流，同时也充分展现了入驻大学城新校区后学校的新气象。

"四进公寓"的学生工作条件和工作模式，为新建重庆科技学院的学生工作形成了得天独厚的优势。在此基础上，学校进一步提出了建设和谐文明寝室的构想，并深入实施，每年举办寝室文化节，对和谐文明寝室进行表彰，从寝室清洁卫生、人际关系、进取精神等多个方面占领学校的宿舍文化阵地，从生活的细微之处引领学生健康成长。

（二）"和谐班级"建设

班级是学校基本的育人单元。为加强班级建设，充分发挥班级的育人功能，学校专门制订了加强班级建设的实施意见，要求全校各班级人数不得超过40人的规模，实施小班教学。加强学生班团组织建设，规范开展学生干部的选拔、培养、使用工作，把班级学生干部岗位作为培养学生综合素质的育人平台，学生干部每年进行换届，让大部分的学生都能有担任班级学生干部的机会。加强班风学风建设，班级建立3～4个学习小组，每个学习小组有组长1名，各学习小组间开展学习竞赛活动、思想教育活动评比、文体活动竞赛，增进学生之间的团结与友谊，增强班级凝聚力。加强班级文化建设，班级可以有自己设计的班徽、班歌、班旗等，有自己制订的班级规定。班级可以为本班成员举办生日晚会等活动，可以为班级遇到困难的成员开展帮扶活动，为班级成员取得的重大成绩（如市级以上竞赛取得优异成绩）开展庆祝活动等。通过这样一系列的方式和途径，使学生对班级的归属感和认同度高度形成。学校在此基础上，每年评选表彰"十佳栋梁班""十佳学风建设示范班级""十佳进取班级"以及一大批文明班级，有力地推进了学生班级的先进文化建设。

（三）"和谐校园"建设

学生工作坚持"以学生为本"的教育理念，树立"学生事情无小事"意识，认真处理学生反映的各种问题，及时解决学生困难，努力构建和谐校园。一是建立每学期一次的校领导与学生深入交流机制，由校领导带领相关职能部门负责人一起与数百名学生进行面对面的交流，学生畅所欲言，校长现场办公，现场解决学生提出的问题；二是设立校长信箱，畅通学生反映问题的渠道，学生通过校长信箱反映的问题，由学校党政办进行督办，限期解决；三是通过法律援助中心帮助学生维护合法权益，学生在校园内或校园外合法权益受到侵害，可以通过法律援助中心帮助维权；四是通过心理健康教育与咨询中心解决学生的心理危机事件，对于学生中突发性心理危机事件，学生处和心理健康教育与咨询中心在第一时间介入，通过有效干预，及时化解危机；五是大力开展家庭经济困难学生的帮扶工作，通过国家资助、学校扶助和学生勤工自助，有力帮助学生顺利完成学业。学校还通过举办系列校园文化活动，丰富全校学生的课外生活，促进学生健康成长成才。

（四）"和谐团队"建设

学校高度重视学生工作队伍建设，特别是辅导员队伍建设。从2006年开始，学校每年引进10人以上党员研究生担任学生辅导员，连续3年引进40余名优秀辅导员，全校辅导员人数与质量大幅度提升。2007年，学校成立辅导员俱乐部，为辅导员业务提升、思想交流、素质拓展、心理解压搭建了有力平台。辅导员俱乐部负责人由全体辅导员选举产生，学校每年给予必备的工作经费保障，每学期辅导员俱乐部要举行工作经验交流，至少要开展一次户外素质拓展训练活动。在生活上，每名辅导员遇到喜事要进行祝贺，遇到困难要进行帮助，俱乐部有效地凝聚了辅导员的工作向心力。学校每年评选"十佳优秀辅导员"，并给予表彰。学校组织辅导员到校外培训，同时也邀请校外专家来校培训辅导员，学校每年将"十佳辅导员"组织到省外高校考察学习，到石油与冶金企业与校友进行交流，增强辅导员的工作使命感和自豪感。学校将辅导员定位为"教师"和"管理干部"，作为教师骨干的重要来源和学校干部的重要来源，在政治素质、管理能力、教学能力、科研能力等方面对辅导员进行重点培养，支持辅导员考取博士研究生，有专项经费支持辅导员出国做一年的访问学者，从辅导员中涌现出了一批优秀的管理干部和专业教师。到2008年底，一支以辅导员为主体的"和谐学生工作团队"基本形成。

（五）突发事件应急处理

新建学校完善了大学生突发事件应急处理机制，针对学生突发思想不稳定问题、群体性集会事件、学生突发疾病、学生突发心理危机事件、学生突发意外伤害事件、学生宿舍突发火灾、地方突发地震等事件建立了完善的应急处置预案，并每年定期进行演练，提升学校应急处置能力，提升学生紧急情况逃生能力，有力保障学生的人身安全。自搬迁大学城新校区以来，学校每年有效处理了多起学生突发事件，化解了学生的危机与生命风险。学校建立了全体中层干部住校值班工作制，每天有 3 名中干在校园内值班巡察，及时发现和解决各种安全隐患，每天上午定时进行交接班。建立学生信息员队伍，在学生班级中设立了信息员，确保能够及时掌握学生中涉及安全稳定的信息，并及时化解。建立学生公寓民主管理委员会，每一个组团有一个分中心，每层楼有楼层长，对学生公寓进行民主管理和监督，对学生在寝室的安全隐患进行不间断的排查清理，确保学生宿舍的安全和稳定。

第三节　升本初期学生群英集锦

一、舍身救人李恒太

李恒太，男，重庆科技学院电子信息工程学院计算机本科 2004 级学生，来自辽宁省抚顺市。2005 年 10 月 1 日，李恒太与同班同学一起到九龙坡区直港大道长江码头龙凤溪水域游玩。突然，他听到呼救声，有一名小男孩不慎掉入江水中，他来不及脱掉衣服和鞋子，毫不犹豫地跳进江中，迅速游向落水儿童。由于长江水情复杂，他与小男孩很快被江水吞没。虽然未能将小男孩成功救起，但李恒太英勇献身救人的事迹得到社会的高度赞扬，同时得到时任重庆市委副书记邢元敏的高度评价。社会各界爱心人士纷纷向英雄捐款致敬，学校当即决定奖励学生家长 10 万元人民币，并在全校召开隆重的追悼纪念和表彰大会。随即，李恒太同学被重庆市人民政府追认为烈士。

图 8-3-1
见义勇为英雄大学生——我校本科
2004 级辽宁籍学生李恒太

图 8-3-2
2005 年 10 月 1 日，李恒太跳入长江救人时留在长江边上的运动鞋

李恒太在平时的学习中，刻苦努力，学习虽不算拔尖，但他的品行优良，一向深受老师和同学们的喜爱。他尊敬老师，每次见到老师总会深深鞠一躬，露出灿烂的笑容，这是老师们对他的深刻印象。他关心同学，在晚上睡觉时，有几次室友的被子从床上掉下来了，他起床看见了，主动地捡起被子帮同学盖好。班长邓朝迅同学打篮球的时候，不小心把脚扭伤了，恒太同学多次主动背着他到医务室去治疗。他热爱班集体，每当班里有事情需要做时，他总是冲在最前面，及时克服各种困难，把工作做得有条不紊。他在生活上严格要求自己，他的床铺总是整理得整整齐齐，床上物品洗得干干净净。在同学们的心中，他就是一个宽容、豁达、善良、乐观的好伙伴。辅导员张老师说，他平时表现很好，常常助人为乐，他舍己救人，我一点也不奇怪。

二、勇捐骨髓胡幸辉

胡幸辉，男，四川江油人，2007 年 9 月考入我校石油与天然气工程学院油气开采技术专业。入校以来，他关心集体，团结同学，积极参加各种有益的教育活动，曾担任班级团支部书记。2008 年 5 月 12 日，汶川发生 8.0 级大地震，当地人民群众严重受灾。胡幸辉家也不例外，家中房屋全部倒塌，财产损失严重，房屋重建需要

图 8-3-3　胡幸辉

大量资金，家庭经济出现严重困难，但这一切困难没有使他消沉，反而使他变得更加坚强。他积极组织为灾区捐钱捐物，积极参加灾区重建的各种公益活动，受到当地政府和群众好评。2009 年 3 月，胡幸辉做出了一个重要决定，他主动联系第三军医大学（现陆军军医大学）西南医院，自愿捐献骨髓，随后，他无偿为一名素不相识的血液病患者捐献自己的骨髓，挽救了这名患者年轻的生命。大家都觉得他很了不起，但他却始终保持着一颗平常心。2009 年暑假期间，他参加了由学校心理部组织开展的"三下乡"赴汶川灾区心理志愿者调查活动，为灾区少年儿童作心理辅导。他的这种无私奉献精神，深深感动了重庆市民，重庆及全国多家媒体报道了他的感人事迹。同年，胡幸辉被评为重庆市道德模范。毕业时，多家单位都争相接收他就业，最后，他选择了去辽河油田工作。

三、用青春感动校园的大学生集锦

2006 年，学校开展首届"感动校园"十大青年评选活动，每年评选一次，每次均由学生民主评选出 10 位"感动校园"的青年个人或群体进行表彰。通过"感动校园"十大青年（群体）的评选，曾涌现出抗战病魔、自强不息的龚海蛟；见义勇为、勇斗歹徒的付杰；奉献爱心、帮助老人的田潇；勤奋钻研、敢于创新的赵波；发扬特长、执着追求的宋晓萌；用信念激励自己并战胜所有困难，用火红青春在音乐殿堂闪光的容一敏；把爱心奉献给社会，让真情温暖人间的青年志愿者协会；用坚强意志收获精彩人生，铿锵玫瑰初显王者风范的女子足球队；历练艰辛誉满校园的大学生艺术团；开拓进取成就梦想的大学生创业助学基地等。一大批"感动校园"的青年学子和青年群体，用他们的感动事迹诠释了重庆科技学院学子"阳光、自信、包容、进取"的形象标准。

天籁之音
——记宋晓萌的感人事迹

他没有飞扬的个性，没有叱咤风云的雄心，但他懂得真真切切做人，踏踏实实做事，脚踏实地才是真。甜蜜的笑容、天籁般的歌声陪伴着他走过苦涩、走过坎坷、走向成功、走向胜利。宋晓萌最大的爱好莫过于唱歌，他的歌声总能给人留下深刻的印象。唱歌时的他与初识的那个腼腆的男生判若两人，但笑容和歌声背后却有诸多不甜美的经历。在大学生活中，宋晓萌始终坚持"成绩要过关，工作要开展，特长要发扬"，他能较合理地分配好自己的学习、工作和参与比赛等活动的时间，在各方面都取得了骄人的成绩。尤其是在音乐表演方面，他付出了艰辛的努力。无论是春夏秋冬，严寒酷暑，学业和学生会的工作多么繁忙，他都要保证每星期去一次艺术系黄老师那里上一节声乐课。而教室、宿舍、林荫路上都成了他的"练功房"。声乐训练是非常枯燥的。由于舌头较硬，宋晓萌在发意大利语的颤音时，总要练上几百遍甚至上千遍。有时为了解决问题，他还用手捏着舌头向外拽，从而达到让舌头放松的目的。为了不暂停追求的步伐，宋晓萌四处访师，来提高自身的声乐水平，这对于他来说无疑是一份不小的开支。为了减轻家里的负担，宋晓萌将平时参加各种比赛时获得的奖金都用在了声乐学习上。"有志者，事竟成。"宋晓萌的辛勤努力没有白费，他参加了许多比赛，为学校争

图 8-3-4　宋晓萌

得了许多荣誉：2004 年 4 月在重庆市大坪地区青年英文歌曲演唱比赛中获得一等奖；2005 年 4 月在第 24 届重庆市大学生"校园之春"歌手大赛中获得三等奖；2005 年 5 月在重庆市大学生艺术展演中获得业余组独唱一等奖；2005 年 8 月在南岸区"激情南滨大家唱"活动中获得独唱一等奖。2006 年，他因成绩突出被评为重庆市普通高校"文艺活动先进个人"。

一件件微不足道的平凡事，却折射出一颗火热的、对生活充满热爱的青年大学生的心。

宛若青松，挺且坚
—— 记龚海蛟的感人事迹

2004 年 2 月，龚海蛟患上特发性血小板减少性紫癜（ITP）的血液病，这是一种极难治疗的出血性疾病。他前后两次住进医院，在第二次住院时医院给他下达了病危通知书。在生病期间，龚海蛟仍坚持学习，他在学校一边读书一边接受中医治疗，用顽强的毅力忍受着病魔的折磨。由于治疗效果不好，龚海蛟的身体状况越来越差，而且昂贵的医药费用也让本不富裕的家庭背上了沉重的负担。2005 年 4 月，在与疾病抗争一年多后，龚海蛟不得不带着遗憾休学回家。龚海蛟回家后，在亲友、老师和同学的鼓励下，更加积极地对待生活，恢复身体健康，重返校园成了他最大的愿望和奋斗目标。为了减轻家人的经济负担，龚海蛟拒绝住院治疗，在大半年的时间里，他刻苦钻研了大量医书，还积极咨询了国内几家有实力的血液病专科医院，搜集到了不少资料。在自学的基础上，他亲身实践，给自己配药方，没想到在他的尝试下，病情开始有了好转。2005 年 12 月，龚海蛟以他百折不挠的毅力战胜了病魔，创造了奇迹，实现了他重返校园的梦想。

图 8-3-5　龚海蛟

三年来，本着对生命的热爱和对知识的执着追求，龚海蛟不言放弃，顽强地与病魔斗争着，一如既往地刻苦努力，勤奋学习，他的学习并没有因为生病而受到丝毫的影响。在这艰难的三年中，他没有一门补考或重修，并拿到了相应的计算机、英语等级证书和CAD证书。更难能可贵的是，龚海蛟在与病魔抗争时，他还用搜集到的资料，结合自己在治疗过程中采用的方法和积累的经验，整理出了一本6万多字的治疗资料——《特发性血小板减少性紫癜的治疗、调养与护理》，他想帮助更多的ITP患者脱离病痛，恢复健康。《重庆时报》对他的这一事迹还进行了独家采访，并在全市积极报道。2006年9月，龚海蛟参加了由共青团中央学校部和中国青年报社共同举办的首届"我与祖国共奋进——寻访中国大学生自强之星"活动，凭着自己与疾病抗争、自强不息、坚持学习、勇于探索的感人事迹成为重庆地区唯一一名候选人，最终获得了"中国大学生自强之星"提名奖。

"天行健，君子以自强不息"，龚海蛟在与病魔的斗争中领悟到了人生的真谛，他懂得了如何去珍惜生命，诠释生命的意义，今后的人生，他会活得更加精彩。

生命的践行者
——记田潇的感人事迹

实事求是的作风，乐于助人的品格，平和友善的性格，无私奉献的精神，出色完成的任务，优异领先的成绩，在田潇同学的身上体现得淋漓尽致。他以实际行动感动着重庆科技学院学子，他是重庆科技学院学子的榜样。田潇作为一名学生干部，他积极带领班级同学参与各种社会实践活动。2005年，田潇在一次服务社区的社会实践中，得知九龙坡区街道有一位五保户卢爷爷身患脑血栓，老奶奶也常年卧床不起时，便积极联系其他班委，与卢爷爷结成对子，开始了他们奉献爱的征程。这一走，就是两年多。当他们感受到两位老人因儿女长年不在而孤独寂寞的时候，每个人心里涌动的不仅仅是奉献的激情，更是陪老人一路走下去的决心。在田潇的积极带领下，班级的同学每周三下午，以寝室为单位到卢爷爷家为老人打扫清洁，洗衣煮饭，陪二老聊天，一转眼就坚持了两年。这期间，在田潇和班委的组织下，班

图 8-3-6　田潇

里的同学无一人缺席，照顾老人、关心老人已经成了他们的一种习惯，他们已经深深地融入两位老人的生活，二老也成为他们永远的牵挂。用爱撑起一片蓝天，生命的晴空风雨无阻，重科机设普2004班，这个用爱演绎真情的大家庭，将一如既往，缔造爱的永恒。

爱可以拉近人与人之间的距离。卢爷爷的儿女也把他们当作亲人，卢爷爷所在街道的居民几乎全认识他们，用这些居民的话说：重科机设普2004班的同学是一道爱的风景线。田潇是一盏灯，当我们总是不断地向父母索取的时候，当我们埋怨父母的时候，田潇以他对长辈的爱告诉我们，怎样孝顺自己的父母；田潇也是一面青年的旗帜，他教会我们，怎样来接受困难，怎样来面对困难，怎样来把握我们的人生。

在这个瘦弱的男孩身上，在他所构筑的强大精神世界里，在这份感动中，我们感受到一种朴素的、震撼心灵的道德力量。

努力拼搏，奋斗的青春最美丽
——记赵波的感人事迹

赵波，重庆科技学院材料工程学院2005级学生、校学生会副主席，曾获得第十届"挑战杯"全国大学生课外学术科技作品竞赛重庆赛区特等奖、全国竞赛铜奖，获得重庆科技学院学生综合奖学金，重庆科技学院特等创新奖学金，4次获得重庆科技学院学习优秀二等奖学金，3次获得重庆科技学院社会工作奖学金，获得重庆市优秀学生干部、重庆科技学院感动校园十大青年、重庆科技学院十大杰出"团干"、重庆科技学院三好学生、重庆科技学院优秀学生干部等荣誉称号。

科技创新是艰苦的。既要保质保量完成学习任务，又要在科技创新上有所建树，这对于每个人来说，无疑都是一个巨大的挑战。在创新研究过程中，为了解在研课题在国际国内的研究进展与发展现状，有一次，赵波不顾已经在实验室高强度工作了两天的疲惫，又强打起精神和合作者一起在电脑前再熬了一个通宵，一直查阅资料到第二天凌晨3点多钟，而7点钟，他又爬起来继续进行试验。这对我们一般人来说也许是不能接受的，但对赵波来说，却已经是家常便饭了。任无数的汗水打湿了衣襟，流过了脸颊，他都以欣然的微笑面对。他享受着科研创新带给他的无限幸福，

图 8-3-7　赵波

他沉醉于用创新来表达对科学的理解和把握。他以自己在"挑战杯"竞赛的成果，以自己对学习与生活的感受真实地与学妹、学弟们共同分享着这些幸福。

铿锵玫瑰
——记女子足球队的感人事迹

有这样一道风景，她们不分寒暑、不论秋冬，一直坚持训练；有这样一群女生，她们永不言弃，面对挫折越战越勇；有这样一支队伍，她们历经磨炼，战绩不凡。这就是我们学校的女子足球队。

我校女子足球队在时任体育系主任的巴朝平教授精心策划下，于2005年成立。在短短几年中，她们用拼搏换来了可喜的成绩：2005年12月获得"飞利浦"中国大学生足球联赛（重庆赛区）普通组第二名；2006年11月获得重庆市第八届大学生足球联赛专业组第二名；2007年11月收获2007—2008年"李宁杯"中国大学生足球联赛（重庆赛区）专业组冠军；2007年12月夺得全国大学生女子足球锦标赛甲组亚军；2008年11月收获重庆市第二届大学生运动会女足比赛冠军。

回首走过的艰苦历程，泪水总与欢笑相伴而行。她们的故事要从教练张莹说

起。女足队的年轻教练张莹，原来在国家青年队踢球，后来因为比赛时脚部受伤，退役后考入了西南大学运动系，毕业后就来到重庆科技学院体育系任教。我校筹建女子足球队时，她是一名即将毕业的大四学生。在招学生队员时，她自己心里也没有底，因为自己大学还未毕业，加上工科院校愿意踢足球的女生很少，所以担心队员的素质不高。但张莹年轻有闯劲，没有约束，敢创新，凭着激情、努力与执着拉起了这支学生女足队伍，从此开启了一段不平凡的历史。一群起初几乎连足球规则都不太熟悉的小女生，经过几年的训练、拼搏，最终凝结成一个团结和睦的大家庭。当然，命运之神并非从一开始就青睐她们，前进的道路也从来不少荆棘，她们也曾遭遇失败挫折，尽管付出了巨大努力。她们也曾因此痛哭，但哭过之后，她们会擦干眼泪，继续追寻前方的梦。在 2007 年 12 月 24 日全国大学生女子足球锦标赛上，学校女足获得甲组亚军，这是重庆市大学生女子足球队参赛以来取得的最好成绩。那场比赛过后，张莹教练和体育系的巴朝平主任不能自已地热泪盈眶，因为女足的姑娘们有那么多的故事让她们感动：最后一场比赛时，几乎所有的队员都带着伤，印妮的手也肿得像馒头一样，仍咬牙坚持；决赛那天，天公不作美，下起了大雨，场地到处都是稀泥，可没有人懈怠；前锋宴莉，在上

图 8-3-8
2007 年 12 月 24 日，学校获得的全国大学生女子足球锦标赛甲组亚军奖杯

图 8-3-9
2007 年 12 月 25 日，学校女子足球队载誉归来，校长唐一科、党委副书记郭庆到重庆火车站迎接时留影

场比赛中受伤，脚上打了石膏，遗憾地失去了参加最后比赛的机会，只能站在球场外观看比赛，为队友们加油呐喊；大四的陈静比赛前发高烧，为了不错过毕业前的最后一次比赛机会偷偷跑去输液；赖寒为了参加英语四六级考试，悄悄飞回重庆，考完后又急忙飞回，在比赛中还踢进了制胜的关键球；在与上海队的比赛中，腿伤还未痊愈的杨丽同学坚持到了最后一秒，踢出了漂亮的一球；文婷因感冒引起了上呼吸道感染，在场下都似乎能听到她的呼吸声，但她仍踢得很投入……做最好的学生，踢最好的球，这是她们对自己与学校的承诺。她们也用自己的行动践行了这一点。2006 年学校特招了 1 个一级运动员和 2 个二级运动员；2007 年，又有 6 名专业队员加入球队，她们的力量也逐渐强大。有人带着梦想进来，也有队员依依不舍地告别这里。但女足从来不是哪几个人，也不再单是一支队伍，她已经成了我校学生奋力拼搏的标志、象征。所有曾与之并肩而战的人，都会一直是她们中的一员。后面是昨日奋斗的足迹，梦想依然在前方招手。迎着希望，女足姑娘们继续向前方飞翔！如今，女足队员们顶着风吹日晒坚持奔跑的身影已经成为学校的一道独特风景线——风雨彩虹，铿锵玫瑰。

夺得全国大学生创业大赛银奖的功臣
——记"快斯特"创业团队的感人事迹

2008 年 11 月 15—18 日，全国大学生"挑战杯"创业计划竞赛总决赛在四川大学举行，共有内地 109 所高校、港澳 8 所高校的 168 件作品入围决赛。在指导教师贾碧教授等老师的精心指导下，由我校冶金与材料工程学院的曾晓辉、赵波、叶振华，管理学院的张芳芳、梅金超、詹杰共六位学生组成的"快斯特"创业团队，经过了重庆市初赛和复赛、全国初赛和总决赛的层层考验，最终他们的作品《快斯特特种陶瓷股份有限公司商业计划书》夺得了全国银奖，创造了我校在此项比赛中的最好成绩。因而，学校获得了全国"校级优秀组织奖"荣誉称号。

校长唐一科、党委副书记郭庆、学工部部长张劲、科技处处长刘成俊、教务处副处长钟昆明亲临比赛现场，为参赛学生加油鼓劲，校团委书记张莉作为领队全程跟赛。此次获奖，提升了我校在全国各高校中的影响力，同时也促进了我校学生参与科技实践、社会实践的热情。

6个人，满怀激情与兴趣走进了重庆科技学院，将进入大学后的满腔热情洒在了这里。6个人，在经历了悠长的等待之后依旧不放弃最初的感动与坚持，毅然地重整士气，一鼓作气在第六届"挑战杯"中国大学生创业计划竞赛中摘得了银奖。6个人，在失败与挫折的考验下，磨砺出非凡的忍耐力，培养了兄弟姐妹般的情谊，在创新中放飞他们无悔的青春梦想。

当结束比赛踏上回校之路时，一年来的点点滴滴历历在目，曾经的失败与彷徨、困难与艰辛、汗水和泪水都与空气凝聚在了一起，成为一道风雨后绚烂的彩虹。在这一年的时间里，艰辛难以言语，一路走来的困难，团队成员们一起承担。繁重的工作，占用了大部分休息和娱乐的时间；不尽的摩擦，考验着他们的毅力和团结。尖锐的个性，不屈不挠的精神，让他们磨合着、历练着、成长着……

图 8-3-10
2008 年 11 月 17 日，"快斯特"创业团队在四川大学比赛现场合影

虽然"快斯特"创业团队"天生丽质难自弃",但无丝毫骄躁之气,踏实稳健是他们的工作作风。他们的市场调查是真真切切、身体力行的。他们深入公司和企业,通过与厂家对话、发放调查问卷,了解国内特种陶瓷的现状,决定计划书主题。在计划书开始创作初期,大家每天都在一起讨论方案到很晚,直到达成一致最优意见。然后把任务分配到个人,分章节写计划书,每周再汇总讨论一次。从开始写计划书到后期统一到形成一百多页的终稿计划书,他们一直勤勤恳恳、认认真真,计划书更是不知改了多少遍。细致到一个标点都要仔细揣摩的"蓝风"团队,终于等来了这份倾注了心血和热情的《快斯特特种陶瓷股份有限公司商业计划书》出炉。

你能想象,在桌边一站便是七八个小时,不停地钻研的他们吗?你能想象,早上6点多钟就赶到实验室,争分夺秒地进行设计,7点半还要急匆匆赶往教室上课的他们吗?你能想象,把通宵自习室变成第二实验室,整夜研究,回到寝室发现天已经亮了的他们吗?

而这些,都是他们真实的故事。在准备决赛的过程中,他们就是用这样非凡的忍耐力坚持攻克一个又一个难关的。他们说最困难的时候就是在决赛前20多天的那段时间。他们发现自己的作品在做完晾干两天后的效果是最好的,所以他们一直都只能做实验品而不能做参赛表演品。那段时间,他们做了太多的实验品,再加上比赛时间尚未确定,每个人的心里都焦躁不安。但是他们硬是把浮躁的情绪压制住,终于把那段难熬的日子熬过去了。等到决赛时间确定下来的时候,他们又开始马不停蹄地做参赛的表演品,没有任何一点停歇的时间。在做表演作品时,他们也遇到了很多障碍。最让他们郁闷的就是作品超重的问题,这时候他们又要想方设法地减轻作品的重量,还要保证作品的承重量不变。困难都一个个地克服了,即使很累很苦,他们也只会说"累了,挺住",接着又全身心地投入作品设计中去。

漫长的一年,从没有到有,从不懂到懂,从不会到会,从创业计划的提出到整本计划书的完成,他们从不害怕,因为他们不是独自一人;他们从不低头,因为他们相信阳光总在风雨后!

新板区建设篇

第九章　大学城新校区建设的历史机遇与把握

第一节　重庆高校大学城建设的历史机遇

一、重庆市人民政府支持高校新校区建设的政策文件

为了加大重庆教育事业的整体改革发展力度，鼓励和支持重庆高校积极入驻重庆大学城，以改善高校的自身办学条件，在重庆市委市政府领导下，重庆市教育委员会、重庆市发展与改革委员会、重庆市财政局、重庆市国土资源与房屋管理局、规划局五委局于 2005 年 9 月 24 日联合发布了渝教计〔2005〕140 号《重庆市学校老校区置换暂行办法》等相关文件，为学校新、老校区置换打开了政策之门，为重庆科技学院的大学城新校区建设构筑了宽畅的绿色通道。

下面是渝教计〔2005〕140 号文件内容实录：

重庆市学校老校区置换暂行办法

渝教计〔2005〕140号

（2005年9月24日）

第一条 为优化配置教育资源，筹措学校建竣资金，根据《招标拍卖挂牌出让国有土地使用权规定》《中共重庆市委 重庆市人民政府关于加快教育改革与发展的决定》以及《重庆大学城建设领导小组第三、第四次会议纪要》，制定本办法。

第二条 本办法适用于市内普通高等学校、普通中等职业学校、普通中小学、成人高等学校、成人中等职业学校。

第三条 已开始建设新校区的学校，如果新校区和保留的部分老校区占地面积之和基本满足学校办学要求，在符合重庆市教育发展规划和城市规划总体要求的前提下，经学校主管部门和教育行政部门批准，可实施老校区置换。

学校新校区建设缺乏资金，在满足前款条件下，应当优先考虑通过置换老校区的办法来筹集建设资金。

第四条 老校区置换的范围、面积、方式等，由学校集体研究决定后，向主管部门书面请示，并附置换方案、土地房屋产权证、地上建（构）筑明细表（注明面积、用途、建设时间、原价值）、可交地时间和用款计划等资料。

第五条 批准置换的老校区应具有依法取得的土地房屋权属证明，没有权属纠纷。若系管理体制等原因致使土地房屋产权证未登记在学校名下（如机关事务管理局代管学校产权）的，有关单位和部门应将产权办理至学校名下。

第六条 老校区置换可采取以下方式：

一、由市地产集团或经市政府认定的具有土地收购储备职能的市级公司（以下简称"收购储备公司"）进行收购储备。

二、由国土部门收回依法进行招标拍卖挂牌出让。

三、国家法律、行政法规规定的其他方式。

第七条　由收购储备公司收购储备的，收购储备公司可以采取提前支付收购价款，也可以与学校协商分期支付收购价款，按照收购储备公司与学校签订的收购储备协议办理老校区土地收购储备审批手续，将老校区土地使用权过户到收购储备公司名下，待新校区建成投入使用后，再将老校区土地交收购储备公司。

老校区土地经收购储备公司收购储备后，由收购储备公司按照招拍挂出让规定交国土部门依法出让。

第八条　采取招标拍卖挂牌出让的，由市、区县（自治县、市）国土行政主管部门会同规划等有关部门共同拟定出让地块的用途、使用年限、出让方式、时间和其他条件等方案，报经市、区县（自治县、市）人民政府批准后，由国土部门组织实施。

第九条　纳入置换的老校区土地房屋资产，学校在取得《建设用地规划公告函》后，委托具有相应资质的评估机构按土地房屋现状和用途评估并出具评估报告。国土部门根据规划方案测算土地出让金。评估报告和土地出让金测算结果一并报教育行政主管部门审查后送财政部门备案。老校区置换前，评估结果要严格保密。

第十条　老校区置换，按下列程序进行：

一、学校集体研究置换方案，报主管部门批准。

二、报经教育行政主管部门审核后，报财政部门审批。

三、向规划行政主管部门申请调整出让地块的用途、规划设计条件，按程序调整后领取《建设用地规划公告函》。

四、进行土地房屋评估和土地出让金测算并按规定报主管部门审查、财政部门备案。

五、由收购储备公司按程序办理收购储备手续。

六、收购不成的，由国土部门按规划部门提供的《建设用地规划公告函》对老校区土地进行招拍挂出让。

第十一条　老校区置换采取招标拍卖挂牌出让的，应当按照《招标拍卖挂牌出让国有土地使用权规定》的程序进行。出让综合价金的支付按照土地公示时的条件执行。教育、财政、国土部门按各自职能负责监管。

第十二条　老校区置换经市政府同意由收购储备公司收购储备的，学校与收购储备公司以土地房屋评估价格和土地出让金测算结果为基础谈判收购条件、价格和交地时间。谈判成交的，签订《国有土地收购储备协议》。谈判不成的，交国土部门公开招拍挂出让，并由学校出具招拍挂出让挂牌价应高于收购储备公司已开出的最高收购价和收购条件的承诺。若挂牌后不能达到上述收购价和条件的，国土部门不再公示出让，交由储备公司收购储备。

第十三条　老校区置换在学校能按期交地的前提下，如受让人未按约定缴纳土地出让综合价金的，由国土行政主管部门按有关规定依法处理。若学校不能按期交地，应承担相应的法律责任。

第十四条　老校区置换所产生的交易契税、土地出让金，按规定缴市、区县（自治县、市）财政部门，财政部门按收支两条线管理办法，在扣除国家规定的有关规费和必须上缴国家的部分资金后，返还学校用于新校区建设。

第十五条　老校区置换收益只能专款用于学校新校区建设，教育、财政部门要做好资金缴纳、使用的监管工作。

第十六条　本办法由所涉相关行政主管部门负责解释。

二、工、油专合校升本建设新校区的历史选择

资料显示,重庆科技学院诞生的前提是必须在重庆大学城建设发展自己的新校区。早在 2003 年提出"合校升本"时,重庆工业高等专科学校校园占地约 220 亩,重庆石油高等专科学校校园占地约 365 亩(不含渝北铁山坪农场),且分别位于重庆市杨家坪(动物园旁)和大坪(石油路旁)两地,仅据当时两校加在一起的这一硬件条件是不可能获得教育部批准升格为本科院校的,而不升本两校就自然失去了合并建设重庆科技学院的理由。据当时的基建部门在 2003 年 3 月 28 日的统计报告中称:两校占地面积 585 亩(另有 332 亩渝北铁山坪农场土地);建筑总面积 33.02 万平方米,教学行政用房约 24.48 万平方米,生均 21.38 平方米;固定资产 2.64 亿元,教学科研仪器设备总值 3980 万元(另有 1500 万元人民币的"日元教育贷款"用于购置教学设备项目,正在实施中),生均仪器设备总值接近 3500 元;图书馆藏书 54 万册(含电子图书 3 万册);文化体育运动设施齐全配套,有 2 个田径运动场,1 个标准游泳池,1 个体育馆,2 个网球场和 30 个篮、排球场。详情见表 9-1-1 所示。

表 9-1-1　工、油专两校基本情况统计表

项目		重庆工业高等专科学校	重庆石油高等专科学校	合计	生均值	备注
占地面积 / 亩		220	365	585		渝北另有 332 亩土地
建筑总面积 / 平方米		141257	189000（原154000）	330257	29	40834
教行房面积 / 平方米		96667	148166	244833	21.38	44590
固定资产 / 亿元		1.24	1.4	2.64		
教学仪器设备总值 / 万元		1480	2500	3980	0.3476	
图书 / 万册	总量	21	33	54	0.0047	含电子图书 3 万册
经费投入 / 万元	总量	5585	5858	11443		
	事业费	2577	2006	4583		含教育事业补贴 689 万元
	基建费	50	501	551		
	学费等	2958	3351	6309		

续表

项目		重庆工业高等专科学校	重庆石油高等专科学校	合计	生均值	备注
专职教师队伍	总量	263	247	510		
	正教授	5	15	20		
	副教授	57	90	147		
	讲师	124	92	216		
	助教等	77	50	127		
	博士	10	12	22		含在读
	硕士	102	65	167		同上
	研究生课程班	50	31	81		英语、体育、心理学、教育管理、机械、自动化等方向
	双学位	4	4	8		
在校学生	总数	5510	5939	11449		
	专科生	5168	5679	10847		
	函授生		159	159		已按0.2折算
	成教生	110	101	211		
	其他	232		232		

功夫不负有心人。两校的时任领导刘业厚（重庆石油高等专科学校校长、党委主持工作副书记）、刘玉德（重庆工业高等专科学校党委书记）、王智祥（重庆工业高等专科学校校长），三人同心、高瞻远瞩，以"合校升本"共同组建重庆科技学院为历史性大局，带领两个校级领导班子及两校师生员工精心策划，合力拼搏，终于赢得了时任重庆市教育委员会主任欧可平和时任重庆市常务副市长黄奇帆等上级主管领导的首肯和大力支持。2003年12月29日，合校升本后拟建重庆科技学院在重庆大学城建设新校区的申请正式获得重庆市人民政府市政规划部门的意向性批准。批复文件见重庆市规划局渝规选〔2003〕沙字第0072号。该文件批复后经沙坪坝区发展计划委员会2004年7月21日进一步批复得到落实，重庆科技学院大学城新校区选址重庆市沙坪坝区陈家桥及虎溪镇范围之内（图9-1-1至图9-1-3）。

关于大学城新校区（意向性）工程的
选址意见通知书

渝规选〔2003〕沙字第 0072 号

重庆工业高等专科学校、重庆石油高等专科学校：

  根据重庆市政府和沙坪坝区政府建设西部大学园区的有关文件精神，你单位的新校区建设工程申请在沙坪坝区陈家桥镇建设，用地规模约 1500 亩。经研究，我局原则同意上述申请，核发意向性选址，作为开展前期可行性研究工作的依据。待可行性论证工作完成后，方可按国家基本建设程序和现行有关规定办理相应手续。建设具体位置及规划要求待控制性详细规划局部调整并经我局审定后，按法定程序重新核发正式选址及附件、附图。（注：本通知不作为正式法定文件）

重庆市规划局（盖章）

二〇〇三年十二月二十九日

图 9-1-1　重庆科技学院虎溪大学城新校区原始农耕地貌图

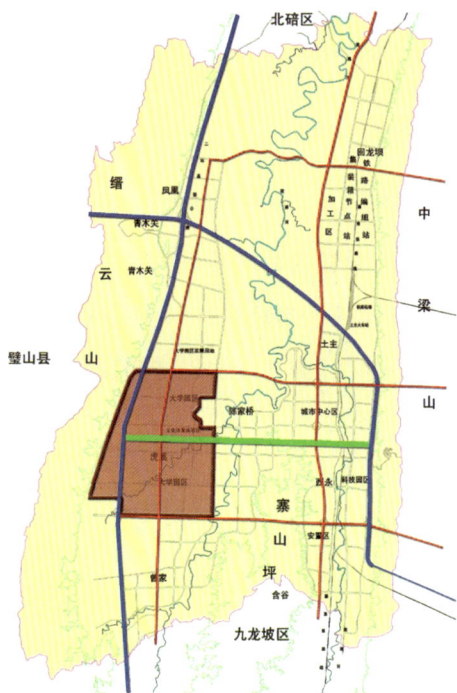

图 9-1-2
重庆大学城在沙坪坝区的区位图（2003 年版）

图 9-1-3
重庆科技学院大学城新校区在重庆大学城的区位图

重庆市市政规划中的重庆大学城，位于重庆西部，又称重庆西部新城，重庆科技学院大学城新校区位于重庆大学城东南角，占地 100 公顷（除去周边道路用地，校园规划时，实际用地 92.74 公顷，即 1391.1 亩）。校园所占用土地，主要为重庆市沙坪坝区虎溪镇大田堡村和陈家桥镇石滩村、白鹤村村民的农田、山林和房舍。

重庆市沙坪坝区虎溪镇大田堡村原住村民刘学平、闫邦明等，2016 年 10 月 12 日搬迁 10 年后受邀回访，故地重游。图 9-1-4 为他们在重庆科技学院月牙湖留影，从左至右为：五社（罗家花房子社）社长刘学富、村长（周家堡社）闫邦明、二社（罗家院社）社长罗章德、四社（王家花房子社）社长钱跃华、村支书（白院墙社）刘学平、十一社（歪朝门社）社长李启林。

图 9-1-4
2016 年 10 月 12 日，大田堡村原住村民代表在月牙湖留影

第二节　合校升本进入大学城的机遇把握

在这里，重点纪实重庆工业高等专科学校和重庆石油高等专科学校在合校升本的同时，抢抓千载难逢的历史时机，积极把握进入重庆大学城新校区的机遇。时间过往太久，事迹回味无穷，可喜尚有部分来往报告、批文以及协议等，留住了当事者们的心血。

一、学校争取大学城新校区建设立项函件纪实

（一）工、油专校长请求进入大学城的报告

编者所能查到的最早的相关文件，是以下由工、油专两校校长王智祥、刘业厚联合签发给重庆市教委发展规划处的在重庆大学城征用发展用地的报告。图 9-2-1 至图 9-2-3 记录了两校时任主要领导：重庆石油高等专科学校校长刘业厚，重庆工业高等专科学校党委书记刘玉德、校长王智祥。

图 9-2-1　刘业厚　　　　图 9-2-2　刘玉德　　　　图 9-2-3　王智祥

关于重庆科技学院（筹备）新校区
征用发展用地的报告

重庆市教委发展规划处：

经两校领导分别研究，一致同意重庆科技学院（筹备）在重庆大学城中标规划中的 B-3 区块征地 2000 亩以上，并建议该规划作以下调整：

1. 将 B-3 区块调整为一期开发建设用地。

2. 将 B-3 区块东部地界调整为以莲花滩河为界。

重庆工业高等专科学校　　　　　　　　　重庆石油高等专科学校

法人代表签字：王智祥　　　　　　　　　法人代表签字：刘业厚

二〇〇三年七月十八日　　　　　　　　　二〇〇三年七月十八日

注：签字和公章为影印件。

（二）工、油专联合与政府签订《行政划拨土地供地协议书》

工、油专联合与重庆市沙坪坝区人民政府于 2003 年 10 月 24 日签订了《行政划拨土地供地协议书》，此协议书奠定了后续其他报告的基础。

行政划拨土地供地协议书

（2003 年 10 月 24 日）

甲　　方：重庆市沙坪坝区人民政府

地　　址：沙坪坝区凤天路 8 号

法定代表：×　×

职　　务：重庆市沙坪坝区人民政府区长

乙　　方：重庆科技学院（筹）

重庆工业高等专科学校

地　　址：九龙坡区西郊支路 19 号

法人代表：王智祥

职　　务：重庆工业高等专科学校校长

重庆石油高等专科学校

地　　址：渝中区石油路 1 号

法人代表：刘业厚

职　　务：重庆石油高等专科学校校长

根据重庆市人民政府致教育部《关于申请设立重庆科技学院的函》（渝府函〔2003〕93 号）文件精神，重庆工业高等专科学校与重庆石油高等专科学校拟合并组建重庆科技学院。按照重庆市大学城建设有关文件规定及重庆科技学院教育发展的需要，甲方同意乙方在重庆市大学城规划教育用地范围内征地，经市政府批准后，划拨给乙方作为校区建设用地，经双方协商达成如下协议。

第一条　甲方同意在重庆市大学城征用集体土地1500亩（以市政府批准的控规地块编号确定具体位置，以土地红线确定土地面积为准），供给乙方作为校区建设用地。具体位置为《重庆市大学城概念性规划、整合深化方案》编号A-6地块。

地下矿藏资源、埋藏物和市政公用设施属国家所有，其利用或使用服从国家相关法律、法规的规定。

第二条　甲乙双方应相互配合。甲方根据控规、乙方规划用地红线及乙方提供的建设计划先行进入拆迁、清理工作，以利于乙方建设。在征地报件中需要乙方出具的各项文件、印章等，乙方应予以配合。

第三条　供给土地的征地费如下：

市政府决定乙方用地规模为1500亩，按每亩7万元的标准包干（费用包括：土地补偿费、安置补助费、青苗补助费、地上附着物拆迁费、耕地占用税、办证费等一切与征地有关的全部税费）供地，总额10500万元。因在征地实施过程中由于征地政策变化，税费标准和补偿标准调整而增加的费用，按下列方式处理：

1.由乙方原因造成学校建设进度达不到市府要求或不按本协议约定期限付款的，由乙方负担。

2.乙方达到市府建设进度要求或由甲方原因造成学校建设进度达不到市府要求的，由甲方负担。由于规划原因确定的乙方用地红线增加的土地面积仍按此原则执行。

第四条　乙方按如下方式支付征地费：本协议签订后在乙方取得规划用地红线一周内，乙方支付全部征地费的30%；剩余征地费用在甲方交地时按实际交地面积（含征地批文）同步支付。每次付征地费为甲方所交土地面积应交征地费的 70%，即 4.9 万元／亩。按双方协商的建设进度交接土地以利于乙方校内基础设施建设，但最迟应于征地批文下达六个月内交接完毕，征地费一并结清。

第五条　甲方负责提供满足乙方（暂按 30000 人规模计算）使用要求的基础设施，具体包括：大学城内道路，乙方校本部至虎溪校区的道路含渝遂高速公路歌乐山隧道，供电、给排水及相应的污水处理工程、燃气、通讯、闭路电视网、光纤网等（50 万伏高压线不横穿乙方校区）。上述基础设施应于 2005 年 5 月 31 日前按规划由甲方全部实施至乙方用地红线，并建成供乙方使用。对上述校园外基础设施费用，甲方不向乙方征用 1500 亩土地分摊。

第六条　在满足基本施工条件下（施工用水、电、道路及基本排污），乙方将在 2004 年上半年开始动工建设校园道路基础设施；2004 年底开工学校主体教学设施即教学楼、办公楼建设；在具备本协议第五条规定的条件下，确保 2005 年底入住第一批新生。超过本协议约定的动工日期满一年主体教学设施未动工的，甲方向乙方征收土地闲置费；满两年未动工的，其土地按《土地管理法》相关规定处理。

第七条　甲方负责按照规划于 2005 年实施虎溪河的改造与有效治理，乙方用地范围内沿河景观规划要求不修建砖体围墙。

第八条　渝遂高速公路歌乐山隧道实施收费期间，乙方及其教职员工车辆因工作、生活等需要通过该隧道（路段）到校区，其通行费用由甲方负责向市政府申请予以免缴或由甲方为乙方及教职员工车辆买断通行权，直至井口隧道通车和 212 国道沙坪坝至井口道路改造完毕免费通行。

第九条　乙方根据本协议取得的土地使用权，属于划拨土地使用权，未经市政府批准不得擅自转让、出租、抵押或改作其他用地。

第十条　根据社会公共利益的需要等特殊情况，甲方可以依照法律程序收回乙方的土地使用权，并根据乙方使用土地的实际情况依法给予补偿。

第十一条　任何一方对于因发生不可抗力且自身无过错造成延误或不能履

行协议义务的，不负责任。但必须采取一切必要的补救措施以减少造成的损失。

遇有不可抗力的一方，应在48小时内将事件的情况以书面形式通知另一方，并在事件发生后15天内，向另一方提交协议不履行或部分不履行以及需要延期履行的报告。

第十二条　土地管理部门在不影响乙方正常施工建设和教学管理工作的情况下，有权依法对该宗地的开发、利用等相关问题进行监督检查，乙方不得拒绝和阻挠。

第十三条　由于一方的过错，造成本协议不能履行或不能完全履行的，由过错的一方承担违约责任，双方都有过错的，根据实际情况，由双方各自分别承担相应的违约责任。

第十四条　凡因执行协议所发生的争议，双方应通过协商解决，协商不成时，向市政府提请协调；协调不成可向当地人民法院起诉，在解决争议期间，除争议事项外，双方应继续履行协议中其他无争议的内容。

第十五条　重庆工业高等专科学校与重庆石油高等专科学校合并组建重庆科技学院成功后，土地权属归重庆科技学院（以教育部批准的校名为准）；重庆科技学院在筹建期间，由重庆工业高等专科学校和重庆石油高等专科学校作为乙方共同行使权利，履行义务。

第十六条　本协议未尽事宜，依法律、法规及行政规章之规定，也可双方另行协商解决。

第十七条　本协议订立、效力、解释及争议的解决受中华人民共和国法律的保护和管辖。

第十八条　本协议经双方法定代表人签字并加盖公章后生效。

第十九条　本协议汉字书写，协议正本一式三份，副本由沙区政府、重庆工业高等专科学校和重庆石油高等专科学校各执三份，与正本具有相同的法律效力。

甲方：沙坪坝区人民政府（盖章）　　乙方：重庆科技学院（筹）

　　　　　　　　　　　　　　　　　　　　重庆工业高等专科学校（盖章）

法人代表：××　　　　　　　　　　　法人代表：王智祥

（签字）　　　　　　　　　　　　　　（签字）

　　　　　　　　　　　　　　　　　　　　重庆石油高等专科学校（盖章）

　　　　　　　　　　　　　　　　　　法人代表：刘业厚

　　　　　　　　　　　　　　　　　　（签字）

2003 年 10 月 24 日　　　　　　　　　2003 年 10 月 24 日

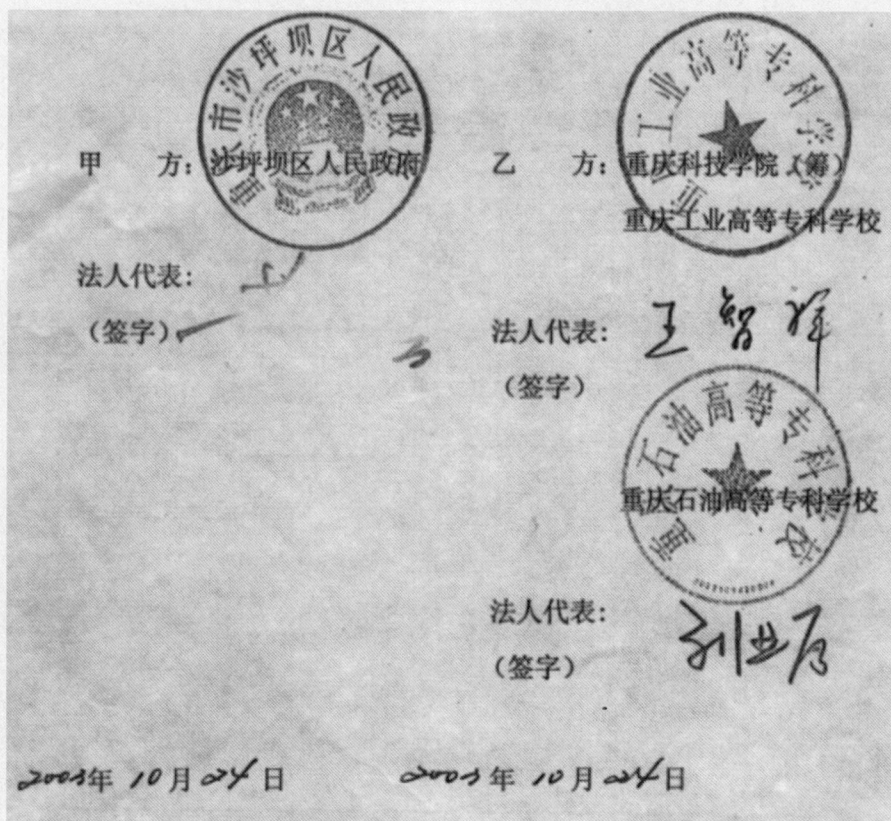

图 9-2-4　供地协议书签字及公章影印件

（三）工、油专关于大学城新校区的选址函

重庆科技学院（筹）
关于大学城新区建设选址的函

重工专〔2003〕104号

重庆市规划局沙坪坝区规划分局：

重庆科技学院（筹）按照重庆市人民政府关于重庆市教育结构调整布局，拟由重庆工业高等专科学校、重庆石油高等专科学校合校组建，并以渝府函〔2003〕93号向教育部申请。学院已按此要求在大学城新征发展用地1500亩，目前正进行概念性规划和实施准备，重庆市教委也已正式立项（渝教计〔2003〕95号）。

重庆科技学院（筹）发展规模暂定为全日制在校生15000人，在新征1500亩的校园土地上，按照1992年教育部颁发的高等院校生均建筑面积指标，拟建68.6万平方米的教学、行政、后勤保障，实验及配套设施，拟投资9.68亿元建设新区。

在2003—2010年，计划完成55.5万平方米，投资8.45亿元，入住学生达到13000人的规模。

在2011—2020年，计划完成13.1万平方米，投资1.23亿元，入住学生达到15000人的规模。

现特向贵局提出新区选址申请。可否，请批复。

附件：重庆市教育委员会《关于同意重庆工业高等专科学校　重庆石油高等专科学校在重庆市大学城建设主校区的批复》（渝教计〔2003〕95号）

重庆工业高等专科学校（盖章）　　　　重庆石油高等专科学校（盖章）

二〇〇三年十二月二十四日

（联系人：冯承劲、刘洪渝　联系电话：68123590、89092268）

（四）工、油专大学城新校区建设立项请示

这是由工、油专两位校长联合签发，向重庆市教委报送的重工专〔2003〕81号文件。

重庆工业高等专科学校　重庆石油高等专科学校

关于大学城主校区建设立项的请示

重工专〔2003〕81号

重庆市教育委员会：

为适应重庆经济、社会发展对各级各类高层次人才的迫切需求，加快我市经济社会的全面发展，重庆工业高等专科学校和重庆石油高等专科学校拟合并组建重庆科技学院（筹建）。在市委、市府的领导下，在市教委的具体指导下，目前合校建院迎接教育部专家组评估的各项准备工作进展顺利。两校现有高职高专专业布点数达 67 个，在校学生 11000 人，校园土地使用面积 585 亩，分布在杨家坪校区和大坪校区。

重庆科技学院（筹建）的发展规模暂定为全日制在校生 15000 人。按 1992年国家颁布的普通高校校园生均用地面积指标和生均建筑面积指标测算，拟在重庆市大学城征地 1500 亩，建设各类校舍总建筑面积近 68.6 万平方米及与之相配套的体育场地、地下综合管网、道路、绿化等基础设施的主校区。预计征地和基本建设总投资约 9.68 亿元。

一、学院计划在 2003—2010 年基本完成新校区的第一期工程建设，新校区入住在校生达 13000 人的办学规模，校园总建筑面积 55.5 万平方米，预计完成征地补偿、基本建设项目和基础配套设施投资约 8.45 亿元。

第一期工程资金筹措如下：

1. 每年国拨基建经费 550 万元，八年共计 0.44 亿元；

2. 置换部分老校区土地筹集 1.20 亿元；

3. 学院自筹资金投入基本建设每年 0.20 亿元，八年共计 1.60 亿元；

4. 学院向银行贷款 1.36 亿元；

5. 争取国债支持 0.80 亿元；

6. 争取重庆市政府投入经费 0.80 亿元；

7. 学院通过建设学生生活配套设施，向社会引资 1.20 亿元；

8. 建教职工经济适用住房，自筹资金 1.05 亿元。

第一期工程投资支出如下：

1. 第一阶段（到 2005 年）规模为在校生 3000 人，教职工 300 人。完成征地补偿和基本建设投资 2.649 亿元。

2. 第二阶段（到 2007 年）规模为在校生累计 8000 人，教职工累计 800 人。累计完成征地补偿和基本建设投资 4.424 亿元。

3. 第三阶段（到 2010 年）规模为在校生累计 13000 人，教职工累计 1300 人。累计完成征地补偿、基本建设项目和基础配套设施投资 8.45 亿元。

二、学院计划在 2011—2020 年的十年期间为新校区建设的第二期工程，入住学生 2000 人，教职工 200 人，建筑面积 13.1 万平方米，预计完成各类基本建设投资约 1.23 亿元。

第二期工程资金筹措如下：

1. 置换部分老校区土地筹集 1.80 亿元；

2. 教职工经济适用住房，自筹资金 0.21 亿元。

第二期工程投资 1.23 亿元，主要建设项目有：

1. 教学行政用房 10.1 万平方米；

2. 教职工经济适用住房 3.0 万平方米。

现特向市教委提出立项申请。可否，请批示。

附件：

1. 重庆科技学院（筹）大学城主校区建设项目建议书。

2. 重庆科技学院（筹）主校区位置图。

3. 重庆科技学院（筹）与重庆市沙坪坝区人民政府签订的《行政划拨土地供地协议书》。

重庆工业高等专科学校（盖章）　　　　重庆石油高等专科学校（盖章）

二〇〇三年十月二十八日

（联系人：冯承劲 68123590　刘洪渝 89092268）

（五）重庆科技学院筹备组向重庆市沙坪坝区发改委递交的立项申请函

2004年7月12日，重庆科技学院筹备工作组以渝科院筹〔2004〕5号文件形式，就虎溪新校区建设项目向重庆市沙坪坝区发展改革委员会提出立项申请，对大学城新校区建设相关问题做出进一步说明。文件由重庆石油高等专科学校刘业厚校长签发。

重庆科技学院筹备工作组
关于虎溪新校区建设项目立项的函

渝科院筹〔2004〕5号

沙坪坝区发展改革委员会：

重庆科技学院按照教育部《关于同意重庆工业高等专科学校与重庆石油高等专科学校合并组建重庆科技学院的通知》（教发函〔2004〕136号）和重庆市教育委员会《关于同意重庆工业高等专科学校　重庆石油高等专科学校在重庆市大学城建设主校区的批复》（渝教计〔2003〕95号）的立项批复文件精神，学院已在沙坪坝区虎溪镇新征发展用地1500亩，目前正在进行新校区控制性规划。

重庆科技学院发展规模暂定为全日制在校生 15000 人，在新征 1500 亩的校园土地上，按照 1992 年教育部颁发的高等院校生均建筑面积指标，拟建 50 万平方米的教学、行政、后勤保障和实验实习用房以及相关配套设施（不包括教职工住宅），拟计划投资 8 亿元建设新校区。

在 2004—2007 年，计划完成 40.5 万平方米，投资 8.45 亿元，入驻新生 9000 人规模的第一期建设工程。

在 2007—2010 年，计划完成 9.5 万平方米，投资满足新校区入驻新生累计达到 15000 人规模的第二期建设工程。

现特向你委提出新校区建设项目立项申请。

可否，请批复。

附件：

1. 教育部《关于同意重庆工业高等专科学校与重庆石油高等专科学校合并组建重庆科技学院的通知》（教发函〔2004〕136 号）

2. 重庆市教育委员会《关于同意重庆工业高等专科学校　重庆石油高等专科学校在重庆市大学城建设主校区的批复》（渝教计〔2003〕95 号）

　　（联系人：冯承劲　68123590　　1360×××6813

　　　　　　　刘洪渝　89092268　　1350×××8205）

重庆科技学院筹备工作组办公室 2004 年 7 月 13 日印制

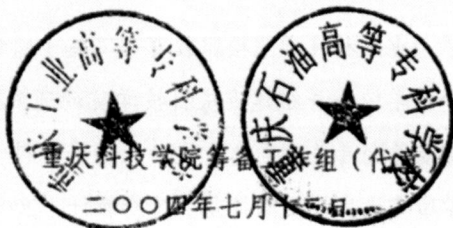

注：学校公章为影印件。

（六）重庆科技学院筹备组向重庆市沙坪坝区规划分局递交的立项申请函

2004年7月28日，重庆科技学院筹备工作组以渝科院筹〔2004〕9号文件形式，就虎溪新校区建设项目向重庆市规划局沙坪坝区规划分局提出立项申请。文件由重庆石油高等专科学校刘业厚校长签发。

重庆科技学院筹备工作组
关于虎溪新校区建设项目立项的函

渝科院筹〔2004〕9号

重庆市规划局沙坪坝区规划分局：

重庆科技学院按照教育部《关于同意重庆工业高等专科学校与重庆石油高等专科学校合并组建重庆科技学院的通知》（教发函〔2004〕136号）和重庆市教育委员会《关于同意重庆工业高等专科学校 重庆石油高等专科学校在重庆市大学城建设主校区的批复》（渝教计〔2003〕95号）的立项批复文件精神，学院已在沙坪坝区虎溪镇新征发展用地1500亩，目前正在进行新校区控制性规划。

重庆科技学院发展规模暂定为全日制在校生15000人，在新征1500亩的校园土地上，按照1992年教育部颁发的高等院校生均建筑面积指标，拟建50万平方米的教学、行政、后勤保障和实验实习用房以及相关配套设施（不包括教职工住宅），拟计划投资8亿元建设新校区。

在2004—2007年，计划完成40.5万平方米，投资8.45亿元，入住新生9000人规模的第一期建设工程。

在2007—2010年，计划完成9.5万平方米，投资满足新校区入住新生累计达到15000人规模的第二期建设工程。

现特向你委提出新校区建设项目立项申请。

可否，请批复。

附件：

1. 教育部《关于同意重庆工业高等专科学校与重庆石油高等专科学校合并组建重庆科技学院的通知》（教发函〔2004〕136号）

2. 重庆市教育委员会《关于同意重庆工业高等专科学校　重庆石油高等专科学校在重庆市大学城建设主校区的批复》（渝教计〔2003〕95号）

3. 重庆市沙坪坝区发展计划委员会《关于重庆科技学院虎溪新校区建设的批复》（沙计委社〔2004〕35号）

4. 重庆工业高等专科学校与重庆石油高等专科学校与沙坪坝区人民政府关于新校区建设的《行政划拨土地供地协议书》

（联系人：冯承劲　68123590　　1360×××6813

刘洪渝　89092268　　1350×××8205）

重庆科技学院筹备工作组办公室2004年7月30日印制

注：学校公章为影印件。

二、主管部门关于学校大学城新校区建设立项函件纪实

（一）重庆市教育委员会立项批准函

重庆市教育委员会关于重庆科技学院

大学城主校区立项的函

渝教函〔2004〕78号

重庆市沙坪坝区发展计划委员会：

重庆工业高等专科学校与重庆石油高等专科学校合并组建重庆科技学院，已经市政府同意并获教育部批准。根据我委《关于同意重庆工业高等专科学校 重庆石油高等专科学校在重庆市大学城建设主校区的批复》（渝教计〔2003〕95号），两校将联合在重庆市大学城建设重庆科技学院主校区。现在，学校即将完成主校区修建性详细规划。为完善用地手续，根据国土部门要求，需经计划主管部门对主校区立项。按照重庆市大学城建设领导小组第三次会议精神，特商请贵委审批，项目有关内容如下：

一、项目名称：重庆科技学院大学城主校区。

二、项目法人：重庆科技学院。

三、在校学生规模：15000人。

四、用地面积：1500亩。

五、建设规模：新建校舍50万平方米（不含教职工住宅）。建设内容：教学楼、图书馆、实验实习场所及附属用房、风雨操场、院行政用房、系行政用房、会堂、学生公寓、学生食堂、教工食堂、生活福利及其他附属用房等十一项校舍及体育运动设施。

六、投资：8亿元（不含教职工住宅）。

七、资金来源：采取商请银行贷款、财政贴息、社会融资、自筹资金、校地校产置换等多种筹措资金方式解决。

八、建设年限：2004—2010 年。

九、单体建筑另按基本建设程序报批。

注：公章为影印件。

（二）重庆市沙坪坝区发展计划委员会同意立项的批复

2004 年 7 月 21 日，沙坪坝区发展计划委员会就学校渝科院筹〔2004〕5 号文件作出批复，同意学校新校区建设地点为重庆市沙坪坝区虎溪镇重庆大学城，用地 1500 亩。

重庆市沙坪坝区发展计划委员会
关于重庆科技学院虎溪新校区建设的批复

沙计委社〔2004〕35 号

重庆工业高等专科学校、重庆石油高等专科学校：

你们《关于虎溪新校区建设项目立项的函》（渝科院筹〔2004〕5 号）收悉。为改变校园用地严重不足的现状，适应重庆工业高等专科学校和重庆石油高等专科学校合并组建重庆科技学院的需要，经研究，并经重庆市发展和改革委员会授权，现批复如下：

新校区建设地点为重庆市沙坪坝区虎溪镇重庆市大学城，用地面积 1500

亩（以国土、规划部门审批为准），按在校学生15000人规模建设新校区。建设资金多渠道筹集。校区用地一步到位，设施建设分期进行。

接此批复后，请按照基本建设程序尽快到规划、国土等有关部门办理相关手续，做好项目前期工作。单体建筑待具备条件后按基本建设程序另行报批。重庆科技学院挂牌运行之前，其建设手续以重庆工业高等专科学校和重庆石油高等专科学校的名义办理。

此复

重庆市沙坪坝区发展计划委员会（章）

二〇〇四年七月二十一日

抄送：市发改委、市教委、区建委、区规划分局、区国土局、大学城管委会

（三）重庆市政府关于学校新校区建设一期项目用地批复

2005年8月24日，重庆市政府关于学校大学城新校区一期项目批准建设用地共计49.2506公顷，安置农村居民转为城镇居民411人。

**重庆市人民政府关于沙坪坝区重庆科技学院
迁建新校区一期项目用地的批复**

渝府地〔2005〕600号

沙坪坝区人民政府：

你区《关于重庆科技学院迁建新校区（一期）项目征（转）用土地的请示》（沙坪坝府文〔2005〕77号）收悉。现批复如下：

一、同意你区上报的农用地转用方案、补充耕地方案、征收土地方案和供地方案。

二、同意你区将虎溪镇大田堡村白院墙社、歪朝门社、周家堡社、大田堡社、

罗家院社、王家花房子社、罗家花房子社、陈家桥镇石滩村程家院子社、先林公社、李家院子社等十个社的集体农用地44.1975公顷（耕地33.6361公顷、林地0.0695公顷、园地0.6678公顷、其他农用地9.8241公顷）转为建设用地并予征收；另征收建设用地5.0531公顷（居民点及独立工矿用地）。

以上批准建设用地共计49.2506公顷。土地征收后，根据控制性规划要求，由土地行政主管部门对土地统一整治后，按照国家有关规定和政策标准办理具体建设项目的供应手续。

三、根据重庆市人民政府令第53号和渝府发〔2005〕67号等有关规定，同意你区将虎溪镇大田堡村白院墙社23名、歪朝门社127名、周家堡社1名、大田堡社78名、罗家院社49名、王家花房子社5名、罗家花房子社17名、陈家桥镇石滩树程家院子社57名、先林公社52名、李家院子社2名（共计411名）农村居民转为城镇居民。并由你区依法予以妥善安置。

四、本次征收土地的土地补偿、安置补助等事宜，由你区土地行政主管部门严格按照国土资源部令第10号和渝府发〔2005〕67号等有关规定组织实施。

五、请你区将该项征地的补偿安置实施情况及时报市国土房管局备案。

六、该宗土地自批准之日起满两年未实施具体征地或用地行为的，批准文件自动失效。

附件：土地面积分类及农村居民转为城镇居民统计表

重庆市人民政府（印）

二〇〇五年八月二十四日

（四）重庆市政府关于学校新校区建设二期项目用地批复

2005年11月23日，重庆市政府关于学校大学城新校区二期项目批准建设用地26.9417公顷，安置农村居民转为城镇居民178名。

重庆市人民政府关于重庆科技学院
新校区建设二期工程用地的批复

渝府地〔2005〕1366号

沙坪坝区人民政府：

你区《关于重庆科技学院新校区建设（二期）工程征（转）用土地的请示》（沙坪坝府文〔2005〕130号）收悉。现批复如下：

一、同意你区上报的农用地转用方案、补充耕地方案、征收土地方案。

二、同意你区将虎溪镇大田堡村周家堡社、歪朝门社，陈家桥镇石滩村程家院子社、周家堡社、先林公社、叶家大院子社，白鹤村黄栋堡社集体农用地25.1865公顷（其中耕地19.8143公顷、园地0.1466公顷，其他农用地5.2256公顷）连同未利用地0.4508公顷转为建设用地并征收，另征收建设用地1.3044公顷（居民点及独立工矿用地）。

以上批准建设用地共计26.9417公顷。土地征收后，由土地行政主管部门按照国家和我市的有关规定办理重庆科技学院新校区二期工程建设的用地手续。

三、根据重庆市人民政府令第53号和渝府发〔2005〕67号等有关规定，同意你区将虎溪镇大田堡村周家堡社、歪朝门社，陈家桥镇石滩村程家院子社、周家堡社、先林公社、叶家大院子社，白鹤村黄栋堡社共计178名农村居民转为城镇居民，并由沙坪坝区依法予以妥善安置。

四、本次征收土地的土地补偿、安置补助等事宜，由土地行政主管部门严格按照国土资源部令第10号和渝府发〔2005〕67号等有关规定组织实施。

五、请你区将该项征地的补偿安置实施情况及时报市国土房管局备案。

六、该宗土地自批准之日起满两年未实施具体征地或用地行为的，批准文件自动失效。

附件：土地面积分类及农村居民转为城镇居民统计表

重庆市人民政府（印）

二〇〇五年十一月二十三日

三、重庆市人民政府关于学校新校区建设行政划拨国有土地的批复

重庆市人民政府 2006 年和 2007 年分两次批准学校行政划拨国有土地使用权，合计 995885 平方米，折合 1493.83 亩。

（一）渝府地〔2006〕515 号文件

2006 年 7 月 27 日，渝府地〔2006〕515 号文件批准学校行政划拨国有土地使用权 492218 平方米，折合 738.33 亩。

**重庆市人民政府关于重庆科技学院新校区建设
行政划拨国有土地的批复**

渝府地〔2006〕515 号

沙坪坝区人民政府：

你区报来的沙坪坝府文〔2006〕108 号请示收悉，经研究，现批复如下：

一、同意将你区虎溪镇大田堡村、陈家桥镇石滩村地块的国有土地使用权行政划拨给重庆科技学院作为新校区项目建设用地。总用地面积为 492218 平方米。

二、批准使用的土地，其所有权属国家，用地单位只有土地使用权。未经有权机关批准，用地单位不得改变土地的使用性质、用途。行政划拨的土地不得擅自转让、出租、抵押或用于其他未经允许的经济活动。

三、请你府发布公告，收回原用地单位或个人的土地使用权，注销其《国有土地使用证》，并协助用地单位做好拆迁安置和按有关规定组织实施交地工

作，加强对用地情况及施工进度的检查监督。

重庆市人民政府（印）

二〇〇六年七月二十七日

（二）渝府地〔2007〕256 号文件

2007 年 5 月 22 日，渝府地〔2007〕256 号文件批准学校行政划拨国有土地使用权 503667 平方米，折合 755.50 亩。

重庆市人民政府关于重庆科技学院
行政划拨国有土地的批复

渝府地〔2007〕256 号

沙坪坝区人民政府：

你区报来的沙坪坝府文〔2007〕44 号请示收悉，经研究，现批复如下：

一、同意将位于你区重庆大学城的国有土地使用权 503667 平方米行政划拨给重庆科技学院作为教育科研用地，其中建设用地面积 436985 平方米，道路、绿化建设用地面积 66682 平方米。

二、批准使用的土地，其所有权属国家，用地单位只有土地使用权。未经有权机关批准，用地单位不得改变土地的使用性质、用途。行政划拨的土地不得擅自转让、出租、抵押或用于其他未经允许的经济活动。

三、请你府发布公告，收回原用地单位或个人的土地使用权，注销其《国有土地使用证》。并协助用地单位做好拆迁安置和按有关规定组织实施交地工作，加强对用地情况及施工进度的检查监督。

重庆市人民政府（印）

二〇〇七年五月二十二日

第三节　新校区建设资金筹集——老校区土地置换纪实

一、齐心协力置换老校区土地的学校决策

2006年5月23日，为了统一认识，学校在北校区蓉园学术报告厅召开了由全校中干、教职工代表和部分离退休老同志参加的120人大会，针对置换老校区搬迁入驻大学城新校区的学校历史性选择进行了动员。

在此次动员会上，学校党委书记魏世宏和校长唐一科分别讲了话，阐述学校遇到的发展机遇和挑战。唐一科生动地形容："我们如果固守老校区办学，就好比'捧着金饭碗喝稀饭'，现在有人要出大价钱（有政策机会将现有学校用地转换成房地产开发用地予以出让）买我们的金饭碗，大家卖不卖？"魏世宏书记也特别强调了"机不可失，失不再来"的道理。学校党委副书记、纪委书记武金陵代表学校作了动员会的主题报告，此处根据相关记录对报告提纲纪实如下：

一、为什么要进行老校区土地置换

1. 重庆市人民政府的要求

重庆市大学城建设是重庆市人民政府积极响应国家关于高等教育发展改革、加速教育事业战略目标调整规划，并结合重庆市高等教育自身发展现状而做出的重大决策。

重庆市相当多的高等院校地处闹市区，地理位置优越，地价很高，而周边又没有发展的空间，为了适应重庆市城市建设的需要，为了适应重庆市教育改革发展和结构布局调整的需要，新建的重庆大学城地处二环附近，地价相对便宜。现入驻大学城的高等院校已经多达15所，还有部分高校仍在继续申请要入驻大学城。

重庆市政府、重庆市教委高度重视入驻大学城的高校建设，积极拓展资金

图 9-3-1
2006 年 5 月 23 日，学校召开老校区土地置换工作动员大会

来源和渠道，并出具了一系列相关政策规定和操作程序，特别是最近的重庆市政府大学城领导小组第七次会议纪要和重庆市教育委员会、重庆市规划局、重庆市发展和改革委员会、重庆市财政局、重庆市国土资源和房屋管理局等五委局《关于印发〈重庆市学校老校区置换暂行办法〉的通知》（渝教计〔2005〕140 号）等文件，要求入驻高校及时做好资金安排，筹划好老校区置换工作。

2. 新校区建设资金需要

为了确保大学城新校区建设的速度和质量，新校区建设需要大量的资金，其资金投入的渠道起着至关重要的作用。

3. 学校建设发展的需要

学院合校升格后，招生规模扩大，原有的校区已经不能满足教育部有关生均占地指标的要求，也不能满足重庆科技学院实现跨越式发展目标的需要，且老校区又不宜拓展，只有到新校区发展。同时，重庆的西部新城——重庆大学城的全新崛起，给重庆科技学院带来了高速发展的空间，是科技学院千载难逢的好机遇，是科技学院实现跨越式发展的基础平台。

科技学院全校师生员工一定要统一认识，用科学发展观总揽全局，牢牢抓住这一难得的历史发展机遇。

二、怎么进行老校区置换

学校党委的态度是按照市政府的要求，认真组织好老校区置换工作，要做到：

1. 坚持正确的置换指导思想——以科学发展观为指导，以重庆市政府大学城领导小组会议纪要和重庆市教育委员会、重庆市规划局、重庆市发展和改革委员会、重庆市财政局、重庆市国土资源和房屋管理局等五委局《关于印发〈重庆市学校老校区置换暂行办法〉的通知》为依据，确保新校区建设顺利进行，确保老校区置换平稳过渡，实现"土地置换面积最优化、经济效益最大化、转让方式最佳化"。

2. 坚持正确的土地置换原则——根据重庆市教育委员会关于转发《重庆市人民政府关于〈重庆市城市规划管理技术规定〉的决定》（渝教计〔2006〕34号）文件的通知精神，结合我校实际情况，学校党委明确提出了置换原则：部分置换，确保收益，择优选主，分期交地。

三、老校区置换操作程序

1. 政策规定。按照重庆市教育委员会等五委局《关于印发〈重庆市学校老校区置换暂行办法〉的通知》（渝教计〔2005〕140号）文件的规定，学校新校区建设缺乏资金，应当优先考虑通过置换老校区的办法来筹集资金。老校区置换的范围、面积、方式等，由学校集体研究决定后，向主管部门书面请示，并附置换方案、土地房屋产权证、地上建（构）筑物明细表（注明面积、用途、建设时间、原价值）、可交地时间和用款计划等资料。我们正在全力对全校的基础设施包括地上的建筑物、构筑物、附着物、园林绿化等资料进行全面的清理和评估工作，为"土地置换面积最优化、经济效益最大化、转让方式最佳化"进行招拍挂出让土地进行准备。

2. 老校区置换的方式：

（1）由重庆市地产集团或经市政府认定的具有土地收购储备职能的市级

公司进行收购储备。

（2）由国土部门收回依法进行招标拍卖挂牌出让。

（3）国家法律、行政法规规定的其他方式。

经学校研究，按照市相关职能部门要求的方式进行。积极争取最大经济效益。

3.老校区置换的程序：

（1）学校集体研究置换方案，报主管部门批准。

（2）报经教育行政主管部门审核后，报财政部门审批。

（3）向规划行政主管部门申请调整出让地块的用途、规划设计条件，按程序调整后领取《建设用地规划公告函》。

（4）进行土地房屋评估和土地出让金测算并按规定报主管部门审查、财政部门备案。

（5）由收购储备公司按程序办理收购储备手续。

（6）收购不成的，由国土部门按规划部门提供的《建设用地规划公告函》对老校区土地进行招拍挂出让。

四、老校区置换工作进度

按照学院党委确定的"部分置换、确保收益、择优选主、分期交地"原则，我们按照招拍挂出让方式进行准备工作。

1.成立了相应的组织机构。学校党委高度重视老校区置换，成立了老校区置换领导班子和相应的办事机构及专职人员。

2.老校区置换办公室与市地产集团、市规划局、市国土资源和房屋管理局、渝中区政府做了相应的调查研究工作。

3.老校区置换办公室与有关房地产集团等房地产开发公司进行了初步接触。

4.由资产管理处江鸣处长负责的基础资料组,基本完成了相应的基础资料的前期准备工作。

(1)对两个校区涉及置换有关的国有资产进行了清理,及时与渝中区国土局、九龙坡区国土局衔接,与市勘测院衔接,及时对南、北校区土地进行了重新测量和地界的确认,正在办理国有土地使用证变更手续,按要求准备了相关的基础材料。

(2)走访了重庆医科大学、重庆交通大学、四川美术学院、重庆电子工程职业学院等相关需要置换的高等院校,进行了有关方面的咨询和交流。

(3)地上建筑物和构筑物的清理工作已基本完成。

(4)地上园林绿化正在与市园林学会的评估公司接触。

(5)以政策规定为依据,提出了南、北校区土地置换方案。

5.以计划财务处陈显明处长负责的包装策划组,基本完成了有关工作。

为了达到土地置换经济效益最大化,我们在进行招标、拍卖、挂牌出让之前,对南、北校区地块就周边环境、共享资源、基础设施等内容进行了较为详细的收集整理,以突出置换土地的亮点、抓住开发商的视点、实现经济效益最大化的重点为目标进行了适度的包装准备工作。

五、老校区置换下阶段工作计划

1.在全校范围内进行广泛的宣传,统一思想,以提高对置换工作重要性、紧迫性的认识,就老校区置换方案及留置地块的基本情况等,在全校教职工范围内征求意见。

2.学校决定后,待基础资料完善时,向主管部门正式报告。

3.抓紧实施地上建筑物、构筑屋、附着物、园林绿化的评估工作。

4.获得主管部门正式批复后,向市规划部门提出调整土地性质的调整规划方案。

5. 充分利用包装策划成果向市规划局、市国土资源和房屋管理局、市地产集团就出让土地地块的市场地价的确定和规划调整的容积率等关键问题，提出更好的建议，以期达到更好的效果。

6. 积极与市地产集团或者其他房地产开发企业衔接谈判。

7. 制订相关的土地置换工作纪律。同时邀请学校工会、教代会代表、职代会代表、纪检监察、审计参与。

加强保密工作，除在工作内部可以讨论外，其他任何时候和地点都不准泄露任何细节，否则，严厉追究当事人的责任。

二、老校区土地置换工作进程文献纪实

（一）老校区置换工作进程纪实

老校区土地置换工作一直在艰辛地进行。为了再现此项工作的相关情况，这里纪实了老校区置换工作办公室 2006 年 5 月 18 日提供给学校领导班子的一份老校区置换初步方案汇报。

汇报原文如下：

按照重庆市人民政府大学城领导小组第七次会议纪要的精神和重庆市教育委员会、重庆市发展和改革委员会、重庆市财政局、重庆市国土资源和房地产管理局、重庆市规划局等五局委《关于印发〈重庆市学校老校区置换暂行办法〉的通知》（渝教计〔2005〕140 号）的文件精神及学校新校区一期建设项目施工进度及资金需求的计划安排，为确保市政府对我校 2006 年秋季在新校区入住学生任务的完成。学校采取多方位、多渠道筹措资金，积极稳妥地安排教学、科研、生活、学习等教育教学工作，同时开展老校区置换工作。由于该项工作直接关系到学校的稳定、发展，关系到学校土地置换的经济效益，关系到全校

教职工的切身利益。根据学校党委确定的"部分置换，确保收益，择优选主，分期交地"的土地置换原则和重庆市教委渝教计〔2006〕34号文件——重庆市教育委员会关于转发《重庆市人民政府关于〈重庆市城市规划管理技术规定〉的决定》的通知精神，《重庆市城市园林绿化条例》、《重庆市规划管理条例》、中华人民共和国国标《建筑设计防火规范》（GB 2005年报批稿）、中华人民共和国国标《高层民用建筑设计防火规范》（GB 50045—95）及《建筑工程消防验收规范》等国家相关的法律法规及重庆市相关政策的规定，结合我校实际情况，为努力做到"土地置换面积最优化，经济效益最大化，转让方式最佳化"，拟对我校南、北校区拟提出以下方案，请领导审议。

一、目前学校土地面积情况

1. 北校区

教育用地（划拨）：渝中区石油路1号235034.60m²（352.55亩）

小计：235034.60m²（352.55亩）

2. 南校区

教育用地（划拨）：

（1）河东区70810.09m²（106.22亩）

（2）河西区68260.90m²（102.39亩，不含新9栋建筑占地面积）

小计：139070.99m²（208.61亩）

合计：教育用地（划拨）374105.59m²（561.16亩）

二、南北校区职工住宅区状况

1. 目前基本情况

常住户数及人数：南校区556户，北校区687户，两校区共1243户，按每户3.5人计算，约为4350人。建筑面积约为100370m²，其中南校区41128.89m²，北校区 59241.69m²。

2. 集资楼建成后情况

南校区 69488.89m²，北校区 75098.41m²。

3. 切块留置土地部分情况（含集资楼部分）

序号	校区	户数	人数 /人	建筑面积 /m²	建筑占地面积 /m²	备注
1	北	566	1981	58543.01	8503.85	含三八楼、车队、礼堂
2	南	649	2272	62702.82	7229.89	不含新9栋

三、职工住宅区土地留置方案

1. 政策法律依据

按照重庆市教育委员会关于转发《重庆市人民政府关于〈重庆市城市规划管理技术规定〉的决定》（渝教计〔2006〕34号）文件的通知精神和重庆市教育委员会的相关规定，留置土地的容积率、绿化率、停车位、消防通道、建筑半间距等均应达到《重庆市城市规划管理技术规定》、《重庆市城市园林绿化条例》、《重庆市规划管理条例》、中华人民共和国国标《建筑设计防火规范》（GB 2005 年报批稿）、中华人民共和国国标《高层民用建筑设计防火规范》（GB 50045—95）及《建筑工程消防验收规范》等国家相关的法律法规，重庆市相关政策的规定及重庆市教育委员会的相关规定的要求（住宅小区建设规划，要求建设用地内的绿地占有率旧城改造区不低于25%；要求居住建筑每300平方米至少设置1个停车位，公共建筑每200平方米至少设置1个停车位；其中，地面停车位应不少于总停车位的10%的相关规定；满足高等院校的教职工住宅区的容积率不超过2的相关规定；满足国标《建筑设计防火规范》和国标《建筑工程消防验收规范》关于住宅区设置消防通道及消防间距的相关规定；满足《重庆市规划管理条例》关于建筑物构筑物间距的相关规定）；按照重庆市建设委员会《关于调整城市污水排放方式的通知》（渝建发〔2006〕19号）文件的精神，在鸡冠石污水处理厂未投入运行之前，满足该通知的要求。同时，按照学校党委足额留置土地，处理好稳定与发展的关系，实现既保证职工的切身利益又兼顾土地置换经济效益最大化，实现可持续发展的战略指示，为此提出，南北校区职工住宅区留置土地部分方案。

2. 留置方案

拟计划南、北校区所有教职工住宅区都留置为前提，在南校区西郊支路19号地块和北校区石油路1号地块各留置教职工住宅区土地50亩左右。其余土地都进行置换的置换方案。

置换土地面积约为460亩左右（以国土部门最后的确权为准）。

其中：北校区土地置换占地面积300亩（以国土部门最后的确权为准）。南校区土地置换占地面积160亩（以国土部门最后的确权为准）。

3. 可行性分析

（1）该方案符合《中华人民共和国土地法》和重庆市有关房地产管理法规、政策及重庆市政府有关重庆大学城建设的一系列文件精神。

（2）该方案既考虑了学校新校区建设的发展问题，同时又考虑了职工的切身利益，处理好了改革、稳定与发展的关系，用科学发展观统揽全过程，代表了职工的根本利益。

（3）留置土地部分留有一定的发展空间，具有潜在发展能力。

附件：重庆科技学院职工住宅区经济技术指标表

重庆科技学院老校区置换办公室

二〇〇六年五月十八日

（二）重庆市教育委员会关于学校土地置换的两个文件

1. 渝教函〔2006〕83 号文件

重庆市教育委员会关于重庆科技学院

北校区置换的函

渝教函〔2006〕83 号

重庆市财政局：

重庆科技学院北校区位于渝中区石油路 1 号，办公教学区（教职工住宅区除外）占地 300 亩，建筑面积 141834.3 平方米。

根据《重庆大学城规划建设有关问题的会议纪要》（2003—181 号），重庆科技学院已在大学城划拨用地 1500 亩建设新校区。当新校区建成后，学校整体迁入大学城办学。

为解决大学城校区建设资金问题，经研究，我委同意重庆科技学院将北校区 300 亩土地按照《关于重庆大学城建设工作会议纪要》（2006—71 号）文件精神由教育用地变更为房地产开发用地后进行整体出让，出让收益全部用于该校大学城新校区建设。

根据《重庆市学校老校区置换暂行办法》（渝教计〔2005〕140 号），现报请贵局审批。北校区有关内容如下：

一、校区名称：重庆科技学院北校区

二、占地面积：300 亩（教职工住宅区除外）

三、校舍建筑面积：141834.3 平方米

重庆市教育委员会（章）

二〇〇六年六月二十日

2. 渝教函〔2006〕84 号文件

重庆市教育委员会关于重庆科技学院
南校区置换的函

渝教函〔2006〕84 号

重庆市财政局：

重庆科技学院南校区位于九龙坡区杨家坪西郊二村 19 号，办公教学区（教职工住宅区除外）占地 160 亩，建筑面积 117613 平方米。

根据《重庆大学城规划建设有关问题的会议纪要》（2003—181 号），重庆科技学院已在大学城划拨用地 1500 亩建设新校区。当新校区建成后，学校整体迁入大学城办学。

为解决大学城校区建设资金问题，经研究，我委同意重庆科技学院将南校区 160 亩土地按照《关于重庆大学城建设工作会议纪要》（2006—71 号）文件精神由教育用地变更为房地产开发用地后进行整体出让，出让收益全部用于该校大学城新校区建设。

根据《重庆市学校老校区置换暂行办法》（渝教计〔2005〕140 号），现报请贵局审批。南校区有关内容如下：

一、校区名称：重庆科技学院南校区

二、占地面积：160 亩（教职工住宅区除外）

三、校舍建筑面积：117613 平方米

重庆市教育委员会（章）

二〇〇六年六月二十二日

（三）关于学校老校区土地性质调整的申请函

为了加快老校区置换进程，学校于2006年7月4日向重庆市规划局提出申请，请求按照相关要求，将重庆科技学院计划拿出来置换的两块老校区土地由学校用地调整为房地产开发用地。申请函形成了重科院〔2006〕120号文件，由校长签发。

重庆科技学院
关于调整老校区用地性质的申请函

重科院〔2006〕120号

重庆市规划局：

　　我校根据重庆市人民政府《关于重庆大学城建设工作会议纪要》（2006—71号）同意"入驻高校老校区所有置换用地一律从学校用地转为房地产开发用地……帮助各高校解决新校区建设资金短缺问题"的精神，以及重庆市教育委员会《关于重庆科技学院北校区置换的函》（渝教函〔2006〕83号）、《关于重庆科技学院南校区置换的函》（渝教函〔2006〕84号）等文件精神，并结合我校的实际情况，特向贵局申请将我校南北校区的学校用地性质调整为可出让的房地产开发用地，具体内容如下：

　　一、工程规模和位置

　　1.北校区用于出让的土地约为300亩，留置教职工生活区等约50亩，位于主城区大石杨组团D标准分区控制性详细规划内（即原石油高等专科学校地块）。

　　2.南校区用于出让的土地约为160亩，留置教职工生活区等约50亩，位于主城区大石杨组团R标准分区控制性详细规划内（即原工业高等专科学校地块）。

　　二、关于出让地块容积率的问题

　　学校新校区建设项目的可行性报告提出：在1500亩土地上修建教学、实验、行政管理、生活、服务等一系列教学管理用房72万平方米，其静态投资13.6亿元的概念。学校依靠市政府出台的扶持政策，出让老校区460亩土地筹集资金用于新校区建设，该出让土地的筹资是学校目前新校区建设资金来源的唯一渠道，所以恳请市规划局在审核该出让地块容积率的时候，参照已经调整的重庆交通大学大坪分校（原河运校）和附近地区（渝州新都）的容积率进行，便于我校筹集资金的更大效益，以缓解新校区建设资金短缺的紧迫问题。

三、控制规划调整的意向性单位

经学校研究，拟请重庆市规划设计研究院对我校的两宗土地进行控制性详细规划调整。待调整完成后，报送贵局审批。

当否，请批复。

附件：

1. 重庆市人民政府《关于重庆大学城建设工作会议纪要》（2006—71 号）

2. 重庆市教育委员会《关于重庆科技学院北校区置换的函》（渝教函〔2006〕83 号）

3. 重庆市教育委员会《关于重庆科技学院南校区置换的函》（渝教函〔2006〕84 号）

重庆科技学院（章）

二〇〇六年七月四日

（签发人：唐一科，联系人：冯承劲，联系电话：89091819）

（四）争取招拍挂方式出让老校区土地的艰辛努力

在重庆市地产集团开价 8.5 亿元购买学校老校区土地的情况下，学校领导班子从筹集足够新校区建设资金角度出发，决定以"力争获得招拍挂竞争方式"为努力方向，以期获得更大的土地收益。经过学校置换办公室的艰苦努力，终于在广州恒大集团获得 9.3 亿元的初始价格突破。于是以此为依据，学校多次向上级有关部门和领导反映，陈述愿望。以下纪实一封由学校党委书记魏世宏、校长唐一科联名给时任重庆市常务副市长黄奇帆的恳请信函，聊作见证。

尊敬的奇帆常务副市长：

您好！

按照您的多次指示和市委、市政府关于重庆大学城建设的一系列文件精神，我校全体动员，上下一心，克服困难，积极稳妥地推进新校区建设、老校区置换和新校区运行管理工作，终于顺利实现了今年秋季4100余名新生如期入住新校区的一期目标；今年底，入住学生将达到8000人；明年9月新校区主体工程将基本建成，明年底学校将全部迁入大学城新校区。我校决心以实际行动促进大学城建设的快速推进，同时，也力争创造科技学院的建设速度和有特色的搬迁运行方式，请您放心。

我校新校区建设项目总占地1500亩，建筑总面积72万平方米。其中新校区建设征地、土建安装工程及环境配套工程预算为10亿元，教学科研仪器设备及图书文献、三地办学运行费用等共预算2亿元，总投资预算12亿元左右。工程建设资金需要通过老校区土地置换来解决。自2006年4月一期工程开工以来，目前已完成20万平方米，实际完成投资5亿元（含征地费用），银行贷款及向兄弟院校借款3亿元；目前一期工程资金缺口2亿元。您批示由地产集团借给我校2亿元尚未落实，银行贷款又十分困难，如果不能很快解决资金来源问题，将直接影响到一期工程的全面交付使用和二期工程的按时启动，影响到学校整体搬迁入驻大学城的进度。因此，老校区土地尽快地、最大效益地置换就成了全校上下急切盼望的焦点。

我校老校区土地置换的前期工作，是严格按照市委市政府的有关文件精神进行的。前期进展不够快有多种原因：内部原因主要是院校管理比较民主透明，工会教代会、资产委员会、民主党派、离退休老干部诸方面都把校区周围的高价作为置换目标，我们一时难以说服大家；外部原因是渝中、九龙坡区政府都有些本位主义的要求，地产集团出价比较保守，校内几次讨论都难以接受，我们陷入深深的焦虑之中。正在此时，银锋副秘书长传达了您的四点指示，我们深感您既宏观地规划了大学城建设，又很体察我们的实际困难，非常拥护。接着，在银锋副秘书长的协调下，我们积极与市地产集团的洽谈取得了突破性进展，初步就我校北校区（地处大坪）置换用地300亩，建设用地230亩（不包括教委等政府职能部门建议减少的一所中学占地30亩），按220万元/亩综合价，达成置换资金为5亿元的初步意向。我校南校区（地处杨家坪）置换用地160亩，建设用地141亩，若地产集团的收购综合价按250万元/亩，置换资金为3.5亿元左右。南北校区土地置换总额合计为8.5亿元左右。但是，这与我校新校区建设工程总投资的10亿元以上的需求相距甚远。

这期间经人介绍，广州恒大房地产集团看中了我校南北两区460亩置换地块。经与其集团重庆公司董事长及集团公司投资部负责人洽谈，该集团愿出9.3亿元购买土地，并主动起草协议，显示了很大的诚意。我们测算，若把南区图书馆（占地10亩）再售出五千万左右，新校区工程投资缺口相差就不大了。其余2亿元设备及运行费用靠贷款支持。我们知道，您要求统一由地产集团收购老校区土地的决策是十分明确的。但恒大集团出价超出近一亿元的收益也是巨大的。我们希望：在两者之间寻求一个共同点。因此，我们不揣冒昧，恳请您能批准这一两利的好事：

第一，批准我校老校区土地置换可由地产集团先行收购，按照收购总额9.3亿元与学校签订收购储备初步协议，经招拍挂上市由恒大集团等企业竞争摘牌，负责出资购地并开发。

第二，明确支持市教委、市规划局等职能部门减少初步规划中北校区一所占地30亩的中学，保留一所占地30亩的完小，以尽可能增大房地产开发用地效益，保证我校土地置换有更多资金用于大学城新校区的建设。

果能如此，则我校建设幸甚！重庆大学城建设幸甚！后续工作纵有万难，我们会自己解决，不让市长您分心。我校将用积极稳妥的方案，真正把重庆科技学院建成精品校园和民心工程，为重庆市打造西部教育高地做出应有的贡献！

专颂

盼复

重庆科技学院　党委书记：魏世宏

校　长：唐一科

二〇〇六年十一月十三日

经常务副市长黄奇帆批示，学校置换土地获得了招拍挂机会并成功拍卖。正当全校师生完全沉浸在老校区土地成功拍卖的喜悦中时，传来有人民代表提议应将南校区土地划拨为重庆市动物园发展用地的声音，学校老校区置换办公室应邀参加了关于重庆市动物园的发展研讨会。以下是编者找到的一份学校党委副书记武金陵和资产处副处长何勇代表学校参会时力保学校利益的发言提纲，此处纪实仍作土地置换艰辛工作之见证。

重庆科技学院
关于重庆市动物园发展研讨会的发言提纲

尊敬的各位参会领导：

昨天下午学校正在召开学校党委会，得知关于动物园有关发展问题，作为一个议题进行讨论并形成一致意见。今天在这里就学校的观点进行阐述。

一、关于拟用学校南校区河西片区的90多亩土地，来增加动物园发展用地。学校领导感到十分惊讶，表示强烈的反对。

二、市委市政府的决议，再研讨的性质意义何在。

1. 市委市政府在 2006 年 5 月大学城建设"关于解决高校投融资问题"的

专题会议纪要（2006—71号）所确定的"入驻高校老校区所有置换用地一律从学校用地转为房地产开发用地……"。

2. 市人民政府在批复市地产集团储备文件（渝府发〔2007〕114号）明确表示："依据九龙坡区府地〔2007〕15号请示，经研究，批复如下：根据重庆市国有土地整治管理办法，同意将你区杨家坪西郊二村19号原重庆科技学院南校区97764.2平方米土地交市地产集团作为储备整治用地。储备范围内的土地，未经原批准机关批准，任何单位，不得擅自出让、划拨，否则，一律无效。"

3. 按照市委市政府的指示，学校新校区建设的一期工程顺利完成，实现了去年底9000名学生如期入住大学城新校区，受到市委市政府的高度赞扬。二期工程如期开工建设，争取今年底实现全校13000多名学生及学校行政教学管理及后勤服务整体搬迁至新校区。其建设资金来源主要是依靠市委市政府出台的老校区土地置换办法获得。

4. 我校老校区置换工作进度，市政府奇帆常务副市长多次批示，志毅、银峰、学斯副秘书长多达四次以上的协调会议，都是在加快置换进度，努力实现早日挂拍上市交易，以缓解学校新校区建设资金的严重不足。在市政府各级机关职能部门和地产集团的支持和配合下，经过了规划调整审批，土地储备审批，土地出让审批，市规划局出具了出让土地的规划公示函（渝规公2007-九-0308），九龙坡区国土局正在向市国土局土地交易中心申请公开招拍挂。马上进入交易市场进行公开招拍挂。动物园发展用地，按照市委市政府的指示精神，欢迎他们进入市土地交易中心报名参与竞拍。

三、动物园发展用地宜作长远打算。

1. 动物园，地处主城区范围内杨家坪闹市地段，占地面积不够，确因周边现状不可能发生大的改变。

2. 动物园内饲养的是动物，其周边为闹市和居民居住的地方，每到夜晚，很多动物的噪声污染已经严重影响居民的休息、生活起居。

3.为了改善城市居民的居住条件，宜多修建公园、绿地、草坪来实现以人为本的安居乐业的和谐社会环境，宜减少环境污染和预防减少高危动物疾病的传播途径。

如有不妥，请多多包涵！

重庆科技学院

二〇〇七年六月八日

三、老校区置换土地的成功拍卖和工作总结

（一）老校区置换土地成功拍卖纪实

2007年8月6日，学校老校区置换办公室向全校发布了如下一篇工作简讯。

老校区置换土地成功拍卖工作简讯

25.3亿元！ 随着拍卖师一记响亮的槌声，重庆科技学院南、北老校区两块合计460亩置换土地，于2007年8月3日下午，在重庆市土地和矿业权交易中心第一拍卖大厅拍卖成功。

出席拍卖现场的有重庆市教委副巡视员程明亮、重庆市大学校园建设委员会副主任陈新业、重庆市国土资源和房屋管理局副局长王彬、重庆市地产集团收购二部副主任吴自力等有关领导，以及学校党委书记魏世宏，校长唐一科，党委副书记郭庆、武金陵，副校长朱新才、贾北平、雷亚，校长助理李彦以及中层领导干部李军良、冯承劲、张凤琴等同志。

我校的老校区置换土地能以招拍挂方式出让，是按照重庆市渝教计〔2005〕140号等相关文件精神，在黄奇帆副市长及市教委、市政府各职能部门的大力支持下，在学校领导和相关职能部门的共同努力下，在全校教职员工

的充分理解和大力支持下取得的丰硕成果。在土地拍卖大厅，经过重庆金科、华宇和广州恒大三家房地产开发企业两个小时紧张、激烈的交锋，从起始价9.3105亿元开始，三家企业相继举牌，最终以广州恒大地产集团的25.3亿元竞拍成交。老校区两块土地的成功拍卖，为学校大学城新校区建设和长远发展奠定了坚实基础。全校师生员工为此欢声雀跃、奔走相告，共祝重庆科技学院的明天更加美好！

重庆科技学院置换办公室报道

二〇〇七年八月六日

图 9-3-2 至图 9-3-9 为老校区土地置换拍卖过程。

图 9-3-2
重庆市土地和矿业权交易中心第一拍卖大厅拍卖现场，拍卖师正在宣读拍卖规则和注意事项

图 9-3-3
重庆市教委、重庆市国土地资源和房屋管理局、重庆市地产集团等部门领导见证拍卖过程

图 9-3-4
值得重庆科技学院人记住的美女拍卖师

图 9-3-5
广州恒大地产集团参与拍卖竞争过程

图 9-3-6
重庆华宇集团参与拍卖竞争过程

图 9-3-7
重庆金科集团参与拍卖竞争过程

图 9-3-8
恒大地产集团以 25.3 亿元竞拍成功。图为总裁李刚（左）和恒大重庆公司开发部长廖元高（右）与我校部分领导共庆胜利

图 9-3-9
2006 年 12 月 11 日，校长唐一科与恒大地产集团代表就老校区土地置换项目正式签约

（二）老校区土地置换工作的全面总结

老校区土地置换工作于 2006 年 4 月启动，到 2009 年 3 月基本结束，整整三年时间，取得的历史性成就极其巨大。土地置换从 8.5 亿元的谈判价出发，成功实现了 25.3 亿元的拍卖价。这多出的 16.8 亿元，对之后的"高水平特色科技大学"是什么意义，自然是不言而喻。重庆科技学院的历史应该记住这些曾经大有作为的功臣——老校区置换工作领导小组组长、学校党委书记魏世宏，学校校长唐一科，老校区置换工作领导小组副组长兼办公室主任、学校党委副书记武金陵，老校区置换工作领导小组办公室副主任、新校区建设指挥部副指挥长冯承劲，置换办公室成员、

图 9-3-10　魏世宏　　　图 9-3-11　唐一科　　　图 9-3-12　武金陵

图 9-3-13　冯承劲　　　图 9-3-14　何勇　　　图 9-3-15　梁义和

学校资产处副处长何勇，置换办公室成员、资产处处级调研员梁义和等。当然，也少不了时任校级领导班子和中干队伍的集体智慧和汗水结晶。下面这份总结材料精彩、全面，由冯承劲同志提供，特此致谢。

挑千斤重担　奠百年基业
——重庆科技学院老校区土地置换工作总结

（2010 年 6 月 12 日）

重庆科技学院老校区土地置换工作于 2006 年 4 月启动。2007 年 8 月 3 日，南北老校区 460 亩置换土地以 25.3 亿元的价格成功拍卖，震惊了重庆市教委及市内各高校，为学校获得了上自教育部评估中心，下至普通知情群众的普遍赞誉，为学校赢得了巨大的经济效益和社会效益。

充满艰辛、无比光荣的老校区土地置换工作，取得了显著成绩。占地12.19 亩的南校区图书综合楼被置换成含谷镇的 100 亩土地；解决南校区新 9 栋土地纠纷遗留问题时为学校挽回了 1.2 亩土地估价 300 余万元的经济损失；在土地勘测、办证、调规、评估等环节中，老校区土地置换工作领导小组和置换办公室竭尽全力为学校节省了各项费用共 60 余万元；18 亿元土地置换款也将于 2010 年 12 月如数回笼。

老校区土地置换工作圆满实现了学校党委提出的老校区土地置换面积最优化、方式最佳化、效益最大化的战略目标，完成了三个"对得起"（对得起祖宗、对得起群众、对得起历史）的工作要求，提振了全校教职员工的工作士气，为学校"特色立校，文化兴校，人才强校"三大发展战略的深入实施提供了坚实的保障，奠定了发展的百年基业。现将有关工作总结如下。

一、抢抓机遇，临危受命，建立坚强有力的工作机制。

2004 年 5 月，重庆科技学院升本成功。刚刚组建的重庆科技学院，首先就面临着校园面积不能达到本科办学条件的问题。按 15000 人的学生规模计算，学校的办学用土地共需 1500 余亩，而老校区合计不到 600 亩的现有面积缺口巨大。

在大学城征地 1500 亩，是教育部同意重庆科技学院合校升本的前提条件，也成为学校发展的客观需要。2006 年初，学校启动了新校区建设工作。

然而，即便按重庆市政府对入驻大学城高校的优惠条件，1.5 亿元的征地资金和新校区建设的大量资金投入，使收入来源单一的重庆科技学院也面临着急需资金的空前压力。如果寻求银行支持，银行贷款的高额利息将使年轻的重庆科技学院背负沉重的还贷压力，极大地降低办学投入和教职员工的收入水平。新校区建设面临着资金链随时可能出现断裂的危险。

为应对困难，化解危机，学校领导班子抢抓重庆市教委等五部委出台《重庆市学校老校区置换暂行办法》的机遇，于 2006 年 4 月及时成立了学校老校区置换工作领导小组，并由党委书记魏世宏同志任组长，党委副书记武金陵同志任副组长。领导小组下设置换工作办公室，由武金陵同志兼任办公室主任。及时抽调了冯承劲、何勇、梁义和等副处级以上干部充实置换办负责老校区置换方案的制订和对外协调工作。同时还由学校办公室牵头成立了置换工作秘书组；计划财务处牵头成立了置换工作包装策划组；资产管理处牵头成立了基础资料工作组。

二、统一思想，负重疾行，制订民主科学的工作方案。

刚刚组建的重庆科技学院，在做好原两校区教职工实质融合的思想工作的同时，又新增要做好土地置换的思想工作。土地置换牵涉全校教职工的切身利益，破釜沉舟式的选择，一旦引起教职工思想或情绪上的抵触，不仅不能为"新校区建设"助力，还会对"合校、升本"造成负面的思想情绪动荡，对学校第一战略发展期三大任务造成难以估量的负面影响，甚至直接动摇年轻的重庆科技学院的生存根基。

为使全校教职工充分认识到工作开展的必要性，统一思想，提高认识，学校党委在四个层面进行了细致缜密的思想工作。

一是召开党委会。学校党委慎重思考，认真研究，从维护学校发展和维护广大教职工根本权益的角度，确定了面积最优化、效益最大化、方式最佳化的土地置换战略目标，确定了"部分置换、确保收益、择优选主、分期交地"的土地置换工作策略，确定了三个"对得起"（对得起祖宗、对得起群众、对得起历史）的工作要求。基于以上工作理念，置换工作领导小组迅速部署制订土地置换方案，并对土地置换方案进行了深入研究和讨论，确保土地置换方案能够得到绝大部分教职工的理解和认同。

二是召开全校专题工作会议。2006年5月23日，学校党委在容园学术报告厅召开了中层干部、教代会代表和部分离退休老同志参加的老校区置换工作专题会议。老校区置换工作领导小组副组长兼置换办主任武金陵就学校老校区置换的重要性和必要性以及置换的原则、范围和方式做了详尽的阐述；党委书记、老校区置换工作领导小组组长魏世宏和校长唐一科分别代表学校党委和行政作了重要讲话，要求各单位、各部门结合老校区置换工作会议精神，认真组织职工学习和讨论，广泛征求群众意见，统一思想认识。

三是深入基层征求意见。老校区置换工作领导小组带领置换办成员深入中层干部、工会教代会代表、离退休教职工之中，广泛深入地征求意见，进行推心置腹的交谈，做了大量细致的解释引导工作，以理服人、以情感人，使置换方案获得了包括大多数离退休教职工在内的广大教职工的理解和支持。

四是公示置换方案。2006年5月23—29日，土地置换方案开始公示，再次广泛征求意见，对教职工提出的意见和建议逐项进行研究处理。

2006年5月30日，教代会组长联席会议通过了学校的老校区土地置换方案。

2006年6月7日，学校将南、北校区土地置换方案同时上报市教委并分别于6月20日和6月22日获得批准。10月23日，市财政局致函市教委《重庆市财政局关于同意重庆科技学院南校区置换的复函》（渝财资产〔2006〕18号）和《重庆市财政局关于同意重庆科技学院北校区置换的复函》（渝财资产〔2006〕19号），同意我校土地置换方案。

三、依法办事，八方协调，运行全面出击的工作机制。

土地置换工作，牵涉到老校区周边单位和居民的利益，牵涉到老校区驻地政府的利益，牵涉到国土、规划、建设、市政等大量政府部门，牵涉到重庆地产集团等大量企业，甚至引出了一批对我校老校区土地觊觎已久的企事业单位。工作千头万绪，稍有不慎，即面临险境。置换工作领导小组预见到工作困难，理出了工作思路，抓住了依法办事、主动协调的工作"牛鼻子"坚持不放。

一是主动学习，坚持依法办事。

老校区置换工作领导小组采用请进来的办法，研究法律法规，依法办事。邀请了重庆大学房地产学院院长、博士生导师任宏教授，重庆市九龙坡区国土局权籍科陈树椿科长以及包括西南政法大学教授，市、区国土资源和房屋管理局，规划局等单位专业人员和房地产企业界人士在内的大量专业人士到校，对学校领导班子和置换办成员进行国土、房屋、房地产市场相关法律、法规、土地置换政策和行情等方面的宣讲及现场咨询，为学校领导的科学决策寻求有力的政策支持。与此同时，置换办成员深入学习研究了《中华人民共和国国有土地法》《中华人民共和国城市规划法》《重庆市城市规划管理技术规定》《重庆市园林绿化条例》《重庆市规划管理条例》以及国标《建筑设计防火规范》《高层民用建筑设计防火规范》《建筑工程验收规范》等大量政策、法规。

通过法规政策的学习和深入研究，做到依法办事，能够在面对复杂问题时处变不惊。老校区土地置换工作领导小组在老校区土地勘界、确权到国土证的变更、老校区详细控制性规划调整、土地建（构）筑物出让价值评估、土地价值评估、园林绿化价值评估等所有环节，均严格执行法律、法规、政策和规章制度，先后完成了6个主程序、58个子程序，确保了学校土地置换整个过程无懈可击，确保了学校土地置换善后工作的安全稳定。

二是主动调研，掌握市场资讯。

老校区置换工作领导小组采用走出去的办法主动出击，调研土地行情，学习同行经验。置换办成员到市教委、市地产集团、市国土局、市规划局等市级职能部门学习了解情况，到已置换老校区的市内高校学习工作经验和了解工作教训，先后调研了东海、华宇、华福、恒大、富力等26家房地产客商，掌握第一手市场动态和行情资料，研究了开发商的购地动态、资质、实力和诚信度。在广泛调研的基础上，学校在土地建（构）筑物出让价值评估、土地价值评估、园林绿化价值评估、签订土地收购合同和意向性协议等所有与土地地价相关的环节中，置换领导小组和置换办公室均能做到心中有数，始终坚持以我为主，保证了经济效益最大化。

三是主动造势，扩大地块影响。

2006 年 6 月 8 日，老校区置换工作领导小组开始广泛对外宣传学校老校区置换地块，出台了置换地块的宣传资料《点石成金　魅力四射——重庆科技学院南校区地块简介》和《点石成金　魅力四射——重庆科技学院北校区地块简介》。在宣传造势过程中，老校区置换工作领导小组根据调研结果，有选择性地对讲诚信、有实力、付款快、付现款的境内外、市内外房地产商和开发商进行针对性宣传和广泛接触，先后与福建华盛、重庆华宇、重庆东海、重庆田野、北京北部、广州恒大等 20 多家大中型房地产开发商进行多次接触和谈判，使老校区置换地块影响越来越大。

在房地产业受"国六条"调控作用影响的情况下，在市政府规定"入驻（大学城）高校所有老校区置换用地一律从学校用地转为房地产开发用地，均由市地产集团收购储备"的要求下，学校党委和老校区置换工作领导小组沉着应对，2006 年 10 月 13 日，学校 2006 年第 18 次党委会确定了"鉴于当前土地市场平抑的现状，北校区土地先不急于交由市地产集团收购，继续做好联系客商及与市地产集团的谈判工作"的会议精神。置换办遵照学校党委和老校区置换工作领导小组的部署，坚持继续谈判，突破了地产集团 106 万元 / 亩和 120 万元 / 亩的两次出价，使地价成倍增长，达到了 205 万元 / 亩和 253 万元 / 亩的价格。

2006 年 12 月 1 日，学校召开 2006 年第 21 次党委会，经过集体充分讨论，慎重做出决定"及时规范地与广州恒大集团签订意向的土地出售收购协议，积极争取政府领导及相关部门的支持，争取实现用招拍挂方式出让土地，确保土地置换效益最大化"。置换办迅即按学校的部署，分别于 2006 年 12 月 11 日和 12 月 18 日与广州恒大集团及时签订《重庆科技学院与恒大地产集团重庆有限公司关于老校区置换地块意向性协议》，与地产集团签订《土地收购合同》和《土地收购合同补充协议》。经与地产集团协商并征得同意后，由学校自主推动招拍挂工作。老校区土地置换工作领导小组积极研究、密集分析广州恒大集团等房地产企业的摘牌可能性，密切关注各种动向，拟定多种应急预案。由于广州恒大集团在招拍挂过程中的关键性铺垫和示范作用，老校区土地置换价格在摘牌竞争中不断攀升，最终由广州恒大集团以 25.3 亿元摘牌开发。

四是主动协调，争取多方支持。

在学校合同签订和置换用地的规划调整过程中，为排除相关干扰，学校领导班子主动协调，争取主管部门和社会各界友好人士的支持。2006 年 9 月 8 日、2006 年 12 月 4 日，党委书记、老校区置换工作领导小组组长魏世宏，校长唐一科两次致信市政府常务副市长黄奇帆，详细陈述学校新校区建设的资金困难等，由于黄市长的多次批示，市政府相关部门帮助学校解决了土地置换中存在的诸多困难、问题，并最终批示同意"按招拍挂方式出让土地"的意见。

学校与恒大集团、重庆地产集团有关协议文件的签署，使我校与外单位之间此后发生的规划调整斗争获得了重要支持力量，也为此后的土地招拍挂工作产生了极为关键的铺垫作用。学校置换地块的规划调整过程中，遇到了重重险境。在老校区置换工作领导小组和置换办工作人员的艰苦协调下，市规划局、市规划设计研究院、九龙坡区规划分局、渝中区规划分局完成了我校老校区置换地块用地的控制性详细规划调整工作，置换地块用地面积实现了"面积最大化"的战略要求。2007 年，就在结果即将出台、规划调整工作即将尘埃落定，学校与恒大集团、地产集团协议已经签署，学校挂拍土地工作成果在望之时，突起波澜。九龙坡区部分市、区人大代表等致信重庆市政府并组织上访，要求将我校南校区置换地块划拨某中医药学校；杨家坪动物园也通过市园林局施压，要求将我校南校区置换地块以政府划拨方式据为己有。在北校区土地置换问题上，也不断有人试图说服渝中区政府和市规划局，想将我校置换土地划割部分用于大坪地区中小学。一时满城风雨。

一旦相关单位意图得逞，我校老校区土地置换工作将蒙受重大损失，正在进行新校区建设和开始校区搬迁的学校将后方不稳，土地置换工作将前功尽弃。情况危急，学校主动回击，开辟了多条没有硝烟的"战场"，开始了艰苦卓绝的协调工作。党委书记、老校区置换工作领导小组组长魏世宏，党委副书记、老校区置换工作领导小组副组长兼置换办主任武金陵，带领置换办人员多次前往市教委、市规划局甚至市政府进行工作协调。在努力协调下，我校工作获得了市教委的坚定支持，市教委对某中医药学校的要求予以坚决反对。我校也获得了市地产集团等单位的坚决支持。2007年6月8日，市规划局主持召开市国土局、九龙坡区政府、重庆科技学院、市地产集团和市园林局等单位领导参加的"市动物园发展问题研讨会"，学校代表在会上据理力争，会议否定了市动物园的无理要求，会后市政府促使市规划局与市地产集团协同调规，使我校净地利用率达到了94.1%，成为置换地价的支撑。与此同时，针对北校区地块调规问题，2007年11月13日、2008年7月25日，党委书记、老校区置换工作领导小组组长魏世宏，校长唐一科又两次致信时任重庆市常务副市长黄奇帆，请求解决相关问题。在市政府的直接干预下，渝中区政府停止了对我校北校区地块的重新调规行为，取消了占地80亩的一所中学，减少了15%的商业用地。更为关键的是，这场斗争保住了我校前期工作的胜利成果，保住了我校已经挂拍土地的经济效益和社会效益。

四、坚持不懈，乘势而行，保持善始善终的工作热情。

老校区置换工作随着置换地块成功挂拍和规划调整斗争的胜利进入尾声，老校区置换工作领导小组及时调整工作重点。2007年8月6日，学校召开老校区置换地块成功拍卖后的工作汇报会，学校乘势而行，迅速确定下阶段三个工作重点：土地置换款催收、南校区图书馆综合楼的置换、老校区留置部分的改造工作。

置换办人员在党委副书记、置换办公室主任武金陵带领下，按照置换领导小组的工作部署，坚持不懈，保持善始善终的工作责任感，立即着手推进了土地置换的收尾工作。

一是乘势而行，南校区图书馆土地成功置换。

2007年12月13日，在学校领导、置换办公室人员等与九龙坡区政府进行了艰苦卓绝的 12 轮谈判和 4 次实地考察后，终于实现了我校唐一科校长与九龙坡区政府有关领导正式签订协议，将占地 12.19 亩的南校区图书综合楼置换为含谷镇 100 亩土地，通过土地置换，进一步加强了我校与九龙区的合作关系，为学校发展预留了办学空间，再次实现了学校党委确定的"面积最优化、效益最大化、方式最佳化"的战略目标。

二是有理有节，土地款催收取得重大成果。

土地置换取得成功后，下一个关键问题在于土地置换款如数到账。在国际金融危机来临时，学校进行了形势分析，预判了经济形势，一方面做好沟通工作，避免土地置换款发生意外，另一方面，也有理有节地加大了土地置换款的催款力度。学校在自身资金面临困难的情况下，充分体谅恒大集团和重庆市地产集团的实际困难，掌握工作节奏。2008 年 2 月 25 日、2008 年 5 月 9 日、2008 年 7 月 4 日，先后致函恒大地产集团催收土地置换款。2008 年 6 月 12 日、2008 年 8 月 6 日，先后致函市地产集团催收学校土地置换款。与此同时，学校加大了与上级主管部门的沟通与协调频率，2008 年 7 月 7 日、7 月 17 日、7 月 25 日、8 月 4 日、8 月 19 日、8 月 25 日、9 月 22 日、9 月 24 日，学校先后多次就土地置换款催收问题向市政府及市领导汇报，请求市政府出面解决。2009 年下半年，国内经济形势好转。2009 年 11 月 13 日，学校 2009 年第 24 次党委会再次适时研究了加快推进恒大地产集团支付我校土地置换款的相关事宜。通过置换工作领导小组持续不断的协调和置换办持续不断的努力，广州恒大集团和地产集团不断加大付款力度，18 亿元土地置换款预期于 2010 年年底全数回笼。

三是全面参与，老校区改造工程提档加速。

随着老校区置换工作领导小组工作重心的转移，学校资金的不断积聚，学校加速了老校区改造工作。2007 年 12 月 28 日，学校党委会研究决定，总投资 5000 万元，在三年内逐步将老校区教职工住宅区改造成中档住宅小区，置换办公室职能延伸，负责协调老校改造规划设计等工作。

置换办立即着手细化老校区改造总体方案，开始立项报批手续。2008年1月25日，置换办向市教委报送《重庆科技学院北校区教职工住宅区改造项目请示》《重庆科技学院南校区教职工住宅区改造项目请示》，2008年3月7日，项目获得批准。2008年5月15日，置换办向市教委报送《重庆科技学院关于报废拆除北校区大礼堂等建筑物的请示》，6月2日获得批准；2008年4月8日，向市、区规划局报送《车库改造规划选址方案》等，获得批准。

2009年3月6日，学校2009年第2次党委会研究确认："老校区置换办公室不再设立，此项工作仍由党委副书记武金陵同志负总责，抓紧做好前期的方案论证、项目报建等工作，并负责改造建设施工移交新校区建设指挥部后的组织协调工作。"

2009年4月28日，学校发布《关于推进老校区教职工住宅小区改造工程建设的实施意见》，学校多个部门协同作战，全面推进了老校区留置地块（含南校区教职工住宅区、新9栋和北校区教职工住宅区、85号院）的教职工住宅、管理用房、离退休活动用房改造以及水电气讯、道路、停车场（库）、环境绿化等工作。南校区行政楼、北校区大礼堂、"三八"楼、行政楼、水塔、图书馆、培训楼、"五四"楼、第一教学楼、原大门及校产处门面拆迁工程，北校区桃园小区大门、值班室、消防通道、停车场、路灯、健身器材和休闲座椅等的建设改造，老校区教职工住宅小区的大门、道路、路灯、水电气管网、智能化系统、住宅楼维修、消防系统改造等老校区改造工作全面展开，新建地下车库工程、绿化景观改造工程等，也顺利进行。

四是廉洁自律，工作工程资料原始规范。

老校区土地置换和老校区住宅区改造，是注定将进入重庆科技学院发展史的重大政治与经济事件。为实现学校党委提出的"对得起祖宗、对得起群众、对得起历史"三个"对得起"的工作要求，保证置换办工作人员的政治生命安全，确保工作始终高效廉洁，确保工作善始善终，置换办在工作过程中，有意识地对老校区土地置换和住宅区改造工作所有资料进行了收集、整理，归类建档共7卷212件，其中，仅会议记录本就有7本。所有资料原始真实，确保了老校区土地置换工作和老校区改造工作能够经受住现实审查，经受住历史检验。

老校区置换工作基本结束，置换办作为一个机构已经不复存在。置换办成员有的已经光荣退休，有的已经转换了工作岗位，有的仍工作在原属岗位，他们都在为学校建设发展做出新贡献。置换工作领导小组和置换办成员，在学校发展关键时刻，临危受命，忍辱负重，艰苦奋斗，勇挑千斤重担的精气神将成为重庆科技学院的一笔精神财富，永远留在校园。

土地置换工作能够取得成功，每一个重庆科技学院人都为之做出了光荣而卓越的贡献。

首先，学校领导的科学决策是置换工作的政治保障。

在学校发展的关键时刻，学校成立了老校区置换工作领导小组和置换办公室，为置换工作奠定了坚实有力的组织保障。在学校发展的艰难时刻，学校启动了老校区置换工作方案调研论证工作，确定了工作理念，发动了全校动员，进行了基层调研，通过扎实有效的思想工作，为置换工作奠定了坚实有力的思想保障。在置换工作的关键时刻，学校领导运筹帷幄，连续召开党委会、校长办公会，发挥集体智慧，对工作进行研究和部署，促成了土地挂拍的高位竞争，使土地置换实现了方式最优化、效益最大化的战略目标，为置换工作提供了坚实有力的宣传保障。在置换工作的危急时刻，学校党政齐心协力，四处出击，充分利用个人优势，广泛进行多方协调，确保置换工作实现了面积最大化、效益最大化的战略目标，为置换工作提供了坚实有力的机制保障。

其次，校外领导的关心支持是置换工作的坚强后盾。

时任常务副市长黄奇帆在接到我校党委书记魏世宏、校长唐一科的书信后，先后四次为我校的土地置换工作做出重要批示，为学校置换工作提供了最为坚强的支持。市政府主管土地、教育的多位副秘书长，前后五次亲自参与协调我校置换土地规划重调工作，为学校土地置换产生质和量的飞跃提供了强力支持。在置换工作的危急时刻，南北校区置换土地同时面临重调规划的极大挑战，市教委、市地产集团坚定不移地支持重庆科技学院，与相关单位展开了针锋相对的斗争，为我校土地置换工作注入了极大的动力。市规划局、九龙坡区政府等各级机关和政府领导，也为我校土地置换工作做了很大的贡献。

最后，全校师生的坚强决心是置换工作的动力源泉。

初生的重庆科技学院，曾面临着大融合、大置换、大建设、大搬迁的四重考验。在无比艰辛的再创业中，重庆科技学院人继承了艰苦奋斗的传统，表现了破釜沉舟的勇气，体现了战天斗地的魄力，凝结了一种艰苦创业的重庆科技学院精神。在这个时期内，全校师生团结一致，齐心协力，聚精会神搞建设，一心一意谋发展。数百名离退休教职工顾全大局，含泪支持土地大置换、校区大搬迁；全体教师，风霜雪雨，早出晚归，奔走于三个校区，在新校区泥泞中开展教学工作；新校区建设工作者，通宵达旦，挥汗如雨，创造了令人赞叹的新校区建设速度。正是这种精神、这种斗志，鼓舞和激励着所有参加土地置换的领导和工作人员，戮力同心，和衷共济，将满腔激情挥洒在了重庆科技学院这片热土。土地置换工作的辉煌业绩，归功于每一个重庆科技学院人，归功于这一时期重庆科技学院的所有领导和师生，归功于艰苦创业的重庆科技学院精神！

第十章 大学城新校区的建设规划与管理

第一节 大学城新校区建设的规划设计

一、大学城新校区建设的早期规划设计

重庆科技学院大学城新校区的规划设计，早期经邀请招标，由同济大学的上海同济城市规划设计研究院中标并做了详细的规划设计，这里根据原规划设计说明书整理呈现，在此向设计单位和参与人员表示衷心感谢。

编制单位：上海同济城市规划设计研究院

院长：周　俭

副院长：夏南凯

项目负责人：江浩波　王立颖　汤朔宁

编制人员：唐　进　肖维娜　王　旭　纪福君　刘颖超　程　琼　朱　林

一、设计依据

国家和重庆市规划相关文件、学校大学城新校区用地批复等；重庆科技院历史、现状和未来发展规划、大学城新校区规划建设指导性技术资料等。

二、工程概况（含区位图和用地现状）

重庆科技学院新校区选址于重庆市沙坪坝区虎溪镇重庆市大学城控制性规划 A-6 地块。现有城市郊区公路相通，与现杨家坪校区、大坪校区直线距离约 15 公里。新校区东邻歌乐山国家级森林公园，西有缙云山国家级森林公园，北有大学城入口的 3 平方公里人工湖及大学城主要道路经过，南靠梁滩河、寨山坪浅丘。自然环境良好，视线开阔。地块内多为农田，地形为浅丘陵，地质状况符合建设用地条件。

校区总用地 92.74 公顷，总规模拟为在校生 15000 人，教职工 1500 人。

校园的规划目标是建成与重庆直辖市地位相称的高标准校园，与山水环境相协调的园林式校园和与科技发展相一致的现代化校园。

三、设计理念

1."山"——场地中原有的丘陵自然形态是校园的生态基础与景观特征，本规划充分尊重与保留这一场地特征，以维护与延续其生态格局，并通过提炼和演绎这一特征来创造校园的景观特征。

2."水"——根据校园的场地条件与环境特点，强调"山水园林式"校园的规划目标，在基地核心依山造水，形成全校的景观生态核心，创造出"山水之间"的生动校园环境。

3."园"——校园是一个包含多种功能需求与社会生活的复杂空间，本规划在城市设计的总体思路下，力图创造出山水之间的独特校园，创造出校园浓郁的学习氛围，激发校园活力，使其成为莘莘学子的精神家园。

"山水之城"反映了重庆的地理性格，本方案通过"山""水""园"

的有机融合来象征重庆"巴山延绵、渝水环绕、依山筑城、沿江而居"的城市特性，营造出具有浓郁地方特色的校园空间环境（图10-1-1）。

四、规划思想

为了充分体现重庆科技学院的办学目标，本规划在总体布局和建筑设计中力图展现新颖的创意和独特的风格，创造具有时代精神与人文底蕴、功能完整、生态系统完备独特，体现科技发展主题的山水校园。

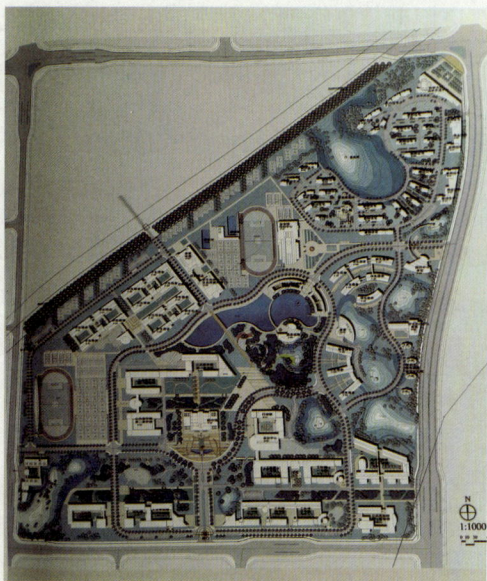

图 10-1-1　大学城新校区总平面图

· 整体化的校园设计：着眼于整体城市环境，引入城市设计理念。结合重庆市大学城的总体规划及自然环境来进行建筑群体设计，使建筑融合于校园中，成为校园整体环境的有机组成部分，力图塑造出重庆科技学院标志性的建筑群体形象。

· 可持续发展战略与规划控制原则相结合：在设计中考虑到校园建设的可持续发展性，建立动态的规划系统，形成一个使用灵活、扩展方便的弹性生长型校园结构，既体现校区的整体规划，在宏观上有控制性、总体性，又考虑到学校的分期建设及建设周期，尽量节省用地，留有发展余地，适应学校今后的调整发展与更新，形成可持续性发展。

· 人文化校园：校园不仅是传授知识的殿堂，更是精神交流的场所。当今的高等教育是以学生为主体，提倡以人的发展和素质培养为中心的开放式教育，强调科学理性和人文精神并重，学科之间互相交叉和渗透，强调培养创新性、应用型、复合型人才。重庆科技学院大学城校园应营造出充满理性、富有逻辑的精神特质及浪漫的人文精神的校园空间环境。

·生态化校园：尊重自然才是真正的以人为本。现代大学校园应特别重视基地原有的生态系统，本规划力求校园环境与原有生态相融合。以生态环境意识为指导，使行为环境和形象环境有机结合，通过高起点的环境艺术及景观设计创造一个有地域、地区特点的校园环境，以及人与自然、建筑与自然浑然交融的生态空间，体现可持续发展的概念。

·园林化校园：以"规划、景观、建筑"三位一体的整体化校园设计为目标，立足"环境育人"的教育理念，在外部空间的设计中，从整个校园生态环境到单体建筑内部，营造多层次的园林空间，以高起点的环境艺术及景观设计营造个性化的校园环境氛围。

·信息化校园：以时代特征为指导，注重信息的传递，取代各专业封闭独立的传统布局，采取资源共享、整体集中、个体独立的布局方式，既满足学科交叉、高效便捷的要求，又满足各局部功能相对独立的要求。图书馆作为校园信息最重要的传播载体，位于校区核心位置。以图书馆为中心，其影响力扩散到四周不同层次的交流空间，促进信息的高速传播。

·科技化校园：科技既是本校的专业特色，又是校园建设的纲领。大学作为信息、人才、技术、科学发明的发源地，是科技产生与传播的起点。本规划在设计中注重以新技术、新材料的作用来展现当代校园的风采，体现人类进步和科技创造的成果。

·人性化校园：针对山城重庆非机动车交通少的特点，合理布置居住、教学、运动分区的位置，减少步行距离，体现"以人为本"的思想。

五、总体布局与功能分区

重庆科技学院整体布局舒展流畅、张弛有序、个性彰显，主体建筑呈院落空间成组布置，富于生长弹性。在"山""水""园"理念的指引下，校园采取规整式布局与自由式布局相结合的方式，借山景造水体，使校园总体布局呈现出刚柔相济、理性而富于变化的特性，营造出现代、典雅、生态的校园氛围（图10-1-2）。

总体布局及功能分区为：

以由中心科技公园形成的"水"域公共绿化区为校园的布局核心，多功能区均围其而生，并由道路、水、山将它们有机地分隔与组成。

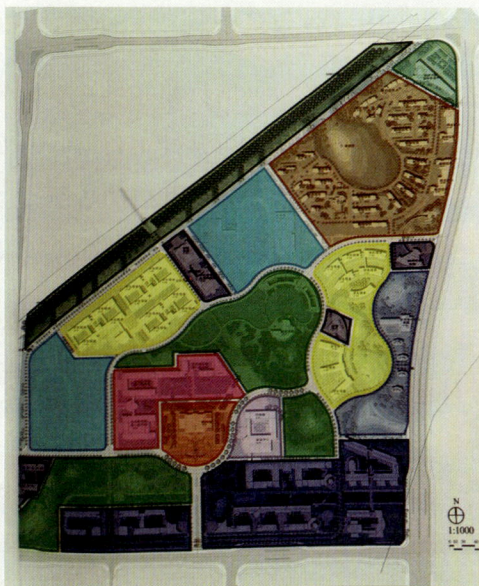

图 10-1-2　大学城新校区总体布局与功能分区图

教学区位于"水"域公共绿化区南部，用地相对平整开阔，布局集中而规整，包括由图书馆与行政楼、会议中心形成的图书馆及行政办公区，由公共教学楼构成的公共教学区及由院系教学楼、公共实验楼组成的教学实验区。

生活区沿北部与东部环绕"水"域公共绿化区，其中学生生活区分为东部与西北部两处，便于分期实施；教工生活区位于北部，结合地形形成一个相对独立又融合于整体的居住小区。

后勤服务区分四处嵌于生活区中，将后勤服务的多种功能与生活活动相融合，创造出生动的校园生活环境；并且医院作为大学城校际资源共享，可同时服务于校内校外。

体育运动区的分布则充分兼顾了校内使用与对社会开放的双重需求，结合教学区与生活区的布局以及自然现状等因素，将主要的运动区分别布置于基地的北部与西南部，既充分结合了教学区与生活区，又便于对外开放与独立管理，并且方便教工及邻区的学生开展体育活动。主体育馆正对东边礼仪入口，成为学校的标志性建筑之一。

考虑到校际间的资源共享要求，基地北侧沿高压走廊设置了运动共享区，并在后勤服务区北侧开辟了通道，以方便与北侧邻校实现资源共享。此外，在基地东北角设置了对外开放的科研大楼及国际交流中心，形成整个大学城东端的标志性入口建筑，成为科研发展区。

根据基地的自然地形特征，本规划选择将校园主入口位于地势相对较为平坦的基地南侧，最大限度地弱化北部高压走廊的景观干扰。这样既能获得开放、大气的入口空间，又能结合原有地形，形成左右环抱的良好的风水格局。

六、交通组织

重庆科技学院的交通组织包括校园出入口组织、内部车行流线和步行流线的布置，以及停车位置的布置。

校园的主入口位于基地南部，与入口景观大道、科技广场、图书馆、行政楼一起形成气势恢宏的入口景观廊，强化了主入口的主导地位。另在基地东、西、北三侧分别设置了次入口。东入口作为学校的礼仪入口；西入口位于后勤服务区与体育运动区之间，既满足了后勤的需求，又便于与大学城的公共建筑设施及其他高校的联系；北入口则作为与北部相邻学校资源共享的出入通道（图10-1-3）。

内部车行流线分主路与次路两大层次，主路围绕主要教学区和公共绿化区形成两环相对的格局，

图 10-1-3　大学城新校区交通组织图

连接主入口及东、西两次入口。路网设计主要遵循以下原则：尽量结合山势地形地貌，减少土石方工程量，不割断山脉，主路纵坡不宜太大，且尽量流畅。

基于以上考虑，主路网内部延伸出次路强化环内的交通联系，而在环的外围，结合高压走廊、山势地形形成连接后勤服务区、生活区的半环状路网；为了更好地结合地形，局部设置尽端路，考虑到消防技术规范的具体要求，紧急情况下消防车可以在中心广场、建筑间或通廊下穿行。

在校园的主出入口和次出入口邻近教学区、运动区、后勤服务区及学生生活区，皆设置了机动车停车场，满足了校内车辆和一部分外来车辆的停车需求。

根据校园的行为特征，以及重庆地区主要依靠的步行的行为方式，本规划以人的步行尺度为依据来规划分区，使相关功能空间紧密结合，实现了教学区、生活区、运动区间互动的最短距离。同时，还设置了大量的步行空间、步行广场、步行平台，并形成了外围生活区、运动区、后勤服务区间的步行环线以及教学区与实验区内部的步行网络，它与车行流线相互独立，互不干扰，贯穿于多个主要活动空间，保证了校园具有良好的可达性。

七、空间结构

为充分反映地方特色与专业特色，继承历史文脉，重庆科技学院校园规划充分解读了场地的基础元素，吸收了重庆传统历史文化的精髓，由"山""水""园"构成了"一心""一核""一带"的校园空间格局（图 10-1-4）。

"一心"（水）：本规划将水体引入校园核心区，形成"一

图 10-1-4　大学城新校区空间结构设计

山""一湖"的核心空间格局，并结合绿地与休闲设施创造了校园中一个令人兴奋、愉悦、充满惊喜的中心科技公园。通过水体、绿带与步行空间向周边渗透，形成了教学区与生活区共享的自然开放空间与景观核心。

"一核"（园）："一核"是指校园中核心功能空间——由图书馆及行政办公区、公共教学区与教学实验区共同构成的核心教学空间，它具有鲜明、统一的整体形象。通过规整且模数化的建筑构成，形成了秩序、理性的内部空间环境，而疏朗的外围景观环境进一步强化了其鲜明的形态特征，烘托了其在校园空间中心的主体地位，象征了校园是知识与精神的圣殿。

"一带"（山与园）："一带"是指环绕"一心""一核"外围的生活区。生活区的建设紧密结合地形，"依山而筑、临水而居"，最大限度地融合了生活休闲空间与景观生态空间，有助于在校园中形成一种沉静、优雅的气质与文化生活情调。

八、生态景观

本规划贯彻生态校园、绿色校园的设计理念，力图强化场地原有的以"山"为主体的生态特征，建构以"山""水"为生态基础，以"山""水""园"的和谐共生为主要生态景观的可持续发展的景观生态格局。而绿化组织是生态校园的物质基础，校园绿化主要由道路绿化、庭院绿化、硬地广场、水体、防护隔离带等几部分构成。

校园内的集中绿化主要为公共绿化区的绿化，以大片的草地和乔木种植为主，它与原有的基地植被一起构成校园生态环境营造的基础。庭院绿化布置在教学楼、实验室楼、院系教学楼、学生公寓之间，结合硬地、花坛、座凳等的布置，形成交往和休息的场所。硬地广场主要位于学校中心广场，符合其作为中心广场的空间属性和使用特征，并通过铺地的变化和地面标高的处理，丰富其平面构图和空间层次。在基地北部，除在高压走廊内布置绿化隔离带外，还在其外围设置了运动共享区，既屏蔽了高压走廊的景观危害，又高效利用了土地（图10-1-5）。

在景点的分布上，每个分区放置相应的景点，如教学区的"科技广场"体现科技与教育的主题，科技公园的"科技之山""科技之海"体现科技与自然生态的主题，而生活区的"科技之光"景观塔则是校园的制高点，也是学校在大学城中的形象标志，体现科技造福人类的主题。因此，校园各个分区都有自己的景点与主题，体现了校园生活与文化的多样性。

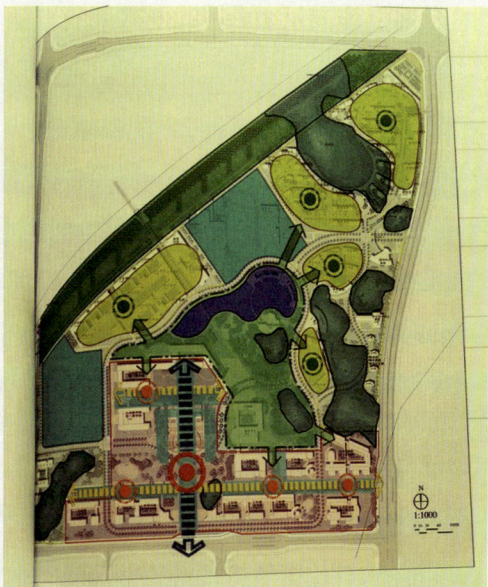

图10-1-5 大学城新校区生态景观布局

九、分期建设和预留发展

考虑到学科交叉与交流的可变性与灵活性，以及校园建设的经济性与可行性。合理安排各类建筑的空间顺序与建设的时间顺序，保证学校的正常教学秩序，本方案制订了一套弹性的发展模式（图10-1-6）。

一期——完成校园主路网，校园空间景观明朗化；建设部分教学楼、实验楼、办公楼、学生宿舍、教工公寓、运动设施及配

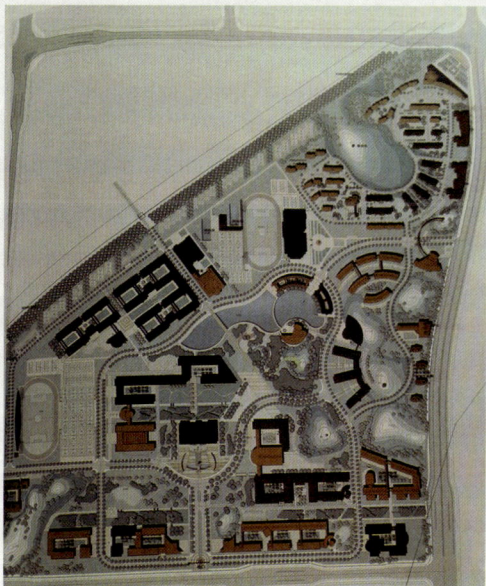

图10-1-6 大学城新校区分期建设和预留发展设计

套服务，能满足 2006 年 8000 人的教学与生活需求。

二期——各区主要用房及配套设施完备，形成更加完善的规模。

三期——完成收尾工作，达到总体规划设想，满足共计学生 15000 人、教工 1500 人的使用要求。

十、竖向设计

根据现有地形标高及周边城市道路路面标高、坡向进行雨水排放区域设计。基地中部充分利用开阔湖面，将其周边设计为绿化缓坡，令周边雨水及建筑中水可流向湖面，采用雨水利用及中水技术引水蓄水，使其成为校园中最主要的绿化景观水体。而其余各区则向较纸的绿地及周边的车行道排水。

主入口位于地势相对平整开阔的南部，既便于管网布置，又节省投资。

污水处理选择分区排污的方式，一部分结合竖向设计由南边较低处排出，一部分则通过泵站提升，由北侧排入市政管网。

十一、市政管网设计（略）

十二、建筑设计

重庆科技学院建筑设计中以崭新的手法力图创造适应时代需求的新型设计主题：延续科技历史及文脉，并使其面对未来不断发展、与时俱进。设计中采用现代先进的创作理念，通过体现块的穿插和体量的变化、色彩与材料的对比、隐喻手法的运用，塑造出既统一又丰富多变的建筑空间。建筑形象典雅隽秀，富于活力，在整体设计中通过古典院落的构图手法，挖掘建筑与人文、建筑与环境的内在联系，实现建筑与文脉的整合演变，组群之间以不同的空间来连接，形成多层次、多方位的建筑景观系统，其间的平衡与互动构成整体设计的基本脉络。

二、大学城新校区建设的规划设计调整

随着学校的建设和发展需要，特别是办学规模和建设应用型特色科技大学的发展目标的进一步确立，早期的重庆科技学院大学城新校区建设规划已有诸多的不适应之处。因此，2009 年学校委托重庆大学城市规划与设计研究院在同济方案的基础上，提供了新的《重庆科技学院大学城新校区修建性详细规划设计说明书》。以下用纪实方式对新方案进行了摘录整理，并记载总规图纸和部分建筑鸟瞰图。

（一）大学城新校区规划设计调整说明

重庆科技学院大学城新校区修建性详细规划设计说明书

一、设计依据

国家建设部、计委、教育部发布的《普通高等学校建筑规划面积指标》（建标〔1992〕245 号）；重庆市城市规划相关文件；重庆科技学院大学城新校区用地批件等文件以及重庆市大学城总体规划及编制文件；重庆科技学院概况、历史、现状和中长期发展战略规划等文件；重庆科技学院新校区规划设计指导性技术资料；重庆科技学院新校区建设项目一览表；上海同济城市规划设计研究院 2004 年所作《重庆科技学院修建性详细规划》等。

二、工程概况

（一）基地概况

重庆科技学院新校选址于重庆市沙坪坝区虎溪镇重庆市大学城控制性规划 A-6 地块（图 10-1-7）。与城

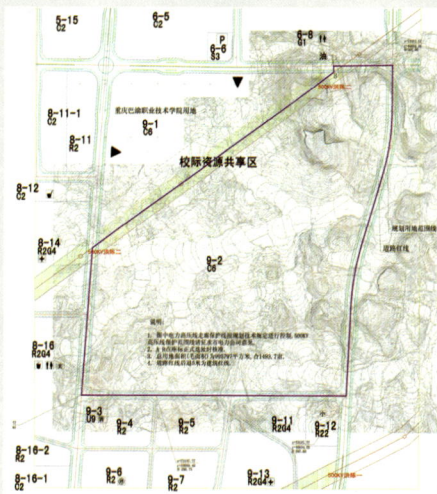

图 10-1-7　大学城新校区规划红线图

市郊区公路相通，与学校杨家坪校区、大坪校区直线距离约 15 公里。新校区东邻歌乐山国家级森林公园，西有缙云山国家级森林公园，北有大学城入口的 3 平方公里人工湖及大学城主要道路经过，南靠梁滩河、寨山坪浅丘。自然环境良好，视线开阔。地块内多为农田，地形为浅丘陵，地质状况符合学校建设用地条件。

（二）规划设计与调整缘由、目标

重庆科技学院新校区曾于 2004 年请上海同济城市规划设计研究院编制了修建性详细规划。校区总用地 92.78 公顷（1391.7 亩），按在校学生 15000 人、教职工 1500 人设计，并于当年获得市规划局通过。随着学校的发展，从长远考虑，学校又委托重庆大学城市规划与设计研究院在总用地 92.78 公顷不变的基础上，按在校本科学生 20000 人、教职工 1800 人的规模重新调整了规划设计，并获得上级批准。

校园的规划目标是建成与重庆直辖市地位相称的高标准校园、与山水环境相协调的园林式校园，以及与科技发展相一致的现代化校园。

三、设计理念

1. "山"

场地中原有的丘陵自然形态是校园的生态基础与景观特征，以维护与延续其生态格局，并通过提炼和演绎这一特征来创造校园的景观特征。

2. "水"

根据校园的场地条件与环境特点，强调"山水园林式"校园的规划目标，在基地核心依山造水，形成全校的景观生态核心，创造出"山水之间"的生动校园环境。

3. "园"

校园是一个包含多种功能需求与社会生活的复合空间，本规划在城市设计的总体思路下，力图创造出山水之间的独特校园，创造出校园浓郁的学习氛围，激发校园活力，使其成为莘莘学子的精神家园。

"山水之城"反映了重庆的地理性格，本方案通过"山""水""园"的有机融合来象征重庆"巴山延绵、渝水环绕、依山筑城、沿江而居"的城市特性，营造出具有浓郁地域特色的校园空间环境。

四、规划思想

为了充分体现重庆科技学院的办学目标，本规划在总体布局和建筑设计中力图展现新颖的创意和独特的风格，创造具有时代精神与人文底蕴、功能完整、生态系统完备独特，体现科技发展主题的山水校园。

整体化的校园设计：着眼于整体城市环境，引入城市设计理念。结合重庆大学城的总体规划及自然环境来进行建筑群体设计，使建筑整合于校园中，成为校园整体环境的有机组成部分，力图塑造出重庆科技学院标志性的建筑群形象。

可持续发展战略与规划控制原则相结合：在设计中充分考虑校园建设的可持续发展性，建立动态的规划系统，形成一个使用灵活、扩展方便的弹性生长型校园结构，既体现校区的整体规划，在宏观上有控制性、总体性，又考虑到学校的分期建设及建设周期，尽量节省用地，留有发展余地，适应学校今后的调整发展与更新，形成可持续性发展。

人文化校园：校园不仅是传授知识的殿堂，更是精神交流的场所。高等教育是以学生为主体，提倡以人的发展和素质培养为中心的开放式教育，强调科学理性和人文精神并重，学科之间交叉和渗透，强调培养创新性、应用型、复合型人才。重庆科技学院大学城新校区应具有能营造出充满理性、富有逻辑的精神特质和浪漫的人文精神的校园空间环境。

生态化校园：尊重自然才是真正的以人为本。现代大学校园应特别重视基地与原有生态相融合，以生态环境意识为指导，使行为环境和形象环境有机结合，通过高起点的环境艺术及景观设计创造一个有地域、地区特点的校园环境，以及人与自然、建筑与自然浑然交融的生态空间，体现可持续发展的理念。

园林化校园：以"规划、景观、建筑"三位一体的整体化校园设计为目标，立足"环境育人"的教育理念，在外部空间的设计中，从整个校园生态环境到单体建筑内部，营造多层次的园林空间，以高起点的环境艺术及景观设计营造个性化的校园环境氛围。

信息化校园：以时代特征为指导，注重信息的传递，取代各专业的封闭独立的布局方式，既满足学科交叉、高效便捷的要求，又满足各局部功能相对独立的要求。图书馆作为校园信息最重要的传播载体，位于校区核心位置。以图书馆为中心，其影响力扩散到四周不同层次的交流空间，促进信息的高速传播。

科技化校园：科技是本校的专业特色，又是校园建设的纲领。大学作为信息、人才、技术、科学发明的发源地，是科技产生与传播的起点。本规划在设计中注重以新技术、新材料的作用来展现当代校园的丰采，体现人类进步和科技创造的成果。

图 10-1-8 校园功能分区图

人性化校园：针对山城重庆非机动车交通少的特点，合理布置居住、教学、运动分区的位置，减少步行距离，体现"以人为本"的思想。

五、总体布局

重庆科技学院新校区整体布局舒展流畅、张弛有序、个性彰显，主体建筑呈院落空间成组布置，富于生长弹性。在"山""水""园"理念的指引下，校园采取规整式布局与自由式布局相结合的方式，借山景造水体，使校园总体布局呈现出刚柔相济、理性而富于变化的特性，营造出现代、典雅、生态的校园氛围（图10-1-8）。

总体布局及功能分区为：

1. 以由中心科技公园形成的"水"域公共绿化区为校园的布局核心，多个功能区均围其而生，并由道路、水和山将它们有机地分隔与组合。

2. 教学区位于"水"域公共绿化区南部，用地相对平整开阔，布局集中而规整，包括由图书馆与行政楼、会议中心形成的图书馆及行政办公区，由公共教学楼构成的公共教学区，以及由院系楼、公共实验楼组成的教学实验区。

3. 生活区沿北部与东部环绕"水"域公共绿化区，其中学生生活区分为东部与西北部两处，便于分期实施。教工生活区位于北部，结合地形形成一个相对独立又融合整体的居住小区。

4. 后勤服务区分四处嵌于生活区中，将后勤服务的多种功能与生活活动相融合，创造出生动的校园生活环境。

5. 体育运动区的分布则充分兼顾了校内使用与对社会开放的双重需求，结合教学区与生活区的布局以及自然现状等因素，将主要的运动区分别布置于基地的北部与西南部，既充分结合了教学区与生活区，又便于对外开放与独立管理，并且方便教职工及邻区的学生开展体育活动。主体育馆正对东边校区主要入口，成为学校的标志性建筑之一。

考虑到校际间的资源共享要求，基地北侧沿高压走廊设置了运动共享区，并在后勤服务区北侧开辟了通道，以方便与北侧邻校实现资源共享。此外，在基地东北角设置了对外开放的科研大楼及国际交流中心，形成整个大学城东端的标志性入口建筑，成为科研发展区。

根据基地的自然地形特征，本规划选择将校园主入口位于地势相对较为平坦的基地南侧，最大限度地弱化北部高压走廊的景观干扰。这样既能获得开放、

图 10-1-9　校园道路规划图

大气的入口空间，又能结合原有地形，形成左右环抱的良好的风水格局。

六、道路规划

重庆科技学院新校区的交通组织包括校园出入口的组织、内部车行流线和步行流线的布置，以及停车位置的布置（图 10-1-9）。校园的主入口位于基地南部，与入口景观大道、科技广场、图书馆、行政楼一起形成气势恢宏的入口景观廊，强化了主入口的主导地位。另在基地东、西两侧分别设置了次入口：东入口作为学校的礼仪入口；西入口位于后勤服务区与体育运动区之间，既满足了后勤的需求又便于与大学城的公建设施及其他学校联系。

内部车行流线分主干道、次干道与支路三大层次。主干道围绕主要教学区、公共绿化形成两环相对的格局，连接主入口及东、西两侧入口。主干道红线宽20米，车行道12米，两侧各留4米的人行道。次干道依据所服务片区建筑的功能分为两个层次，一种红线宽16米，车行道宽9米，两侧各留3.5米的人行道；另一种红线宽12米，车行道宽7米，两侧各留2.5米的人行道。支路主要功能是服务于建筑群内部的消防，红线宽度分别为6米与7米。

路网设计主要遵循以下原则：尽量结合山势地形地貌，减少土方工程量，不割断山脉，主路纵坡不宜太大，且尽量流畅。基于以上考虑，主路网内部延伸出次干道强化环内的交通联系，而在环的外围，结合高压走廊、山势地形形成连接后勤服务区、生活区的半环状次路网；为更好地结合地形，局部设置尽端路，考虑到消防技术规范的具体要求，紧急情况下消防车可以在中心广场、建筑间或通廊下穿行。

在校园的主入口和次入口邻近教学区、运动区、后勤服务区及学生生活区，皆设置了机动车停车场，满足了校内车辆和部分外来车辆的停车要求。

根据校园的行为特征，以及重庆地区主要依靠的步行的行为方式，本规划以人的步行尺度为依据来规划分区，使相关功能空间紧密结合，实现了教学区、生活区、运动区间互动的最短距离。同时，还设置了大量的步行空间、步行广场、步行平台，并形成了外围的生活区。运动区、后勤服务区间的步行环线相互独立，互不干扰，贯穿于多个主要活动空间，保证了校园具有良好的可达性（图 10-1-10）。

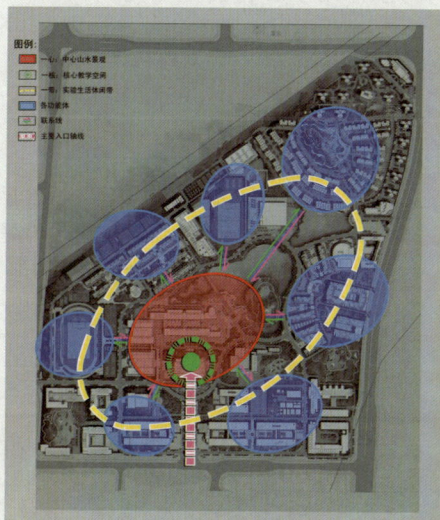

图 10-1-10　校园步行半径分析图

七、空间结构

为充分反映地方特色与专业特色，继承历史文脉，重庆科技学院新校区校园规划充分解读了场地的基础元素，吸收了重庆传统历史文化的精髓，由"山""水""园"构成了"一心""一核""一带"的校园空间格局（图 10-1-11）。

1. "一心"（水）

本规划将水体引入校园核心区，形成"一山一湖"的核心空间格局，并结合绿地与休闲设施创造了校园中的一个令人兴奋、愉悦、充满惊喜的中心科技公园。通过水体、绿带与步行空间向周边渗透，形成了教学区与

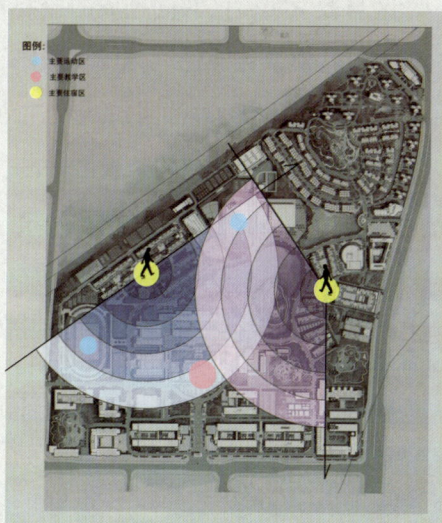

图 10-1-11　空间结构分析图

生活区共享的自然开放空间与景观核心。

2."一核"（园）

"一核"是指校园中核心功能空间，它是由图书馆及行政办公区、公共教学区与教学实验区共同构成的核心教学空间，具有鲜明、统一的整体形象。通过规整且模数化的建筑构成了秩序、理性的内部空间环境，而疏朗的外围景观环境进一步强化了其鲜明的形态特征，烘托了其在校园空间中心主体地位，象征校园是知识和精神的圣殿。

3."一带"（山与园）

"一带"是指环绕"一心""一核"外围的生活区。生活区的建设紧密结合地形，"依山而筑、临水而居"，最大限度地融合了生活休闲空间与景观生态空间，有助于在校园内形成一种沉静、优雅的气质与文化生活情调。

八、生态景观

本规划贯彻生态校园、绿色校园的设计理念，力图强化场地原有的以"山"为主体的生态特征，建构以"山""水"为生态基础、以"山""水""园"和谐共生为主要生态景观的可持续发展的景观生态格局。而绿化组织是生态校园的物质基础，校园绿化主要由道路绿化、庭院绿化、硬地广场、水体、防护隔离等几个部分构成（图10-1-12）。

图 10-1-12　校园景观设计分析

校园内的集中绿化主要为公共绿化区的绿化，以大片的草地和乔木种植为主，它与原有的基地植被一起构成校园生态环境营造的基础。庭院绿化布置在教学楼、实验楼、院系楼、学生公寓之间，结合硬地、花坛、座凳等的布置，形成交往和休憩的场所。硬地广场主要位于学校中心广场，符合其作为中心广场的空间属性和使用特征，并通过铺地的变化和地面标高的处理，丰富其平面构图的空间层次。在基地北部，除在高压走廊内布置绿化隔离带外，还在其外围设置了运动共享区，即在景点的分布上，每个分区放置相应的景点。如教学区的"科技广场"体现科技与教育的主题，科技公园的"科技之山""科技之海"

图10-1-13　校园绿化系统分析

体现科技与自然生态的主题和科技造福人类的主题。因此，校园各个分区都有自己的景点与主题，体现了校园生活与文化的多样性（图10-1-13）。

九、分期建设和预留发展

考虑到学科交叉与交流的可变性与灵活性，以及校园建设的经济性与可行性。合理安排各类建筑的空间顺序与建设的时间顺序，保证学校的正常教学秩序，本方案制订了一套弹性的发展模式。

一期：完成校园主路网，校园空间景观明朗化；建设部分教学楼、实验楼、办公楼、学生宿舍、教工公寓、运动设施及配套服务，能满足2006年10000人规模的教学与生活需求。

二期：完成收尾工作，达到总体规划设想，满足本科学生20000人、教工1800人规模的使用要求。

十、竖向设计

根据现有地形高程及周边城市道路路面标高、坡向进行雨水排放区域设计。基地中部充分利用开阔湖面，将其周边设计为绿化缓坡，令周边雨水及建筑中水可流向湖面，采用雨水利用及中水技术蓄水，使其成为校园中最主要的绿化景观水体。而其余各区则向较低的绿地及周边的车行道排水。

主入口位于地势相对平整开阔的南部，既便于管网布置，又节省投资。

污水处理选择分区排污的方式，一部分结合竖向设计由南边较低处排出，一部分由东侧排出，均进入市政排污管网。

十一、建筑设计

1.群体组合

在整体设计中采用院落组合方式，实现建筑与传统文脉联系。组群之间以不同的空间相连接，形成多层次、多方位的建筑群体景观体系。

2.建筑接地方式

场地内有一定的高差，部分建筑布置在坡地上，规划中采用筑台、吊脚、错台等山地建筑接地手法，巧妙地消化地形高差，塑造山地特有的建筑风貌。

3.建筑风格

通过体块的穿插与体量的变化、色彩与材料的对比、隐喻手法的运用，塑造出既统一又丰富多变的建筑形象。结合校园建筑自身的特点，以直线、方块为建筑形体的主要特征，形成简洁、明快的建筑整体风格；建筑色彩以米白色为主要基调，间以红、黄等少量的鲜艳色块，体现校园轻松、活泼的气氛。

4.建筑材料

多层建筑以小面砖作外墙装饰，从安全角度考虑，高层建筑外墙采用涂料装饰。

十二、灾害防治规划

（一）地震灾害防治

1.抗震设防标准

按照国家抗震设防烈度区划，重庆属 6 度设防区，本校区所有的新建建筑均应满足 6 度设防的要求。

2. 疏散单元划分

从校园总体布局出发，整个校区划分为 6 个疏散单元，分别是：①主入口东侧的院系楼、实验楼片区为 1 号疏散单元；②主入口西侧院系楼片区为 2 号疏散单元；③教学主楼及图书馆片区为 3 号疏散单元；④西区宿舍片区为 4 号疏散单元；⑤教工宿舍片区为 5 号疏散单元；⑥东区宿舍片区为 6 号疏散单元。

3. 紧急疏散场地设置

充分利用校园的运动场、广场和园林绿地等公共空间，临灾时作为疏散场地。疏散场地的具体设置如下：两个运动场作为校园的主要疏散场地；入口广场、主教楼、图书馆周边的广场作为次要的疏散场所；各区的公共绿地以及缓坡山林绿地作为次要的疏散场地。

4. 疏散通道及疏散方向设置

充分利用校区主、次道路设置疏散通道，各疏散单元分别向邻近的疏散场地疏散（图 10-1-14）。

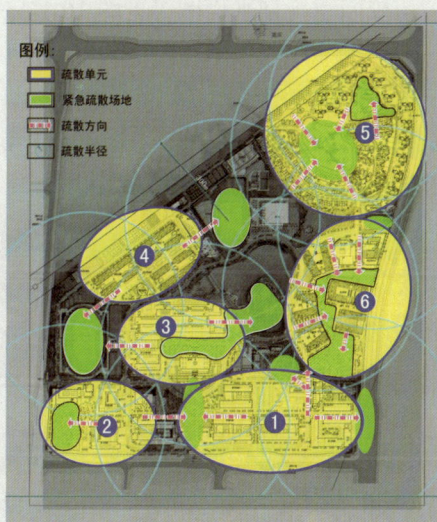

图 10-1-14　疏散分析图

（二）地质灾害防治

本校区内分布有大小不同的山体，虽然相对高度较小，坡度较缓，但校园的建筑物、构筑物以及园林道路的修建必然触动自然山体，必须切实做好地质灾害的防治。在规划布局的层面上，将自然山体规划为校园公共绿地，低洼地规划为水体景观，平地、缓坡地规划为建筑用地。建筑规模的确定、场地的定点尽量远离自然山体，避免或减小对自然山体的破坏。在有一定坡度的场地进行房屋建设时，采取错台、架空等接地方式处理，化解场地高差与建筑接地层的矛盾。

（三）其他

本校区东北侧有城市高压线通过，临近的校园建筑、活动场地的设置安排在高压线保护距离之外。

（二）调规后的规划总图及部分鸟瞰图

校园总规划平面图等见图 10-1-15 至图 10-1-20。

图 10-1-15　校园总规划平面图（2009 年版）

图 10-1-16　校园西北向规划鸟瞰图（2009 年版）

图 10-1-17　图书馆及第一教学楼规划鸟瞰图（2009 年版）

图 10-1-18　容园学生食堂规划鸟瞰图（2009 年版）

图 10-1-19　逸夫楼规划鸟瞰图（2009 年版）

图 10-1-20　教职工住宅区规划鸟瞰图（2009 年版）

第二节　大学城新校区建设的学校文献纪实

一、大学城新校区建设重要会议纪实

（一）建立大学城新校区建设领导小组

学校 2004 年第 5 次党委会记录整理

时间：2004 年 11 月 19 日（星期五）上午 9：00

地点：北校区（原大坪校区）行政楼二楼会议室

主持：唐一科

参加：郭　庆　武金陵　王智祥　郑航太　朱新才　贾北平

列席：熊　磊

记录：郑远平

主要内容：

唐一科（党委书记、校长）：今后党委会每两周召开一次，在职的学校党政领导参加会议，党办主任列席会议；校长办公会每周召开一次，学校党政领导参加会议，校办主任列席会议。记录整理如下：

一、会议审议通过了《重庆科技学院院系设置方案》，并对今后的二级院系下属机构设置提出了要求，即按照"优化结构、资源共享"的原则对公共文化基础课和专业基础课教研室以及相近专业实验室进行整合。对发展得好的二级学院下设的专业，作为校内的三级教学科研单位，不承担行政管理职责，经学校批准并行文明确后，对外可以系的名义开展工作。

二、会议审议通过了《二级院系及教辅机构干部选拔任用的实施意见》。会议强调，选拔任用好二级院系干部，对学校的办学发展至关重要，一定要按照"德才兼备、任人唯贤、群众公认"的原则，严格遵循干部选拔任用工作程序，坚持走群众路线，坚持民主集中制原则；院系行政正职必须具有教授职称和较强的学术影响力，要打破校内现有人才资源的局限，对没有适合干部人选的院系，可面向社会公开招聘。

三、会议对大学城新校区建设领导机构的组建方案进行了认真研究。为加强对新校区建设的领导，确保新校区建设的快速顺利推进，会议决定成立重庆科技学院新校区建设领导小组，下设专家委员会、筹资委员会、监督委员会、规划委员会和指挥部。经研究决定，其具体人员组成情况如下：

（一）新校区建设领导小组

组长：唐一科

常务副组长：郭　庆

副组长：贾北平

成员：王智祥　武金陵　郑航太　朱新才　陈新业

（二）新校区建设各委员会主任委员

专家委员会主任委员：唐一科

筹资委员会主任委员：郭　庆　陈新业

监督委员会主任委员：王智祥　武金陵

规划委员会主任委员：郑航太　朱新才

（三）新校区建设指挥部

指挥长：贾北平

常务副指挥长：陈新业

副指挥长：李国统　冯承劲

四、会议听取了党委组织部关于校部机关科级干部人选考察情况的汇报，对科级干部人选进行了认真审议，并要求对科级干部人选在全校范围内公示，公示后报经党委会做出决定。

（二）制订大学城新校区建设财务管理办法

重庆科技学院党委办公会纪要

2004 年第 8 期

（2005 年 1 月 11 日）

2004 年 12 月 31 日，党委书记、校长唐一科同志在校（北校区）行政楼二楼会议室主持召开了 2004 年第八次党委扩大会议。党委副书记郭庆、武金陵，副校长王智祥、郑航太、朱新才、贾北平等同志参加了会议。副院级调研员陈新业同志以及党办、组织部、纪监办、人事处、计财处等部门主要负责人列席了会议。会议对新校区建设财务管理办法及2005年上半年新校区建设资金投入框架、党委中心组及二级干部集中学习、院系及教辅单位下设三级机构方案等问题进行了讨论和研究。现将会议主要内容纪要如下：

一、会议对大学城新校区建设财务管理办法进行了认真审议，提出了以下几个原则性要求：一是不单独设立新校区财务管理机构，把新校区财务纳入学校大财务集中统一管理；二是单列新校区建设财务管理账户，把新校区建设经费收支与校内日常运行经费收支分开；三是严格执行收支两条线的财务管理规定，坚持公开透明原则，建立健全民主监督和效能监察管理制度，实行目标管理和过程控制管理相结合，确保管理决策的科学化和制度化。会议要求进一步修改和完善新校区建设财务管理办法，审定后公布实施。会议对2005年上半年新校区建设资金投入框架进行了讨论。

二、组织部部长熊磊同志就举办党委中心组和二级干部理论培训的有关工作安排进行了汇报。会议同意在寒假放假前集中几天时间，开展党委中心组和二级干部的理论培训学习。

三、会议审议了二级院系及教辅单位下设三级机构反馈意见方案，对反馈意见后的方案进行了认真研究和修改。会议要求人事部门按照会议修改的意见对方案进行调整完善，在进一步征求二级院系意见后，尽快正式行文执行，以免耽误院系工作。

四、副校长王智祥同志在会上通报了市教委、市人事局领导来校听取北校区离退休职工工资套改工作意见座谈会的主要情况。会议要求人事部门进一步把划转套改的相关政策研究透彻，并尽快落实套改工作，在政策允许范围内努力维护离退休同志的切身利益。

（三）调整大学城新校区建设领导小组

重庆科技学院党委办公会纪要

2005 年第 1 期

（2005 年 1 月 26 日）

2005 年 1 月 11 日，党委书记、校长唐一科同志在校行政楼二楼会议室主持召开了 2005 年第一次党委扩大会议。党委副书记郭庆、武金陵，副校长王智祥、郑航太、朱新才、贾北平等同志参加了会议。副院级调研员陈新业、雷宗明同志以及组织部、校办等部门主要负责人列席了会议。会议对院系科级干部选拔任用实施意见、院系团总支书记选拔任用实施意见以及新校区建设领导小组人员组成等问题进行了讨论和研究。现将会议主要内容纲要如下：

一、会议讨论通过了《院系科级干部选拔任用实施意见》和《院系团总支书记选拔任用实施意见》，要求组织部、团委及各院系严格按照两个实施意见，认真做好院系科级干部和团总支书记的选拔任用工作。

二、会议对新校区建设领导小组的职能定位以及领导小组和下属各委员会组成人员进行了研究。会议决定，新校区建设领导小组的工作职能定位是负责重庆科技学院新校区建设的日常决策工作，并负责向党委会和校长办公会提供政策信息咨询。

会议同意对新校区建设领导小组及下属各委员会的组成人员作如下调整：

（一）新校区建设领导小组组成人员

组长：唐一科

常务副组长：郭　庆

副组长：贾北平

成员：唐一科　郭　庆　王智祥　武金陵　郑航太　朱新才　贾北平
　　　陈新业　刘业厚　熊　磊

图 10-2-1 唐一科　　　图 10-2-2 郭庆　　　图 10-2-3 贾北平　　　图 10-2-4 雷亚

（二）新校区建设各委员会组成人员

1. 专家委员会

主任委员：唐一科

委员：唐一科　王智祥　贾北平　郭　庆　刘玉德　刘业厚　向晓春
　　　任正德　李文华　何宗琦　汪　楠　刘成俊　应晓跃　黄林青
　　　彭晓玲

2. 筹资委员会

主任委员：郭　庆　陈新业

委员：郭　庆　陈新业　沈　晓　邹碧海　陈显明

3. 监督委员会

主任委员：王智祥　武金陵

委员：王智祥　武金陵　张凤琴　张北川　王　静　张其敏　秦南达
　　　蒋明宣

4. 规划委员会

主任委员：郑航太　朱新才

委员：郑航太　朱新才　刘上海　李　健　肖大志　赵计梅　蒋国华

余志祥　温琪莱　崔轩辉　汪德彪　端才宝　康　钢

（三）会议同意任命周勋同志为新校区建设指挥部规划管理组组长，何光明同志为工程现场组组长，李兴国同志为材料设备组组长。

注：经 2006 年 10 月 13 日党委办公会议研究，增补副校长雷亚为新校区建设领导小组副组长兼领导小组办公室主任，负责新校区建设的规划设计、项目招标及办公室管理工作。

2005 年 3 月 4 日，唐一科校长带领新校区建设领导小组部分人员考察大学城新校区选址地——重庆市沙坪坝区虎溪镇大田堡村（图 10-2-5）。从左至右为党委副书记郭庆，基建处处长冯承劲，党委书记、校长唐一科，党委办公室主任向晓春，校长办公室主任李国统，副校长贾北平，党委副书记武金陵，副校长朱新才，纪检监察办公室主任张凤琴，财务处处长赵计梅，基建处副处长周勋。

图 10-2-5
2005 年 3 月 4 日，考察学校大学城新校区选址地——重庆市沙坪坝区虎溪镇大田堡村

第十章　大学城新校区的建设规划与管理

553

（四）领导小组再次调整纪实

为了加速实施大学城新校区建设，学校党委 2004 年 11 月 19 日会议及时研究成立了重庆科技学院新校区建设领导小组，并正式启动了新校区建设各项工作。根据建设发展需要，学校党委于 2005 年 1 月 11 日会议研究对学校新校区建设领导小组进行了调整和充实。作为史料，以下实录 2006 年 2 月 17 日学校党委第三次调整大学城新校区建设领导小组及其相关机构、人员的重科院委〔2006〕9 号文件。

中共重庆科技学院委员会
关于新校区建设领导机构、工作机构人员组成及
主要职能的通知

重科院委〔2006〕9 号

（2006 年 2 月 17 日）

各党总支、直属党支部、校属各单位、机关各处室：

为加强新校区建设的领导，确保新校区建设任务顺利完成，经学校党委研究决定，成立新校区建设领导机构、工作机构。现将领导机构、工作机构人员组成及主要职能通知如下：

一、领导机构和工作机构人员组成

（一）领导小组

组长：唐一科

副组长：郭　庆　贾北平

成员：魏世宏　唐一科　郭　庆　武金陵　严欣平　郑航太　朱新才
　　　贾北平　刘玉德　陈新业　雷宗明　张凤琴　陈显明　张北川
　　　蒋明宣

（二）领导小组下属委员会

1. 规划设计委员会

主任：郑航太

成员：魏世宏　严欣平　郑航太　朱新才　贾北平　李军良　张　劲
　　　刘上海　李文华　肖大志　江　鸣　康　钢　余志祥　赵计梅
　　　崔轩辉　向晓春　任正德　范　军　刘成俊　施金良　黄林青
　　　贾　云　彭晓玲　马一丹　巴朝平　冯承劲　刘成钢　周　勋

2. 资金委员会

主任：郭　庆

成员：唐一科　郭　庆　陈显明　蒋明宣　王　静　李国统　况　健
　　　周启兰　潘　薇　赵云素

财务工作组组长：陈显明　副组长：赵云素

3. 监督委员会

主任：武金陵

成员：武金陵　刘玉德　张凤琴　张北川　蒋明宣　周本立　李必勤
　　　常　剑　邹碧海　胡伟清　张宗浩　杨文兵　黄万来　黄志玉
　　　徐　彦

监督工作组组长：张凤琴　副组长：蒋明宣

（三）领导小组下设工作机构

1. 领导小组办公室

主任：况　健

2. 工程建设指挥部

指挥长：贾北平

图 10-2-6 李国统　　　图 10-2-7 冯承劲　　　图 10-2-8 刘成钢　　　图 10-2-9 况健

副指挥长：李国统　冯承劲　刘成钢

二、领导机构和工作机构主要职能

（一）领导小组

1. 工程建设计划和规划设计方案的审批；

2. 研究决定资金筹集和管理的重要事项；

3. 领导工程建设指挥部，决定招标、施工中的重大事项。

（二）领导小组下属委员会

1. 规划设计委员会

组织调研、论证新校区规划、设计的要求和标准；

组织审查规划、设计方案和修改方案；

检查规划、设计方案的实施落实情况。

2. 资金委员会

组织筹资工作；

组织资金的管理工作；

领导财务工作组的工作。

财务工作组：在资金委员会的领导下，具体办理筹资和资金管理工作。

3. 监督委员会

组织新校区建设监督工作；

领导监督工作组的工作。

监督工作组：在监督委员会的领导下，具体实施对工程建设和资金管理的全程监督。

（三）工作机构

1. 领导小组办公室

负责领导小组及下属委员会的相关会议准备和协调组织，会议意见的汇总督办等工作；

负责新校区建设的对内外宣传报道和情况通报。

2. 工程建设指挥部

组织实施新校区建设工作。

二、大学城新校区建设重要文件纪实

（一）关于加快大学城新校区建设工作的意见

中共重庆科技学院委员会
关于加快新校区建设工作的意见

重科院委〔2005〕45号

（2005年8月29日公布执行）

为了加速推进新校区建设工作，以适应学校改革发展的需要，特制订本意见。

一、指导思想

以邓小平理论和"三个代表"重要思想为指导，用科学发展观统领新校区建设工作。新校区建设要服从服务于学校工作的大局，着眼于学校的持续发展，着眼于建设现代化大学校园，加速推进新校区建设工作。切实加强对新校区建设工作的组织领导，科学地进行规划，认真组织实施，强化管理和监督，周密计划，精心安排，确保新校区建设工作顺利、健康发展。

二、目标与任务

新校区建设目标的确立，一定要从学校的实际出发，要与学校的定位、发展规模、发展进程、发展水平相适应。按照新校区的总体规划，秉承"山""水""园"的设计理念，努力建成与学校改革发展相适应的生态化、人性化、智能化、现代化的大学校园，建成完善的大学功能。新校区建设既要反映当代经济、社会、高等教育现代化进程的要求，又要充分体现中华民族的传统精神和重庆的地域文化，努力使建成后的新校区能真正成为培养人才的摇篮、发展科学的殿堂，成为广大师生员工理想的"精神家园"。

与此同时，要努力实现"建设一个校园，树立一种精神，培养一支队伍，造就一批人才"的管理目标。

按照学校事业发展规划的要求，全面加快大学城新校区建设进程，努力实现 2006 年 9 月入住 4000 ～ 8000 名学生，2007 年 9 月入住 12000 ～ 15000 名学生，2008 年 9 月入住 16000 名学生的建设目标。

三、组织领导与运行机制

建设新校区是重庆科技学院发展历史上前所未有、百年难遇的大事件，是一项十分复杂的系统工程，必须切实加强对新校区建设工作的统一领导，从领导管理体制、运行机制、人、财、物、政策等诸方面为新校区建设快速推进、持续健康发展提供强有力的保证。

（一）学校成立新校区建设领导小组，对新校区建设实行统一领导，负责重大问题的决策。领导小组下设办公室。

（二）为了提高决策的民主性、科学性，发挥专家的作用，调动各方面的力量搞好新校区建设，学校设立规划委员会、专家咨询委员会、筹资委员会、监督委员会和相关的工作组。

（三）设立新校区建设指挥部，负责新校区工程建设的实施。新校区建设指挥部是新校区建设领导小组直接领导下的执行机构，新校区建设领导小组下设的监督委员会和派驻指挥部监督小组是新校区建设的监督机构。新校区建设工作要建立健全决策、执行、监督的运行机制，形成职责清晰、密切配合、督促制约、运转高效的工作机制，以共同努力全面按时完成新校区建设任务。

四、工作指导原则

（一）统一规划，分步实施原则

新校区的修建性详规具有统一性、整体性、科学性和可行性。执行修建性详规必须周密计划，精心安排，权衡轻重缓急，整体规划，分步实施，量力而行，稳扎稳打，不能"贪大求洋"和不切实际的"全面铺开，齐头并进，大干快上"。

当前，我们要重点围绕一期工程建设任务，紧紧抓住征地工作、道路管网、景观绿化这些影响全局的基础性工程，抓住单体设计这些工作量大、工作周期长的项目，抓紧实施，快速推进。

（二）质量为本原则

建设质量事关新校区建设的全局，是百年大计、千秋功业。我们必须从对历史负责的高度，全方位把好质量关。一抓单体建筑质量；二抓整体质量，实现"山、水、园、人"的和谐统一，努力创造和谐美、自然美；三抓功能的齐全配套，努力提高实用性。

（三）艰苦创业，勤俭节约原则

大学城新校区建设是学校的第二次创业，我们一定要发扬艰苦创业、勤俭节约的优良作风，要有吃大苦、耐大劳和打大仗、打硬仗的思想准备，要有"把一个铜板掰成两半用"的精神，控制好投资，努力降低建设成本。

（四）传统性与时代性相结合原则

高等学校作为传承和创造文化文明的前沿阵地，应该反映中国优秀的传统文化和重庆特色的地域文化，反映重庆科技学院办学五十多年的教育文化积淀，同时又要与时俱进地体现当代政治、经济、文化、科技、教育的现代化成果及要求。因此，我们在新校区建设中要把两者很好地结合，为形成先进的校园精神文化和物质文化环境创造良好的条件，使之对学校人才培养、知识创新、文化文明发展产生深刻而久远的影响。

（五）可持续发展原则

我们要立足当前，着眼长远，全面考量、正确处理新校区建设中的重大问题，避免短期行为。一是要正确处理好近期需要与未来发展的关系。在满足2008年全校学生入住的前提下，尽可能多地预留发展用地。近期可用可不用的建筑设施要缓建，五到十年还用不上的建筑就暂时不建。二是要正确处理人与自然的关系。在新校区建设中要尽可能保留和保护好自然生态，力求"山、水、园、人"的和谐统一，真正实现建成"山水园林式"校园的规划目标。

五、建设资金的筹集与管理

资金来源：政府投入、学校自筹（银行贷款、社会融资、土地置换），以自筹为主，政府投入为辅。

资金筹集：新校区建设领导小组下设的筹资委员会负责新校区建设资金的筹集。新校区建设经费先期主要靠银行贷款，中后期以土地置换提供建设经费和还本付息，并辅之政府对学校的基建投入和一定数量的社会融资来解决。当前要根据新校区建设的需要和偿还能力的实际情况，加速银行贷款的操作进程，以满足一期建设工程的需要。与此同时，要十分审慎地制订老校区土地置换方案，并动员各方面的力量，广开融资渠道，多方筹集资金，做好后续建设的资金准备。

资金管理与使用：新校区建设资金单列账户，专款专用。实行"管钱的不花钱，花钱的不管钱"的资金运作机制。新校区建设资金由计财处向指挥部派驻财务工作小组，直接负责新校区建设的财务收支工作。

学校的事业经费和学费收入原则上不用于新校区建设，主要保证人才培养、科学研究、行政管理、教职员工的工资和津补贴以及其他必需的事业支出。在新校区建设的同时要在资金上切实保证学校的正常事业发展和教职工（包括离退休职工）的生活待遇。

六、工作要求

（一）加强计划管理，提高工作的有序性

新校区建设要在总规的前提下，周密计划，分期推进，突出重点，注重效益。在实施的过程中要加强综合协调，计划统筹，并行推进，以保证建设进度。经过充分论证，新校区建设任务分五期工程进行建设，跨10个自然年度。重点是前三期工程，到 2008 年，学校的主要设施基本建成，实现全部学生入住的目标。后两期工程主要解决好绿化、美化、优化和功能的进一步完善配套和发展问题。

（二）加强招投标管理，确保公平、公正、公开

新校区建设项目的招投标，严格按照国家和重庆市的建筑法律法规、招投标法律法规进行集中统一管理，由新校区建设领导小组办公室牵头负责招投标工作。新校区建设指挥部和有关业务部门要从技术层面积极协助搞好招投标工作。

新校区建设项目的招投标形式：公开招标（招标运作全面实行委托代理）、自主邀"标"（竞争性谈判）、直接委托等三种形式。原则上单体设计项目和投资额在 50 万元以下的投资建设项目，可自主邀"标"；为了保证建设进程，对个别设计项目亦可采用直接委托；按照国家建设行政主管部门的规定，投资额 50 万元以上的工程施工项目必须进入建筑交易市场统一管理。

项目的招投标坚持公平、公正、公开的原则，做到信息公开化，操作程序化，评标定标科学化、规范化。为此，学校要制订自主邀"标"和直接委托的实施细则，以明确程序，规范操作行为，并组建与之配套的新校区建设"招投标"专家库。校内的自主邀"标"，必须任意在专家库中抽取一定数量(单数)的专家参加评标。在招投标过程中一定要按程序办事，坚决防止行政干预和个人说了算的现象发生，以免决策失误，造成不必要的经济损失。

（三）加强工程管理，严把工程质量关

质量是工程建设的生命线。新校区建设项目的工程管理要认真执行《重庆市建设工程管理条例》，以《合同》为管理依据，紧紧围绕"质量、进度、安全、效益"这一主线开展工程管理工作。勘察、设计单位必须按照国家现行的规范优化勘察、设计方案；施工单位必须按照经审批的设计文件、操作规程、操作

规范进行施工；监理单位必须对施工全过程进行监理。甲方要加强综合协调，乙方和监理方要密切配合，充分发挥各方的主动性和积极性，严把工程质量关，保证工程进度，保证工程竣工一次交验合格。

（四）物资采购要质优价廉，及时到位

建筑工程中材料费用约占整个建筑费用的60%，要降低建设成本，缓解资金压力，物资采购工作至关重要。因此，新校区建设中的物资设备采购一定要做到信息灵通，货比三家，质优价廉，及时到位。甲供材料由新校区建设指挥部根据工程建设进度需要，提出材料（主要是指"三大主材"和量大的装饰材料及设备等）计划和采购方案，按学校有关规定报批后实行招标采购；乙供材料要把住质量价格关。在物资管理上，要建立严格的领用审批制度，做好台账和建立档案，并强化监管，严防资产流失。

（五）强化安全管理

安全工作，责任重于泰山。安全事故影响工程施工质量、施工进度和工程造价，一旦发生安全责任事故，不仅带来巨大的经济损失，而且还会造成不良的社会影响。因此，新校区建设实行安全责任制度，安全一票否决制度。要加强安全宣传教育，严格执行安全施工强制性标准，督促施工单位安全施工，文明施工。加强施工现场用水、用电和用气的安全管理以及危险品的保管使用，防止意外事故发生。

（六）加强审计与监督

新校区建设工程量大，资金量大且流动频繁、周转速度快；招投标工作关系涉标主体的切身利益，并有来自社会各方面的影响。为了保证新校区建设的资金和人员安全，提高资金使用效益，保证招投标的公平、公正、公开，保护干部，使新校区建设的各项工作健康有序地开展，必须对新校区建设工作实行全方位、全过程监督，加强审计检查，确保建设资金和学校资产不流失，确保不出一起腐败案件，确保参加新校区建设的干部一个不倒下。

七、政策保障

（一）建立新校区建设"绿色通道"。全校各单位要从人、财、物等各方面大力支持新校区建设工作。财务、资产、组织、人事、治安保卫、教学以及后勤等部门和单位，涉及新校区建设工作，都要积极支持，在保证管理要求的基础上，简化办事程序，缩短办事周期，提高办事效率。

（二）新校区建设指挥部根据工作需要，报领导小组同意后，可从校内校外聘请短缺且急需的中高级专业技术人员和管理人员，组织、人事等有关部门要主动配合，积极协助办理。

（三）鉴于新校区建设工作任务繁重，野外作业，工作艰苦，行车频率高，通讯联络频繁等诸多因素，学校将根据有关政策，并参照兄弟院校的做法，结合学校的实际情况，制订相应的待遇实施办法，明确新校区建设人员的相关待遇，以调动新校区建设人员的工作积极性。

（四）在新校区建设指挥部建立临时党支部，以加强新校区建设过程中的思想政治工作，充分发挥基层党组织的战斗堡垒作用和共产党员的先锋模范作用，搞好新校区建设。

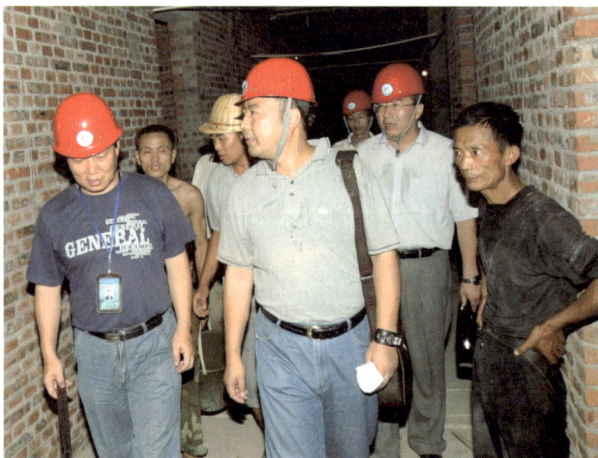

图 10-2-10
2006 年 8 月 12 日，党委副书记郭庆、副校长兼新校区建设指挥部指挥长贾北平检查容园施工现场

图 10-2-11
2007 年 7 月 17 日，副校长严欣平、贾北平在抗洪现场，听取招就处处长沈晓、纪检监察办公室副主任秦南达汇报录取场险情

图 10-2-12
2007 年 7 月 18 日，党委书记魏世宏、副校长兼新校区建设指挥部指挥长贾北平、校长助理李彦察看连湖施工险情

图 10-2-13
2007 年 9 月 18 日，校长唐一科，副校长严欣平、雷亚，建设指挥部周勋在禾园工地察看施工情况

（二）关于加强大学城新校区建设财务管理的意见

关于加强大学城新校区建设财务工作的意见，重点体现在重庆科技学院新校区建设财务管理办法之中，以下全纪实此办法。

重庆科技学院新校区建设财务管理办法（试行）

重科院〔2005〕44号

（2005年2月24日公布执行）

第一条　为了加强新校区建设的财务管理，做到财务保障及时有力、资金使用高效合理、会计核算规范有序，根据财政部《基本建设财务管理规定》《国有建设单位会计制度》和《教育部直属高校基本建设资金管理办法》等财经法规和学校内部财务制度的规定，结合新校区建设管理的实际情况，特制订本暂行规定。

第二条　新校区基本建设财务管理的主要任务是：贯彻国家有关法律、法规；合理编制资金预算，依法筹集资金；根据建设进度，统筹安排、有效使用建设资金；严格控制建设成本，力避资金损失和浪费，提高建设资金使用效益。

第三条　新校区建设资金管理实行学校"统一领导，集中管理，授权审批，一级核算"的财务管理体制。

"统一领导"是指新校区基本建设的财务管理是学校计划财务工作的重要组成部分，各项财务管理工作接受学校的统一领导，建设资金预算、主要资金的筹集须经校长办公会审批。

"集中管理"是指新校区建设经费预算、资金筹集、统筹安排和财务管理由计划财务处集中管理。

"授权审批"是指新校区建设期间的日常开支和授权限额以内的工程建设资金的支付，由新校区建设领导小组授权新校区建设指挥部指挥长审批。大额工程建设资金的支付由建设指挥部指挥长提请校长审批。

"一级核算"是指整个新校区建设期间的会计业务由计划财务处按基本建设单位会计制度组织核算，新校区建设的会计报表并入学校的财务会计报表。

第四条　为了更好地服务于新校区建设，计划财务处应根据学校的要求设立新校区财务办公室。为了加强新校区建设的财务管理，确保建设资金的及时到位、有效使用和安全运作，新校区财务办公室主任由计划财务处处长兼任。

第五条　新校区建设的会计核算，本着既要维护学校财务的整体性，又要体现"突出重点，集中力量，保障建设，高效运作"的精神，实行全校一个基本建设账户，一套基建会计总账，一个核算系统，专人负责，专项管理，内部相对独立的核算办法，以保证会计信息能单独归集、完整反映。

第六条　根据学校党委会审定并报经上级批准的总体建设规划，新校区财务办公室结合指挥部的建设计划和施工进度提出资金保障预案。资金保障预案必须切合校情、实事求是，有措施、可控制、可操作、可实现。

第七条　计划财务处应根据新校区财务办公室提出的资金保障预案，结合学校的财务收支计划，在学校新校区建设筹资委员会的领导下积极开展筹资工作。资金筹措必须依法合规，有措施，见成效。为支持新校区建设，积极筹措建设资金，计划财务处应努力做好以下工作：

1. 加强学校财务管理，开源节流，调整支出结构，从严控制消费性支出，集中财力落实年度新校区建设经费预算；

2. 主动向上级汇报建设进度和实际困难，争取上级的政策支持和投资到位；

3. 根据学校的决定，积极配合有关部门充分利用学校现有资源，通过引进、合作、开发、置换、租赁等多种形式增加收入，增大学校自筹基建资金投入力度。

第八条　工程建设必需的贷款，是学校获取建设资金的重要融资渠道。各类贷款应纳入学校总体财务预算之中。贷前应进行充分论证，避免盲目性，规避筹资风险，坚持规模控制和信用保证。充分提高资金的利用率，贷款必须与建设进度同步，必须与学校资金需求相一致，确实降低财务成本。必须发生的贷款应由计划财务处代表学校办妥贷款事宜，取得的贷款按审批程序转入基本建设账户。

第九条　新校区的建设资金，除上级专项经费直接拨入基本建设账户外，其余资金（不含贷款）不论其来源，均应列入学校收入，纳入学校自筹基建经费预算管理。计划财务处对非财政拨款和融资渠道获得的新校区建设资金（如社会捐赠资金）应加强管理，单独反映。经学校批准拨给新校区建设的资金，由计划财务处和新校区建设指挥部按规定程序办理拨款手续，严格做到专款专用，不得挪作他用。

第十条　新校区建设坚持预算管理。预算的审批权限和额度按学校有关规定办理。要维护预算的严肃性，经批准的预算，任何个人不得擅自变更、追加或超预算透支。在建工程项目预算出现超支，或因临时性建筑及附属物增加或受突发事件影响，必须增加预算才能保证建设任务完成的，事前应申请追加预算。追加预算的审批权限是：5万元以下报指挥长批准；5万～10万元报校长批准；10万～30万元经新校区建设领导小组审议后，由校长签署实施；30万～50万元报校长办公会批准后，由校长签署实施；50万元以上须通过校财经工作委员会论证后，报学校党委会审定，由校长签署实施。

第十一条　新校区设计费、咨询评估费、建设资金成本等用于新校区建设项目的各种支出（不含土地征用及迁移补偿费）是新校区建设项目投资的组成部分，应列入工程总预算，作为待摊投资支出，分摊计入交付使用的资产价值。新区土地征用及迁移补偿费应在办妥建设用地手续并取得土地证后，办理资产手续计入固定资产。

第十二条　严格执行工程价款结算制度。

1. 签订的建设合同和其他经济合同原始件应送新校区建设财务办公室备存，作为支付进度款、结算工程价款和其他付款的依据。预付款、工程进度款严格按照合同规定的条款执行；

2. 备料款一般不得超过工程项目建筑安装工作量所需资金的25%，并根据周转情况及时抵冲工程款。

3. 付给施工单位的工程款和备料款，要与工程进度相一致，并留有足够的额度（合同明确的包干价款只付至合同价款的80%；据实结算的付至经初审后的预算价款的70%），待工程全部竣工验收后按结算办法付款。

4. 工程质量保证金按施工合同约定比例或质量保修合同规定的比例预留，但不得低于工程造价的5%，待质量保证期满，经有关部门验收合格并经审计部门审计后，才能按合同规定条款支付。

第十三条　工程建设项目因故发生停建、缓建、合并、分立等重要变更事项的，须按规定报上级批准，未批准前，不得支付工程款项。

第十四条　为了规范固定资产的管理，指挥部因工作需要经批准购置的设备，列入学校资产管理。学校资产管理处应单独设立新校区建设指挥部的资产登记账户，指挥部综合组应指定责任人负责保管、登记和资产核对。指挥部完成任务撤销时，其资产按有关管理规定，根据需要和用途移交给相关部门，防止资产流失。

第十五条　列入新校区建设项目基础设施一体的设备，除合同规定由承建单位负责的以外，凡应由学校购置的设备，均应按学校有关规定由资产管理处统一组织按招标程序购置，所需经费在新校区建设资金中安排。

建筑物竣工交付使用必须添置的一般设备或教学、科研专用设备，均应按学校规定由资产管理处统一组织按招标程序购置，所需经费在学校计划财务年度预算相关科目中安排。

第十六条　加强对基本建设竣工财务决算管理。基本建设项目竣工财务决算是正确核定新增固定资产价值，反映竣工项目建设成果的文件，是办理固定资产交付使用手续的依据，是学校基本建设取得重要成果的历史记录。基本建设项目竣工时，应编制基本建设项目竣工财务决算；单项工程竣工，具备交付使用条件的，可编制单项工程竣工财务决算；建设项目全部竣工后应编制竣工财务总决算。

学校加强对基本建设项目竣工财务决算的组织领导，组织专门人员，督促施工单位及时报审工程结算，及时编制竣工财务决算。设计、施工、监理等单位应积极配合做好竣工财务决算编制工作。基本建设项目竣工财务决算的依据，主要包括：可行性研究报告；初步设计；概算调整及其批准文件；招投标文件（书）；历年投资计划；经上级审核批准的项目预算；承包合同、工程结算等有关资料；有关的财务核算制度、办法；其他有关资料。

在编制基本建设项目竣工财务决算前，要认真做好基本建设项目档案资料的归集整理、账务处理、财产物资的盘点核实及债权债务的清偿，做到账账、账证、账实、账表相符。竣工决算的相关资料应及时向学校档案馆办理移交手续。

第十七条　新校区建设管理费的管理和使用。

1. 新校区建设管理费是指从筹建之日起至办理竣工决算之日止发生的管理性质的开支。

2. 新校区建设管理费实行总额控制，分年度在工程项目内据实列支。指挥部内部实行阶段（一般半年）计划汇总审批的管理制度。计划财务处根据新校区建设指挥部提供的管理费使用计划汇总数，按学校规定审批程序审批后，分别下达至新校区建设指挥部和财务办公室执行。

3. 根据国家规定，管理费的总额控制数，以上级部门批准的项目投资总概算为基数，并按投资总概算的不同规模分档计算。具体计算方法另附。

4. 为了保证前期工作的推进，在工程项目开工前，可在总额控制数内预安排一定数量的管理费。

5. 管理费开支的范围：新校区建设领导小组及其办公室、新校区建设指挥部及所属专业工作组，为校区建设征地、立项、报建、筹资、施工、协调管理等开展活动所发生的费用。

6. 管理费开支的内容包括：办公业务费、差旅交通费、劳动保护费、工具用具使用费、固定资产使用费、零星购置费、技术图书资料及咨询费，印花税、施工现场津贴、业务接待费、竣工验收费和其他管理性支出。

工作中因业务往来确需发生的业务接待等特支费，原则上控制在管理费总额的 10% 以内，由综合办公室归口管理，并须由两人以上经办。

7. 管理费开支的审批权限。

领导小组及其办公室发生的费用，一次性支出在 500 元以内的由领导小组办公室主任审批，500 ~ 5000 元的由兼建设指挥部指挥长的领导小组副组长审批，5000 元以上的应报校长审批。

指挥部及其专业工作组发生的费用，一次性支出在 2000 元以下的由副指挥长审批，2000 ~ 5000 元的由指挥长审批，5000 元以上的应报校长审批。

审批人对经济行为的必要性、真实性负责。

8. 管理费开支的报销程序：经办人根据原始票据（津贴、补贴等人员费用除外）填写费用报销凭证，经办人签字后根据审批权限逐级报批，新校区建设财务办公室根据已经审批的报销凭证对原始报销凭证的合法、合规性验证后，办理报销业务。

9. 管理费的使用要求：

（1）既要适应新校区建设的特殊性，又必须维护学校财经制度的严肃性。涉及新校区建设中必须发生但与校内有关规定不完全一致的，必须经校长批准。必要时需经校长办公会审定，由校长签字后才能实施。

（2）为了严格财务管理，保证业务工作的顺畅，指挥部可以设立备用金，备用金一般限额在 10000 元以内，备用金使用后应及时报销。年底前必须结清所有备用金。借备用金必须履行借款手续，由经办人签填借款凭证，报指挥部指挥长批准。

（3）新校区建设和管理必须坚持厉行节约的原则，从严控制消费性支出。除保证工作必需经批准可购置常用办公设备外，凡使用频率较低且价格较贵的设备，一般不购置。

（4）购置的设备价值达到国家规定的固定资产标准的，必须按规定先在学校资产处办理资产登记后才能报销。

（5）遵守国家现金管理条例，单项（件）超出1000元的支出，一般均应坚持转账支付。

（6）管理费支出本着从严从紧的精神，不得超支，结余经费全部用于保证工程建设的需要。

第十八条　新校区建设资金的管理和使用。

1. 本条所指新校区建设资金，是指列入新校区规划建设任务，对土地征用及迁移补偿、地上建筑物和其他附着物建设的投资。

2. 新校区建设资金的使用必须依据财政部《基本建设财务管理规定》，项目论证、立项、工程概算、预算、计划报批、招投标、签订建设合同等基础工作必须做到程序规范，手续完备。报经批准的工程建设总预算和单项工程预算是付款、结算和决算的根据。

3. 新校区建设项目资金按基本建设程序支付，在建设项目尚未列入年度基本建设任务之前，经学校批准，可以暂付前期费用；建设项目未经批准开工之前，不得支付工程款。

4. 工程建设的付款和结算，必须严格执行工程价款结算制度的规定，坚持按照规范的工程价款结算程序支付资金。单项工程的付款和结算，严格执行预算和合同管理制度。工程项目必须列入建设规划且按规定程序签订的建设合同，要载明付款（结算）办法且符合履约条款。

5.工程项目付款审批实行新校区建设办公会决定后按规定程序审批的制度。工程项目所发生的款项是否支付，应提交新校区建设办公会决定。决定支付的工程款项在500万元以内的由指挥长审批，500万元以上的报校长审批。

6.工程项目付款程序：

工程进度款的支付，由合同承建单位提交符合设计建设标准和付款进度的书面材料，经工程监理签认后，连同出具的合法收款凭据，由工程组指定专人负责办理；工程监理出具与合同付款相一致的质量、进度有效证明文书，与收款凭据一并送工程管理组审查，并按规定的审批权限逐级报批。新校区建设财务办公室主任对经批准的付款凭证及附件的合法、合规性验证并签字后，转会计办理付款手续，将资金转（汇）入合同指定承建单位的银行账户。

单项工程竣工，具备交付使用条件的，经验收合格后可按合同规定进行结算。结算时除了履行单项工程付款一般审批权限及程序外，还必须提交竣工财务决算的相关资料，经学校资产管理处确认，通过审计部门的审计并出具审计报告后，财务才能按合同规定进行结算付款。

7.建设工程的勘察、设计、施工、设备以及大宗材料采购和工程监理等必须按照国家和学校的有关规定进行招标，并与中标单位依法签订合同。各项合同必须明确责任和义务、质量标准、履约担保责任和违约处罚条款。财务人员严格按合同规定的条款，参照单项工程的付款审批权限及程序办理付款手续。涉及材料、物资进货的，除经办人签字外还必须经过一定的验收程序，有验收单位及验收人签收的相关证明材料。

8.工程建设中发生的零星支出，参照管理费的审批权限和报销程序办理。

第十九条　本办法由学校计划财务处负责解释。

第二十条　本办法自颁发之日起试行。

（三）关于严格大学城新校区建设过程纪律的规定

学校党委关于新校区建设严格相关纪律的若干规定（2005年第6期，2005年3月14日），相关文献纪实如下。

1. 会议纪要

2005年3月11日，党委书记、校长唐一科同志在北校区行政楼第一会议室主持召开了2005年第六次党委扩大会议。党委副书记郭庆、武金陵和副校长郑航太、朱新才、贾北平等同志参加了会议。党委办公室主任向晓春、党委组织部部长熊磊、纪监办主任张凤琴、保卫处处长李健等同志列席了会议。现将会议主要内容纪要如下：

一、副书记郭庆同志传达了中共重庆市保持共产党员先进性教育活动领导小组办公室关于征求对市委常委会、市政府党组班子及成员的意见通知精神。会议责成党委办公室根据学校党委向市委常委会、市政府党组班子及成员提出的意见和建议，完成征求意见表的填报工作。

二、会议审议通过了《中共重庆科技学院委员会党风廉政责任实施办法》《中共重庆科技学院委员会关于处级干部廉洁自律的行为规范》《中共重庆科技学院委员会关于党风廉政建设责任报告制度的规定（试行）》《中共重庆科技学院委员会实施党风廉政建设责任追究的暂行办法》《中共重庆科技学院委员会关于领导干部党风廉政诫勉谈话的规定》《重庆科技学院行政效能监察实施办法》《中共重庆科技学院委员会关于新校区建设中加强纪律的有关规定》《中共重庆科技学院委员会治安综合治理目标管理实施办法》等8个规章制度，并要求正式行文印发执行。

三、按照上级有关文件精神，会议规定，今后处级以上干部一律不准驾驶公务车。会议重申了领导干部不准接受下级赠送的礼品钱物和严格保守党委会议秘密等纪律要求。

四、会议审议通过了校办产业筹备工作领导小组的组成人员名单。

2. 新校区建设中加强纪律的规定

《重庆科技学院委员会关于新校区建设中加强纪律的有关规定》全文：

根据《中华人民共和国行政监察法》《中国共产党党内监督条例（试行）》《中国共产党纪律处分条例》和上级有关规定，按照学校党委、行政要求，结合新校区建设工作的特点，特对新校区建设中加强有关纪律做出如下规定：

一、认真执行《招投标法》《合同法》《采购法》及党和国家的相关政策法规，坚持依法办事，按合同和协议办事。

二、贯彻落实学校党风廉政建设责任制的各项规定及相关文件。要勤政廉政，出以公心，不徇私情，破除庸俗的关系网，排除一切可能对公正执行公务的干扰，做到公平、公正、公开、透明地处理问题，严格执行集体决定的规定，全面履行廉政职责和管理职责。

三、增强内部管理机制的自我约束能力，制订完善议事决策规则和操作程序，坚持工作的连续性和相对稳定性，不能朝令夕改，人为随意变更。要严格遵守民主集中制制度、请示报告制度及会议保密、信息保密和资料保密等方面的保密规定。对外宣传、解释，口径必须保持一致，不许在各施工单位之间、各供应商之间以及施工单位和供货商之间传话和串话。

四、自觉遵守廉洁自律的各项规定，自觉维护学校利益，绝不能以牺牲国家和学校利益谋取个人私利。不准借职务和工作之便向工程承包商和供应商以及其他协作单位和个人索取财物；不准接受相关方的礼金、有价证券、土特产等礼品和纪念品；不准参加有影响执行公务的宴请、旅游等休闲、娱乐性消费活动。对于未能拒收的礼金、有价证券、土特产等礼品和纪念品，必须按规定及时交纪检监察办公室登记处理。

要自觉遵守新校区建设财务制度。认真执行领导干部重大事项及时报告制度。

五、必须自觉遵守和严格执行回避制度。凡属直系血亲、姻亲和三代以内旁系血亲的人员，不得在新校区建设指挥部同一部门或直接关联部门工作。与工程建设相关方人员具有上述关系的，不得参与相关的协调、谈判等可能影响公正执行公务的工作或活动。

六、新校区建设指挥部的所有工作人员不得借工程建设之机向相关方推荐或安插工程技术和管理人员，不得借职务或工作之便以各种方式直接或间接地向其推销材料和产品。

与相关方联系和协商招投标等敏感问题，必须有本校相关工作人员三人以上在场时进行，个人不得与相关方私下接触，不得将自己的住所告知对方，不得在家中接待相关方人员。

七、工程建设、大宗材料及物资设备采购等项目必须按照规定，实行招投标，投标单位不得少于三家。对投标单位的资质、能力、信誉和业绩等必须认真进行审查。对大宗材料及物资设备采购要加强计划性，加强市场调研，货比三家。对采购回的物品要严格实行数量、质量验收制度，完清入库手续。

八、新校区建设管理人员既要虚心听取乙方和监理方管理人员的意见和建议，又要坚决维护学校的合法权益。未经报批和审查同意，不得擅自变更既定的施工材料的生产厂家、类别、型号、价格和用途。

九、甲方（即校方）现场代表必须全面履行职责，既管土建，又要监管材质，督查安全，还要加强对隐蔽工程的质量管理和工程量管理，督促监理正确履行施工材料质量控制、工程质量控制、工程进度控制，工程投资控制等责任。要坚持原则，自觉抵制说情风和其他不正当做法。

十、纪检监察办公室要重点监督建设项目审批与前期准备、工程发包、施工、竣工、合同履行、材料设备采购、质量评估、工程变更、验收等主要环节，加强现场监督，注重调查研究，同财务、审计等部门一道认真督查，及时处理好检举、控告和投诉等问题。同时，要对新校区建设的各种规章制度的执行情况实施监督。

根据学校党委研究决定：新校区建设的财务工作，由学校财务处处长陈显明负责；审计工作由学校审计处处长蒋明宣负责；纪检监察工作由学校纪检监察办公室主任张凤琴负责。三位同志在学校大学城新校区建设过程中，在资金筹集与供应、工程款审计与核算、建设过程各环节的跟踪检查与监督等方面，为新校区建设保驾护航，贡献卓著。编者特在此收录他们的照片（图10-2-14至图10-2-16）。

图 10-2-14　陈显明　　　　　图 10-2-15　蒋明宣　　　　　图 10-2-16　张凤琴

三、大学城新校区建设重要管理办法纪实

（一）大学城新校区建设管理暂行办法

2005年9月27日，学校的重科院〔2005〕239号文件公布执行了《重庆科技学院新校区建设管理暂行办法》等六个制度性附件文件。

重庆科技学院新校区建设管理暂行办法（试行）

重科院〔2005〕239号（附件1）

（2005年9月27日公布执行）

第一章　总　则

第一条　根据中共重庆科技学院委员会《关于成立重庆科技学院新校区建设领导小组的通知》（重科院委〔2004〕29号）和《关于加快新校区建设工作的意见》（重科院委〔2005〕45号）等文件精神，为了加快学校的发展步伐，加强和规范新校区建设的管理工作，确保新校区建设工程项目的质量、进度和安全，杜绝腐败现象的发生，进一步提高新校区建设投资效益。根据《中华人民共和国建筑法》和学校相关规定，结合新校区建设实际，特制订本办法。

第二章　组织机构及基本职责

第二条　新校区建设管理工作是学校工作的重要组成部分。学校成立新校区建设领导小组，对新校区建设实行统一领导，负责重大问题的决策。领导小组下设办公室、规划委员会、咨询委员会、筹资委员会、监督委员会和相关的工作组及建设指挥部。

第三条　学校在新校区建设领导小组下设立新校区建设指挥部，负责新校区工程建设的实施和推进。同时，学校在新校区建设领导小组下设立监督委员会和派驻指挥部监督小组，对新校区建设工作实行实时跟踪监督。

第四条　学校新校区建设指挥部下设五个工作组：综合组、规划管理组、合同预算组、材料设备组、现场工程组，分别行使新校区建设的运行管理职能。

第五条　学校新校区建设指挥部的基本职责为：

1.在新校区建设领导小组的领导下，根据政府部门批准的建设计划，全面负责组织实施新校区总体规划内的所有基本建设项目工作。

2.认真贯彻落实国家有关基本建设的各项方针、政策及法律、法规，全面负责新校区基本建设工程的组织工作，重大问题及时向领导小组汇报。

3.贯彻执行新校区建设领导小组审定的建设原则和目标要求，组织编制年度基建计划，执行检查工程项目的管理程序、质量保证措施及合同履行情况，考核下设各部门的运行管理工作。

4.根据新校区近期和中、长期建设项目的实施和规划情况，参与审查新校区建设总体规划和年度计划，上报主管部门批准，并及时传达落实上级领导的各项决议。

5. 按照国家有关规定，负责新校区建设工程的设计、施工、监理、竣工验收及结算审核等具体工作的实施；严格按基本建设程序和技术规范及操作规程进行管理，确保新校区工程质量和进度及施工安全。

6. 负责组织新校区工程项目的可行性研究和建设方案、扩初设计、施工图设计的报批等各项前期准备工作；协助领导小组进行工程项目招标；负责施工、监理、设计等合同的签订；负责施工管理和竣工验收期内的保修工作。

7. 负责新校区建设过程中与市、区地方政府及其相关部门之间的协调工作，解决建设中涉及的具体问题。

8. 负责组织新校区建设工程招标细则的拟订，做好工程招标前期工作。

9. 掌握工程项目进程，及时协调监理、勘察、设计、施工的关系。

10. 负责组织审定新校区大宗办公设备和物资材料采购方案。

11. 负责协助领导小组办公室编印新校区建设简报和各种文档资料收集整理，立卷归档的检查。

12. 负责管理指挥部下属机构工作人员的学习、工作、生活等。

13. 组织定期召开会议，检查、布置、总结工作。

14. 完成新校区建设领导小组交办的其他任务。

第三章　建设项目的管理程序

第六条　建立并实行项目决策论证评估制度。重点工程，标志性建筑报新校区建设领导小组、市教育委员会发展规划处组织专家进行评估论证。

第七条　建设工程须按国家规定履行报批手续，严格执行基本建设程序，坚持先勘察，后设计再施工，杜绝"三边"工程。

第八条　项目可行性研究报告、立项报告、方案及扩初设计、施工图设计、开工报告，经指挥部审查后报学校领导小组审定，并报市教委发展规划处和市规划、消防、建委等政府职能部门审批后实施。

第九条 建立健全基本建设工作的民主管理机制，坚持公示制度，使基本建设管理工作制度化、公开化。

第四章 建设计划与目标管理

第十条 新校区建设计划、投资流程，由新校区建设指挥部拟订总体方案和分年度的实施计划，经新校区建设领导小组审定，以文件形式下发各相关部门实施。

第十一条 新校区建设实行年度目标管理，明确建设项目、完成投资和进度任务。指挥部根据目标责任，细化方案，强化措施，确保建设项目按计划顺利推进。指挥部定期向领导小组汇报有关新校区建设情况。

第十二条 新校区建设项目，按建设部和重庆市人民政府职能部门的要求，对工程项目建设的全过程实行监督管理。在加强充实新校区建设管理部门经济、技术相关人员的同时，邀请社会力量参与监督管理。如：项目决策阶段的咨询评估公司、设计阶段的监理公司、招标阶段的代理公司、施工阶段的监理公司、竣工结算阶段的审核咨询公司或会计师事务所等。

第五章 规划设计与工程设计管理

第十三条 新校区建设项目，要严格按基本建设程序办事，严格执行《建筑法》《规划法》《招标投标法》《环保法》《工程质量管理条例》《人民防空法》《合同法》《重庆市建设工程管理条例》等与建设工程相关的法律法规和学校相关的规章制度，全面加强规划设计、工程招投标、工程监理、合同管理、造价管理和安全质量管理。

第十四条 新校区概念性规划、修建性详规方案和重大项目的设计方案，由新校区建设领导小组召集相关部门和人员，邀请有关专家和部门组织评审通过后，按程序报市级规划部门和市人民政府审批。规划方案调整必须报领导小组审批同意。

第十五条　新校区概念性规划、修建性详规设计、单体建设项目初设（含技术设计）和施工图设计由新校区建设领导小组负责召集相关部门和人员，邀请招标后委托设计。

第十六条　监理单位由新校区建设领导小组召集相关部门和人员，组织考察、洽谈，邀请招标优选1～3家监理单位，负责新校区工程监理。要严格执行工程监理有关规定，坚持监理制度，落实监理单位责任，确保建设项目质量。

第十七条　依法严格实行工程招标制。由新校区建设领导小组召集相关部门和人员，委托招标代理机构组织，学校纪检监察、审计处等参与监督、市教委监督对工程进行公开招标。对违反规定干预招标活动谋取私利的人，根据情节轻重严肃查处。

第十八条　根据国家有关规定，可以实行邀请招标的，由新校区建设领导小组召集相关部门和人员共同确定招标原则。必须严格执行国家法规规定实行公开招标的，由新校区建设领导小组召集相关部门和人员，学校纪检监察、审计等部门参与，认真履职，各负其责，确保工程招标公开、公正、公平进行。严禁暗箱操作和搞任何不正当交易。

第十九条　加强工程造价管理。项目预算必须按定额标准执行，严格工程结算和审核。做好工程设计方案和施工方案审查，优化施工组织设计。加强施工现场管理，严格报建、设计、地勘、土建、安装、设备、材料等费用管理。规范工程验收、签证手续，工程量、台班等必须由现场工程组、合同预算组、监理人员和分管副指挥长签字后才能作为计价依据。严厉查处损公营私和失职渎职行为。

第二十条　严格实行合同管理制度。工程项目的勘察、设计、施工、监理和设备材料采购，都要按照双方签订的合同并严格执行。各类合同在执行终止日前，合同款的支付不得超过80%。

第二十一条　加强地质勘探、设计、施工、监理、安装和大宗材料采购及设备采购合同管理。按学校新校区建设财务管理制度和物资采购管理办法办理。

第六章 工程质量管理

第二十二条 新校区建设工程质量管理要严格遵循《中华人民共和国建筑法》和国务院发布的《建设工程质量管理条例》，以及重庆市人民政府颁布的有关法规和政策。

第二十三条 为了确保工程质量，新校区的基本建设项目实行工程监理制。严格执行重庆市工程建设监理的有关规定，并委托区级以上地方政府质监站监督工程质量。

第二十四条 加强新校区建设质量和安全管理。要制订工程质量管理细则，明确岗位职责，强化质保措施。加强对参与新校区建设的建筑施工企业的资质审查和实力考察，加强施工现场管理和对建筑材料的检测，确保工程质量。要落实安全生产责任制，杜绝发生重大安全责任事故。

第二十五条 依据建设工程竣工备案制，严格履行工程竣工验收手续。工程竣工后，应及时组织勘察、设计、施工、监理和地方政府工程质量监督等有关单位进行竣工验收。

第二十六条 新校区建设工程施工中发现重大质量问题或隐患，限期进行整改。整改期间暂停拨付工程款。

第二十七条 注重推广运用新材料、新技术、新规范，提高工程科技含量。

第七章 物资设备的采购与管理

第二十八条 新校区建设中涉及的办公设备和物品，由指挥部综合组主办，根据各部门提出的计划和清单统一拟定采购方案，按学校新校区建设财务管理制度和物资采购管理办法办理。加强新校区固定资产管理，严格审批领用制度，建好资产台账和档案。

第二十九条　建筑安装工程涉及的甲供材料和设备，由指挥部材料设备组主办，按学院财务管理制度和物资采购管理办法办理。学校纪检监察、审计等部门，要加强对甲供材料招标、拨款等事项的监督和审计工作。

第八章　建设资金的拨付管理

第三十条　新校区各类建设资金由学校计划财务处负责统筹和管理。新校区的建设资金实行专项管理，严格执行有关财经纪律和学校的规定。

第三十一条　新校区建设资金按学校新校区建设财务管理制度办理。工程进度款由施工单位按规定上报工程进度款申请，由监理单位总监和指挥部现场工程组、合同预算组的现场人员签审意见，经部门负责人及指挥部分管副指挥长审核后，并按经费审批权限报批后拨付资金。设备款、甲供材料款和临时工程款按合同约定，按上述程序办理，并按经费审批权限报批后拨付。

第三十二条　工程拨款必须严格按合同规定执行。要严格控制工程付款进度，土建工程完工前，付款不得超过合同金额的60%。设计、设备和安装工程完成前，付款不得超过合同金额的80%。土建工程、安装工程和其他类似工程，必须由新校区建设指挥部合同预算组审核后，报学校审计处审定后，才能按合同约定付清余款。

第三十三条　支付工程报建费等其他费用时，应附缴费的相关文件或其他依据。经部门经办人和负责人及指挥部分管副指挥长审核后，并按经费审批权限报批后拨付资金。

第三十四条　土建工程、安装工程、装修工程、绿化工程及其他需要进行结算的工程项目，必须按第三十五条的相关程序办理。

第三十五条　签订施工合同时，必须与施工单位签订审计合同和廉政合同。审计合同和廉政合同由新校区建设指挥部指挥长和学校审计处、纪检监察室联合与施工单位签署。

第九章　工程档案管理

第三十六条　要加强对新校区建设项目的综合档案、工程技术档案分类管理，及时将工程项目的申请立项、计划批复、规划等各职能部门的批复、地勘、设计、监理、施工、财务、行政等各种声像资料和文本资料，及时立卷归档。并按照《档案法》和《重庆市建设工程项目档案管理规定》及学校关于工程档案归档的要求妥善保存，做好向重庆市城建档案馆移交建设项目竣工档案和学校档案部门移交建设工程项目所有的建设档案的工作。

第三十七条　要根据建设进度，及时收集、制作和保管好新校区建设的各类图片、声像资料。分年度搞好新校区建设大事记。及时与学校校园网络部门联系，在网络媒体上做好有关人才招聘、工程招标、材料采购招标及新校区建设管理动态的宣传工作。

第十章　人事、奖惩和工作纪律

第三十八条　指挥部下设部门负责人由新校区建设领导小组聘任，其工作人员的调配使用和聘任由新校区建设指挥部决定。指挥部工作人员的福利和待遇由指挥部提出方案，报新校区建设领导小组审批后执行。

第三十九条　新校区建设指挥部要加强对工作人员的管理和考核，严格工作制度和工作纪律。所有新校区工作人员必须遵守廉洁自律有关规定，不得接受任何建筑施工企业和材料、设备供应厂家的吃请和赠送财物，不得有任何不正当交易和违纪行为，违者依法按党纪、政纪予以处理。

第四十条　为确保基建工程质量和进度，提高基建投资效益，进一步增强基建工作人员的责任感，鼓励建造优质工程，按建设质量对项目工作人员实行奖惩制度。

第四十一条　基建工程项目在保证质量、保证工期的前提下，经评定为合格工程时，新校区建设领导小组按照工程投资（竣工结算）的 0.3% 对新校区建设的相关部门及人员予以奖励。奖励办法参照重庆大学等其他入驻大学城高校的相关办法执行。

第四十二条　为保证在工程建设过程中尽量减少对学校整体环境的破坏，确保安全生产，文明施工，争创"文明工地"。对获得"市级文明工地"的基建工程项目按照工程竣工结算的 0.1% 予以奖励；对获得"区级文明工地"的基建工程项目按照工程竣工结算的 0.05% 予以奖励。

第四十三条　由于基建工作人员原因，造成基建工程重大损失的，由学校视具体情况对相关责任人予以行政处分或相应的经济处罚。

第十一章　附　则

第四十四条　本办法由新校区建设领导小组授权指挥部负责解释。

第四十五条　本办法自公布之日起执行。

（二）大学城新校区建设的工程项目投资控制办法

重庆科技学院
新校区建设工程项目投资控制暂行办法（试行）

重科院〔2005〕239 号（附件 2）

（2005 年 9 月 27 日公布执行）

新校区建设工程项目投资的有效控制是新校区建设管理的重要组成部分，应贯穿新校区建设实施的全过程。为了保证建设项目投资管理目标的实现，必须从组织、技术、经济、合同与信息管理等多方面采取措施，使控制立足于事先和主动。特制订如下暂行办法。

一、工程项目的投资决策阶段

1. 由建设指挥部合同预算组负责，综合组、规划管理组配合，认真做好项目建议书和可行性研究报告，充分考虑到工程建设项目整个建设期间所必需的各项费用，包括勘察、检测、设计、招投标、代理、监理、水电气讯管网等的增容费及施工费用，办理建设许可证所发生的向市和区有关部门缴纳的各项费用等前期费用，建筑物及构筑物的拆迁、七通一平、工程费用（含土建、安装、装饰及室外总体等），竣工验收、审计、测绘等费用。

2. 由建设指挥部规划管理组负责，综合组配合，根据项目使用单位的实际情况和学校的决策，协助相关编制单位编制项目建议书和项目可性研究报告，报上级主管部门审批。

二、工程项目的设计阶段

1. 由建设指挥部合同预算组负责，综合组、规划管理组配合，根据上级对可行性研究报告的批复中的建设规模、建设标准、建安费用（还包括设备及安装费用和室外工程费用等），进行设计招标或委托设计，签订勘测、设计合同。

2. 由建设指挥部规划管理组负责，现场工程组配合，组织编制委托设计任务书。要求设计单位严格按限额设计的要求进行设计，满足使用功能的要求，在不超限定投资的情况下，尽可能将使用功能考虑得适当超前一些，但不得随意扩大建设规模和提高建设标准，并正确做出与设计图相符的设计概预算。

3. 由建设指挥部规划管理组负责，现场工程组、合同预算组配合，针对各工程扩初设计阶段的情况，认真进行设计图纸（包括建筑、结构、安装、使用功能、面积等）、工程概预算的审核，严格控制建设的规模、标准、投资。

4. 由建设指挥部材料设备组负责，现场工程组、合同预算组配合，认真、及时做好工程材料、设备信息的收集，做好建设项目所需材料、设备的性能、价格等的咨询工作，以便做好投资控制工作。

三、工程项目的发包阶段

1. 由招标代理机构负责，建设指挥部综合组、合同预算组配合，根据审核后的施工设计图纸、施工图预算以及建设项目的其他实际情况，组织编制招标文件，办理施工招投标有关手续。

2.编制招标文件要充分考虑投资情况（包括可允许投资多少建安费用、设备及安装费用、配套家具费用、室外工程费用及资金到位情况等）、项目施工场地地上地下的实际状况、施工图出图情况、项目建设要求、对投标单位的要求（包括对投标书的要求）、评标的原则及标准、承包合同的主要条款、承包的范围、承包的方式、开竣工日期、材料设备的供应及价格的计取和结算办法、投标报价及计取方法、工程量的调整及结算办法、工程款的支付办法等情况，使招标文件尽量完善。

3.根据招标文件的有关要求，新校区建设指挥部合同预算组牵头组织起草、商谈、签订施工承包合同。合同要充分考虑工程承包范围和方式、承发包人的工作范围、材料设备采购的有关规定、工程设计变更及变更价款的确定等有关涉及投资的条款，使承包合同尽量完善。

四、工程项目的施工阶段

由建设指挥部现场工程组负责,合同预算组、规划管理组、材料设备组配合，对工程项目建设进行过程管理。

1.建设指挥部现场工程组在实施过程管理时，项目管理人员必须首先熟悉施工图纸和施工组织设计，熟悉合同文件内容，熟悉项目的允许投资和施工图预算，严格按合同条款执行。严格审核现场签证，把好工程质量关，同时努力降低工程造价。

2.严格控制有增加投资的设计变更。

3.工程签证严格执行工程设计变更与签证管理规定。

4.工程项目材料、设备的采购，严格执行材料及设备采购管理规定。

五、工程项目的竣工结算

由建设指挥部合同预算组负责，规划管理组、现场工程组、材料设备组配合。

1. 竣工结算书是反映工程项目实际造价的文件。结算严格按国家的有关标准、规范、定额以及该工程项目合同文件的有关条款进行。

2. 建设指挥部现场工程组相关的工程管理人员配合审核单位熟悉该工程项目的合同文件中有关工程造价的内容、条款，熟悉施工图纸，熟悉该工程项目的有关补充协议、设计变更、工程签证单等涉及变更工程价款的资料，认真进行结算，做到既不漏项，也不重复计算（包括定额子项目中的工作内容）。

3. 对施工单位交来的工程结算，由建设指挥部现场工程组合同预算组进行初步审核后，提交学校审计处审定。

4. 工程项目的审计报告，需交一份给建设指挥部综合组，以便对工程竣工后的资产进行移交。

5. 由建设指挥部合同预算组做好工程竣工项目结构、面积、造价等有关数据的统计，进行工程项目的后评估，并作为以后相关建设项目的参考。

六、本办法由新校区建设领导小组授权指挥部负责解释。

七、本办法自公布之日起执行。

在学校新校区建设领导小组和建设指挥部领导下，新校区建设工程的实际运行操作分设总工办、规划部、合同预算部、材料设备部、工程部和综合办公室，主要分别由周勋、但德明、周启兰、李兴国、何光明和刘卫担任负责人。在2006—2008年期间，这些同志餐风宿雨，长期战斗在新校区工程建设第一线的泥泞与风雨之中，为新校区建设立下了汗马功劳，他们是美丽校园的功臣。编者特在此收录了他们的照片（图10-2-17至图10-2-22）。

图 10-2-17　周勋　　　　图 10-2-18　但德明　　　　图 10-2-19　周启兰

图 10-2-20　李兴国　　　　图 10-2-21　何光明　　　　图 10-2-22　刘卫

第三节　大学城新校区工程建设指挥部文献纪实

一、关于工程项目的合同管理制度

（一）工程项目合同管理制度

新校区建设工程项目合同管理制度（试行）

重科院〔2005〕239号（附件3）

（2005年9月27日公布执行）

为规范合同管理行为，依据《中华人民共和国合同法》的有关规定，对新校区建设工程项目的勘探、设计、招标代理、施工合同、材料或有关设备采购合同、技术咨询、服务合同、监理合同及其他合同（以下简称合同），实行规范统一管理，特制订如下具体规定：

一、合同的签订程序

1. 设计、勘察、代理、监理等项目前期合同，由新校区建设领导小组召集相关部门及人员研究决定，由建设指挥部合同预算组具体主办，指挥长、监察、审计负责人会签后，由新校区建设领导小组组长或委托副组长、指挥长签订。

2. 材料设备采购合同，由新校区建设领导小组召集相关部门及人员研究决定，由材料设备组具体主办，合同预算组配合，指挥长、监察、审计负责人会签后，由领导小组组长或委托副组长、指挥长签订。

3. 施工合同，由新校区建设领导小组召集相关部门及人员研究决定，由合同预算组具体主办，现场施工组配合，指挥长、监察、审计负责人会签后，由领导小组组长或委托副组长、指挥长签订。

二、合同的发放范围

根据工作需要，由合同的具体主办部门发放到相关部门和人员。

三、合同的管理责任

1. 正式合同签订后，合同的具体主办部门必须将正本合同送交综合组资料管理员并办理签收手续，管理员按规定存放归档妥善保管。

2. 合同在实施中必须加强监督管理。现场工程组、材料设备组等管理员应认真检查工程是否按合同规定执行，并定期或不定其向领导报告合同履行情况。

3. 工程预（决）算人员必须严格按合同条款办理有关工程（材料、设备）结算和财务决算事宜。

4. 由于主办部门未按规定范围及时发送合同或有关人员未严格执行合同，而在工程中产生纠纷或产生质量事故、影响工期的，要追究相关人员的责任。

5.为保护合同当事人的合法权益，严禁泄露合同机密。由于泄密而造成损失的，追究相关人员的责任。

四、本办法由新校区建设领导小组授权指挥部负责解释。

五、本办法自公布之日起执行。

（二）工程项目设计变更与签证管理办法（新校区建设指挥配套管理文件）

新校区建设工程项目设计变更与签证管理办法（试行）

（2005 年 9 月 28 日公布执行）

工程开工前必须进行图纸会审，将施工图上的问题提前解决，尽量减少施工中的设计变更与签证，如若不可避免，按如下规定执行。

一、工程设计变更的具体经办人为规划管理组和现场工程组负责人，具体负责与设计单位、施工承包单位、业主等有关单位和人员联系变更事宜。

二、所有设计变更必须有文字记载，禁止口头承诺。特殊情况下，如口头承诺，事后必须在 7 日内补办设计变更通知单。

三、由于各种原因引起设计变更造成的工程费用较大增加，应注明增加部分费用的处理意见。

四、设计变更一般经规划管理组、现场工程组通知监理单位、设计单位，设计单位出具符合规范的变更通知单由规划管理组、现场工程组发至相关单位，方可付诸实施。重大变更报经指挥部指挥长阅批后进行。

五、现场施工过程中发生的各种签证均需通报工程例会讨论研究后由现场工程组、预算合同组、监理等相关管理人员签具原始凭证，未经签证程序的签证均为无效签证。费用超过 10000 元的报指挥部分管指挥长批准。所发生的工程签证应及时处理，一般不得超过 7 天。

六、各专业工种的设计变更应加强相互联系，避免信息不通造成新的变更和增加费用。

七、本规定由指挥部负责解释。

（三）工程项目预（结）算审核制度

新校区建设工程项目预（结）算审核制度（试行）

重科院〔2005〕239 号（附件 4）

（2005 年 9 月 27 日公布执行）

一、工程项目的预（结）算，必须经过合同预算组审核人员、现场工程组和材料设备组技术人员审核确认，报学院审计处审计后，由新校区建设指挥部指挥长审批后执行。

二、工程项目的变更必须有完备的手续且有文字和图像说明，而且在发生变更 3 日内，报现场工程组和合同预算组备案，否则视为无效变更，不予承认。

三、工程项目的预（结）算，施工单位必须如实按照政策规定和施工图（竣工图）及有关资料的要求进行编制，合同预算组如实进行审核。

四、工程项目的预（结）算，经双方确认后，报送审计室审定，合同预算组及施工单位予以积极配合。

五、根据审计处的审定报告，协助计划财务处办理工程财务决算报告，报新校区建设指挥部指挥长批准。

六、本办法由新校区建设领导小组授权指挥部负责解释。

七、本办法自公布之日起执行。

图 10-3-1
2005 年 12 月 16 日，新校区建设指挥部副指挥长李国统在图书馆建设工地组织测量工作

二、关于工程项目的现场施工管理制度

（一）工程项目安全生产管理制度

新校区建设工程项目安全生产管理制度（试行）

重科院〔2005〕239 号（附件 5）

（2005 年 9 月 27 日公布执行）

一、施工现场安全消防工作主要由施工单位负责，建设指挥部负责安全消防监督。

二、施工单位在施工组织设计中必须有安全消防规定，在分项工程施工前，施工单位应向班组进行安全教育并进行技术交底。在施工现场，施工单位应配备有专职安全员。

三、施工单位应负责落实安全保障措施：安全帽佩戴、个人劳动保护，施工架子、安全网、洞口、沟道等处防护，以及相关施工机电设备的安全保护。

四、现场工程组负责督促施工单位采取预防高空坠落、物体击伤、机械致伤、触电、坍塌等措施的落实，重点监督安全事故易发部位预防措施的落实。监督施工单位防火制度的落实。

五、施工现场必须保证消防道路畅通，消防设施齐全，消防组织有力。

六、本办法由新校区建设领导小组授权指挥部负责解释。

七、本办法自公布之日起执行。

（二）工程施工管理实施细则（新校区建设指挥配套管理文件）

新校区建设工程施工管理实施细则（试行）

（2005 年 9 月 28 日公布执行）

施工阶段应严格按照工程承包合同、设计文件及国家颁布的法律法规进行施工。施工管理人员在施工前，应熟悉工程设计文件；审核施工单位提供的经监理审查后的施工组织方案；检查施工单位的施工前准备工作；复核测量基准点或参考标高及工程测量放线。确认合格后由施工单位提交开工申请，经甲方代表（监理）批准后方可进行施工。在施工中协助施工单位完善施工工序质量控制，并在施工过程中进行质量跟踪检查。严格工序间的交接检查，按照有关规范要求在施工单位自检的基础上，对隐蔽工程进行验收。质量符合要求并经监理书面签字后方可进行下一工序施工，对关键工序要求监理进行旁站施工。定期召开工地会议，检查工程质量及工程进度。

一、工程质量验收主要依据：设计文件、施工图纸、施工合同以及国家制定的规范及验收标准。对工程进行分部分项验收时，施工单位必须提交由项目部组织的自检验收报告，并提交有关的技术资料，经监理审查后由现场工程组组织预验收，并提出整改意见，由施工单位限期整改后报现场工程组。现场工程组报指挥部及政府质检部门进行验收。

二、材料设备供应：根据合同规定由施工方自供的材料或设备，必须按合同规定提供材料和设备，并根据国家规定的验收标准进行复验，并经监理批准方可进场。对于不合格的材料和设备，应限期由施工单位无偿清运出施工现场。

需经甲方确认价格的材料和设备，以及大宗装饰材料、安装材料、施工单位应向材料设备组提供样品（每种不少于三个样品）、供货单位、生产厂家的资质及出厂合格证，由甲方组织有关人员进行市场调查后确定，并出具认价单。未经甲方认可的材料，施工单位必须无条件清运出现场。

三、工程进度：甲方（学校方）代表（监理）应随时掌握施工进度，帮助施工单位落实进度计划，督促施工单位按合同工期完成施工任务。工程进度款的支付一般每月支付一次。符合合同规定条件的工程进度款，先由施工单位上报甲方代表（监理），经甲方代表（监理）审核签认，交预算合同组、现场工程组、材料设备组负责人审查签字，工程款的支付按照《重庆科技学院新校区建设财务管理办法》办理。

四、工程变更（签证）：工程变更（签证）采用签证管理，变更（签证）单必须由甲方代表（监理）、指挥长签字并加盖新校区建设指挥部公章后方可生效。

1.甲方提出的变更原则上应通过设计院进行书面变更。重大变更应报指挥部指挥长决定，并签字认可。变更原则应为书面变更，在紧急情况下，可发口头变更通知，但事后应在规定的时限内补办书面变更手续。应先有变更后施工。

2.乙方提出的变更（签证），甲方代表（监理）认为确需变更的项目，应先复核工程量，在合同规定的期限内办理变更（签证）手续。

五、施工现场隐蔽工程管理：施工现场隐蔽工程采用签证管理，签证单必须由现场工程组、预算合同组、现场监理、指挥长签字并加盖新校区建设指挥部公章后方可生效。

六、工程竣工管理：工程竣工管理采用由施工单位书面报告建设指挥部，由现场工程组和预算合同组根据工程是否达到竣工条件和是否达到合同约定的相关内容进行初步验收，初步验收同意后，提交指挥部和政府相关职能部门组织验收，最后进行综合验收。

七、施工现场的安全与文明建设：施工单位按照政府关于施工现场的管理规定及指挥部的要求，建立安全施工及文明工地建设制度，落实现场安全负责人员，提高施工队伍的安全防范意识，检查文明工地建设的各项保证措施，保持施工现场的整洁有序。

八、本细则由指挥部负责解释。

（三）工程档案管理制度

新校区建设工程档案管理制度（试行）

重科院〔2005〕239号（附件6）

（2005年9月27日公布执行）

为加强新校区建设项目档案资料的管理，全面、完整地收集基建档案资料，保证基建档案的真实性、准确性，结合建设指挥部的特点，制订本办法。

一、认真贯彻执行《中华人民共和国档案法》以及有关职能部门关于档案工作的方针、政策，根据学校关于档案管理的有关规定，新校区建设工程的文件（会议纪要）、工程技术资料的归档管理由综合组专人负责，定期向学校档案室立卷归档。

二、档案资料的收集范围，凡属新建的房屋，从设计资料，上级部门对项目建议书、可行性研究报告及扩初设计的批复，地质钻探资料，修建性详细规划、园林景观、土方平衡、室外标高、给排水、电力、管网、道路等方案设计、初步设计、施工图设计，施工预算，招投标工作文件，开工报告，测量定位记录，施工合同（协议书），图纸会审记录，设计修改资料，设计修改图，隐蔽工程图，室内设备安装资料和图纸，竣工图，竣工结算等资料。

三、档案资料统一由资料管理员收集整理、归档，各类资料的经办人都必须主动将原件资料交资料室存档。资料室所存放的所有资料，不论是内部还是外部人员来查阅时，必须办理手续，随查随还，不得任意携出室外。特殊情况需借出时，由综合组负责人批准，限期交还。若有丢失，除须作出书面检讨外，还视其情节处以 100 ~ 500 元赔偿。

四、为便于及时使各种应存档的资料归档，凡属设计好的图纸、资料整理装订成册由资料管理员发放。两天内送达到各工作组，三天内送达到施工单位。

五、对已竣工项目的基建档案资料，综合组协调有关部门办理竣工验收手续，各种资料一年之内及时归档。要妥善保存好图片资料，建筑模型。

六、对行政事务方面的来文、来函按照公文处理流程进行登记、传阅、督办及立卷归档，文件不能遗漏、丢失。

七、凡属归档范围之内的文件资料，任何人不得据为己有，原件必须送资料管理员保存。因工作需要使用原件，应经指挥部领导批准，方可办理借阅手续，使用后应及时归还。各专业人员应积极协助配合，做到基建档案完整。

八、资料管理员要认真做好基建档案资料的收集、整理、保管、统计和利用工作，充分发挥档案资料的作用。

九、本办法由新校区建设领导小组授权指挥部负责解释。

十、本办法自公布之日起执行。

三、新校区建设指挥部的内部管理措施

（一）新校区建设指挥部内部工作规范（新校区建设指挥部配套管理文件）

1.新校区建设指挥部工作职责

新校区建设指挥部工作职责

（2005 年 9 月 28 日公布执行）

一、认真贯彻落实国家有关基本建设的各项方针、政策及有关法律、法规，在新校区建设领导小组的领导下，根据政府部门批准的建设计划，负责组织实施新校区总体规划内的所有基本建设项目，重大问题及时向领导小组汇报。

二、贯彻执行新校区建设领导小组审定的建设原则和目标要求，根据领导小组的意见，组织编制年度基建计划，检查工程项目执行的管理程序、质量保证措施及合同履行情况，考核指挥部下设各部门的管理工作。

三、根据新校区近期和中、长期建设项目的实施和规划情况，参与审查新校区基本建设总体规划和年度计划，上报主管部门批准，并及时传达、落实上级领导的各项决议。

四、负责组织新校区工程项目的项目建议书、可行性研究和设计图纸的报批等各项前期准备工作，严格按基本建设的程序和技术规范进行管理，确保新校区工程质量和进度及施工安全。

五、协助新校区建设领导小组，根据国家有关规定进行新校区建设工程项目的勘察、设计、监理、施工、招标代理及结算审核单位的考察和委托。

六、负责施工、代理、监理、设计等合同的草拟和执行，负责施工管理和竣工验收后的保修工作。

七、负责新校区建设过程中与市、区地方政府及其相关部门之间的协调工

作，解决新校区建设中涉及的具体问题。

八、负责组织新校区工程招标文书的草拟和对施工队伍的收集、推荐及预审，做好工程招标前期工作。

九、掌握工程项目进程，及时协调建设、监理、勘察、设计、施工单位及政府职能部门的关系，保障工程建设的顺利进行。

十、负责组织制订新校区建设项目材料设备采购方案。

十一、负责定期组织编印新校区建设简报，负责新校区建设的各种文档资料的收集、整理、立卷、归档。

十二、负责所属机构工作人员的学习、工作、生活等的日常管理。

十三、组织定期召开会议，检查、布置、总结工作。

十四、完成新校区建设领导小组交办的其他任务。

2. 新校区建设指挥部服务公约

新校区建设指挥部服务公约

（2005 年 9 月 28 日公布执行）

一、树立服务观念，工作认真细致，态度热情和蔼，讲文明礼貌。遵守劳动纪律和考勤制度，认真履行岗位职责。

二、工作思路清晰，办事程序规范。

三、及时处理各种报件，提高工作实效。

四、严格执行国家基本建设规范和政策法规，提高工作的透明度。

五、严守工作纪律，严禁徇私舞弊。

六、明确职责，团结协作，不拖拉，不推诿，杜绝诸如"不知道"或"不归我管"等不负责任的生硬回答，提高工作效率。

七、主动接受监督，虚心听取意见，认真改进工作。

3. 新校区建设指挥部工作人员职业道德规范

新校区建设指挥部工作人员职业道德规范

（2005年9月28日公布执行）

一、认真学习邓小平理论、"三个代表"重要思想和科学发展观，认真贯彻落实党和国家的方针、政策和法规。

二、树立全心全意为人民服务的思想，顾全大局，求真实务，爱岗敬业，乐于奉献。

三、加强管理理论和专业知识的学习，不断提高自己的管理能力和专业技术水平。

四、牢固树立工程质量第一的意识，在确保工程质量的前提下，尽力为学校节约资金，提高资金使用的经济效益和社会效益。

五、服从领导指挥，服从工作安排。认真履行岗位职责，遵章守纪，工作中积极发挥主观能动作用，注重工作实效。

六、廉洁自律，拒绝可能影响履行岗位职责的宴请、礼品，拒收红包和回扣，严禁利用工作之便对施工单位和供货单位卡、拿、要，不以权以职谋私。严守工作秘密。

七、同志间相互信任、相互尊重，工作中相互配合、相互支持、相互帮助，不讲不利于团结的话，不做不利于团结的事。谦虚谨慎，戒骄戒躁。

八、指挥部领导应主动关心职工的工作、生活，努力帮助职工解决和克服困难，工作上充分发扬民主，广泛听取职工的意见和建议。

（二）新校区建设指挥部工作制度（新校区建设指挥部配套管理文件）

1. 新校区建设指挥部会议制度

新校区建设指挥部会议制度（试行）

（2005 年 9 月 28 日公布执行）

为了加强会议管理，提高会议效率，根据学校有关规定，结合新校区建设指挥部的实际情况，特制订如下制度。

新校区建设指挥部的会议分为：党务会议（按学校党委、机关党总支的规定执行）；行政会议（包括指挥长会议、指挥部办公会、指挥部工作协调会、指挥部职工大会）；技术工作会议和指挥部工地例会以及其他必要的临时性现场办公会议等。具体的安排如下：

一、指挥长会议。会议由指挥长安排，指挥长（或指挥长授权副指挥长）主持。原则上每月一次，特殊情况下临时召开。会议主要任务：落实上级主管部门及新校区建设领导党小组的重大决定，研究有共性的工作问题，研究指挥部内有关人事、工程、干部等重要问题。会议由指挥长安排专人做好会议记录，形成会议纪要。

二、指挥部办公会。会议由指挥长安排，指挥长（或副指挥长）主持，组长以上干部参加。原则上每两周一次，特殊情况下临时召开。会议主要任务：落实上级主管部门及学校的有关规定，布置下一阶段工作任务，研究工程建设中的突出问题或突发事件。会议由综合组负责准备，并安排专人做好会议记录，形成会议纪要。

三、指挥部工作协调会。会议由指挥长（或副指挥长）安排，指挥长（或副指挥长）主持，组长及相关人员参加，原则上每周一次，特殊情况下临时召开。会议主要任务：传达上级主管部门和学校的工作指示精神、传达指挥长会议和指挥部办公会决定，交流工作情况，安排工作任务。会议由综合组负责记录，形成会议纪要。

四、指挥部职工大会。会议由指挥长（或副指挥长）安排，指挥长（或副指挥长）主持，全体职工参加，每学期安排 2～3 次。会议主要任务：组织政治学习、员工考核、工作安排与工作总结等。

五、技术工作会议。根据各个工程项目的具体情况，根据实际需要安排，由现场工程组、规划管理组负责人召集，项目相关人员参加。会议主要任务：专题研究工程项目技术问题。项目组安排专人做好会议记录，形成会议纪要。

六、指挥部工地例会。由指挥长或副指挥长、总监理工程师定期召开建设单位、施工单位和监理单位三方共同参加的工程例会。研究工程中的各项工作和解决出现的问题。会议由综合组安排专人记录，并形成会议纪要。会议决定的事项由建设单位专业负责人及监理人员共同监督检查施工单位的落实情况。有问题及时反馈到指挥长或分管副指挥长及施工单位经理，及时加以解决。

七、各类会议安排应根据工作实际确定，会议要注重时效和质量。凡提请会议研究的议题，相关部门及人员应做好充分准备，按时提交会议研究，不开无准备的会议和"马拉松式"的会议。建立会签制度。

八、本制度由新校区建设指挥部负责解释。

2. 新校区建设指挥部经济责任制度

新校区建设指挥部经济责任制度（试行）

（2005 年 9 月 28 日公布执行）

遵照《中华人民共和国建筑法》《中华人民共和国会计法》的有关规定，根据教育部、财政部《关于高等学校建立经济责任制、加强财务管理的几点意见》

的要求，为规范新校区建设管理活动，严格基建工作程序，确保工程建设质量，提高工程投资效益，结合新校区建设工作实际情况，特制订本规定。

一、新校区建设指挥部的经济责任

新校区建设指挥部在新校区建设领导小组领导下，负责新校区的基本建设项目的管理工作。编制上报和组织实施校园建设总体规划和年度基建计划；严格按基建程序办事，确保工程质量，合理控制工程造价，完成新校区任务，适应学校教育事业发展需要。

二、建设指挥部指挥长的经济责任

1. 全面负责新校区建设工程项目所有财务款项的审批管理工作，按照学院财务处有关新校区建设财务管理制度进行严格管理；

2. 组织制订并实施基建工程管理的制度和办法，健全基建管理制度和内部监控制度；

3. 组织编制新校区的基建规划和年度基建投资计划；

4. 组织审核工程项目预（决）算；

5. 审核签订各类工程建设合同，把好工程设计关、施工质量关、竣工验收关、工程决算关，提高投资效益；

6. 及时向新校区建设领导小组报告新校区建设情况和投资使用情况。

三、建设指挥部副指挥长的经济责任

1. 负责指挥部的行政事务管理和工程项目管理。

2. 严格按工程合同办事。

3. 严格按设计图纸施工，确需变更必须事先办理变更设计签证手续。

四、本制度由新校区建设指挥部负责解释。

3. 新校区建设指挥部文明施工管理制度

新校区建设指挥部文明施工管理制度（试行）

（2005 年 9 月 28 日公布执行）

一、施工单位必须文明施工,开工前,应在施工组织设计中明确文明施工条款。

二、施工现场周围必须设临时围墙或围挡,施工单位要及时修补损坏部位,保证围挡整齐。

三、施工现场材料必须按平面图中规定部位堆放,且码放整齐。

四、施工现场建筑垃圾必须垒放在指定位置,并及时清运。

五、施工现场不得随便抛弃垃圾,施工区、生活区、道路等处应经常清扫,保持环境卫生整洁。

4. 新校区建设指挥部职工请假的暂行规定

新校区建设指挥部职工请假的暂行规定（试行）

（2005 年 9 月 28 日公布执行）

为加强对新校区建设指挥部现场工作人员劳动纪律的管理，根据国家政策和学院有关规定，结合指挥部工程项目现场办公的实际情况，制订本暂行规定。

一、新校区建设指挥部的工作人员实行每周五天工作制；若因工作需要加班，每一个工作人员都要以大局为重，服从安排。

二、指挥部办公会议授权综合组对指挥部所有工作人员的出勤情况进行考核。综合组指定专人负责考勤，考勤人员要实事求是，秉公办事，不得弄虚作假。

三、考勤是对每一个工作人员在现场工作的考核量化指标之一，每个员工都要自觉遵守劳动纪律，积极支持配合考勤人员的工作。

四、考勤办法：

1.考勤人员根据学校的劳动纪律规定每日对现场工作人员的出勤及执行劳动纪律情况进行考核。

2.不能到现场办公的工作人员，无论何种原因（因公假、事假、病假等），均应填写《考勤情况备忘单》（由综合组统一制订），由所在组室负责人签字后交综合组考勤人员登记（组长本人的《考勤情况备忘单》由分管副指挥长签字）。签单手续一般应在当日或次日完成，最多不得超过三天。

五、请假：

1.因私请假，由本人书面申请，经批准后方能休假。请假审批权限为：1天，由各组组长审批；2～3天（含3天），由分管副指挥长审批；3天以上，报指挥长审批。组长请假报指挥长或分管副指挥长审批。审批手续交综合办备案。请假人因客观原因直接办理请假手续有困难的，可委托他人代办，委托代办人在办理时，应注明受委托人姓名。病假应提供相应的医院证明。

2.其他政策性允许的假，提供相应的证明（如计划生育假等）按规定办理请假手续。

3.考虑到现场工作人员长年在野外作业的性质，在不影响工作的前提下，每月可允许请事假一天，但需办理请假手续，全年累计事假在12天以上的，要纳入年终考核，并扣发一定比例的岗位劳酬或奖金。

六、本规定由新校区建设指挥部负责解释。

（三）新校区建设指挥部各小组及其工作职责

2005年9月28日，新校区建设指挥部公布执行了所属各小组，包括综合组、规划管理组、合同预算组、材料设备组和现场工程组的工作职责，其内容分别予以纪实呈现。

1. 新校区建设指挥部综合组工作职责

新校区建设指挥部综合组工作职责

一、在新校区建设指挥部指挥长和分管副指挥长领导下，协助其他各组共同完成新校区的所有建设项目。

二、协助新校区建设领导小组，根据国家有关规定对承接新校区建设工程项目的施工单位进行公开招标。

三、协助新校区建设领导小组考察和委托勘察单位、设计单位、监理单位、施工单位和招标代理及结算审核单位。

四、负责完成新校区的所有基本建设项目工作的后勤保障及治安保卫工作，及时处理好新校区建设过程中的对内、对外联系、协调及接待工作。

五、负责新校区建设指挥部各个部门的办公设施、设备的配置与固定资产的管理；负责办公用品的采购、保管和发放工作。

六、负责指挥部印章的管理与使用工作。

七、负责建设指挥部各个部门专项经费的报销工作。

八、负责建设指挥部文件的起草、收发、传阅及归档工作；负责会议筹备、记录及指挥部领导决定事项的督办工作。

九、负责建设指挥部的车辆管理和生活管理工作。

十、负责在建项目的档案管理工作及竣工项目的资料和固定资产移交工作。

十一、负责新校区建设的施工用水、用电的管理工作和已竣工项目的水、电、气、讯等的维修管理工作。

十二、深入实际，调查研究，及时给建设指挥部领导提供情况，便于决策。

十三、组织建设指挥部各部门搞好政治学习和开展各项文娱、体育活动，加强思想教育，大力提倡团结奉献、吃苦耐劳的精神。

十四、认真做好指挥长和分管副指挥长安排和布置的其他临时性工作。

2. 新校区建设指挥部规划管理组工作职责

新校区建设指挥部规划管理组工作职责

一、在新校区建设指挥部指挥长和分管副指挥长的领导下，负责办理新校区土地征用、地下管网建设相关手续；负责办理新校区总体规划建设项目的规划、设计、消防、园林绿化及市政等的报建工作。

二、按照新校区基本建设的总体规划，编制建设项目总体安排计划表和建设项目年度计划表。

三、负责组织完成新校区建设的所有基本建设项目工程规划、设计衔接工作。

四、根据建设项目要求，结合新校区规划及建设情况，协助合同预算组进行建设项目可行性研究及环境影响评价、地质灾害评估等工作。

五、结合单体建筑的使用功能需要，组织编写项目建议书、立项报告和设计任务书等工作。

六、熟悉征地、报建等各个环节的程序及相关规定，负责办理规划、建委、人防、质检、消防、抗震、防雷、国土、市政、环保等工程报建手续，确保工程开工前手续齐全。

七、协助办理工程竣工验收手续。

八、深入实际，调查研究，及时给指挥部领导提供情况，便于决策。定期组织召开组内会议，检查落实相关工作。

九、协调与地方各级行政主管部门的各项工作。

十、认真做好指挥长和分管副指挥长布置的其他临时性工作。

3. 新校区建设指挥部合同预算组工作职责

新校区建设指挥部合同预算组工作职责

一、认真学习国家和建设行政管理部门制定的有关法律、法规及现行定额、标准和费率等法规性文件；在新校区建设指挥部指挥长和分管副指挥长的领导下，协同相关部门完成新校区建设的所有基本建设项目的合同、预（结）算审核及管理工作。

二、负责起草招标文书，做好前期评估、代理、设计、勘察、施工等招标投标（所有的公开招标、邀请招标）的前期准备工作，协同领导小组办公室并主办相关招标投标活动，严格资质审查，合同谈判，草拟相关合同。

三、督促合同的履行与全过程监督，并及时处理、汇报有关问题。

四、负责合同、招投标资料的统计、填报和归档。

五、负责有关市场调查、合同调研及纠纷的处理工作。

六、负责招投标及合同管理制度、方法的研究，定期分类上报合同签订、履行情况。

七、参与项目可行性论证，负责建设项目的测算编制工作，在测算编制过程中，提出合理化的建议。

八、熟悉施工图纸，参与图纸会审，负责施工图的预算编制工作，在预算编制过程中，对施工图中存在的问题提出合理化的建议。

九、参与审核施工组织设计或施工方案、施工进度计划、各类资源计划等。

十、深入现场，熟悉工程有关基础材料及施工现场情况，了解采用的施工工艺和方法；对设计变更、现场工程施工方法、材料价差及施工图纸中错算、漏算、重算等问题做好调整方案，及时给领导提供情况，便于决策。

十一、参与现场变更工程量签证。对于现场工程变更部分及时会同现场工程组的代表，做到工程量真实，工程费用套用正确。

十二、负责工程施工预算的编制，审核施工单位提交的工程结算书，对现场变更工程量及时报分管副指挥长核定，并按设计更改通知修正、调整工程预算方案。

十三、负责建设项目的工程竣工结算初步审核工作。协助校审计处对工程竣工结算进行审定，依据审定工程竣工结算报告，协助校计划财务处办理工程竣工财务决算工作。

十四、定期组织组内会议，检查、布置、总结工作。

十五、认真做好指挥长和分管副指挥长布置的其他临时性工作。

4. 新校区建设指挥部现场工程组工作职责

新校区建设指挥部现场工程组工作职责

一、在新校区建设指挥部指挥长和分管副指挥长的领导下，负责完成新校区的所有基本建设项目的施工管理工作。

二、负责做好建设工程施工前的"七通一平"工作。

三、组织工程技术人员做好开工准备工作，审查施工图纸，审核施工组织设计或施工方案，协助审查工程预决算。

四、对工程质量、进度、安全、文明施工等工作进行监督和施工现场管理。组织工程施工阶段的工程计量与验收工作。

五、协调建设、监理、勘察、设计、施工等部门的关系，及时解决施工中出现的问题；根据资金情况，定期向分管副指挥长汇报工程进度和质量情况，分轻重缓急安排各项工作。

六、组织工程的验收工作，协助做好固定资产的移交工作和工程档案的整理及移交工作。

七、深入实际，调查研究，及时给领导提供情况，便于决策。

八、定期召开组内会议，检查、布置、总结工作。

九、认真做好指挥长和分管副指挥长安排和布置的其他临时性工作。

5.新校区建设指挥部材料设备组工作职责

新校区建设指挥部材料设备组工作职责

一、在新校区建设指挥部指挥长和分管副指挥长的领导下，负责完成新校区建设的所有基本建设项目工程的工程材料、设备采购供应及质量管理工作。

二、根据施工图预算要求，及时掌握大宗材料的市场信息，包括性能、质量、价格等信息。做好建设工程材料、设备的核价工作，配合相关部门编制材料（包括甲供材料）、设备的预算。

三、负责甲供（即由校方提供）材料、设备的订购供应工作，确保甲供材料、设备质量好、价格低、数量准、供应到位及时。

四、参与工程设计审查，根据工程材料、设备的需求、拟定工程材料设备清单。

五、主持工程材料、设备合同的签订，由合同预算组配合，并对合同的履行情况进行监督和检查。

六、参与进场材料、设备的认证、复核与验收工作，严格把好采购材料、设备的质量关。

七、负责工程材料、设备原始资料的搜集、整理、归档、移交等工作。

八、深入实际，调查研究，及时给领导提供情况，便于决策。

九、定期召开组内会议，检查、布置、总结工作。

十、认真做好指挥长和分管副指挥长布置的其他临时性工作。

图 10-3-2

2006 年 10 月 20 日，学校部分领导干部集体考察西门施工现场时留影。前排左起：赵计梅、康钢、李文华、张莉（校医院）、张晓琦、端才宝、熊书银、江鸣、郑远平；后排左起：李彦、严欣平、刘玉德、唐一科、郭庆、朱新才、郑航太、雷亚、贾北平、周勋、崔轩辉、何光明

第十一章　大学城新校区的建设工程纪实

重庆科技学院大学城新校区建设工程，是一个历史性、时代性很强的工程。学校建设发展天天有、年年有，但像这样一个翻天覆地、连根拔起又重新布局的机会，对一所学校而言可谓是百年不遇的大事情。对当时在校的师生而言，这也成为终生难忘的经历，他们见证了红旗招展、热火朝天的场面，见证了风风雨雨、雷鸣电闪的艰难，更见证了一首巨轮如何拔锚起航！

大学城新校区建设工程浩大，要纪实实属不易，这里只能掠影式点滴加以留存，以点带面展现对当时的些许印象。

第一节　主体建设工程纪实

这里所说的主体建设工程，主要包括一期、二期建设工程中的图书馆、第一教学楼、逸夫楼和冶金楼、容园学生宿舍、禾园学生宿舍等建设工程。以下分别罗列部分资料。

一、图书馆建设工程

图书馆是学校的文献信息资源中心，是为学校人才培养和科学研究服务的学术场所、校园文化建设的重要基地，更是学校对外展示科技文化水平的重要窗口，代表着学校的形象。因此，从规划设计的角度来说，除满足文献信息资源中心的要求之外，图书馆还应设计成学校的标志性建筑：建筑风格应独特，坐落位置应中心。重庆科技学院大学城新校区图书馆由深圳鑫中建建筑设计顾问有限公司设计，按规划坐落在南大门，正对银杏大道，自然形成了校园中心的一座壮美的标志性建筑。

图书馆建筑面积 4.46 万平方米，其中地上 4 万平方米，地下 0.46 万平方米，九层建筑结构，中间留有采光和通风天井。按照教育部普通高等学校建筑规划面积指标要求，重庆科技学院 2 万人学生规模，图书馆应在 3.2 万平方米以上，但因历史原因：遵循重庆市大学城建设共享资源原则，图书馆规划设计时，考虑了与重庆城市管理职业学院 6000 名学生共享图书馆因素，所以多修了 1 万平方米左右（该校原计划建在原第三军医大学大学城校区位置，与重庆科技学院无围墙连接）。为使图书馆真正成为全校师生甚至校外社区公民和学生都愿意去，且愿意待很长时间都舍不得离去的学习好地方，图书馆里设立了 5000 个学习座位，并拥有丰富的藏书资源和冬暖夏凉的全天候中央空调。

图书馆工程建设：2005 年 12 月开始地勘，2006 年 3 月 28 日正式开工，2007 年 1 月 18 日主体建筑封顶，2008 年 8 月 21 日正式投入使用。图 11-1-1 至图 11-1-8 分别纪实了图书馆工程建设在不同时期的不同状况。

图 11-1-1
2005 年 12 月 17 日，建设指挥部何光明在图书馆基础地勘现场

图 11-1-2
2006 年 3 月 1 日，图书馆基础清理原貌

图 11-1-3
2006 年 5 月 9 日，图书馆工程建设项目部

图 11-1-4
2006 年 6 月 29 日，图书馆工程施工进度

图 11-1-5
2006 年 9 月 6 日，图书馆工程施工进度

图 11-1-6
2006 年 10 月 10 日，图书馆工程施工进度

图 11-1-7
2007 年 1 月 18 日，图书馆主体建筑封顶仪式

图 11-1-8
2007 年 3 月 13 日，图书馆工程施工进度

二、第一教学楼建设工程

第一教学楼，也是学校的主教学楼，承担着学校的全部公共课、基础课和部分专业课教学任务。第一教学楼由华南理工大学建筑设计研究院中标设计，建筑面积4.88 万平方米，其中地上 4.48 万平方米，地下 0.4 万平方米。五层结构，回廊式设计，意在让师生足不出户即可实现课间调换教室。

针对其主教学楼的地位，学校还辅助配套修建了一个可容纳 400 人的学术报告厅、一个接待大厅和一个公共报时钟楼。

钟楼本无钟，全是因地制宜而得钟，钟楼也因此而得名。第一教学楼主体工程基本成形后，建设者发现远远看去楼顶上似乎少了点什么。于是学校新校区建设领导小组集思广益，研究决定，在第一教学楼西侧楼梯间顶部方框内安装四面方形大钟。从此学校大学城新校区新增了一张名片——从青岛定制回来的"方形蓝色四面大钟"。

第一教学大楼工程建设：2005 年 12 月开始地勘，2006 年 4 月 5 日正式开工，2006 年 10 月 28 日部分投入使用，2008 年 10 月 27 日正式投入使用。图 11-1-9 至图 11-1-20 为工程建设过程纪实。

图 11-1-9
2005 年 12 月 21 日，第一教学楼基础地勘

图 11-1-10
2006 年 10 月 28 日，第一教学楼钟楼初形

图 11-1-11
2006 年 2 月 20 日，第一教学楼
工程进度

图 11-1-12
2006 年 4 月 4 日，第一教学楼工
地平场

图 11-1-13
2006 年 4 月 25 日，第一教学楼施
工检查

图 11-1-14
2006 年 5 月 9 日，第一教学楼基桩孔纪实

图 11-1-15
2006 年 6 月 15 日，第一教学楼施工现场

图 11-1-16
2006 年 7 月 17 日，第一教学楼施工现场

图 11-1-17
2006 年 8 月 8 日，第一教学楼施工现场

图 11-1-18
2006 年 9 月 11 日，第一教学楼施工现场

图 11-1-19
2007 年 7 月 25 日，没有灵湖大桥时的灵湖全景图

图 11-1-20
2007 年 9 月 8 日，第一教学楼大厅迎新纪实

三、逸夫楼和冶金楼建设工程

逸夫楼，又名逸夫科技大楼，建筑面积 3.08 万平方米，其中地上 2.79 万平方米，地下 0.29 万平方米。逸夫楼是香港邵逸夫先生出资 500 万元与重庆科技学院共建的第一实验楼，设置学校的数、理、化及电工电子等基础实验室和实验（训）中心，同时安置数理学院和电子信息学院等院系在此办公。逸夫楼建成后，建设者发现设计上的一个遗憾，即基础标高与现行校外路面不平齐。可世界上没有后悔药！主要原因是逸夫楼建设在先，城市道路工程设计在后，楼和外围路面的标高非一次性协调完成，且外围路面标高高于逸夫楼基础标高。图 11-1-21 至图 11-1-27 记录了逸夫楼工程的部分施工过程。

图 11-1-21
2006 年 2 月 23 日，在桃花山片区搭建新校区工程建设指挥部

图 11-1-22
2005 年 12 月 16 日，桃花山片区原貌

图 11-1-23
2006 年 6 月 20 日，逸夫楼工程清基

图 11-1-24
2007 年 3 月 13 日，逸夫楼工程进度

图 11-1-25
2007 年 6 月 28 日，逸夫楼主体外墙施工完成

图 11-1-26
2007 年 7 月 25 日，从冶金楼方向看逸夫楼和图书馆

图 11-1-27
2007 年 8 月 24 日，逸夫楼施工进度

冶金楼，又名冶金科技大楼，规划设计上称第二实验大楼。冶金楼建筑面积 2.42 万平方米，其中地上 2.01 万平方米，地下 0.41 万平方米。学校计划安置冶金与材料工程学院、机械与动力工程学院在此办公并建立其相应的教学科研实（试）验基地。那为什么不叫机械大楼？为了突出学校冶金特色，不忘学校冶金本色之缘故也。L 形大楼紧紧怀抱两个长长的车间：中间是重庆垃圾焚烧发电技术研究院，建筑面积 1800 平方米，单层桁架车间；旁边是学校工程训练中心，建筑面积 3600 平方米，两层厂房式。因冶金楼地势低洼，便就势修建了地下层，这正是其容易受暴雨侵害的原因。与逸夫楼一样，建楼在先，外围城市道路建设在后，楼和外围路面的标高非一次性协调完成，造成了楼和外围路面不一致的永久遗憾。冶金楼施工建设过程从图 11-1-28 至图 11-1-33 中可见。

图 11-1-28
2007 年 4 月 12 日，冶金楼施工建基桩孔

图 11-1-29
2007 年 6 月 28 日，冶金楼施工进展

图 11-1-30
2007 年 7 月 23 日，冶金楼施工进展

图 11-1-31
2007 年 7 月 25 日，冶金楼金工实习基地

图 11-1-32
2007 年 8 月 14 日，冶金楼工程全景

图 11-1-33
2007 年 10 月 8 日，重庆垃圾焚烧发电技术研究院厂房施工

四、容园（西区）学生宿舍建设工程

容，宽容，有容物（度量宽大，能容人）、容谅（宽容、原谅）等含义。取名容园，寓意从这里走出来的大学生应懂得"海纳百川，有容乃大"的道理，为人当是虚怀若谷、宽容大度，正所谓"大度能容，容天下难容之事"。容园的设计理念是环境优美、生活便利、舒适安全。

容园学生宿舍建设工程，位于校园西区，分 A、B、C 三个学生宿舍组团和一个学生活动中心（D）建造，总建筑面积 8.91 万平方米，各学生宿舍组团均可容纳 3300 名左右的学生居住，加上容园食堂、超市及配套小型服务社区，总计可供12000 名左右的学生住宿和生活。容园紧邻灵湖驳岸，与湖心岛呈隔岸相望之势；灵湖大桥跨湖而建，将师生与学术报告厅、行政办公楼及禾园学生宿舍区等紧紧相连。图 11-1-34 为容园规划鸟瞰图。

容园学生宿舍区域，其原始山坡、农田和村舍属大田堡村的上、下李家院子，歪朝门院子和凉水井田一带，土地肥沃，田原昌茂，瓜果丰硕，稻谷飘香。容园学生宿舍于 2005 年 12 月开始地勘，2006 年 1 月 16 日举行开工典礼，2006 年 5 月

图 11-1-34　容园（西区）学生宿舍鸟瞰图

28 日主体开工，奋战 10 个月，抵御了 2006 年夏季百年不遇的酷热之暑，于 2006 年 10 月 27 日主体投入使用，当天迎来了重庆科技学院 2006 级 4100 余名新生的首次入住。图 11-1-35 至图 11-1-46 纪实了工程建设过程。

图 11-1-35
2005 年 12 月 21 日，容园原始地貌

图 11-1-36
2005 年 12 月 21 日，容园原始地貌

图 11-1-37
2006 年 2 月 10 日，容园施工原貌

图 11-1-38
2006 年 4 月 20 日，容园高压线下清淤原貌

图 11-1-39
2006 年 6 月 14 日，容园基桩施工

图 11-1-40
2006 年 7 月 6 日，容园基础钢筋进度

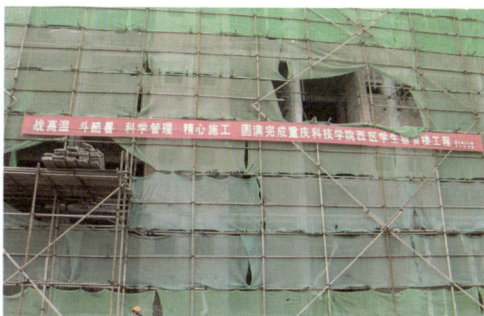

图 11-1-41
2006 年 8 月 3 日，容园施工现场

图 11-1-42
2006 年 10 月 4 日，大田堡体育场方向的容园

图 11-1-43
2006 年 10 月 25 日，容园面貌（1）

图 11-1-44
2007 年 4 月 1 日，容园面貌（2）

图 11-1-45
2016 年 10 月 18 日，容园面貌（3）

图 11-1-46
2009 年 3 月 14 日，容园花卉

五、禾园（东区）学生宿舍建设工程

禾，谷类植物之总称。嘉禾，为祥瑞之物，世有"甘露降，嘉禾兴"之说。取名禾园，寓意记住乡愁，记住这里曾经是"稻谷飘香"的陈家桥镇石滩村、白鹤村和虎溪镇大田堡村村民生息之地，学子们理当勤奋好学，砺志笃行。康熙字典记载："禾，谷（粟），二月生长，八月成熟，处全年四季之中，得天地阴阳之和。"《孔传》中说道"禾"，也有"异亩同颖，天下和同之象"的记载。故，禾，亦"和"也。

禾园学生宿舍分为 A、B、C、D 四个组团，总建筑面积 9.76 万平方米。背靠原地名方堰坡成扇形展开，如图 11-1-47 所示。

图 11-1-47　禾园（东区）学生宿舍规划透视及鸟瞰图

禾园秉承容园"环境优美、生活方便、舒适安全"的设计理念，四个组团分别自成体系，各自可容纳的学生人数在 2500 ～ 3000 人，总人数可保持在 12000 人左右。为方便学生的学习与生活，禾园区域单独有学生食堂、购物超市及其他生活服务设施配套。旁边还预留有发展用地，用于研究生宿舍及其生活环境的建造。禾园紧邻灵湖水岸，过桥便有湖心岛森林公园，其天然氧吧的功效不仅随时净化着禾园的空气，更是师生课余休闲的好去处。

禾园学生宿舍建设工程：2006 年 12 月开始基础施工，A、B、C 三组团主体工程于 2007 年 4 月 18 日正式开工，2007 年 8 月 30 日部分投入使用；D 组团于 2007 年 2 月 21 日开工，2008 年 8 月 25 日正式投入使用。图 11-1-48 至 图 11-1-56 是禾园学生宿舍区域的施工建造过程纪实。

图 11-1-48
2006 年 7 月 6 日，禾园学生宿舍区地形原貌

图 11-1-49
2007 年 4 月 23 日，禾园工程全景

图 11-1-50
2007 年 5 月 14 日，禾园工程进度

图 11-1-51
2007 年 7 月 23 日，禾园工程进度

图 11-1-52
2007 年 8 月 14 日，禾园及禾园食堂施工

图 11-1-53
2007 年 8 月 27 日，禾园施工原貌

图 11-1-54
2007 年 9 月 17 日，禾园施工原貌

图 11-1-55
2009 年 11 月 3 日，禾园与灵湖足球场

图 11-1-56
2016 年 10 月 18 日，禾园、灵湖与湖心岛

第二节　配套工程点滴拾遗

　　大学城新校区 1500 亩校园，配套建设工程庞大，这里选择部分（点滴）加以呈现。根据现存资料，主要分为校园交通工程、学校主要出入口（大门）工程、大田堡体育场工程、灵湖水体工程和校园环境绿化工程。

一、校园交通建设工程

　　从图 10-1-9 新校区校园道路规划图可以看出，学校道路从东、西、南三个校门展开，分主干道、次干道和支路三个层次。主干道将教学楼、图书馆和灵湖及湖心岛围绕在中心，车行道宽 12 米，两侧人行道各宽 4 米。次干道分为两种，一种车行道宽 9 米，两侧人行道各宽 3.5 米；另一种车行道宽 7 米，两侧人行道各宽 2.5 米。主干道两旁种植黄桷树，次干道两旁种植小叶榕。经过主、次干道的划分，校园形成了层次分明的交通体系。图 11-2-1 展示了围绕灵湖的黄桷树主干道一角。图 11-2-2 至图 11-2-13 是新校区交通环境工程建设过程中留下的珍贵图片。

图 11-2-1
围绕灵湖的黄桷树主干道，拍摄于 2017 年 3 月

图 11-2-2
2006 年 2 月 10 日，容园道路清理淤泥

图 11-2-3
2006 年 6 月 9 日，学校西线道路地下管网沟槽施工

图 11-2-4
2006 年 6 月 28 日，大田堡体育场周边道路堡坎施工

图 11-2-5
2006 年 7 月 4 日，容园道路铺设钢筋基础施工现场

图 11-2-6
2006 年 8 月 7 日，大田堡体育场道路地下管道施工

图 11-2-7
2006 年 8 月 29 日，校园道路地下管网沟槽施工

图 11-2-8
2006 年 9 月 11 日，大田堡体育场片区地下管网沟槽施工

图 11-2-9
2006 年 6 月 19 日，大田堡体育场周边路基施工

图 11-2-10
2006 年 9 月 11 日，连湖与灵湖水岸道路施工

图 11-2-11
2006 年 9 月 25 日，第一教学楼道路铺设沥青

图 11-2-12
2007 年 9 月 4 日，禾园食堂路堡坎施工

图 11-2-13
2007 年 11 月 2 日，禾园食堂路路面施工

二、主要出入口（大门）建设工程

从图 10-1-15 的校园总体规划设计中可以看出，学校进出分东、西、南三个大门。南为礼仪主大门，西为教学区出入门，东为生活区出入门。在三个大门的环境工程建设过程中，建设者留下了许多具有历史价值的施工照片（图 11-2-14 至图 11-2-26），这里要衷心感谢建设指挥部的刘卫老师。

图 11-2-14
2005 年 12 月 16 日，南门施工前原貌

图 11-2-15
2006 年 2 月 23 日，南门施工进度

图 11-2-16
2008 年 3 月 24 日，南门周边建筑施工

图 11-2-17
2006 年 2 月 20 日，西门入口道路施工

图 11-2-18
2006 年 7 月 8 日，西门道路施工进度

图 11-2-19
2006 年 10 月 20 日，学校领导及中干集体检查西门施工

图 11-2-20
2010 年 10 月 28 日，南门银杏大道留影

图 11-2-21
2006 年 10 月 26 日，西门道路施工现场

图 11-2-22
2006 年 10 月 27 日，西门迎接 2006 级新生

图 11-2-23
2006 年 7 月 28 日，东门区域原始地貌

图 11-2-24
2007 年 3 月 30 日，东门连湖排水系统施工

图 11-2-25
2007 年 9 月 4 日，东门连湖道路施工

图 11-2-26
2007 年 9 月 17 日，东门连湖道路施工

三、大田堡体育场建设工程

大田堡体育场是学校大学城新校区建设的重要标志性建筑之一。"大田堡"这几个字承载了厚重的历史，大田堡体育场片区所在地，原为重庆市沙坪坝区虎溪镇大田堡村的白院墙社、歪朝门社、周家堡社、大田堡社、罗家院社、王家花房子社、罗家花房子社等。为了记住祖祖辈辈生活在这里的 589 名大田堡村、石滩村、白鹤村村民奉献土地的深情厚谊，学校于 2008 年正式将建造在大田堡村地界的体育场命名为大田堡体育场。大田堡体育场周边看台下设计有 3500 平方米的辅助用房，体育场周边配套有 4 个网球场、6 个篮球场、4 个羽毛球场和 2 个沙滩排球场。

大田堡体育场工程建设：2005 年 12 月开始地勘，2006 年 1 月 16 日举行开工仪式，2006 年 4 月 20 日主体开工，2006 年 10 月 27 日主体投入使用，2008 年 10 月 27 日全面投入使用。图 11-2-27 至图 11-2-39 为工程建设过程纪实。

图 11-2-28
2006 年 2 月 23 日，大田堡体育场施工原貌

图 11-2-27
2005 年 12 月 21 日，大田堡体育场地址原貌

图 11-2-29
2006 年 4 月 4 日，大田堡体育场施工原貌

图 11-2-30
2006 年 5 月 9 日，大田堡体育场垫基石

图 11-2-31
2006 年 5 月 30 日，大田堡体育场施工进度

图 11-2-32 2006 年 6 月 20 日，大田堡体育场工程远景

图 11-2-33
2006 年 7 月 6 日，大田堡体育场施工进度

图 11-2-34
2006 年 7 月 19 日，大田堡网球场施工现场

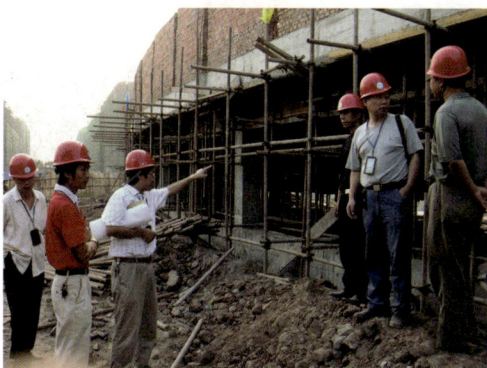

图 11-2-35
2006 年 8 月 3 日，贾北平指挥长等到大田堡体育场检查施工

图 11-2-36
2006 年 10 月 4 日，西门大道工程进度

图 11-2-37
2006 年 10 月 30 日，大田堡体育场与桃花山全景

图 11-2-38
2008 年 4 月 10 日，大田堡体育场大门口种植雪松

图 11-2-39
2006 年 10 月 28 日，新校区入驻典礼师生与远处可见的桃花山原貌

四、灵湖水体建设工程

灵湖所在地原为重庆市沙坪坝区虎溪镇大田堡村村民的一大片梯田，地下泉水由西（桃花山及竞湖一带）向东丰润梯田。据当地村民介绍说，田水四季不干，稻谷年年丰收。梯田位于新校园核心地段，建设园中之湖，有得天独厚的条件。

灵湖占地50余亩，水质清澈，从不淤腐，这正是得益于从竞湖引来的涓涓泉水。竞湖的西南边有天然泉眼，常年泉水不断，为使竞湖保持恒定的水面高度，暴雨不致泛滥，起到一石二鸟的作用，建设者利用学校石油钻井学科优势，在竞湖开平井一孔，从第一教学楼地下穿越，引泉水直达灵湖，故灵湖乃天赐重科师生之湖。灵湖紧靠第一教学楼岸边菩提树旁，20世纪50年代还保留着一座古庙，2006年新校区建设施工时，出土的上千块青砖正是古庙残物。古庙称显灵宫，传说曾佑得当地秀才、举人无数。灵湖之名，即有脚踩地气留住本土灵气之寓意。今天的灵湖已是秀美可餐，大家将它称为灵秀湖，自然也是当之无愧。图11-2-40至图11-2-45为灵湖施工建设的阶段呈现。

图 11-2-40
2006 年 1 月 13 日，灵湖湖心区原貌

图 11-2-41
2006 年 3 月 31 日，灵湖水岸工程施工

图 11-2-42
2006 年 7 月 27 日，灵湖湖心位置施工原貌

图 11-2-43
2006 年 9 月 11 日，灵湖与禾园学生宿舍区原貌

图 11-2-44
2007 年 5 月 14 日，灵湖与容园学生食堂

图 11-2-45
2007 年 9 月 4 日，灵湖水体驳岸长江石

灵湖水体驳岸，是灵湖胜景之一，更是师生流连忘返，散步、观赏湖景山色的好地方。岸边 3000 块长江石，取材于距大学城新校区 50 多公里的重庆市南岸区峡口镇长江边上，重达 1915 吨。图 11-2-46 至图 11-2-51 为水体驳岸工程施工及水体驳岸胜景。

图 11-2-46
2017 年 3 月 2 日，灵湖铭志石留影

图 11-2-47
2007 年 9 月 4 日，新校区建设指挥部副指挥长李国统在灵湖水体驳岸长江石工地现场

图 11-2-48
2007 年 9 月 4 日，灵湖水体驳岸长江石施工现场

图 11-2-49
2010 年 9 月 3 日，灵湖驳岸全景图

图 11-2-50
2016 年 10 月 18 日，灵湖驳岸长江石胜景（1）

图 11-2-51
2016 年 10 月 18 日，灵湖驳岸长江石胜景（2）

灵湖秀在山水，美在拱桥。拱桥有三座，分大桥、二桥和三桥。三桥共同连接起了绕湖的人行步道，不仅疏通了校园交通，更实实在在成了校园的一张名片，是师生或到访者合影留念的必到之处。灵湖的大桥，有回归渝东南石拱桥之意，桥有三孔，时时记录着师生拾级而上的过桥身影。在风和日丽的上午 10 点左右，是与灵湖大桥合影的绝佳时刻。灵湖二桥、三桥均为单孔拱桥，三桥风格统一。二桥位于办公楼旁边，与办公楼建筑、山水形成绝佳的园林景观搭配；三桥位于禾园 2 号，是禾园师生游览湖心岛的必经之处。站在灵湖对岸远望湖心岛，灵湖三桥正掩隐在绿树丛中，更是别有一番风味。图 11-2-52 至图 11-2-57 为灵湖三桥的建设施工过程纪实和三桥的优美身影。

湖心岛，处于灵湖景区的中心位置，对整个新校园影响极大。在湖心岛上种植什么植物，曾经是建设者争论的焦点。种植桃花，可谓桃花岛；种植绿草，可谓情人坡。新校区建设者集中智慧，最后由唐一科校长统一意见：种植一岭高大的乔木，

图 11-2-52
2007 年 7 月 25 日，灵湖无桥、钟楼无钟时景象

图 11-2-53
2008 年 4 月 17 日，灵湖大桥施工现场

图 11-2-54
2012 年 5 月 29 日，灵湖大桥全景

图 11-2-55
2009 年 3 月 9 日，灵湖大桥春色

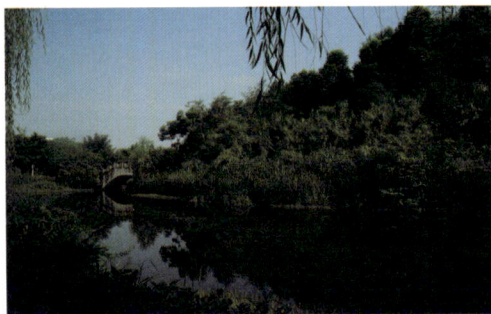

图 11-2-56
2016 年 6 月 29 日，灵湖二桥身影

图 11-2-57
2017 年 3 月 2 日，灵湖三桥身影

让湖心岛四季郁郁葱葱，成为校园之肺，成为师生的造氧之吧。湖心岛沿岸，设计者曾经考虑了亲水的码头、小路等，后经建设者修改方案，将湖心岛沿岸建成了大自然的生态保护区，给野生动、植物留下了一片天然栖息地。站在灵湖的水体驳岸，隔湖相望，湖心岛绿树掩映，倒影涟涟，实在是美不胜收。图 11-2-58 至图 11-2-63完全纪实了湖心岛的建设和成长历程。

图 11-2-58
2006 年 7 月 27 日，湖心岛及灵湖
开挖时原貌

图 11-2-59
2006 年 9 月 11 日，湖心岛上的断
壁民房

图 11-2-60
2007 年 9 月 14 日，湖心岛与禾园
工程进度

图 11-2-61
2015 年 5 月 29 日，湖心岛与灵湖二桥

图 11-2-62
2016 年 5 月 9 日，湖心岛与禾园

图 11-2-63
2016 年 10 月 18 日，湖心岛与灵湖驳岸

第十一章 大学城新校区的建设工程纪实

五、校园环境绿化建设工程

　　2005 年 12 月，北京林业大学园林学院承担了重庆科技学院大学城新校区园林景观设计任务，该校李雄教授担任设计组长，蔡凌豪老师担任主任设计师。设计思想充分考虑了让校园内的自然山水、建筑、道路、绿地等因素相互交融、渗透，形成有机组合的格局和空间序列。规划设计过程坚持"生态优先，突出'绿'字；文化地域，突出'特'字；以人为本，突出'宜'字；植物种类，突出'多'字"的原则。在 1391.70 亩的校园内，规划绿地占 46.6%（因办学规模增加，2009 年由重庆大学城市规划设计与研究院调整为 35.1%），水体占 4.3%（合 59.84 亩，其中灵湖约 50 亩）。学校大学城新校区植物 1000 余种，除黄桷树、小叶榕外，还有银杏、香樟、红豆杉、杨柳、紫荆花、菩提树、金桂、玉兰等来自全国各地的植物。图 11-2-64 至图 11-2-77 选择了部分绿化景点予以展示。

图 11-2-64
南门大道的银杏，拍摄于 2014 年 11 月 19 日

图 11-2-65
行政办公楼绿树环抱，拍摄于 2015 年 4 月 30 日

图 11-2-66
图书馆前的香樟，拍摄于 2016 年 5 月 9 日

图 11-2-67
月牙湖畔的垂柳，拍摄于 2015 年 3 月 23 日

图 11-2-68
竞湖栈道的热带植物，拍摄于 2016 年 10 月 18 日

图 11-2-69
图书馆后的桂花大道，拍摄于 2016 年 10 月 18 日

图 11-2-70
灵湖三桥迎春草，拍摄于 2017 年 3 月 2 日

图 11-2-71
红豆山岭红豆杉，拍摄于 2017 年 3 月 2 日

图 11-2-72
海棠路旁毕业纪念，拍摄于 2017 年 3 月 2 日

图 11-2-73
绿色悠闲灵湖驳岸，拍摄于 2016 年
10 月 18 日

图 11-2-74
春暖花开正当时，拍摄于 2015 年 4
月 20 日

图 11-2-75
灵湖大桥印山水，拍摄于 2017 年 3 月 2 日

图 11-2-76
入西门左侧道路的小叶榕，拍摄于
2016 年 10 月 18 日

图 11-2-77
图书馆南门环道上的银杏和香樟，
拍摄于 2016 年 10 月 18 日

这里，重点记录从南、北老校区随师生一起搬迁过来的黄桷树、小叶榕、鱼尾葵和假山鱼池，以此作为对老校区50多年办学灵气的传承和记忆，并借以流连。

黄桷树，又称大叶榕，也称黄葛树，生长繁茂，在重庆市到处可见。重庆科技学院大学城新校区主干道（环灵湖、竞湖、图书馆和第一教学楼道路）上均种植该树。这里记录的主要是部分与学校师生一道，从南、北老校区随迁移栽而来的特殊的黄桷树。它们有：2007年5月前后，西门大十字路口，植有来自老校区的4棵大黄桷树，搬迁时直径均在25厘米左右（图11-2-78）。西门大十字路口桃花山一侧大黄桷树（a）和月牙湖一侧大黄桷树（b），2007年5月移栽自原南校区；西门大十字路口竞湖一侧大黄桷树（c）和网球场一侧大黄桷树（d），2007年5月移栽自原北校区。

（a）

（b）

（c）

（d）

图 11-2-78

　　容园 1 号西南角的 16 棵大黄桷树，2007 年春季前曾经生长在原北校区第一教学楼前的道路沿线，搬迁时直径 25 厘米左右；容园靠食堂一端的两棵大黄桷树，则是 2007 年春季迁移自原南校区第一教学楼旁，搬迁时直径 30 厘米左右（图 11-2-79、图 11-2-80）。

　　学校学术广场周边及学术报告厅左侧的大黄桷树，均为 2007 年 5 月前后移栽自原南、北老校区，搬迁时直径 25 厘米左右；湖心岛上的 14 棵黄桷树（含山顶一棵），于 2007 年春季全部迁移自原南校区花溪河篮球场周边，搬迁时直径 25 厘米左右；行政办公楼前的 6 棵大黄桷树，则于 2007 年 5 月前后移栽自原北校区办公楼前的道路两旁，搬迁时直径 30 厘米左右（图 11-2-81）。

图 11-2-79
容园 1 号西南角 16 棵大黄桷树，拍摄于 2017 年 3 月 2 日

（a）　　　　　　　　　　　　　　　　　（b）

图 11-2-80
（a）容园步行街食堂一端的右侧黄桷树，拍摄于 2017 年 3 月 2 日；（b）容园步行街食堂一端的左侧黄桷树，拍摄于 2017 年 3 月 2 日

（a）

（b）

（c）

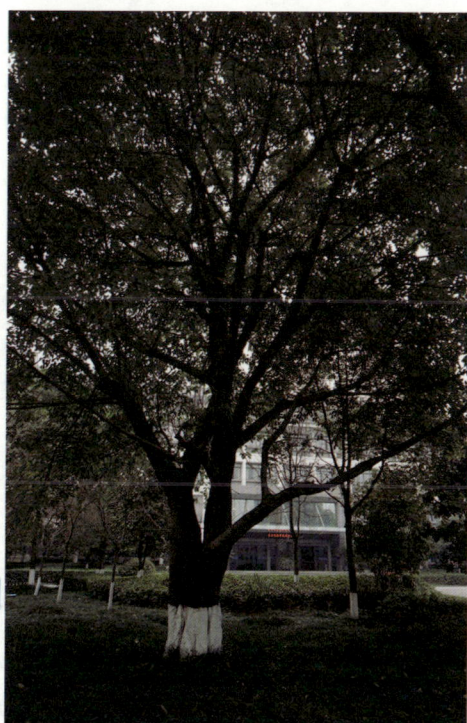

（d）

图 11-2-81

（a）学术报告厅旁的黄桷树，拍摄于 2017 年 3 月 2 日；（b）湖心岛步行道旁 14 棵搬迁的黄桷树，拍摄于 2017 年 3 月 2 日；（c）行政办公楼左侧搬迁的黄桷树，拍摄于 2017 年 3 月 2 日；（d）行政办公楼右侧搬迁的黄桷树，拍摄于 2017 年 3 月 2 日重庆科技学院北校区（原重庆石油高等专科学校，石油路）运动场周边、于1985年前后栽植的99棵小叶榕，由学校后勤处绿化科唐孝庆等人，于2006年10月—2007年5月陆续搬迁至大学城新校区，分别种植于大田堡体育场周边共86棵、灵湖大桥前往办公楼方向的步行道灵湖一侧7棵、学术报告厅前及第一教学楼中廊内6棵。另有容园至网球馆步行大道旁种植的44棵小叶榕，则是原北校区教学楼周边种植于20世纪70年代的行道树。图11-2-82为2006年10月25日的迁移栽植场面。图11-2-83为2017年3月2日拍摄的小叶榕在大学城新校区的生长照片。

图 11-2-82
2006 年 10 月 25 日，大田堡体育场周边道路旁移栽自原北校区的小叶榕

（a）　　　　　　　　　　　　　　　　（b）

（c）　　　　　　　　　　　　　　　　（d）

图 11-2-83

（a）大田堡体育场周边的 86 棵小叶榕，拍摄于 2017 年 3 月 2 日；（b）容园至网球馆步行大道上的 44 棵小叶榕，拍摄于 2017 年 3 月 2 日；（c）灵湖大桥至办公楼路旁的 7 棵小叶榕，拍摄于 2017 年 3 月 2 日；（d）第一教学楼中庭及学术报告厅门前的 6 棵小叶榕，拍摄于 2017 年 3 月 2 日

菩提是智慧之树。菩提树有深厚的文化背景，"菩提"二字的印度语义是觉悟和智慧，是茅塞顿开、豁然开朗。菩提树是榕属类大乔木植物，高可达 20 米以上，其枝繁叶茂，郁郁葱葱，是优良的校园观赏树种。学校种植有两棵大菩提树，一棵在第一教学楼前门右边草坪上，静静地守候着学子们学习；一棵在东大门内的道路旁边，依依地目送着渐渐远去的毕业生背影。

两棵大菩提树与行政办公楼内院的大金桂树一起，2008 年 3 月同时采购于龙湖加州花园的花卉市场，由唐一科校长亲自栽种。菩提树移栽来时直径 30 厘米左右，金桂直径 15 厘米左右，它们来自何省何市何深山，已无资料可考。图 11-

2-84 和图 11-2-85 为 2017 年 3 月 2 日拍摄的菩提树照片，可见十年风雨之后，它们已实实在在地扎根于重庆科技学院校园之中，似已成为学校的顶梁柱。

图 11-2-84
种植在第一教学楼前门右侧大草坪上的菩提树，拍摄于 2017 年 3 月 2 日

图 11-2-85
种植在东门入口连湖端头的菩提树，拍摄于 2017 年 3 月 2 日

第三节　历史的记忆

自然法则总是如此，旧的不去新的不来。重庆科技学院大学城新校区的诞生，得益于重庆科技学院南、北老校区的离去和重庆市沙坪坝区虎溪镇大田堡村、陈家桥镇石滩村等一批村社的消失。在此想借用"记住乡愁"的媒体说法来描述编者此时的心情，将所收集到的有关南校区（即原重庆工业高等专科学校）、北校区（即原重庆石油高等专科学校）和原重庆市沙坪坝区虎溪镇大田堡村、陈家桥镇石滩村、白鹤村那些已消失了的校园和村社的老照片拾遗罗列于后，供今后需要关注、研究重庆科技学院发展历史的师生、学者参考一二。南校区（即原重庆工业高等专科学校），图中简称原工业高专；北校区（即原重庆石油高等专科学校），图中简称原石油高专。

一、原重庆工业高等专科学校记忆

重庆科技学院南校区，即原成立于1951年7月的重庆工业高等专科学校校区，位于重庆市杨家坪重庆动物园旁的花溪河两岸。据相关资料于2003年7月统计，校区占地面积220亩，并以花溪河为界，分为东校区和西校区。学校建筑总面积14.13万平方米，其中教学行政用房9.67万平方米。学校固定资产1.24亿元，时有在校学生5510人。这里收集了2007年南校区整体搬迁至大学城新校区之前的部分照片，以保留住对学校前56年办学历史的记忆。根据重庆市大学城建设相关政策规定，南校区土地已于2007年8月与北校区土地一块整体置换，变成了房地产开发用地，由广州恒大集团建设成为"恒大绿洲"居民小区，故原校区房屋、景点和树木大部分已消失。图 11-3-1 至图 11-3-12 记录了学校这些原教育教学设施原貌。

图 11-3-1 原工业高专 2004 年时的学校大门

图 11-3-2 原工业高专实验楼

图 11-3-3 原工业高专大礼堂

图 11-3-4 原工业高专图书馆及学校标志性雕塑

图 11-3-5 原工业高专河东区

图 11-3-6 原工业高专河西区

图 11-3-7 原工业高专运动场

图 11-3-8 原工业高专教学楼

图 11-3-9　原工业高专 2004 年时的学校办公楼

图 11-3-10　原工业高专学生宿舍楼

图 11-3-11　原工业高专教职工住宅楼

图 11-3-12　原工业高专校园风光

二、原重庆石油高等专科学校记忆

重庆科技学院北校区，即原成立于1951年4月的重庆石油高等专科学校校区，位于重庆市大坪石油路1号。据相关资料于2003年7月统计，校区占地面积365亩（另有渝北铁山坪农场林地332亩）。学校建筑总面积18.90万平方米，其中教学行政用房14.82万平方米。学校固定资产1.40亿元，时有在校学生5939人。以下收集了2007年北校区整体搬迁至大学城新校区之前的部分照片，以留着对前56年办学历史的记忆。由于北校区土地和南校区土地一块已于2007年8月按照重庆市渝教计〔2005〕140号文件精神整体置换，出售给了广州恒大集团，现已成为"恒大名都"居民小区，原校区房屋、景点和树木已大部分消失，正因为如此，以下资料则有了更显珍贵之处。图11-3-13至图11-3-24记录的是学校原教育教学设施原貌。

图11-3-13　原石油高专2004年时的学校办公楼

图11-3-14　原石油高专图书馆及学校标志性雕塑

图11-3-15　原石油高专运动场

图 11-3-16　原石油高专2004 年时的学校大门

图 11-3-17　原石油高专体育馆

图 11-3-18　原石油高专游泳池

图 11-3-19　原石油高专老教学楼

图 11-3-20　原石油高专新教学楼

图 11-3-21　原石油高专培训中心

图 11-3-22　原石油高专学生宿舍楼

图 11-3-23 原石油高专教职工住宅楼

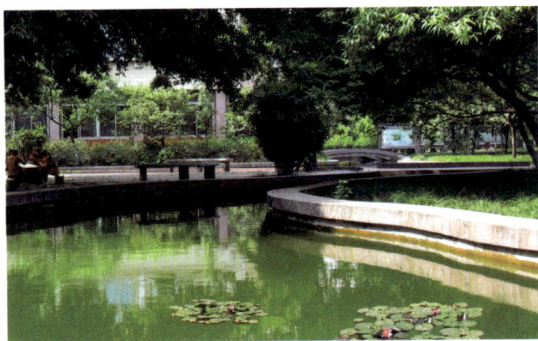

图 11-3-24 原石油高专校园风光

三、原大田堡村、石滩村与白鹤村记忆

当这本书接近尾声之时，让人不得不想起曾经在这片土地上千百年繁衍生息的村社和居民。在学校的建设用地批文中，显示有重庆市沙坪坝区虎溪镇大田堡村的白院墙社、歪朝门社、周家堡社、大田堡社、罗家院社、王家花房子社、罗家花房子社，以及陈家桥镇石滩村的程家院子社、先林公社、李家院子社、叶家大院子社，还有陈家桥镇白鹤村的黄栋堡社等共三村十二社，新校区建设用地 995885 平方米，折合 1493.83 亩。这片土地上的村社，其过去历史已无从考证，但他们当时的村社和田园现状却在拆迁之前被有心人留下了许多珍贵的照片，此处将其纪实如下，作为重庆科技学院代代师生的永久记忆，以表达对这三村十二社 589 位村民让地支持高等教育的感激之情。图 11-3-25 至图 11-3-43 为这些已经消失的村社照片，图 11-3-44 为大田堡村民十年回访纪实。

图 11-3-25
2005 年 12 月 17 日，大田堡村，现学校图书馆区域

图 11-3-26
2005 年 12 月 17 日，大田堡村梁家院子，现学校西门大十字路口

图 11-3-27
片瓦也珍贵（2006 年 2 月 9 日村民拆迁现场）

图 11-3-28
2006 年 2 月 10 日，大田堡村水稻田，现学校西门十字路口

图 11-3-29
2006 年 2 月 10 日，大田堡村水稻田

图 11-3-30
2006 年 2 月 18 日，拆除中的大田堡村一社现场

图 11-3-32
2006 年 2 月 18 日，大田堡村一社拆迁现场

图 11-3-31
2006 年 2 月 18 日，大田堡村拆迁房屋现场

图 11-3-33
2006 年 2 月 18 日，陈家桥镇石滩村村民土房子

图 11-3-35
2006 年 2 月 21 日，大田堡村搬迁现场

图 11-3-34
难舍老房子（2006 年 2 月 21 日村民拆迁现场）

图 11-3-36
2006 年 2 月 23 日，大田堡村田园村社，现学校容园核心区

图 11-3-37
2006 年 2 月 23 日，大田堡村的梯田，现学校图书馆区域

图 11-3-38
2006 年 3 月 2 日，大田堡村田园村社，现学校风雨球场

图 11-3-39
2006 年 3 月 7 日，大田堡村小堰坎

图 11-3-40
2006 年 4 月 4 日，大田堡村歪朝门院子水田，现学校容园食堂区域

图 11-3-41
2006 年 7 月 27 日，石滩村稻田，现学校东门接待中心

图 11-3-42
2006 年 7 月 27 日，大田堡村何家院子，现学校教职工住宅区

图 11-3-43
2016 年 10 月 12 日，大田堡村民受邀十年回访。从左至右：大田堡村原村长闫邦明、重庆科技学院原校长唐一科、大田堡村原党支部书记刘学平

附　录

附录1

重庆科技学院大学城新校区建设大事记

执笔：唐一科　2017年8月18日

重庆科技学院在重庆市沙坪坝区大学城建设新校区，按时间顺序和事件的阶段性发展意义，可大致记录如下十件大事：

1. 2003年7月18日，重庆工业高等专科学校校长王智祥、重庆石油高等专科学校校长刘业厚联名向重庆市教委发展规划处提出"关于重庆科技学院（筹）新校区征用发展用地的报告"，报告申明了两校一致同意合校升本进入重庆大学城建设新校区的意见。

2. 2003年10月24日，重庆工业高等专科学校校长王智祥、重庆石油高等专科学校校长刘业厚联名与重庆市沙坪坝区人民政府有关领导签订了行政划拨土地供地协议书，同意在重庆市大学城征用集体土地1500亩（以市政府批准的控规地块编号确定具体位置，以土地红线确定土地面积为准），供给重庆科技学院（筹），作为学校在重庆大学城建设新校区的用地。

3. 2003年12月29日，重庆市规划局发渝规选〔2003〕沙字第0072号文件，根据重庆工业高等专科学校、重庆石油高等专科学校的联合申请，同意两校联合筹建的重庆科技学院在重庆市沙坪坝区大学城建设新校区，建设用地规模约1500亩。同意核发该意向性的选址，作为开展学校新校区建设的前期可行性研究工作依据。

4. 2004年7月21日，重庆市沙坪坝区发展计划委员会文件沙计委社〔2004〕35

号批复，为适应重庆工业高等专科学校和重庆石油高等专科学校合并组建重庆科技学院的需要，同意学校的新校区建设地点为重庆市沙坪坝区虎溪镇重庆大学城，用地面积1500亩（以国土、规划部门审批为准），按在校学生15000人规模建设新校区。建设资金多渠道筹集。校区用地一步到位，设施建设分期进行。要求接此批复后，按照基本建设程序尽快到规划、国土等有关部门办理相关手续，做好项目前期工作。重庆科技学院挂牌运行之前，其建设手续以重庆工业高等专科学校和重庆石油高等专科学校名义办理。

5. 2004年11月19日，重庆科技学院第5次党委会研究决定成立重庆科技学院新校区建设领导小组及新校区工程建设指挥部。新校区建设领导小组组长：唐一科；常务副组长：郭庆；副组长：贾北平；成员：王智祥、武金陵、郑航太、朱新才、陈新业。新校区建设指挥部指挥长：贾北平；常务副指挥长：陈新业；副指挥长：李国统、冯承劲。学校随即启动新校区建设相关工作。

6. 2005年3月4日，党委书记、校长唐一科带领重庆科技学院首任校级领导班子部分成员、部分中干及教职工代表第一次集体察勘学校位于大学城的新校区地址，访问该片区的重庆市沙坪坝区虎溪镇大田堡村、陈家桥镇石滩村、白鹤村等，并在地界上燃放鞭炮、立下界碑，正式确认学校大学城新校区的位置和范围。

7. 2006年1月16日，重庆科技学院大学城新校区建设工程开工典礼在沙坪坝区虎溪镇大田堡村庙堡坡举行。重庆市沙坪坝区副区长邓大举、重庆市教委副巡视员程明亮以及学校中层及以上领导干部、部分教职工代表、部分施工单位代表参加会议。会议由学校副校长、新校区建设指挥部指挥长贾北平主持，唐一科校长讲话，魏世宏书记宣布新校区建设开工。

8. 2006年7月27日和2007年5月22日，重庆市人民政府分别以渝府地〔2006〕515号文件批准学校行政划拨国有土地使用权492218平方米，以渝府地〔2007〕256号文件批准学校行政划拨国有土地使用权503667平方米。以上两项合计行政划拨给学校国有土地使用权995885平方米，折合1493.83亩。两片土地上共迁移 589 名农村居民转为城镇居民，由沙坪坝区妥善安置。

9. 2006 年 10 月 27 日，重庆科技学院 2006 级 4100 余名新生，在歌乐山结束了为期 40 天的军训后，伴着热烈的锣声鼓声欢呼声，跨过红地毯，兴高采烈地走进了大学城的崭新校园，成为首批跨入校门，入住学校大学城新校区的、最值得骄傲的第一批重科人。

10. 2007 年 8 月 3 日，重庆科技学院南北老校区两块合计 460 亩置换土地，在重庆市土地和矿业权交易中心第一拍卖大厅拍卖获得圆满成功。经过重庆金科、华宇和广州恒大三家房地产开发企业两个多小时紧张、激烈竞拍后，最终以广州恒大地产集团的 25.3 亿元人民币价格成交。见证拍卖现场的有重庆市教委副巡视员程明亮、重庆市大学校园建设委员会副主任陈新业、重庆市国土资源和房屋管理局副局长王彬、重庆市地产集团收购二部副主任吴自力等领导，以及学校党委书记魏世宏，校长唐一科，党委副书记郭庆、武金陵，副校长朱新才、贾北平、雷亚，校长助理李彦，中层领导干部李军良、冯承劲、张凤琴等同志。老校区两块土地的成功拍卖，为学校大学城新校区建设和高水平特色科技大学的长远发展奠定了坚实基础。全校师生员工为此欢呼雀跃、奔走相告，共祝重庆科技学院明天更加美好！

附录 2

新校区建设报告

执笔：李国统 * 2010 年 12 月 25 日

在上级主管部门及学校正确领导下，经过全校师生员工共同奋斗，特别是新校区建设者们五年艰苦卓绝的工作，一个山水园林式的新校园初步建成，保证了

---

* 李国统曾任重庆科技学院校长办公室主任、新校区工程建设指挥部副指挥长，负责新校区征地、拆迁和工程建设施工等工作。——编者注

2006 级、2007 级、2008 级新生按期入住，实现了学校整体搬迁，较好地完成了市政府和学校确立的新校区建设目标，为重庆科技学院的改革与发展奠定了坚实基础，做出了重要贡献。

一、新校区设计与建设理念

新校区建设规划设计由上海同济大学规划设计院完成，广泛征求了教职员工意见，并组织了由中国工程院院士钟训正担纲的专家组进行评审，最终确定了"山水园林"的规划建设理念，即要在昔日的大田堡山村基础上打造出一个崭新的山水园林大学校园。

山有固形，以自然为美。我们充分利用自然地形地貌，保留了桃花山、大官山、红豆山、住宅区东山和灵湖青杠岭（灵湖岛）。五山倚立，与中间的平坦地势和三湖相映成趣，自然天成。特别需要提到的是，在整个校园大量缺土，非破桃花山而不可的情况下，我们保留了山基，再用晾晒后的淤泥回填造山。桃花山的再造，既克服了地势上的东高西低、北重南轻（除桃花山外基本保留了原山势）之不足，又较好地保护了校园的原始自然生态和地貌特征。

水无常态，以变化为真。此地本无"水"，清淤自成湖。目前在校园内已形成了灵湖、连湖、竞湖三湖（还有月牙湖正待打造），初步形成了四湖错落、五山争风（峰）、湖映山影、山助水势、湖光山色的美丽图景。四湖因自然地势不在同一标高而成迭湖。灵湖之上托竞湖，并做迭水处理，竞湖从地下与灵湖相通，重在突出"水之变"，让死湖成活水，灵动而自然。连湖本不在规划之中，清淤之后再借土回填，劳民伤财，经反复研究，权衡利弊，建设者决定保留成湖，使校园之水更为丰富，提升了校园的生态效应和景观效果。

园乃人为，以相宜至善。园之建设，追求宜居、宜学、宜教、宜为。要实现这个目标，合理科学的校园功能分区就显得十分重要。校园的功能分区是一个多因素问题，要求必须处理好校园内人流、物流、信息流与地理区间以及实现方法手段之间的相互关系。处理得好赏心悦目，处理不好杂乱无章。比如要使建成后的校园能为学校高效运行提供条件，并达到人性化的要求，人到达各区的最佳步行时间也成为规划建设的重要依据和追求的目标。目前我们的新校区中南部为教学实验区，东、西分别为学生生活区、运动区，东北部为教职工住宅区，党政办公区穿插在教学区和学生生活区之间。各区自成一园，分区打造，各有特色，相互之间以宽敞通达的道路相连接，这样基本做到分区明确，衔接自然，功能配套，运行方便。

建设校园离不开建房子，但建房子不能各行其是，必须把各个单体建设放在校园总体布局中通盘考虑。首先在外观上坚持各有特色，整体协调。教学区以平顶现代建筑风格为主，学生宿舍和办公大楼采用坡屋顶，虽风格各异，但协调有序。在色彩方面，公共建筑以略浅稍亮色调为主，兼有深色搭配，以烘托朝气蓬勃，积极上进的文化氛围；教职工住宅色彩略为厚重，以学者之深沉相宜，低调沉静深远，且与公共建筑相区别。这样在感官上求得"差异美"，在文化上求取"多元性"，避免了千屋一面之大忌，彰显了开放宽容的学校办学理念。对各功能区进行了绿化美化辅之以景观小品点缀，提高视觉效应，彰显文化内涵，使之各具特点，又与校园整体布局相协调。

在单体内部功能上，广泛征求相关部门和专家意见，汲取了一些兄弟院校的经验，尽可能采众家之长进行设计、建设，做到了功能齐全，满足要求，且人性化程度较高。经过几年使用实践证明，没有出现房屋建筑的功能缺陷。

对于学校的单体建筑，内外部评价良好。学校退休教师参观新校区，其中一位老教师把一位她熟识的副指挥长叫到旁边，惊讶地问："你们给学生修这样漂亮舒适的房子住，功能多而全，自成小园，像家属宿舍，比我现在住的房子还强十倍。这样怎能培养学生艰苦奋斗的精神？"第一教学楼，由中国工程院院士何竞堂主持他的团队设计，重庆住宅建司承建。其外观漂亮，内部通达，功能齐全，且大气磅礴，为人所称道。重庆市政府参事室的人来校看后说："这楼很有气魄，建得太好了，整个重庆市都少见。"不仅如此，一些高校的基建同行也对该楼赞叹不已。

林活山水，生气象万千。世间常言"大树下面好乘凉"；自然界存在"有水鱼不养"，却未闻"无林鸟自栖"，人们深知其理。所以，学校从上至下无不重视园林绿化美化，努力打造鸟语花香、林森蝉鸣的生态校园。学校的园林景观由北京林业大学设计。在时间紧迫的情况下，首要解决了"绿"的问题。道路两边植树种草栽花，形成"带绿"，"五山"和南部大片空地植树种草形成"片绿"，房屋周边植树种草栽花形成不规则的"点绿"，总体上形成了点线面结合的绿化景观格局。树木以黄桷树、小叶榕、银杏树为主，辅以香樟、桂花、玉兰、柳树、桃花等树种，乔灌丛花草梯度结合，再加上沿湖的长江石驳岸等小景观和教学、生活区的休读点等绿化景观结合。山、湖、建筑物、花草树木和谐共生，丰富了整体绿化景观空间层次和整体效果。

经过近五年的建设打造，学校已呈现出"房在山里，屋在湖边，鱼翔浅底，蝉鸣树梢，鸟嬉林中，人行树下"的生动校园画面，初步形成了一个"湖纳天上水，山藏地之灵，林引百鸟栖，园留八方人"的和谐生态、绿化、灵动的菁菁校园。

二、新校区建设背景回顾

重庆科技学院大学城新校区建设背景，是值得认真梳理和回顾的。上面让我们看到了一个功能齐全、美如画卷的山水园林之大学校园，而溯源历史，校园的来之不易，可谓历历在目。

（一）重庆市政府强力推动大学城建设；市级职能部门大力支持大学城建设；沙区政府、市教委积极运作大学城建设，为我校新校区建设提供了政策优惠，创造了良好的外部环境条件。

（二）学校的生存与发展是新校区建设的内部动因。全校教职员工协力同心，充分理解、大力支持学校进入大学城建设新校区，为新校区建设创造了良好的内部环境条件。

（三）南、北两校区原学校领导班子共同决策进入大学城征地建设新校区；新建重庆科技学院校级领导班子继续果断接力推进，并积极争取用招拍挂方式置换老校区土地以筹集足额建设资金，举全校之力建设新校区。正是这些正确的决策、得当的措施、坚强的接力和执行力，为学校大学城新校区建设取得初步成功提供了有力保证。

（四）在市政府的强力推动下，学校于 2006 年 1 月 16 日举行了新校区建设开工典礼，并要求于 2006 年当年入住新生。时间上略显仓促，主要是在技术、人力、资金和建设的一些必需的先决条件方面难以立即获得充分的准备，因此出现了"边征地，边拆迁，边设计，边施工"的非常规局面。

（五）建设期间自然灾害濒临，国际金融危机影响明显。2006 年百年不遇的连晴高温 40 余天，建设工地最高温度达到 42 摄氏度；2007 年大学城地区 115 年不遇的特大洪涝灾害，使新校区建设工地险象环生；2008 年赶上了我国南方特大冰冻灾害，建筑材料运不进来；近两年再逢国际金融危机、国内经济不太景气等，也给我校的新校区建设带来了诸多的不确定性。

（六）在新校区建设期间，建筑材料连年大幅上涨，且一直居高不下，使工程造价的控制、建设资金的筹集曾一度面临过严重困难。

三、建设的质量、进度与安全

新校区建设的质量、进度与安全，是一把悬挂在建设者头上的警示之剑，从不可懈怠，更不可稍有松弛。

（一）质量问题。房屋建筑、道路管网、钢屋架等主体结构合乎设计要求，达到良好水平。已经受到"5·12"大地震的检验，在地震中没有出现大面积裂缝、柱梁管断裂、局部垮塌，整体倾斜（覆）等危情，实践证明主体结构安全，质量可靠。

在使用过程中也发现一些局部质量问题。如屋面、个别洗手间、管子接口处渗水，墙面小裂纹，墙漆起皮，局部脱落，等等。经过质量分析，认为在材料的使用上不存在问题，主要是因为抢工期，施工不细致、工艺不到位造成的。由于工期紧，有的来不及做渗水试验，有的渗水试验太短，这就导致一些地方出现渗水的现象。由于工期紧，墙面粉水没有干透就急于刷墙面漆，时间一长，温度一高，墙面干湿不均匀，就出现裂纹、起泡、起皮、脱落等局部质量问题。

至于在地震时房屋的伸缩缝掉少量零星小水泥颗粒和外部接缝处的小瓷砖片，属正常现象。说明房屋在外力作用下，伸缩缝起了作用。如果不设计伸缩缝，就可能会在不均匀力的作用下出现断裂而使房屋受到破坏。如同桥梁在动载荷作用的情况下要发生一定幅度的振动是正常的，不振动才是危险的一样。

顺便说一下，在建筑行业有一个"建筑质量通病"的概念，就是说在正常工期，管理、工艺基本到位的情况下，也会出现以上一些局部质量问题，只不过这些质量问题相对较少，主要原因是防水材料的性能、施工工艺的先进性、施工管理的严密性上的一些问题。所以在建筑行业一直强调要把"建筑质量通病"降到最低程度而不是彻底消灭掉。防水问题在建筑行业中是一个世界性课题，发达国家处理得较好一些。他们主要是组织科研攻关，在提高防水材料的防水性能、改进工艺上做文章。讲到这些情况并非是要推卸责任，而是要让大家了解建筑行当的一些基本情况。

对于出现的质量问题，我们必须正视，绝不回避，我们要通过及时有效的维修，早发现、早解决、早安心。

（二）工期问题。在我校新校区建设项目的前三年，每年一个开学工程，不得已只能以进度为主线，狠抓工期，以保证当年新生的按期入住；满足了2008年3月底学校整体搬迁的要求。目前，新校区公共建筑建成投用面积46万平方米，在建面积5.8万平方米，职工住宅楼22.5万平方米。在重庆市进入大学城的高校中，我校前三年是年均建筑面积最高的学校。特别是一期工程大部分是4、5月份开始施工，10月份投入使用，不仅创造了被别人认为几乎是神话的"重庆科技学院建设速度"，还形成了"五种精神"，成为推动新校区建设乃至学校继续发展的重要精神力量。

（三）安全问题。安全问题分为三类：一是在施工建设过程中的人身安全问题。

由于我们组织落实，人员落实，教育到位，措施到位，执行到位，所以在这五年建设中没有出现过重大人身伤亡等安全责任事故。二是学校党委强调的资金安全问题。通过近两年的工程竣工结算，可以坦然地告诉大家，没有出现挪用建设资金、滥用建设资金、贪污建设资金和超付工程款等现象，保证了新校区建设的资金安全。三是党委强调的干部安全问题。由于学校重视，监督机制到位，干部行为自觉，到目前为止，在我们干部中没有出现抓拿吃要、行贿受贿等不廉政现象。有一个施工单位的老板说："重庆科技学院指挥部廉洁正派是没得说的，我们做了那么大的工程，没有请他们吃过一顿饭，反而是他们请我们吃饭，照常支持我们开展工作，不设置任何障碍。"

四、工程造价的控制与管理

搞建设就要花钱。学校党委、行政从一开始就十分重视筹集建设资金，强调严格控制与管理工程造价的问题。在学校党委和新校区建设领导小组的统一领导下，财务部门八方筹款，指挥部和审计部门就必须考虑如何合理地控制和管理工程造价，用最少的钱办最多的事。

衡量工程造价控制需要从以下几个方面综合考量：一是同质同价，优质优价，质价相符，不单以用钱多少论；二是如何处理好工程建设的静态成本与使用寿命期工程的动态综合成本的关系；三是如何处理好新校区建设的总造价的控制与单项工程的造价控制与协调的关系；四是如何处理好学校能提供的建设资金与应付出的工程建设资金之间（即量入为出）的关系。因此，我们评析造价不能"就事论事"，而要"就事论势"，进而才能"就事论是"。即既要看用了多少钱，也必须看创造了多大的实际效益。

基于以上认识，我们控制与管理工程造价主要从以下几方面入手：

（一）科学调配，降低成本。我校新校区建设缺土约40万平方米，需要向外借土回填，但又有大量淤泥需要清除。一是借土回填成本太高；二是近处无土源。

当时到处找土，土就是黄金，我们尝试与有关学校的新校区建设联系，让他们把多余的土拉到我们这儿，适当作价计费，不成。万般无奈之下，我们决定破桃花山取土，清淤成湖（连湖不在规划设计之内），再用晾晒后的淤泥再造桃花山。仅保守地按每方土 25 元计（运距长，单方造价高），此项决定就为学校节约了建设资金 700 多万元。

（二）合理控制材料价格。建筑工程材料占总造价的 60% 以上。在我校建设期间，材料价格又疯涨，控制好材料价格就成为控制好工程造价的关键。我们在材料质量上以"够用"为度，即达到设计要求；在价格上以"合理"为度，即合乎市场行情。为此，我们专门组织了材料认质认价小组，通过多方调研，集体论证，合理定价。在材质上保证达到设计要求，但不是价格越低用钱越少越好，而是分门别类，区别对待。比如钢材、水泥我们选定了几家大的钢厂和水泥厂，避免施工单位选用小厂的材料，以次充好，埋下结构上的安全隐患。又如对于道路、管网、电气设备这些基础设施用材质量相对高一些，花钱多一些。

这样处理，虽然工程项目的静态成本高一些，但工程寿命期的动态综合价格却大幅度降低，因为这避免了过早反复维修和经常出故障给师生员工带来的不便，同时减少了日常运行管理的麻烦。一定意义上说，多花点钱带来的是一种良好的综合效应。

（三）加强施工管理控制工程造价。重点是严格落实技术变更、规范现场签证、据实收方等管理措施。技术变更，现场签证和收方处理不好，对于施工单位来说就是收钱，对于学校来说就是付钱，直接影响的就是增大工程造价成本。施工中的技术变更是由指挥部总工办严格把关，并与设计单位、施工单位充分论证后签订。可变更可不变更的都坚持按原设计执行。现场签证和收方一般要经过建设单位的现场代表、施工单位代表、监理单位、跟踪审计单位等多方签字执行并进入结算。总的来看，这种坚持效果良好。

（四）严格执行国家定额，按实结算。造价控制与管理，主要是在规划设计、材料认质认价、施工过程管理等环节中进行，而结算则是"秋后算账"，对造价控制的作用已十分有限，但在整个大学城建设抢时间、抢工期，运作不够规范的情况下，"秋后算账"对造价的控制仍有较大意义。学校搞建设不出钱是不行的，企业来做项目不赚钱也是不行的。能坚持公平、公正原则，严格执行国家定额，尽量把水分挤干，坚持据实结算，让学校不出冤枉钱、不当冤大头，就算是控制了工程造价，维护了学校的经济利益。

学校于 2008 年上半年成立了结算组开始结算工作至今，施工单位报送大小工程项目结算资料的 358 个，施工单位送审金额约 8.7 亿元。已审结 312 个项目，被审金额约 4.88 亿元。一审定案金额 4.01374 亿元，审减金额 0.87132 亿元，平均审减率 17.837%。二审定案金额 3.985865 亿元，审减金额 278.75 万元，平均审减率为 0.698%。

审结 9 个千万元以上的大项目是：一期学生宿舍 A、B、C、D 组团，第一教学楼，院系东楼，第一、二实验楼，大田堡体育场，图书馆暖通工程等。从大项目看，送审金额约 4 亿元，一审定案金额约 3.306 亿元，审减约 0.7 亿元，平均审减率为 15.444%，最高的工程项目一审审减率达 29.33%。二审定案金额约 3.282 亿元，审减金额约 240 万元，平均审减率为 0.726%。

建筑工程平均单方（建安）造价：一期学生宿舍 1057.07 元，第一教学楼 1419.67 元，实验楼 1031.55 元，院系东楼 1232.96 元。

我们通过对造价的评估并私下与其他大学城建设院校比较认为，尽管当时建筑材料价格不断上涨，但我校新校区建设工程造价仍处于同期建设工程造价的正常范围之内。

五、感人事迹拾遗

我校的新校区建设是在条件不完全具备的情况下启动，在"水深火热"中推动，在"地动山摇"中前行的。在与自然灾害抗争、全力克服诸多困难、力保建设进度的过程中，出现了很多可歌可泣的感人事迹，限于文体和篇幅，难能全息，顺便"蜻蜓点水"，展现一斑。

在新校区建设的前三年，大家风里来，雨里去，晴天一身灰，雨天一身泥，加班加点地工作。没有"双休"日，没有寒暑假，连国家规定的长假也不能享受，春节三天也得轮流上班。一些同志生病了，仍然坚守岗位。家事无暇顾及，孩子教育管不上，有的孩子问妈妈："爸爸什么时候才能回家？"当妈妈的尴尬无语。有的干部处理现场突发事件，深夜两三点钟也得不到休息。校领导带头长住工地板房，与大家一起坚守打拼，老岳母生病住院也无力侍奉探望。那段时期，大家心无旁骛，只有新校区建设，他们忘我地工作，无怨无愧，默默地奉献。

在2006年40多天的高温酷暑中，建设者们坚持不下火线。进度要求，形势所迫，也不容许下火线。当时不少农民工不结账、不要工资就要离开工地，指挥部的同志们苦口婆心地挽留。他们说："我们上有老下有小，现在只能要命不能要钱。"第一教学楼的顶楼浇铸通宵施工，本拟于第二天11点浇完，但由于夜间预拌混凝土未能及时到场，致使第二天12点还未浇完。而工艺要求不能停工，必须一次性浇完。面对烈日当头的42摄氏度高温，指挥部领导和同志们、施工单位的负责人心急如焚。指挥部同志和施工单位经理共同坚持现场督阵，继续施工。楼顶上摊铺混凝土的农民工当场晕倒两人，紧急抬下送往医院，又上两个继续施工，终于在当天下午1点多完成施工任务，有效保证了浇铸质量和施工进度，大家方才松开了一口气。

这不单是在搞一般的建设，更是在打仗，在打一场前赴后继的生死战。此情此景，感人至深，至今难以忘怀。此情此景，不是个中人，难悟个中情。那些参与建设的企业，那些老实巴交的农民工，同样是我们新校区的建设者，我们不能忘记他们，他们应该受到应有的尊重。

2007年特大洪涝肆虐。新校区建设工地多处被淹，昔日轰轰烈烈的建设工地，顿时打响了一场抗洪抢险救灾的保卫战。当时图书馆负一楼进水约半米多深，发电设备面临被淹的危险，在这危急关头，指挥部的一位同志蹚着过膝的水，冒着设备可能漏电伤人性命的危险，只身涉水到配电房关掉电闸，并组织施工单位及时抢险救灾。设在第一教学楼负一楼已建成的配电所如果被淹，将全线停电，施工难以为继，进度将受到严重影响。当时在大学城施工现场的两位校领导带领指挥部同志们紧急抢险，并肩战斗。紧急调动抽水机抽水，组织大家用塑料桶、洗脸盆舀水。有的身上湿透了，不知道是洪水还是汗水，也没有一个人在乎，他们在乎的是如何保住配电设备，保住施工现场。

他们傻吗？不，他们很清醒，他们上有老下有小，他们还肩负着亲情的责任，他们有和你我一样的人生，他们有美好可期的未来。但为了保护建设成果，为了保卫国家财产，为了新校区建设，他们什么也顾不上。他们用自己的行动诠释了公而忘私的大无畏革命精神。面对这一群鲜活且生命力强大的人们，面对这个极具战斗力、能打硬仗的建设者团队，我们除了感动就是感动，我们还能有其他什么呢？

六、存在问题的梳理

任何一个伟大的工程、一场不朽的战斗，都会有得有失。重庆科技学院大学城新校区建设也不例外。这里来对新校区建设存在的问题做些简单梳理，也应在情理之中。

（一）基建技术人员严重不足，参与者全都没有搞过如此庞大的建设项目，缺乏经验，全都处于"干中学，学中干"的工作状态。

（二）建设资金难以及时到位。虽有两块土地换钱，但远水不解近渴。在大规模建设时期，还是主要靠学校财务部门千方百计到银行贷款支付工程款。在建设资金断裂的最关键时刻，校长无奈之下紧急向多家兄弟院校举债，方解燃眉之急。

（三）作为建设方，对建筑单体的使用功能论证不够充分，因此在施工过程中出现较多设计更改和功能调整，这不免对工程造价、建设进度产生不少负面影响。

（四）尽管我们对技术变更、现场签证和收方要求较高，控制较严，但也有不完全到位之处。个别现场代表在签证上把握得不够准，一些材料认质认价的案头工作不到位也给后期结算带来许多麻烦。

（五）建设与使用之间职责不明确。房屋、设施、环境建成投入使用，但维修、管理、养护长期放在指挥部和基建处，使基建部门负担过重，相当长一段时间处在难于应付状态，且费力不讨好。

（六）抢工期不仅带来质量上的一些问题，对造价控制也有一定的负面影响。

新校区建设从开始至今，虽只有短短五年时间，却是学校党委、行政带领全校师生员工，用汗水、心血和智慧谱写出的一部厚重的情感之书，值得我们现在以至后来的重科人细细品读。

说厚重是因为它承载得太多太多。它承载着市委、市政府强力推进大学城建设的政治任务，也展现了重科人说到做到，顽强拼搏的进取精神；它承载着学校党委、行政把学校建设好发展好的殷切希望，也展现了重科人上下一心，团结奋斗的高尚品格；它承载着师生员工求学干事业的无限期待，也展现了重科人相互理解包容的旷达胸怀；它承载着万千家长，甚至社会对学校的美好愿望，也展现了重科人对教育事业的无限忠诚；它承载着科技学院今天改革发展中的诸多艰难曲折，也展现了科技学院事业发展的辉煌和美好形象。新校区建设承载着科技学院的过去，承载着科技学院的现在，还将承载着重庆科技学院走向更加光明的未来。

历史总是那样惊人的公正，不偏颇任何客观存在。在新校区建设中，有经验，也有教训，有成功，也有失败，这些都会一股脑儿被科技学院这一段特殊的历史所记载。因此，我们今天一起来翻阅这本书便更觉厚重，更有味道，更有意义，更受启迪。

对于新校区建设，你可以浓墨重彩，也可以轻描淡写，你可以讴歌赞颂，也可以求全责备，这都是正常的。因为爱"美"之心人皆有之，审"美"标准各不相同。经历了新校区艰难的建设历程，大家又面对一个与过去完全不同的新校园，人们应该都有感触，都有话说，并且什么话都可以说。你说新校区建设功勋卓著，我们听之而备受鼓励，并以此为新的动力；如果你把新校区建设说得一塌糊涂，一无是处，我们作为新校区建设者也充分尊重，尊重你说话的权利。因为我们有理由相信你是抱着一颗拳拳之心，为了学校发展得更加美好。

我们的生命还在继续，新校区建设还在继续，我们前进的脚步就一刻也没有停息。我们将不以褒扬而骄傲自恃，不以批评而心灰意冷。我们将一如既往地以开放包容的心态，广纳意见，认真检视，科学对待，取长补短，继续把我们共同的大学城新校区完善好，建设好，使之更上层次，更上水平，争取最终给学校的过去、未来和全校师生员工交出一份更为满意的答卷，以无愧"我"心。

附录 3

新校区建设之憾 *

执笔：唐一科　2017 年 8 月 5 日

重庆科技学院新校区建设，从抓住机会争取进入大学城获得 1500 亩划拨用地，到实现山水园林设计理念、完成经济高效工程建设和成功置换老校区土地等都获得了巨大成功，给学校未来几十年的高水平特色科技大学建设发展奠定了坚实基础。总体来说，新校区建设成果，不仅是一项百年的校园工程，更是一款值得长期品味的高雅艺术。那山、那水、那草、那木，无不倾注着无数建设者的心血，凡是亲身经历过的人都会有这极为相同的感觉。可是，作为新校区建设的主要领导和组织者之一，心中依然留下了诸多遗憾，在这本《变迁——图说重庆科技学院新校区建设》编写结束之前，还是一吐为快，以资他人往后借鉴。

遗憾之一，图书馆与第一教学楼的整体协调性欠佳。图书馆和第一教学楼片区的建筑应捆绑招标，采用一家设计单位方案，才能统筹建筑风格和通道的有效融合与协调。由于聘请的是两家不同的设计单位，致使学校这两个主要建筑之间的整体协调性很不理想。

---

* 此文原文引自唐一科主编的《变迁——图说重庆科技学院新校区建设》结束语"跋"。

遗憾之二，缺少一栋独立的学生活动中心大楼。学校总体规划设计时，应考虑一栋 15000 平方米左右的学生活动中心大楼。现代大学高度重视学生的综合素质教育，独立的学生活动中心大楼将有利于更有效地组织学生第二课堂教育活动，实现学校"三全"育人的教育和办学理念。

遗憾之三，行政办公楼建得小了一点。由于测算不够合理，现有行政办公楼只有 9000 平方米，无法满足学校高水平发展需要，致使一些职能部门不能进入办公楼而分散在不同地方，让师生办事不方便，且学校也难于更有效地利用办公资源，提高办学效益。

遗憾之四，体育馆设计风格与校园不协调。东门体育馆设计风格与校园整体风格严重不协调。色彩、式样很难融入校园其他建筑环境，有如美丽的容园和禾园之间夹着一块"黑面包"，且波浪形的屋顶与行政办公楼和两片学生宿舍的坡屋顶风格更是格格不入。

遗憾之五，校园周边利用不够合理。校园周边，特别是西门一侧没有抓住机会充分利用，整个设计没能融入街道和商业氛围，让师生的生活与外界脱节，不符合学校后勤社会化精神。如能将学校医院及部分后勤服务设施设计时放在校园周边，则会更便于兼顾社会服务。

以上五点只是个人愚见，并不一定能博得其他人的认可。既然是总结与回顾，优、缺点都在所难免。按辩证思维，优点可以转化为缺点，缺点也可以转化为优点，所以凡有过来之人，既用不着骄傲自满，也用不着自责悲观。能亲身经历这少有的历史时期，总是会有值得流连与高兴的许多理由和人生满足感。

最后，让我对曾经一起战斗、一起工作、一起运筹帷幄谋划重庆科技学院未来的同时代的同事们表示衷心感谢！感谢大家与我相伴的点点滴滴和岁岁年年！

祝愿重庆科技学院的明天更加美好。